Audio files in MP3 format and electronic text in PDF format are available for free at

JACOBELIGOODSONS.COM

The files are in .zip folders for ease of transfer
Utilize the audio with the paper text and electronic text

SPANISH

BASIC COURSE

UNITS 31-45

ROBERT P. STOCKWELL -- J. DONALD BOWEN
GUILLERMO SEGREDA -- HUGO MONTERO U.
ISMAEL SILVA-FUENZALIDA

FOREIGN SERVICE INSTITUTE

WASHINGTON, D.C.

1959

DEPARTMENT OF STATE

Table of Contents

31.1   BASIC SENTENCES. Dinner at Molina's.

White goes to Jose's family's house for the first time. The house is at some distance from the city. White meets Carmen there and Jose's mother invites them all to dinner.

ENGLISH SPELLING	AID TO LISTENING	SPANISH SPELLING
to serve	sèrbír↓	servir
the rice	èl—árró§↓	el arroz
Mrs. Molina John, help yourself to more rice.	hwán↓ sírbasemasarró§↓	*Sra. Molina* Juan, sírvase más arroz.
White Thank you, ma'am. But I've eaten like never before.	muchazgrá§yàs │sènyórà↓ pèrǫekomiǿo │kómónuŋkà↓	*White* Muchas gracias, señora. Pero he comido como nunca.
very rich, very tasty	rríkisímó↓	riquísimo
It's very tasty.	èstárrikisímó↓	Está riquísimo.
indifferent, not hungry	dèzgànaǿô↓	desganado
Mrs. Molina And you, Carmen, what's the matter with you?	̧àtí │kármèn↓ kétepásà↓	*Sra. Molina* Y a tí Carmen, ¿qué te pasa?

You don't look very hungry.   tébeodezganádá↓   Te veo desganada.

    well, why [1]   sí↓   si

    the appetite   él—ápétító↓   el apetito

Carmen   *Carmen*
Not hungry!? Why, I've got *lots* of   dézgánádá↑ sitengo|muchoápétító↓   ¿Desganada? ¡Si tengo mucho
appetite!   apetito!

    the (one) that [2]   él—ké↓   el que

    the chicken   él—póllyó↓   el pollo

    the mama   lá—mámá↓   la mamá

Iose   *Iosé*
I'm the one who wants more chicken,   yosóyel|kekyéro|maspóllyó|mámá↓   Yo soy el que quiero más pollo,
mom. [3]   mamá.

    the desire   lá—ganá↓   la gana

    with desires of, wanting to   kón—ganaz—dé↓   con ganas de

Mrs. Molina   *Sra. Molina*
That's the way I like it — you always ásimegústá↓ túsyemprekonganaz| Así me gusta. Tú siempre con
wanting to eat.   dekomér↓   ganas de comer.

to know how to	sábér↓	saber
to cook	kóşinár↓	cocinar

Carmen
John, do you know how to cook?

hwán↓ tusabeskoşinár↑

Carmen
Juan, ¿tú sabes cocinar?

White
A little.

umpóko|

White
Un poco.

Carmen
You see, Jose? You should learn, too.

bestôse↑ áprendetú|támbyén↓

Carmen
¿Ves José? Aprende tú también.

in jest, jokingly

èm-bromá↓

en broma

Jose
Baby! Don't say that even as a joke!

chikà↓ nólódigaz|nᶖémbromà↓

José
Chica, no lo digas ni en broma.

the case

él-kasó↓

el caso

to pay attention

áşér-kasó↓

hacer caso

the model

él-modelo↓

el modelo

Mrs. Molina
Don't pay any attention to him, Carmen.

nólᶖagaskásó|kármén↓

Sra. Molina
No le hagas caso, Carmen.

He's going to be a model husband. (4)

básér|ùnmárido|modelo↓

Va a ser un marido modelo.

the plate   él-plató↓   el plato

típical   típikó↓   típico

White   éstabapensándò |sényórà| *White*
  I was just thinking, ma'am. What is the   Estaba pensando, señora. ¿Cuál
  most typical dish around here?   kwaleşelplato|típiko|dẹàkí↓   es el plato típico de aquí?

to suppose   sûpónèr↓   suponer

more than   maʒ‒ðé↓   más de

Mrs. Molina   élárroş |súpóŋgó↓ pèrọay| *Sra. Molina*
  Rice, I suppose. But there's more than   El arroz, supongo. Pero hay más
  one.   maʒðẹúnó↓   de uno.

Jose   bwenó↓ bamoşatomarelkafe| *José*
  Well, shall we drink our coffee in the   Bueno. ¿Vamos a tomar el café
  living room?   ẹnlásálà↑   en la sala?

31.10   Notes on the basic sentences

(1) The form /s1/ *si*, which is not the word /s1/ *si* 'yes', is often used at the beginning of exclamations simply to give force or
    emphasis. It is the same word as the /s1/ which elsewhere is translated 'if' or 'whether'.

(2) /él‒ke/ *el que* 'the (one) that' is an instance of nominalization of the definite article. The process of nominalization will be
    examined in detail in Unit 35.

(3) In English we say, 'I *want* more chicken,' but 'I'm the one who *wants* more chicken.' Likewise, 'I *am* here,' but 'I'm the one who *is* here.' In Spanish, the second of each of these pairs has another possibility, namely that the second verb should have the same person-agreement as the first: 'I'm the one who *want* more chicken,' 'I'm the one who *am* here.' This Spanish sentence can therefore be either /yó-sóy-el|ke-kyéro-más.../ *yo soy el que quiero más...* or /yó-sóy-el|ke-kyére-más.../ *yo soy el que quiere más....* Only in the singular, however, is there any choice: in the plural the only permitted form is exactly the contrary of English (except that English has only one verb form in the plural so that no choice is madeL. 'We are those who want...' is /sómos-los-ke-kerémos../ *somos los que queremos...* not /sómos-los-ke-kyéren.../ *somos los que quieren....* There is some evidence that Spanish speakers feel much the same doubt about this construction that English speakers feel when faced with the following ones: 'neither Bill nor Mary (are, is) going,' or 'neither you nor I (am, is, are) going.'

(4) One of the most common ways of modifying or limiting the meaning of a noun in English is to place another noun directly before it: *cow-pony, college student, Air Force*, etc. This process is so rare in Spanish that most attempts to translate literally into Spanish fail. Here, however, in an instance of the same kind of construction: /marído-modélo/ *marido modelo.* That /modélo/ *modelo* is not an adjective is demonstrated by the fact that it does not change in form with a word like /espósa/ *esposa:* /espósa-modélo/

31.2   DRILLS AND GRAMMAR

31.21   Pattern drills

31.21.1   Past progressive construction

A. Presentation of pattern

ILLUSTRATIONS

_____	1 Yo *estaba limpiándome* los dientes.
_____	2 *Estaba pensando*, señora. ¿Cuál es el plato típico de aquí?
You were getting very fat.	3 Tú *estabas engordando* muchísimo.
The bomber squadron was landing.	4 El escuadrón de bombardeo *estaba aterrizando.*

Yesterday it was very hot.

We were getting accustomed to bull fights.

Besides, you were responding frequently.

The squadrons were taking off.

5 Ayer *estaba haciendo* mucho calor.

6 Nos *estábamos acostumbrando* a las corridas de toros.

7 Además, ustedes *estaban respondiendo* con frecuencia.

8 Las escuadrillas *estaban despegando.*

EXTRAPOLATION

	estár	/—ndo/ forms	
		—ár	—ér, —ír
		—ándo	—yéndo
sg 1,2-3	estába		
2 fam	estábas	abl—ándo	kom—yéndo
pl 1	estábamos		bib—yéndo
2-3	estában		

NOTES

a. The past progressive construction consists of a past II form of the verb /estár/ plus the /—ndo/ form of a verb.

b. /—ndo/ forms are invariable — they never change for number, gender, etc.

31.21.11 Substitution drills — tense substitution

     Problem: *Está* lloviendo.

     Answer: Estaba lloviendo.

    1 *Estamos* jugando.   Estábamos jugando.

    2 *Está* llamando.   Estaba llamando.

    3 *Estoy* apostando.   Estaba apostando.

    4 *Están* mirando.   Estaban mirando.

    5 *Estamos* bebiendo.   Estábamos bebiendo.

    6 *Estoy* perdiendo.   Estaba perdiendo.

    7 *Estás* molestando.   Estabas molestando.

Person-number substitution

    1 *Yo* estaba practicando español.

       Carlos y Ana_____ .   Estaban practicando español.

       Tú _____ .   Estabas practicando español.

       Ana y yo_____ .   Estábamos practicando español.

       Uds. _____ .   Estaban practicando español.

2 *Alicia* se estaba vistiendo.

   Luis y Carlos_____.   Se estaban vistiendo.

   Yo_____.   Me estaba vistiendo.

   Luis_____.   Se estaba vistiendo.

   Nosotros_____.   Nos estábamos vistiendo

3 *Uds.* estaban ganando.

   Luisa_____.   Estaba ganando.

   Yo_____.   Estaba ganando.

   Pablo y Ana_____.   Estaban ganando.

   Ana y yo_____.   Estábamos ganando.

31.21.12 Translation drill

   1 We were dancing.   Estábamos bailando.

   2 They were saying goodbye to their friends.   Ellos se estaban despidiendo de sus amigos.

   3 What was María sweeping?   ¿Qué estaba barriendo María?

   4 Where were you teaching before?   ¿Dónde estaba enseñando Ud. antes?

   5 They were singing.   Ellos estaban cantando.

   6 He was shaving.   El se estaba afeitando.

   7 Louise and Charles were strolling.   Luisa y Carlos estaban paseando.

   8 It was raining.   Estaba lloviendo.

9 I was translating the lesson.	Yo estaba traduciendo la lección.
10 What were you all looking for?	¿Qué estaban buscando Uds.?
11 Who was complaining?	¿Quién se estaba quejando?

B. Discussion of pattern

The progressive constructions of verbs in English and Spanish are very similar, as was pointed out in Unit 13 (13.21.1 B) in the discussion of present progressive constructions. The same similarity exists in past progressive constructions: /estába-pensándo/ 'I was thinking.'

Sometimes, however, the English past progressive construction will be translated by a Spanish past II tense form:

Just as I was starting to shave, the water went off.	En el momento que empezaba a afeitarme, se fue el agua.
I was coming home when it began to rain.	Venía para la casa cuando empezó a llover.
We were just leaving when some friends dropped in.	Ya salíamos cuando llegaron unos amigos.

31.22   Replacement drills

A   ¿Y a ti, qué te pasa?

1 ¿ ___Ud., _____?	¿Y a Ud., qué le pasa?
2 ¿ ___Uds., _____?	¿Y a Uds., qué les pasa?
3 ¿ ___mí, _____ ?	¿Y a mí, qué me pasa?
4 ¿ _____, _____importa?	¿Y a mí, qué me importa?

5 ¿ ____ nosotros, ____ ?   ¿Y a nosotros, qué nos importa?

6 ¿ ____ , ____ te ____ ?   ¿Y a ti, qué te importa?

7 ¿ ____ , ____ gusta?   ¿Y a ti, qué te gusta?

B   Tengo mucho apetito.

1   ____ hambre.   Tengo mucha hambre.

2   Tenemos ____ .   Tenemos mucha hambre.

3   ____ bastante calor.   Tenemos bastante calor.

4   Hace ____ .   Hace bastante calor.

5   ____ frío.   Hace bastante frío.

6   ____ poco ____ .   Hace poco frío.

7   ____ sol.   Hace poco sol.

C   Yo soy el que quiero más pollo.

1   ____ queremos ____ .   Nosotros somos los que queremos más pollo.

2   Ud. ____ .   Ud. es el que quiere más pollo.

3   ____ los que ____ .   Uds. son los que quieren más pollo.

4   Carmen ____ .   Carmen es la que quiere más pollo.

5   ____ tiene ____ .   Carmen es la que tiene más pollo.

6   ____ ganas.   Carmen es la que tiene más ganas.

7   Nosotros ____ .   Nosotros somos los que tenemos más ganas.

D   ¿Ves, José? Aprende tú también.

1 ¿Ve, José? _____ .   ¿Ve, José? Aprenda Ud. también.

2 ¿___, ___? _Habla _____ .   ¿Ves, José? Habla tú también.

3 ¿Ven, señores?_____ .   ¿Ven, señores? Hablen Uds. también.

4 ¿_____, _____? _____ Ud. _____ .   ¿Ve, señor? Hable Ud. también.

5 ¿_____, _____? _Coma _____ .   ¿Ve, señor? Coma Ud. también.

6 ¿Ves, Carmen?_____ .   ¿Ves, Carmen? Come tú también.

7 ¿_____, _____? _Estudie _____ .   ¿Ve, Carmen? Estudie Ud. también.

E   ¿Cuál es el plato típico de aquí?

1 ¿_____ comida _____ ?   ¿Cuál es la comida típica de aquí?

2 ¿Cuáles_____ ?   ¿Cuáles son las comidas típicas de aquí?

3 ¿_____ de este país?   ¿Cuáles son las comidas típicas de este país?

4 ¿_____ trajes _____ ?   ¿Cuáles son los trajes típicos de este país?

5 ¿Cuál_____ ?   ¿Cuál es el traje típico de este país?

6 ¿_____ cosas _____ ?   ¿Cuáles son las cosas típicas de este país?

7 ¿Dónde_____ ?   ¿Dónde están las cosas típicas de este país?

F   ¿Vamos a tomar el café en la sala?

1 ¿Vas_____ ?   ¿Vas a tomar el café en la sala?

2 ¿_____ ahora?   ¿Vas a tomar el café ahora?

3 ¿_____ hacer _____ ?   ¿Vas a hacer el café ahora?

4 ¿_____ ensalada ___?   ¿Vas a hacer la ensalada ahora?

5 ¿_____ otra _____ ?   ¿Vas a hacer otra ensalada ahora?

6 ¿ ———————— cosas ———— ?   ¿Vas a hacer otras cosas ahora?

7 ¿ ———— cocinar ———————— ?   ¿Vas a cocinar otras cosas ahora?

31.23   Variation drills

A   Juan, sírvase más arroz.

1 Help yourself to some more coffee.   Sírvase más café.
2 Get up earlier.   Levántese más temprano.
3 Go to bed later.   Acuéstese más tarde.
4 Shave better.   Aféitese mejor.
5 Pay attention better.   Fíjese mejor.
6 Behave.   Pórtese bien.
7 Hurry up.   Dése prisa.

B   Pero he comido como nunca.
1 But I've eaten about a dozen.   Pero he comido como una docena.
2 But I've eaten a lot.   Pero he comido mucho.
3 But we've eaten enough.   Pero hemos comido bastante.
4 But we've decided to go to the country.   Pero hemos decidido ir al campo.
5 But we haven't decided on the date yet.   Pero no hemos decidido la fecha todavía.

6   But they've taken very good care of her.   Pero la han atendido muy bien.

7   But they've taken very poor care of her.   Pero la han atendido muy mal.

C   Tú siempre con ganas de comer.

1   You always wanting to eat so much.   Tú siempre con ganas de comer tanto.

2   You always wanting to go out late.   Tú siempre con ganas de salir tarde.

3   You always wanting to stick your foot in it.   Tú siempre con ganas de meter la pata.

4   You always wanting to complain about everything. Tú siempre con ganas de quejarte de todo.

5   You never wanting to arrive on time.   Tú nunca con ganas de llegar a tiempo.

6   You never wanting to go to church.   Tú nunca con ganas de ir a misa.

7   You never wanting to see anybody.   Tú nunca con ganas de ver a nadie.

D   ¿Tú sabes cocinar?

1   Do you know how to drive?   ¿Tú sabes manejar?

2   Do you know how to translate?   ¿Tú sabes traducir?

3   Do you (for) know how to dance?   ¿Ud. sabe bailar?

4   Does she know how to sew?   ¿Ella sabe coser?

5   Does he know how to speak Spanish?   ¿El sabe hablar español?

6   Do they (f) know how to cook well?   ¿Ellas saben cocinar bien?

7   Do you all know how to get (go) to the market?   ¿Uds. saben ir al mercado?

E   No lo digas ni en broma.

   1   Don't repeat it even as a joke.   No lo repitas ni en broma.

   2   Don't take it even as a joke.   No lo lleves ni en broma.

   3   Don't wait for him even as a joke.   No lo esperes ni en broma.

   4   Don't explain it even as a joke.   No lo expliques ni en broma.

   5   Don't do it even as a joke.   No lo hagas ni en broma.

   6   Don't pay for it even as a joke.   No lo pagues ni en broma.

   7   Don't handle it even as a joke.   No lo manejes ni en broma.

F   Va a ser un marido modelo.

   1   She's going to be a model wife.   Va a ser una esposa modelo.

   2   She's going to be a model child.   Va a ser una chica modelo.

   3   It's going to be a terrible thing.   Va a ser una cosa terrible.

   4   It's going to be a terrific party.   Va a ser una fiesta estupenda.

   5   It's going to be a very big help.   Va a ser una ayuda muy grande.

   6   It's going to be an excellent trip.   Va a ser un viaje excelente.

   7   He's going to be a phenomenal player.   Va a ser un jugador fenomenal.

31.24   Review drills

31.24.1   Nominalized verb forms as subjects of a sentence

   1 Playing golf is an art.   Jugar golf es un arte.
       It's an art to play golf.   Es un arte jugar golf.

   2 Betting at the horse races is exciting.   Apostar en las carreras de caballos es emocionante.
       It's exciting to bet at the horse races.   Es emocionante apostar en las carreras de caballos.

   3 Learning Spanish is very easy.   Aprender español es muy fácil.
       It's very easy to learn Spanish.   Es muy fácil aprender español.

   4 Studying English is very difficult.   Estudiar inglés es muy difícil.
       It's very difficult to study English.   Es muy difícil estudiar inglés.

   5 Shaving with cold water is horrible.   Afeitarse con agua fría es horrible.
       It's horrible to shave with cold water.   Es horrible afeitarse con agua fría.

   6 Living at a hotel is not cheap.   Vivir en un hotel no es barato.
       It's not cheap to live at a hotel.   No es barato vivir en un hotel.

   7 Getting up early is terrible.   Levantarse temprano es terrible.
       It's terrible to get up early.   Es terrible levantarse temprano.

31.24.2 /—ndo/   forms in absolute constructions

1	By working here, I learn more.	Trabajando aquí, aprendo más.
2	By living together, we pay less.	Viviendo juntos, pagamos menos.
3	If we arrive early, we can talk to the boss.	Llegando temprano, podemos hablar con el jefe.
4	If we lunch here, we pay more.	Almorzando ahí, pagamos más.
5	If we eat here, we pay less.	Comiendo aquí, pagamos menos.
6	If you go out every night, you can't study.	Saliendo todas las noches, no puede estudiar.
7	If you arrive late, you can't leave early.	Llegando tarde, no puede salir temprano.
8	If you study here, you'll learn more.	Estudiando aquí, aprende más.
9	If you bet one more time, you may win.	Apostando una vez más, Ud. puede ganar.
10	If you win again, you can pay the bill.	Ganando otra vez, puede pagar la cuenta.
11	By eating enough, I work better.	Comiendo bastante, trabajo mejor.

31.3   CONVERSATION STIMULUS

NARRATIVE I

1	Juan, Carmen, Jose and Jose's mother are sitting (seated) at the table.	Juan, Carmen, José, y la mamá de José están sentados a la mesa.
2	They're all just about through, now. (They're finishing eating)	Ya están todos acabando de comer.
3	Juan tells Jose's mother that the chicken and rice was delicious.	Juan le dice a la mamá de José que el arroz con pollo estaba riquísimo.
4	She asks if she may serve him some more.	Ella le pregunta si puede servirle más.

5 But he says he's had two helpings already (he's served himself twice).

Pero él dice que ya se ha servido dos veces.

6 And he can't (eat) any more.

Y no puede más.

7 Jose tells Juan that now they have to wash the dishes.

José le dice a Juan que ahora ellos tienen que lavar los platos.

8 But Juan doesn't pay any attention to him.

Pero Juan no le hace caso.

9 Because he knows that Jose is (just) saying that as a joke.

Porque sabe que José se lo dice en broma.

10 Then they all get up.

Entonces se levantan todos.

11 And they go to the living room to have the coffee there.

Y van a la sala a tomar el café ahí.

DIALOG 1

Juan, dígale a la señora que el arroz con pollo estaba riquísimo.

Juan: El arroz con pollo estaba riquísimo.

Sra., dígale que Ud. se alegra mucho. Que si le sirve más, pregúntele.

Sra.: Me alegro mucho. ¿Le sirvo más?

Juan, dígale que no, gracias, que ya se ha servido dos veces. Que no puede más.

Juan: No gracias. Ya me he servido dos veces. No puedo más.

José, dígale a Juan que ahora él y Ud. tienen que lavar los platos.

José: Ahora tú y yo tenemos que lavar los platos.

Sra., dígale a Juan que no le haga caso a José. Pregúnteles a todos porque no van a la sala y toman el café ahí.

Sra.: No le haga caso a José. ¿Porqué no vamos a la sala y tomamos el café ahí?

NARRATIVE 2

1 Jose and Carmen are talking about what they
   were doing at this time a year ago today.

2 Carmen remembers that they were dancing at
   a U.S. Air Mission party.

3 It is true, but at this time they weren't dancing
   yet, because they were just beginning to eat.

José y Carmen están conversando de lo que estaban
haciendo hoy hace un año a esta hora.

Carmen recuerda que estaban bailando en una fiesta
de la Misión Aérea de los Estados Unidos.

Es verdad, pero a esta hora todavía no estaban bailando,
porque apenas estaban empezando a comer.

DIALOG 2

José, pregúntele a Carmen si recuerda hoy
hace un año.

Carmen, contéstele que sí, que Uds. estaban
bailando en la fiesta que daba la Misión de
la Fuerza Aérea de los Estados Unidos.

José, dígale que es verdad, pero que a esta
hora todavía no estaban bailando.

Carmen, pregúntele que qué estaban haciendo,
entonces.

José, dígale que apenas estaban empezando
a comer.

José: ¿Recuerdas hoy hace un año, Carmen?

Carmen: Sí, estábamos bailando en la fiesta que daba
         la Misión de la Fuerza Aérea de los Estados
         Unidos.

José: Es verdad, pero a ésta hora todavía no estábamos
       bailando.

Carmen: ¿Qué estábamos haciendo, entonces?

José: Apenas estábamos empezando a comer.

NARRATIVE 3

1 And what an appetite Jose had that day!	¡Y qué apetito tenía José ese día!
2 But not only that day.	Pero no sólo ese día.
3 His mother says that son of hers is always hungry.	Su mamá dice que ese hijo suyo siempre está con ganas de comer.
4 Frankly, nobody knows why it is that he doesn't gain any weight.	Francamente, nadie sabe por qué es que José no engorda.
5 He says that it's just that he works too much, and worries too much.	El dice que es que trabaja demasiado, y se preocupa demasiado.

DIALOG 3

Carmen, dígale que qué apetito tenía él ese día.	Carmen: ¡Qué apetito tenías tú ese día!
Sra., dígale a Carmen que no sólo ese día. Que este hijo suyo siempre está con ganas de comer.	Sra.: No sólo ese día. Este hijo mío siempre está con ganas de comer.
Carmen, dígale que Ud. no sabe como no engorda, francamente.	Carmen: Yo no sé como no engorda, francamente.
José, diga que es que Ud. trabaja demasiado y se preocupa demasiado.	José: Es que yo trabajo demasiado y me preocupo demasiado.
Juan, dígale que qué broma, chico.	Juan: Qué broma, chico.

31.4   READINGS
31.41   Life in Surlandia
31.41.0 Vocabulary building

BASIC SENTENCES

according to
the report

According to reports we have...

the measure

...the Republic of Surlandia is taking important measures...

the development
economic

...for the economic development of the country.

among, between
the construction
the dam
the river

Among them is the construction of a dam on the Chico River.

the electrification
the area

This dam is going to electrify an area...

square

...of ten thousand square kilometers...

según
el informe

Según informes que tenemos...

la medida

...la república de Surlandia está tomando medidas importantes...

el desarrollo
económico

...para el desarrollo económico del país.

entre
la construcción
la represa
el río

Entre ellas está la construcción de una represa sobre el Río Chico.

la electrificación
el área (f)

Esta represa va a dar electrificación para una área...

cuadrado

...de diez mil kilómetros cuadrados...

the inhabitant	el habitante
...with a population of one hundred and fifty thousand inhabitants.	...con una población de ciento cincuenta mil habitantes.
to offer	ofrecer
the prospect	la perspectiva
the sale	la venta
the appliance	el artículo
electric	eléctrico
This offers very good prospects for the sale of electric appliances.	Esto ofrece muy buenas perspectivas para la venta de artículos eléctricos.
to dominate	dominar
Until now the market has been dominated...	Hasta ahora el mercado está dominado...
the manufacture	la manufactura
German	alemán
...by those of German manufacture.	...por los de manufactura alemana.
is due to (to be due to)	se debe a (deberse a)
the treaty	el tratado
Germany	Alemania
This is due in large part to the commercial treaty between Germany and Surlandia,...	Esto se debe en gran parte al tratado comercial entre Alemania y Surlandia,...
to obtain	obtener
...by which Germany has obtained...	...por el que Alemania ha obtenido...
the rate	el tipo
favorable	favorable
...a very favorable rate of exchange.	...un tipo de cambio muy favorable.

COGNATE LOAN WORDS

la exportación	particularmente
la expansión	el proyecto
la firma	negociar
limitar	la autoridad
la operación	la importación
latinoamérica	la licencia
la zona	el representante
considerar	detallar
la actividad	el contacto
el comercio	local
la situación	el establecimiento
regional	optimista
el consulado	la reunión
periódicamente	el director
el respecto	posible
recomendar	

31.41.1   Reading selection

Los Negocios en Surlandia

Las relaciones comerciales entre los Estados Unidos y la América Latina han aumentado tanto durante los últimos años, que puede decirse que los países latinoamericanos representan el área más importante del mundo para las exportaciones norteamericanas. En vista de esta expansión comercial y de las favorables perspectivas que el futuro ofrece, muchas firmas norteamericanas que hasta hace algún tiempo habían limitado sus operaciones a unos pocos países en Latinoamérica, están ahora extendiendo sus negocios en esa zona.

Tenemos un caso típico en la United Appliances Corporation, compañía norteamericana de artículos eléctricos. La United Appliances por mucho tiempo ha tenido negocios sólo en México, Cuba y Venezuela, pero ahora está considerando extender sus actividades a otros países que, por el gran desarrollo económico que han tenido en los últimos tiempos, ofrecen un mercado excelente para sus productos.

Uno de los países que se están considerando es Surlandia. La compañía está pensando abrir una Agencia en Las Palmas, capital de la república, y una de las primeras medidas que se tomó, fue la de escribir al Departamento de Comercio en Washington pidiendo informaciones sobre la situación económica de ese país.

31.22   VEINTIDOS

Unos días después, contestó el Departamento dando la siguiente información:

(1) Una lista de las oficinas regionales del Departamento donde podían pedirse los informes económicos sobre cualquier país, informes que las embajadas y consulados norteamericanos mandan periódicamente. Con respecto a Surlandia, el Departamento de Comercio recomendaba particularmente dos números del 'Economic Review of Surlandia', el No. 73 y el No. 128, con informaciones de interés para el proyecto de la United Appliances.

(2) El problema principal que podría presentársele a la compañía, según la experiencia de otras firmas norteamericanas en Surlandia, era el problema de los dólares. Se recomendaba, por tal razón, negociar con las autoridades de ese país un sistema de cambio. Así, por ejemplo, dice el Departamento en su carta, los productos eléctricos de manufactura alemana dominan el mercado en Surlandia debido en gran parte al tratado comercial de 1955 entre Alemania y Surlandia, por el que Alemania ha obtenido un tipo de cambio muy favorable.

(3) En Surlandia no hay grandes restricciones para la importación de artículos eléctricos y así, no sería difícil obtener, por ejemplo, licencias de importación.

(4) Si la United Appliances decidía mandar un representante a Surlandia para hacer allí un estudio más detallado, el Departamento de Comercio recomendaba a tal persona, al llegar allá, ponerse en contacto con Mr. Fred P. Robinson, Agregado Comercial de la Embajada Norteamericana en Las Palmas, quien puede prestarle toda la ayuda necesaria. Además, la Embajada en Las Palmas tiene las últimas listas del comercio local y los WTDR (World Trade Directory Reports) que contienen datos muy importantes sobre todos los establecimientos comerciales en Surlandia.

Al recibir estas informaciones favorables del Departamento de Comercio, el Jefe de Ventas en el Extranjero de la United Appliances, Mr. Ralph Phillips, se sintió muy optimista y aun más después, cuando leyó las copias del 'Economic Review' que él mismo fue a pedir a la oficina regional del Departamento en Chicago. En uno de los números que el Departamento de Comercio había recomendado hay toda una sección sobre la expansión del mercado para los artículos eléctricos en ese país. El otro trata de la construcción de una represa en el Río Chico y que muy pronto va a estar terminada. Esta represa va a dar como resultado la electrificación de un área de 10,000 kilometros cuadrados, con una población de 150,000 habitantes, lo que va a abrir un mercado muy grande a todo tipo de artículos eléctricos.

Unos días después, en la reunión de directores de la compañía, se discutieron todos los datos presentados por el Sr. Phillips y otros. Como primer resultado de esta reunión, se le pidió al Sr. Phillips hacer un viaje a Surlandia, lo más pronto posible, con el propósito de estudiar el establecimiento de una agencia en Las Palmas.

31.41.2 Response drill

1 ¿Qué representa la América Latina para los Estados Unidos en el aspecto comercial?
2 ¿Qué están haciendo muchas firmas norteamericanas en vista de las favorables perspectivas del futuro?
3 ¿Qué produce la United Appliances Corporation?
4 ¿Por qué está considerando extender sus negocios a Surlandia?
5 ¿Cuál fue una de las primeras medidas que tomó esta compañía en ese aspecto?
6 ¿Qué es el 'Economic Review' sobre un país?
7 ¿Cuáles números de este 'Economic Review' sobre Surlandia traían informaciones de mucho interés para la United Appliances?
8 ¿Qué decía el No. 128 con respecto a una represa sobre el Río Chico?
9 ¿Cuál era el problema principal que podría presentársele a la United Appliances en Surlandia?
10 ¿Qué recomendaba el Departamento de Comercio en tal caso?
11 ¿Por qué dominan el mercado en Surlandia los productos de manufactura alemana?
12 ¿Con quién debía ponerse en contacto el representante de la United Appliances al llegar a Surlandia?
13 ¿Qué son los 'World Trade Directory Reports'?
14 ¿Qué decidieron los directores de la compañía cuando se reunieron?
15 ¿Quién era Mr. Ralph Phillips?

31.41.3 Discussion

1 Discuss the reason or reasons why Latin America represents the most important trade area for the United States.

2 Discuss some of the duties of the Commercial Attache of an American Embassy.

31.42   Features

31.42.0   Vocabulary building

BASIC SENTENCES

the place
world (ly)

el lugar
mundial

The United States occupies first place among world markets...

Estados Unidos ocupa el primer lugar entre los mercados mundiales...

the material, the matter
raw materials
the foreign (land), abroad

la materia
materias prímas
el extranjero

...for raw materials and other products which Latin America ships abroad,...

...para las materias primas y otros productos que Latinoamérica manda al extranjero,...

since
to consume
per cent
the value

ya que
consumir
por ciento
el valor

...since it consumes almost 50 per cent of the total value of these exports.

...ya que consume casi el 50 por ciento del valor total de esas exportaciones.

the food (stuff)

el alimento

The Latin American countries, which now consume more foodstuff,...

Los países latinoamericanos, que ahora consumen más alimentos,...

greater, larger
the income
per capita

mayor
la entrada
per cápita

...have greater per capita income than previously.

...tienen mayores entradas per cápita que antes.

strong
more and more

fuerte
cada vez más

They import from the United States, in quantities increasingly greater,...

Importan de los Estados Unidos, en cantidades cada vez más fuertes,...

the goods   los bienes
the capital   el capital
Europe   Europa

...the capital goods and other products which previously came from Europe.

...los bienes de capital y otros productos que antes venían de Europa.

COGNATE LOAN WORDS

la interdependencia	la producción
la economía	industrial
exportar	europeó
manufacturar	considerablemente
el porcentaje	la ilustración
el factor	la estadística
la aspiración	el Canadá
satisfacer	se convirtió (convertirse)
la demanda	accesible
la crisis	

31.42.1   Reading selection

La Interdependencia Económica Entre los Estados Unidos y Latinoamérica

Todos sabemos que la economía latinoamericana siempre ha dependido del comercio con el extranjero: los países latinoamericanos han exportado materias primas y alimentos y han importado productos manufacturados. La situación misma no ha cambiado, pero el desarrollo económico de Latinoamérica ha dado una nueva dirección al comercio exterior entre estos países y el extranjero, especialmente con respecto a las importaciones. Así, en los últimos cincuenta años, el comercio entre Latinoamérica y Europa ha bajado, mientras que ha aumentado con respecto a los Estados Unidos. Este último país tiene ahora, en el comercio con Latinoamérica, el lugar que antes ocupaba Europa.

Este cambio ha resultado de varios factores. En primer lugar, los países latinoamericanos, con sus mayores entradas per cápita y sus aspiraciones de un mejor standard de vida, consumen ahora una mayor cantidad de productos manufacturados, que por lo general vienen del extranjero. En segundo lugar, Europa no ha podido satisfacer esta mayor demanda. Debido a las dos guerras mundiales y a la crisis económica de los años veinte, la producción industrial europea bajó considerablemente y estos países no pudieron importar tantas materias primas de Latinoamérica como antes. Igualmente, Latinoamérica ya no pudo obtener bienes de capital en Europa en la misma forma como ha podido hacerlo en los Estados Unidos. Finalmente, como Latinoamérica tiene menos alimentos para exportar y Europa tiene menos dólares para pagar, el comercio entre Europa y Latinoamérica es ahora mucho menor, y las relaciones comerciales de Latinoamérica con los Estados Unidos son mucho más fuertes.

Como ilustración damos las siguientes estadísticas: [1]

Porcentaje en la Distribucion de las Exportaciones Latinoamericanas

Area	Año			
	1928	1938	1948	1949
E.E.U.U. y Canadá	38	35	60	58
Europa	49	48	23	28
Latinoamérica	9	9	13	10
Otros	4	8	4	4

[1] Las estadísticas hasta 1949 han sido tomadas de *The Interdependence of the Latin American and U.S. Economies*, Foreign Commerce Department, Chamber of Commerce of the United States; May, 1951.

Porcentaje en la Distribución de las Importaciones Latinoamericanas

Area	Año			
	1928	1938	1948	1949
E.E.U.U. y Canadá	35	30	39	42
Europa	53	52	37	35
Latinoamérica	7	7	9	9
Otros	5	11	14	15

Consideremos ahora la importancia que tiene para los Estados Unidos este cambio en la dirección del comercio exterior latinoamericano. Fue durante los años de la segunda guerra mundial que Latinoamérica se convirtió en el área comercial más importante para los Estados Unidos y así, en uno de sus mejores mercados. Esto puede verse en las siguientes estadísticas:

Exportaciones Comerciales de los Estados Unidos
(Millones de dólares) [1]

	1941	1942	1943	1944	1945
Latinoamérica	1.034,7	816,9	870,4	1.089,4	1.340,1
Europa	1.262,4	596,7	324,5	332,6	1.056,9

---

[1] In Spanish, a dot 'punto' is used to mark off thousands and a comma 'coma' to mark the decimal point. 'Coma' is read as part of the number.

Estas estadísticas nos hacen ver que las exportaciones de los Estados Unidos a Latinoamérica han aumentado mucho. Así, la interdependencia económica se hace cada día más grande entre estas dos áreas. Además, es posible ver que, en caso de otra guerra, Latinoamérica puede fácilmente ser el área comercial más accesible del mundo para los Estados Unidos.

Es interesante observar que las exportaciones de materias primas latinoamericanas a los Estados Unidos representaban, al menos hasta 1949, una buena cantidad del total de las importaciones de este país. En algunos casos, el 50 por ciento de un producto venía de un país latinoamericano. Además, tomando como base los cien productos principales que se importan en este país, por lo menos el 10 por ciento venía de algún país latinoamericano. En 1953, el valor de las exportaciones latinoamericanas a los Estados Unidos representaba el 45,3 por ciento del total de sus exportaciones, mientras que, del total de las importaciones en Latinoamérica, un 55 por ciento vino de los Estados Unidos. [2]

31.42.2   Response drill

1 ¿De qué ha dependido siempre la economía latinoamericana?
2 ¿Qué exportan y qué importan los países latinoamericanos?
3 ¿Qué cambios ha habido en los últimos cincuenta años con respecto al comercio exterior de Latinoamérica?
4 ¿Cuáles son algunos de los factores por los cuales han resultado estos cambios?
5 ¿Por qué pueden los países latinoamericanos consumir ahora mayor cantidad de productos manufacturados?
6 ¿Por qué bajó considerablemente la producción europea en los últimos años?
7 ¿Cuál país ocupa el lugar que antes ocupaba Europa?
8 ¿Por qué se hace cada día más grande la interdependencia entre los Estados Unidos y Latinoamérica?
9 ¿Qué exportan los Estados Unidos a la América Latina?
10 ¿Qué porcentaje de los productos principales que importan los Estados Unidos viene de Latinoamérica?
11 En 1953, ¿qué porcentaje del valor total de las importaciones en Latinoamérica vino de los Estados Unidos?
12 Según las estadísticas de 1928, ¿cuál fue el porcentaje de las importaciones latinoamericanas de los países europeos?
13 ¿En qué porcentaje bajaron esas importaciones en 1949?
14 ¿Por qué no puede Europa importar mucho de la América Latina?
15 ¿Durante qué tiempo se convirtió Latinoamérica en el área comercial más importante para los Estados Unidos?

---

[2] Ver *Comparative Statistics on the Latin American Republics*, Statistical Reports, Part 3, No. 55-47; World Trade Information Service, U.S. Department of Commerce, Bureau of Foreign Commerce, November, 1955.

31.42.3 Discussion

    1. Discuss the dependency of Latin America on foreign trade.

    2. Discuss the change in the direction of Latin American foreign trade from Europe to the U.S.

32.1   BASIC SENTENCES.   A conversation after dinner.

        The conversation continues in the living room while they are drinking coffee.

ENGLISH SPELLING	AID TO LISTENING	SPANISH SPELLING
the style	él—éstilô↓	el estilo
colonial	kôlônyál↓	colonial

White
This house is colonial style, isn't it?   éstakasạ|ézdêstilokolonyál↓ no↑

Esta casa es de estilo colonial, ¿no?

	la—átênşyón↓	la atención
the attention		
to strike the attention	(0)yámar—lạ—átenşyón↓	llamar la atención
the window	lá—bêntanâ↓	la ventana
the grate, iron grating	lá—rrehâ↓	la reja

Mrs. Molina
Have the windows with iron gratings struck your attention?

lẹ an(0)yamađolatenşyon|lâzbêntanas| kônrrehas↑

Sra. Molina
¿Le han llamado la atención las ventanas con rejas?

| the door | lá—pwertâ↓ | la puerta |

White
Yes. And the doors, too.   si↓ iláspwertastambyén↓

White
Sí. Y las puertas también.

| the combination, aggregate | él—kôŋhuntô↓ | el conjunto |

attractive

átráktíbó↓

atractivo

Actually the entire combination is
very attractive.

rréálménte↑tódοelkoηhúntο|ézmúy
átraktíbó↓

Realmente todo el conjunto es muy
atractivo.

to construct

kónstrwír↓

construir

Carmen
Joe, what year was this house
constructed in?

hóse↓ éηkéáηyo|fwekonstrwídạ|éstá
kásạ↓

Carmen
José, ¿en qué año fue construida
esta casa?

1900

míl—nóbèşyéntòs↓

mil novecientos

Jose
In about 1900.

kómọènmílnobeşyéntòs↓

José
Como en mil novecientos.

to inherit

èréďár↓

heredar

Mrs. Molina
I inherited it from my parents.

lạèréďeďemispáďrès↓

Sra. Molina
La heredé de mis padres.

to wonder at

èstràηyár↓

extrañar

that (you) may want (to want) [1]

kè—kyérà↓ kérér↓

que quiera (querer)

White
It doesn't surprise me that you don't
want to go to the city.

nómèstraɲyà|kénókyérąirsę|ȧlȧęyúɖȧɖ↓

White
No me extraña que no quiera irse
a la ciudad.

must [2]

débér↓

deber

It must be pleasant to live here.

debeɖargustȯ|bibírȧkí↓

Debe dar gusto vivir aquí.

the better (best) thing [3]

lȯ̀-mėhȯr↓

lo mejor

the garden

èl-hȧrɖín↓

el jardín

Carmen
I find that the nicest thing is the garden.

yoęŋkwentro|kèlȯmėhor|esę̣lharɖín↓

Carmen
Yo encuentro que lo mejor es el
jardín.

the theme, subject

èl-temȧ↓

el tema

to change the subject

kȧmbyar-ɖe-témȧ↓

cambiar de tema

to request, ask for

pėɖír↓

pedir

White
Joe, changing the subject,....

hȯsė↓ kȧmbyandoɖetémȧ↓

White
José, cambiando de tema,...

I'm going to ask you all for a favor.

lézboyapeɖirumfabór↓

Les voy a pedir un favor.

to treat of, to deal with

trȧtar-ɖè↓

tratar de

Jose
Of course. What's it about?

komonó↓ dèkésètrátà↓

José
Cómo no. ¿De qué se trata?

White
What church are you all going to tomorrow?

àkȩiglésyà |bánmàŋyánà↓

White
¿A qué iglesia van mañana?

Jose
I don't know. Ask Carmen.

nosé↓ prègúntaselo̧ |akármèn↓

José
No sé. Pregúntaselo a Carmen.

the miracle

èl-milagró↓

el milagro

the (one) of the miracles

lá-dè-lóz-milagròs

la de los Milagros

Carmen
To the Church of the Miracles, 11 o'clock mass.

àlàdèlózmilagròs↓ àmisadȩónȩè↓

Carmen
A la de los Milagros, a misa de once.

precisely

prèȩisamèntè↓

precisamente

White
Precisely the same one that I wanted to see. (4)

prèȩisamente |làmizma |kèyokeria konoȩér↓

White
Precisamente la misma que yo quería conocer.

Jose
Oh! Then come with us.

a↓ èntónȩes |béŋkò(n)nòsotrós↓

José
¡Ah! Entonces ven con nosotros.

White
Thanks. That's what I wanted to ask you all.

graȩyàs↓ éso̧ |éz lókèyo |keriapedírlès↓

White
Gracias. Eso es lo que yo quería pedirles.

2.10   Notes on the basic sentences

(1)   This form /kyéra/ *quiera* is a present subjunctive form which will be taken up in detail beginning with Unit 36. Since subjunctive forms most usually occur in subordinate clauses, they are shown as subjunctive in the build ups by the device of translating only with *que_____.*

(2)   'Must' here means something like 'it probably is.' It is the *must* of a sentence like 'You must have had a nice vacation,' or 'You must think she's a real nice girl.'

(3)   There is no distinction between comparative and superlative degrees of comparison of adjectives in Spanish: only 'good, better (best), the better (the best)'

(4)   /konoşér/ *conocer* is translated 'see' rather than 'get acquainted with' because it means something like 'to see for the first time.' In this context /bér/ *ver* 'to see' can replace /konoşér/ *conocer.* For the meaning 'to know' in the sense of 'to become acquainted with', see grammar point 32.21.2.

32.2   DRILLS AND GRAMMAR

32.21   Pattern drills

32.21.1 Cardinal numbers, days of the week, months of the year

A.   Presentation of pattern

ILLUSTRATIONS

plus	más
Five plus four is nine.	1 Cinco más cuatro son nueve.
less, minus	menos
zero	cero
Three minus three is zero.	2 Tres menos tres son cero.
to multiply	multiplicar
Three multiplied by four is twelve.	3 Tres multiplicado por cuatro son doce.

to divide	dividir
Six divided by three is two.	4 Seis dividido por tres son dos.
the rotation	la rotación
Count off by two's.	5 Cuenten de dos en dos en rotación.

EXTRAPOLATION

şéro					
úno, —a	ónşe	dyéş		şyén	şyentǫúno
dós	dóşe	béynte	beyntỵúno	dos(ş)yéntos, —as	dos(ş)yéntos—dós
trés	tréşe	tréynta	treyntạɪdós	tres(ş)yéntos, —as	tres(ş)yéntos—trés
kwátro	katórşe	kwarénta	kwarentạɪtrés	kwatroşyéntos, —as	
şínko	kínşe	şınkwénta		kınyéntos, —as	
séys	dyeşɪséys	sesénta		seys(ş)yéntos, —as	
syéte	dyeşɪsyéte	seténta		seteşyéntos, —as	
ócho	dyeşɪócho	ochénta		ochoşyéntos, —as	dyéş—míl
nwébe	dyeşɪnwébe	nobénta		nobeşyéntos, —as	şyén—míl
dyéş	béynte	şyén		míl	un—mɪ(l)yón

lúnes		enéro	húlyo
mártes		febréro	agósto
myérkoles		márṣo	se(p)tyémbre
hwébes		abríl	oktúbre
byérnes		máyo	nobyémbre
sábado		húnyo	diṣyémbre
domíngo			

NOTES

a. The final /—e/ of /béynte/ drops when a unit number follows: /beyntitrés/.

b. The /—ye—/ of /syéte/ and the /—we—/ of /nwébe/ become /—e—/ and /—o—/ in numerical multiples:
/seténta, seteṣyéntos; nobénta, nobeṣyéntos/.

c. The form /ṣyénto—/appears only with following tens and/or units; alone before a noun it is shortened to/ṣyén/ .

d. The form /kinyéntos/ is out of the pattern.

e. The only number forms which inflect for gender are /úno, —a/ , alone or in compounds with other numerals, and the plurals
/...ṣyéntos, —as/.

f. The form /milyón/ is a noun; all other numerals are adjectives.

g. All the days of the week except /sábado/ and /domíngo/ have zero plurals; i.e., they don't change in form when
modified by plural adjectives.

32.21.11 Substitution drills — item substitution [1]

1 Domingo *6* de enero de 1956.

    _____17_____.   Domingo 17 de enero de 1956.

    _____13_____.   Domingo 13 de enero de 1956.

    _____11_____.   Domingo 11 de enero de 1956.

2 Lunes *5* de febrero de 1940.

    _____23_____.   Lunes 23 de febrero de 1940.

    _____14_____.   Lunes 14 de febrero de 1940.

    _____12_____.   Lunes 12 de febrero de 1940.

3 Martes *9* de marzo de 1915.

    _____3_____.   Martes 3 de marzo de 1915.

    _____6_____.   Martes 6 de marzo de 1915.

    _____7_____.   Martes 7 de marzo de 1915.

4 Miércoles *8* de abril de 1930.

    _____16_____.   Miércoles 16 de abril de 1930.

    _____20_____.   Miércoles 20 de abril de 1930.

    _____19_____.   Miércoles 19 de abril de 1930.

5 Jueves *10* de mayo de 1911.

    _____9_____.   Jueves 9 de mayo de 1911.

    _____8_____.   Jueves 8 de mayo de 1911.

    _____5_____.   Jueves 5 de mayo de 1911.

---

[1] These drills should be read from the left hand column of the text.

6 Viernes *15* de junio de 1935.

    _____18_____ .   Viernes 18 de junio de 1935.

    _____10_____ .   Viernes 10 de junio de 1935.

    _____4_____ .   Viernes 4 de junio de 1935.

7 Sábado *12* de julio de 1929.

    _____6_____ .   Sábado 6 de julio de 1929.

    _____7_____ .   Sábado 7 de julio de 1929.

    _____14_____ .   Sábado 14 de julio de 1929.

8 El nació en agosto de *1953*.

    _____1921.   El nació en agosto de 1921.

    _____1832.   El nació en agosto de 1832.

    _____1715.   El nació en agosto de 1715.

9 El nació en septiembre de *1531*.

    _____1800.   El nació en septiembre de 1800.

    _____1523.   El nació en septiembre de 1523.

    _____1713.   El nació en septiembre de 1713.

10 El nació en octubre de *1521*.

    _____1638.   El nació en octubre de 1638.

    _____1900.   El nació en octubre de 1900.

    _____1413.   El nació en octubre de 1413.

11 El nació en noviembre de *1911*.

_____ 1905.   El nació en noviembre de 1905.

_____ 1700.   El nació en noviembre de 1700.

_____ 1603.   El nació en noviembre de 1603.

12 El nació en diciembre de *1510*.

_____ 1920.   El nació en diciembre de 1920.

_____ 1730.   El nació en diciembre de 1730.

_____ 1899.   El nació en diciembre de 1899.

13 El nació en febrero de *1916*.

_____ 1438.   El nació en febrero de 1438.

_____ 1834.   El nació en febrero de 1834.

_____ 1738.   El nació en febrero de 1738.

32.21.12 Counting drills

1 Cuente del 1 al 25.   10 Cuente de 10 en 10 hasta 100.
2 Cuente del 25 al 45   11 Cuente de 100 en 100 hasta 1000.
3 Cuente del 45 al 65.
4 Cuente del 65 al 85.   12 Cuenten del 1 al 50 en rotación.
5 Cuente del 85 al 105.   13 Cuenten del 50 al 100 en rotación.
                                          14 Cuenten en rotación de 100 en 100 hasta 1000.
6 Cuente de 2 en 2 hasta 20.   15 Cuenten en rotación de 50 en 50 de 500 a 1000.
7 Cuente de 3 en 3 hasta 30.
8 Cuente de 4 en 4 hasta 40.
9 Cuente de 5 en 5 hasta 50.

32.21.13 Arithmetic drills [1]

Problem:

$$3 + 5 = 8$$
$$8 - 4 = 4$$
$$2 \times 5 = 10$$
$$20 \div 4 = 5$$

Answer:

3 más 5 son 8
8 menos 4 son 4
2 multiplicado por 5 son 10
20 dividido por 4 son 5

1 $3 + 6 = 9$	3 más 6 son 9
$12 - 4 = 8$	12 menos 4 son 8
$6 \times 3 = 18$	6 multiplicado por 3 son 18
$10 \div 2 = 5$	10 dividido por 2 son 5
2 $25 + 3 = 28$	25 más 3 son 28
$13 - 2 = 11$	13 menos 2 son 11
$15 \times 3 = 45$	15 multiplicado por 3 son 45
$18 \div 6 = 3$	18 dividido por 6 son 3
3 $3 + 4 = 7$	3 más 4 son 7
$1 - 1 = 0$	1 menos 1 es 0
$7 \times 3 = 21$	7 multiplicado por 3 son 21
$50 \div 10 = 5$	50 dividido por 10 son 5

---

[1] These drills should be read from the left hand column of the text.

B. Discussion of pattern

   The system of cardinal numbers in Spanish is quite similar to that of English. One difference is the occurrence of /i/ 'and' between tens and units, instead of between hundreds and tens as in English. Irregularities, or inconsistencies in the Spanish system, are mentioned in the Notes. Another difference is in the use of periods and commas; in Spanish a comma marks the decimal point and a period marks off each group of three numbers.

   The days of the week are all masculine nouns in Spanish and regularly occur with the definite article. The combination of article and noun translates 'on_____':/byéne—el-mártes↓/ 'He's coming on Tuesday.' Constructions like */en—lúnes/ never occur. Only /sábado/ and /domíngo/ have regularly inflected plural forms: /sábados, domíngos/.

   The months of the year are also masculine nouns. They never appear with articles, however.

32.21.2 Some semantic correlations: /sabér~konoşér/ and /pedír~preguntár/

   A. Presentation of pattern

ILLUSTRATIONS

_____	1 Yo no *sé* ni jota de golf.
_____	2 Juan, ¿tú *sabes* cocinar?
I found out about it last night.	3 Lo *supe* anoche.
_____	4 *Conozco* a alguien que puede hacerlo.
_____	5 Vamos a un puesto que yo *conozco.*
I met Carmen last night.	6 *Conocí* a Carmen anoche.
_____	
_____	7 *Pregúntele* a Carmen.
	8 Les voy a *pedir* un favor.

EXTRAPOLATION

to know	
facts	people, places
sabér	konoşér

to ask	
inquire	request
preguntár	pedír

NOTES

a. The area of meaning of English 'to know' and 'to ask' are each divided into two concepts in Spanish.

32.21.21 Translation drill

1 I don't know Mr. Molina.   No conozco al señor Molina.
   I don't know where he lives.   No sé dónde vive.

2 He doesn't know the names of the students.   El no sabe los nombres de los estudiantes.
   He doesn't know them (the students) very well.   No los conoce muy bien.

3 They don't know how to go downtown.   Ellos no saben ir al centro.
   They don't know the downtown (section).   Ellos no conocen el centro.

4 We don't know that building.   No conocemos ese edificio.
   We don't know where it is.   No sabemos donde está.

5 He knew my daughter very well.   Conocía muy bien a mi hija.
   He knew where she was working too.   Sabía dónde trabajaba también.

6 We don't know anything.	No sabemos nada.
We don't know anybody.	No conocemos a nadie.
7 I asked how much a (cup of) coffee cost.	Pregunté cuánto costaba un café.
I asked for a (cup of) coffee.	Pedí un café.
8 They never ask for anything.	Ellos nunca piden nada.
They never ask anything.	Ellos nunca preguntan nada.
9 He asked me the time.	El me preguntó la hora.
Then he asked a favor of me.	Después me pidió un favor.
10 I asked for the information that you wanted.	Pedí la información que quería.
But I didn't ask the prices.	Pero no pregunté los precios.
11 That gentleman's asking him something.	Ese señor le está preguntando algo.
That gentleman's asking him for something.	Ese señor le está pidiendo algo.

B. Discussion of pattern

The range of meaning of the English verb 'know' covers what are considered two distinct concepts in Spanish; /konoşér/ is often equated with 'be acquainted with' while /sabér/ is confined to a knowledge of factual information. Also, /sabér/ has the additional meaning of 'to know how to': 'Sabe jugar tenis muy bien' translates 'He knows how to play tennis very well.' In past I, both of the concepts have the meaning 'began to know,' so that /súpo/ usually means 'learned' and /konoşyó/, 'met.'

There is a similar English overlap of the Spanish concepts /preguntár/ and /pedír/. To ask for information the verb /preguntár/is used, but to ask for results, /pedír/ is used.

32.22   Replacement drills

A   Esta casa es de estilo colonial.

   1 _____ casas _____ .   Estas casas son de estilo colonial.

   2 _____ moderno.   Estas casas son de estilo moderno.

   3 Aquella _____ .   Aquella casa es de estilo moderno.

   4 _____ hotel _____ .   Aquel hotel es de estilo moderno.

   5 _____ son _____ .   Aquellos hoteles son de estilo moderno.

   6 _____ americano .   Aquellos hoteles son de estilo americano.

   7 _____ edificio _____ .   Aquel edificio es de estilo americano.

B   ¿Le han llamado la atención las ventanas?

   1 ¿ _____ ventana?   ¿Le ha llamado la atención la ventana?

   2 ¿Te _____ ?   ¿Te ha llamado la atención la ventana?

   3 ¿ _____ llama _____ ?   ¿Te llama la atención la ventana?

   4 ¿ _____ rejas   ¿Te llaman la atención las rejas?

   5 ¿ _____ estas _____ ?   ¿Te llaman la atención estas rejas?

   6 ¿ _____ estilo?   ¿Te llama la atención este estilo?

   7 ¿Les _____ ?   ¿Les llama la atención este estilo?

C   Realmente todo el conjunto es muy atractivo.

1 _____ típico.   Realmente todo el conjunto es muy típico.

2 _____ casas _____ .   Realmente todas las casas son muy típicas.

3 _____ bien _____ .   Realmente todas las casas son bien típicas.

4 _____ modelos _____ ,   Realmente todos los modelos son bien típicos.

5 En realidad _____ ,   En realidad todos los modelos son bien típicos.

6 _____ estilo _____ ,   En realidad todo el estilo es bien típico.

7 _____ bonitos.   En realidad todos los estilos son bien bonitos.

D   ¿En qué año fue construida esta casa?

1 ¿ _____ edificios?   ¿En qué año fueron construidos estos edificios?

2 ¿ _____ ese _____ ?   ¿En qué año fue construido ese edificio?

3 ¿ _____ fecha _____ ?   ¿En qué fecha fue construido ese edificio?

4 ¿ _____ hechos _____ ?   ¿En qué fecha fueron hechos esos edificios?

5 ¿ _____ trabajo?   ¿En qué fecha fue hecho ese trabajo?

6 ¿A qué hora _____ ?   ¿A qué hora fue hecho ese trabajo?

7 ¿ _____ acabados _____ ?   ¿A qué hora fueron acabados esos trabajos?

E   La heredé de mis padres.

1 _____ mi _____ .   La heredé de mi padre.
2 _____ suegra.   La heredé de mi suegra.
3 ___ recibí _____ .   La recibí de mi suegra.
4 _____ país.   La recibí de mi país.
5 ___ pedí _____ .   La pedí de mi país.
6 _____ otro _____ .   La pedí de otro país.
7 _____ parte.   La pedí de otra parte.

F   Precisamente la misma que yo quería conocer.

1 _____ los _____ .   Precisamente los mismos que yo quería conocer.
2 _____ ver.   Precisamente los mismos que yo quería ver.
3 _____ nosotros _____ .   Precisamente los mismos que nosotros queríamos ver.
4 _____ deseábamos ___ .   Precisamente los mismos que nosotros deseábamos ver.
5 _____ mismo _____ .   Precisamente el mismo que nosotros deseábamos ver.
6 _____ usted _____ .   Precisamente el mismo que usted deseaba ver.
7 _____ comprar.   Precisamente el mismo que usted deseaba comprar.

32.23   Variation drills

A   Como en 1900.

1 About in 1903.   Como en mil novecientos tres.

2 About in 1909.   Como en mil novecientos nueve.

3 About in 1920.   Como en mil novecientos veinte.

4 About in 1925.   Como en mil novecientos veinticinco.

5 About in 1833.   Como en mil ochocientos treinta y tres.

6 About in 1746.   Como en mil setecientos cuarenta y seis.

7 About in 1574.   Como en mil quinientos setenta y cuatro.

B   No me extraña que no quiera irse a la ciudad.

1 It doesn't surprise me that you don't want to   No me extraña que no quiera irse al campo.
   go to the country.

2 It doesn't surprise me that you don't want to   No me extraña que no quiera mudarse de casa.
   move.

3 It doesn't surprise me that you don't want to   No me extraña que no quiera quedarse soltero.
   remain a bachelor.

4 It doesn't surprise me that you don't want to   No me extraña que no quiera comprometerse todavía.
   promise yet.

5 It doesn't surprise me that you don't want to   No me extraña que no quiera olvidarse de eso.
   forget that.

6 It doesn't surprise me that you want to complain. No me extraña que quiera quejarse.

7 It doesn't surprise me that you want to go away.   No me extraña que quiera marcharse.

C   Yo encuentro que lo mejor es el jardín.

    1 I find the best thing is the fish.   Yo encuentro que lo mejor es el pescado.

    2 I find the best thing is the food.   Yo encuentro que lo mejor es la comida.

    3 I find the best thing is the meat.   Yo encuentro que lo mejor es la carne.

    4 I find the best thing is the green (vegetable).   Yo encuentro que lo mejor es la verdura.

    5 I find the worst thing is the market.   Yo encuentro que lo peor es el mercado.

    6 I find the worst thing is the headache.   Yo encuentro que lo peor es el dolor de cabeza.

    7 I find the worst thing is this section of town.   Yo encuentro que lo peor es este barrio.

D   Cambiando de tema, les voy a pedir un favor.

    1 Changing the subject, I'm going to ask you   Cambiando de tema, les voy a pedir el total.
       for the total.

    2 Changing the subject, I'm going to ask you   Cambiando de tema, les voy a pedir la lista.
       for the list.

    3 Changing the subject, I'm going to give you   Cambiando de tema, les voy a dar la información.
       the information.

    4 At least, I'm going to give you an excuse.   Por lo menos, les voy a dar un pretexto.

    5 At least, I'm going to accept the certificate   Por lo menos, les voy a aceptar el certificado.
       from you.

    6 By the way, I'm going to tell you the truth.   A propósito, les voy a decir la verdad.

    7 By the way, I'm going to give you permission.   A propósito, les voy a dar el permiso.

E   No sé. Pregúntaselo a Carmen.

   1 I don't know. Ask *her* about it.   No sé. Pregúntaselo a ella.

   2 I don't know. Tell *her* about it.   No sé. Díselo a ella.

   3 I don't know. Serve it to Mary.   No sé. Sírveselo a María.

   4 I don't know. Take it to Carmen.   No sé. Llévaselo a Carmen.

   5 I don't know. Let the boss know about it.   No sé. Avísaselo al jefe.

   6 I don't know. Tell it to some other person.   No sé. Cuéntaselo a otra persona.

   7 I don't know. Sell it to someone else.   No sé. Véndeselo a otro.

F   Entonces, ven con nosotros.

   1 Well, come with me.   Entonces, ven conmigo.

   2 Well, come with her.   Entonces, ven con ella.

   3 Well, hurry up.   Entonces, date prisa.

   4 Well, leave right away.   Entonces, sal pronto.

   5 Well, walk then.   Entonces, anda luego.

   6 Well, be punctual.   Entonces, sé puntual.

   7 Well, do what I told you.   Entonces, haz lo que te dije.

32.24   Review drills

32.24.1   Strong stress as a function differentiator in verbs: 1 sg present vs. 2-3 sg past I

1 I speak because you spoke.	Hablo porque Ud. habló.
2 I help because you helped.	Ayudo porque Ud. ayudó.
3 I study because you studied.	Estudio porque Ud. estudió.
4 I call because you called.	Llamo porque Ud. llamó.
5 I pay because you paid.	Pago porque Ud. pagó.
6 I sing because you sang.	Canto porque Ud. cantó.
7 I work because you worked.	Trabajo porque Ud. trabajó.
8 I cook because you cooked.	Cocino porque Ud. cocinó.
9 I ask because you asked.	Pregunto porque Ud. preguntó.
10 I drive because you drove.	Manejo porque Ud. manejó.
11 I enter because you entered.	Entro porque Ud. entró.

32.24.2   Strong stress as a function differentiator in verbs: sg command vs- 1 sg past I

1 Study like I studied.	Estudie como yo estudié.
2 Call like I called.	Llame como yo llamé.
3 Drive like I drove.	Maneje como yo manejé.
4 Sing like I sang.	Cante como yo canté.
5 Speak like I spoke.	Hable como yo hablé.
6 Come down like I came down.	Baje como yo bajé.
7 Sign like I signed.	Firme como yo firmé.

8 Dance like I danced.	Baile como yo bailé.
9 Teach like I taught.	Enseñe como yo enseñé.
10 Help like I helped.	Ayude como yo ayudé.
11 Ask like I asked.	Pregunte como yo pregunté.

32.3   CONVERSATION STIMULUS

NARRATIVE 1

1 It must be a pleasure to live in a house like the Molinas'.	Debe dar gusto vivir en una casa como la de los Molina.
2 It sure is a nice, big home.	¡Qué casa tan bonita y tan grande!
3 It's colonial style.	Es de estilo colonial.
4 And even though it's an old house, it's very comfortable.	Y aunque es una casa vieja, es muy cómoda.
5 The house where Carmen lives is much older than the Molinas'.	La casa donde vive Carmen es más antigua que la de los Molina.
6 It was built at (during) the time of the Spaniards.	Fue construida en el tiempo de los españoles.
7 Over a hundred and fifty years ago.	Hace más de ciento cincuenta años.
8 Around 1820.	Como en 1820.

DIALOG 1

Juan, dígale a José y a su mamá que debe dar gusto vivir en una casa como la de ellos. Que qué casa tan grande y tan bonita.

Sra., dígale que sí, que es muy antigua, pero muy cómoda. Que es de estilo colonial.

Juan: Debe dar gusto vivir en una casa como la de Uds. ¡Qué casa tan grande y tan bonita!

Sra.: Sí, es muy antigua, pero muy cómoda. Es de estilo colonial.

José, dígale a Juan que la casa donde vive Carmen
  es mucho más antigua que ésta. Pregúntele a
  Carmen si no es verdad.

José: La casa donde vive Carmen es mucho más antigua que
       ésta. ¿No es verdad, Carmen?

Carmen, dígale que sí, que fue construida
  en tiempo de los españoles.

Carmen: Sí, fue construida en tiempo de los españoles.

Juan, pregúntele que como en qué año.

Juan: ¿Como en qué año?

Carmen, contéstele que Ud. cree que como en 1820.
  Que hace más de ciento cincuenta años.

Carmen: Creo que como en 1820. Hace más de ciento cincuenta
         años.

NARRATIVE 2

1 There's something about the houses in this country...

Hay algo de las casas en este país...

2 That attracts Juan's attention a lot.

...que le llama mucho la atención a Juan.

3 It's that all (of them) have gratings on the windows.

Es que todas tienen rejas en las ventanas.

4 It isn't that he doesn't like windows with gratings.

No es que no le gusten las ventanas con rejas.

5 On the contrary, he thinks they look very nice.

Al contrario, a él le parece que se ven muy bonitas.

6 But it looks strange to him.

Pero a él le extraña.

7 Because in the United States you don't see any houses
   with that type of windows.

Porque en los Estados Unidos no se ven casas con ese estilo
de ventanas.

DIALOG 2

Juan, dígale a la señora que hay algo de las casas en este
  país que le llama mucho la atención a Ud.

Juan: Hay algo de las casas en este país que me llama mucho
       la atención.

Sra., pregúntele que qué es.

Sra.: ¿Qué es?

Juan, dígale que es que todas las casas tienen rejas en las
  ventanas.

Sra., pregúntele si no le gustan las ventanas con rejas.

Juan, contéstele que al contrario, que a Ud. le parece que se
  ven muy bonitas.

Sra., pregúntele si en los Estados Unidos no se ven casas
  con ese estilo de ventanas.

Juan, contéstele que no; que por eso le extraña.

Juan: Es que todas las casas tienen rejas en las ventanas.

Sra.: ¿No le gustan las ventanas con rejas?

Juan: Al contrario, a mí me parece que se ven muy bonitas.

Sra.: ¿En los Estados Unidos no se ven casas con ese estilo
  de ventanas?

Juan: No; por eso me extraña.

NARRATIVE 3

1 Carmen has to leave now.

2 And so does Juan.

3 It's very late and he has to get up early tomorrow.

4 Jose's going to take them home, then.

5 The three of them are going to church together tomorrow.

6 They're planning to go to the Church of The Miracles.

7 Which is precisely the church that Juan wanted to see.

8 They're going to go to eleven o'clock mass.

9 And Jose is going to come by for Juan at ten thirty.

Carmen tiene que irse ya.

Y Juan también.

Ya es muy tarde y él tiene que levantarse temprano mañana.

José los va a llevar a la casa, entonces.

Los tres van a ir a misa juntos mañana.

Piensan ir a la Iglesia de Los Milagros.

Que es precisamente la iglesia que Juan quería conocer.

Van a ir a misa de once.

Y José va a pasar por Juan a las diez y media.

DIALOG 3

Carmen, dígale a José que perdone, pero que Ud.
tiene que irse ya.

Carmen: Perdona, José, pero yo tengo que irme ya.

Juan, dígale que Ud. también. Que ya es muy tarde y
Ud. tiene que levantarse temprano.

Juan: Yo también. Ya es muy tarde y tengo que levantarme
temprano.

José, dígales a ellos que Ud. los va a llevar a la casa.
Pregúntele a Juan si él quiere ir a misa con Uds.
mañana.

José: Yo los voy a llevar a la casa. Juan, ¿tú quieres ir a misa
con nosotros mañana?

Juan, dígale que sí, claro. Pregúntele que a qué iglesia
piensan ir.

Juan: Sí, claro. ¿A qué iglesia piensan ir?

José, contéstele que a la de Los Milagros. Pregúntele
si él conoce esa iglesia.

José: A la de Los Milagros. ¿Tú conoces esa iglesia?

Juan, dígale que no; que es precisamente la que Ud.
quería conocer.

Juan: No; es precisamente la que yo quería conocer.

José, dígale que van a ir a misa de once.

José: Vamos a ir a misa de once.

Juan, dígale que muy bien.

Juan: Muy bien.

José, dígale que entonces Ud. pasa por él a las diez y media.

José: Entonces paso por ti a las diez y media.

32.4   READINGS

32.41   Life in Surlandia

32.41.0 Vocabulary building

BASIC SENTENCES

the pleasure

The government of Surlandia looked with favor on...

el agrado

El gobierno de Surlandia veía con agrado...

the plant
to assemble

...the establishment of a plant to assemble electric appliances.

la planta
armar

...el establecimiento de una planta para armar artículos eléctricos.

to install
the policy

It was to the convenience of the company to install that plant down
there because the policy of the government on customs...

instalar
la política

A la compañía le convenía instalar esa planta allá porque la
política del gobierno sobre aduanas...

the part
loose, spare

...was favorable to the importation of (unassembled) parts....

la pieza
suelto

...era favorable para la importación de piezas sueltas....

the salary
the worker
low

...and because the salaries of the workers were very low.

el salario
el obrero
bajo

...y porque los salarios de los obreros eran muy bajos.

the panel truck

Besides the plant, they needed some trucks...

la camioneta

Además de la planta, se necesitaban unas camionetas...

the installation	la instalación
the repair	la reparación

...and equipment for the installation and repair of appliances.   ...y equipo para la instalación y reparación de los artículos.

COGNATE LOAN WORDS

la posibilidad	el intérprete
la entrevista	la especialización
informar	el objetivo
distribuir	la administración
el acuerdo	establecer
monetario	la acusación
relativamente	falso
personal	la oposición
aprobar	completar
el cable	la negociación

32.41.1 Reading selection

Resultados del Viaje a Surlandia

Inmediatamente después de la reunión de directores de la United Appliances Corporation, en la cual se discutieron las posibilidades de extender los negocios de esta compañía a Surlandia, el Sr. Phillips arregló todos los documentos para el viaje y pocos días después salió para Surlandia en un avión de la ADA (Aerolíneas de América).

Al día siguiente de haber llegado a Las Palmas, llamó a la Embajada de los Estados Unidos para pedir una entrevista con el Agregado Comercial, Fred P. Robinson, a quien ya le había informado por carta del propósito de su viaje.

En la oficina del Sr. Robinson, el Sr. Phillips explicó en forma detallada el proyecto de la United Appliances, que era de instalar una firma exclusivamente para la importación de artículos eléctricos en Surlandia, para ser distribuidos en el mercado por el comercio local. Así, la United Appliances no necesitaba de gran capital, sólo lo necesario para una oficina en el centro de Las Palmas, unas camionetas y equipo para

SPOKEN SPANISH

UNIT 32

la instalación y reparación de artículos eléctricos. La compañía pensaba, si el mercado era favorable, construir después una planta para armar en Surlandia las piezas traídas de los Estados Unidos.

El Sr. Robinson expresó que éste era un buen plan, pero que antes había que considerar varios problemas. El principal de ellos era obtener un tipo de cambio favorable debido a que la situación de los dólares en Surlandia, especialmente en los últimos seis meses, estaba un poco difícil, y por eso, él no estaba seguro si la United Appliances iba a poder obtener un buen acuerdo monetario con el gobierno. Además, aunque por el momento no había restricciones para la importación de artículos eléctricos, todos los artículos terminados debían pagar en la aduana un buen porcentaje de su valor—60 por ciento en este caso. Alemania, por un acuerdo con el gobierno de Surlandia, traía excelentes artículos que podía vender a precios relativamente bajos. Este era un factor que la United Appliances debía considerar seriamente antes de instalar una agencia exclusivamente importadora de artículos eléctricos terminados.

Debido a esto, continuó el Sr. Robinson, en lugar de poner tal agencia, la compañía podía instalar una planta, porque, en este caso, las piezas sueltas para ser armadas en Surlandia pagaban sólo un 15 por ciento de aduana y, además, los salarios de los obreros eran mucho más bajos que en los Estados Unidos.

Antes de terminar la entrevista, el Agregado Comercial ofreció al Sr. Phillips llevarlo, cuando él quisiera, a ver al Sr. Raúl González, amigo personal de él y Jefe de la Sección de Control de Cambio del Ministerio de Economía y Trabajo, para ver si era posible un acuerdo monetario y también para conversar sobre la planta, si la United Appliances aprobaba ese plan. El Sr. Phillips se despidió entonces, dándole las gracias al Sr. Robinson por toda su ayuda.

Algún tiempo después, el Sr. Phillips recibió un cable de su compañía diciendo que el plan para la instalación de la planta había sido aprobado. Inmediatamente él se comunicó con el Agregado Comercial y éste lo acompañó al Ministerio para la entrevista con el Sr. González, en la que el Sr. Robinson sirvió de intérprete.

—Puede Ud. estar seguro—dijo el Sr. González después de oír todos los detalles del proyecto—que mi gobierno ve con mucho agrado el establecimiento de esa planta. A nosotros nos conviene por dos razones: primero, porque ofrece nuevas oportunidades de trabajo y, segundo, porque plantas de este tipo ayudan a la especialización de los obreros surlandeses, que es uno de los objetivos de la administración. Ahora, para Uds. también es mejor, debido a nuestra política sobre aduanas y a los salarios que se pagan en este país, como supongo que el Sr. Robinson ya le ha explicado. Además, vienen Uds. en un buen momento; como Ud. sabe, ya muy pronto vamos a tener terminada la represa del Río Chico, uno de los muchos proyectos de nuestra administración.

—Sí, cómo no; hemos tenido muy buenos informes del gran desarrollo económico de este país, gracias a su gobierno—respondió el Sr. Phillips como buen diplomático. —Es esta la razón principal de mi compañía para querer establecer esta planta en Surlandia.

—Es Ud. muy amable y me alegro mucho que Uds. en los Estados Unidos no se han dejado convencer por las acusaciones falsas que nos hacen los periódicos de la oposición. Muy bien, Sr. Phillips, Ud. puede estar seguro de que mi gobierno les va a prestar toda la ayuda necesaria, empezando por considerar un acuerdo monetario como el que tenemos con Alemania.

32.28

VEINTIOCHO

Como ya era cerca de la una de la tarde, el Sr. Robinson los invitó al Club a almorzar. Los dos aceptaron encantados y allí siguieron discutiendo de negocios.

El Sr. Phillips se quedó en Surlandia varias semanas mientras se completaban todas las negociaciones y luego volvió a los Estados Unidos para arreglar sus cosas y traer a su familia porque la United Appliances Corporation, en vista de la importancia que ese proyecto tenía, había decidido ponerlo a la cabeza de las operaciones por unos dos o tres años.

32.41.2 Response drill

    1 ¿Qué hizo el Sr. Phillips inmediatamente después de la reunión de directores?
    2 ¿Hizo el viaje a Surlandia por avión o por barco?
    3 ¿Para qué llamó a la Embajada de los Estados Unidos al día siguiente de haber llegado a Las Palmas?
    4 ¿Cuál era el proyecto que tenía la United Appliances?
    5 ¿Cuánto capital necesitaba la compañía para establecerse en Surlandia, según el primer proyecto?
    6 ¿Qué pensaba hacer después, si el mercado era favorable?
    7 ¿Por qué no estaba seguro el Sr. Robinson si la United Appliances iba a poder obtener un buen acuerdo monetario o no?
    8 ¿Por qué era mejor traer las piezas sueltas para armarlas en Surlandia?
    9 ¿Por qué dominaba Alemania el mercado de artículos eléctricos en Surlandia?
  10 ¿Qué porcentaje de su valor pagaban los artículos terminados?
  11 ¿Quién era Raúl González?
  12 ¿Para qué quería el Sr. Robinson llevar al Sr. Phillips a ver a ese señor?
  13 ¿Por qué razones le convenía a Surlandia el establecimiento de la planta?
  14 ¿Por qué siguió la conversación de los señores Phillips, González y Robinson en el club?
  15 ¿Qué decidió hacer la United Appliances después de que todas las negociaciones fueron completadas?

32.41.3 Discussion

    1 Explain why it was better to set up an assembly plant in Surlandia rather than import finished articles.

    2 Discuss what other advantages or disadvantages there might be in investing money for the installation of an assembly plant in Latin America.

UNIT 32

32.42   Features
32.42.0   Vocabulary building

BASIC SENTENCES

the president
the inauguration

The president arrived at the inauguration of the dam...

el presidente
la inauguración

El presidente llegó a la inauguración de la represa...

the member
the cabinet
the press

...accompanied by several members of his cabinet and representatives
of the press.

el miembro
el gabinete
la prensa

...acompañado de varios miembros de su gabinete y representantes
de la prensa.

the discourse, speech
the faith
the destiny
the fatherland, country

In his speech he expressed his faith in the destiny of the fatherland...

el discurso
la fe
el destino
la patria

En su discurso expresó su fe en los destinos de la patria...

whose
the progress
to symbolize

...whose progress could be seen symbolized in that great dam...

cuyo
el progreso
simbolizar

...cuyo progreso se veía simbolizado en esa gran represa...

to deliver, hand over
the people

...which he was turning over to the people as one more example...

entregar
el pueblo

...que él entregaba al pueblo como un ejemplo más...

imposing	imponente
the work	la obra
to accomplish, fulfill	realizar

...of the imposing work accomplished by his government.   ...de la imponente obra realizada por su gobierno.

COGNATE LOAN WORDS

inaugurar	la nación
el acto	interpretar
brillante	justo
memorable	la prosperidad
la historia	el aplauso
la era	el banquete
material	el honor
espiritual	la electricidad

32.42.1   Reading selection

Presidente Inaugura La Represa del Río Chico
(*La Prensa*, Mayo 15)

Miles de personas estuvieron presentes ayer en el acto de inauguración de la represa del Río Chico. El Presidente de la República, que llegó acompañado de varios miembros de su gabinete, pronunció un brillante discurso que decía en parte lo siguiente:

'La inauguración de esta gran obra simboliza una fecha memorable en nuestra historia porque da principio a una nueva era de progreso.

Mi gobierno, atendiendo siempre a las aspiraciones del pueblo, ha tenido como objetivo el progresivo desarrollo material y espiritual de la nación. Es así que, desde un principio, sólo ha querido poder interpretar estas justas aspiraciones.

No es ésta la oportunidad de hablar de la obra realizada por mi gobierno; ejemplo suficiente es esta imponente represa que hoy inauguramos y que muy pronto va a dar nueva vida a un sector muy grande del país. Pero, señoras y señores, ésta sí es la oportunidad de expresar una vez más mi fe en los destinos de nuestra patria, cuyo progreso material se ve simbolizado en esta gran represa. La entrego al pueblo, señoras y señores, como un ejemplo más de la prosperidad cada vez mayor de esta nación.'

Grandes aplausos siguieron al discurso del Presidente, quien fue invitado después a un banquete en su honor ofrecido por altos jefes de la Compañía Surlandesa de Electricidad.

32.42.2 Response drill

1 ¿Qué inauguró el Presidente?
2 ¿Qué periódico informó de esa inauguración?
3 ¿Cuál era la fecha del periódico?
4 ¿De quién llegó acompañado el Presidente?
5 ¿Cuántas personas estuvieron presentes en el acto?
6 ¿Cómo fue el discurso del Presidente?
7 ¿Por qué dijo él en su discurso que la inauguración de esa obra simbolizaba una fecha memorable en la historia de Surlandia?
8 ¿Cuál ha sido el objetivo principal de su gobierno, según su discurso?
9 ¿Qué ha querido interpretar él, desde un principio?
10 ¿En qué expresó él su fe?
11 ¿Por qué no habló el Presidente en detalle de la obra realizada por su gobierno?
12 ¿Cuál va a ser el resultado de esta represa sobre el Río Chico?
13 ¿Por qué va a ser buena esta represa para la United Appliances Corporation?
14 ¿Adónde fueron después del discurso?
15 ¿Quién ofrecía el banquete?

32.42.3 Discussion

1 Summarize the main points of the president's speech.

33.1   BASIC SENTENCES.   Saying goodbye to Mrs. Molina.

Having spent a very pleasant afternoon, John, Jose and Carmen are about ready to leave.

ENGLISH SPELLING   AID TO LISTENING   SPANISH SPELLING

the commitment   èl-kômprômisô↓   el compromiso

Jose   *José*
John, remember that you have a date tonight.   hwãn↓ rrékwérđå |kétyénèṣ̀ùn   Juan, recuerda que tienes un com-
                                                                             promiso esta noche.
                                          kômprômiso̦|éstãnóchê↓

to pass itself, to be spent   pàsarsê↓   pasarse

John   *Juan*
It had slipped my mind. The time has just   sèmẹábiạolbiđáđò↓ sẹapasađọ | Se me había olvidado. Se ha pasado
flown by.   el tiempo volando.
                                          éltyempo |bôlandô↓

the pity   là-lástimå↓   la lástima

that (you all) may have (to have)   kè-teŋgán↓ ténér↓   que tengan (tener)

Mrs. Molina   *Sra. Molina*
What a pity that you all have to leave.   kélástimå |kéteŋgaŋkemarchársê↓   Que lástima que tengan que
                                                                             marcharse.

next   próksimȯↄ   próximo

(we) will stay (to stay) [1]   nòs—kĕȡȧremȯsↄ kĕȡarsêↄ   nos quedaremos (quedarse)

Iose
Next time we'll stay longer.   låproksimaɹ·eʂ |nȯskĕȡȧremȯz |mástyémpȯↄ   *José*
                                                                             La próxima vez nos quedaremos
                                                                             más tiempo.

the pleasure   êl—plåʂeŕↄ   el placer

John
Ma'am, it's been a pleasure to have met you.   sėŋyorȧↄ ȧsíȡòумplåʂer |ȧbérlȧ   *Juan*
                                               kȯnòʂíȡȯↄ   Señora, ha sido un placer haberla
                                                                               conocido.

Mrs. Molina
It was a pleasure for *me*.   yotambyén |ėtèníȡòmúchȯǵústȯↄ   *Sra. Molina*
                                                                             Yo también he tenido mucho gusto.

John
The food was extremely good.   låkȯmíȡ ӑ |éstubobwenísímȧↄ   *Juan*
                                                                             La comida estuvo buenísima.

Mrs. Molina
Thank you. Don't forget how to get here.   gráʂyàsↄ nópyérȡ ӑelkamínȯↄ   *Sra. Molina*
                                                                             Gracias. No pierda el camino.

Come back soon.   bwelbaprȯ́ntȯↄ   Vuelva pronto.

the bad thing [2]   lȯ—malȯↄ   lo malo

John
    The trouble is I don't have a car.

lómalọ |èskénotèŋgọáwtò↓

Juan
    Lo malo es que no tengo auto.

Jose
    That's no problem.

esoṇọez |niŋgúmpròblémà↓

José
    Eso no es ningún problema.

Carmen
    We come every week.

nòsótroz |bènimos |tòɑazla(ş)semánàs↓

Carmen
    Nosotros venimos todas las semanas.

John
    Goodbye, ma'am. Many thanks for everything.

aɑyos |sèɲórá↓ muchazgraṣyas |

portóɑò↓

Juan
    Adiós, señora. Muchas gracias por
    todo.

    to have care, to be careful

tèner—kwiɑáɑò↓

    tener cuidado

Mrs. Molina
    Be very careful.

téŋganmuchokwiɑáɑò↓

Sra. Molina
    Tengan mucho cuidado.

    fast

rrápiɑò↓

    rápido

    Don't drive too fast.

nòbayan |muyrrápiɑò↓

    No vayan muy rápido.

    (we) will go (to go) [3]

irémòs↓ ir↓

    iremos (ir)

slow   dèspá$ʂyò↓   despacio

Jose   *José*
Don't you worry, Mom. We'll take it easy.   nòtepreokúpêz |màmá↓ ìremozdespá$ʂyò↓   No te preocupes, mamá. Iremos
                                                                  despacio.

33.10   Notes on the basic sentences

(1) The form /kedarémos/ *quedaremos* is a true future, formed by adding the future endings /—é/, /—á/, /—émos/,
     /—án/ to the infinitive as stem. It will be drilled in detail in Unit 53. It is postponed until quite late in the text because you
     can nearly always use simple present or a periphrastic future construction, /bámos—a—kedárnos/ 'We are going to stay'.

(2) This is an example of the nominalization of a modifier. It will be examined in detail later in this unit.

(3) Another future form. See note (1) above.

33.2   DRILLS AND GRAMMAR

33.21   Pattern drills

33.21.1   Articles before nominalized adjectives

A. Presentation of pattern

ILLUSTRATIONS

_____   1 ¿Y dónde está *el otro*?

_____   2 ¿No es *el mismo* que despegaba cuando veníamos?

_____   3 Precisamente *la misma* que yo quería conocer.

Poor people can't go shopping (to the stores) very often.

4 *Los pobres* no pueden ir a las tiendas muy a menudo.

Only rich girls go to that school.

5 Sólo *las ricas* van a esa escuela.

_____

_____

6 Yo encuentro que *lo mejor* es el jardín.

7 *Lo malo* es que no tengo auto.

EXTRAPOLATION

Noun construction	Nominalized construction
Article - Noun - Adjective	Article - Nominalized adjective

NOTES

a. The omission of a modified noun from a construction leaves the modifier (the adjective) as its grammatical replacement.

b. The neuter article /lo/ appears with adjectives in their masculine singular form to nominalize the concept of the adjective.

SPOKEN SPANISH

UNIT 33

33.21.11 Substitution drill - construction substitution

Problem:
Hablé con las *señoras americanas*.

Answer:
Hablé con las americanas.

1 Quiero la *pluma verde*.   Quiero la verde.
2 Compré la *casa pequeña*.   Compré la pequeña.
3 Alquilé el *cuarto grande*.   Alquilé el grande.
4 Di los *trajes viejos*.   Di los viejos.
5 No compré el *auto caro*.   No compré el caro.
6 Alquilamos el *apartamento pequeño*.   Alquilamos el pequeño.
7 Hablamos con el *señor español*.   Hablamos con el español.
8 El vive en el *otro apartamento*.   El vive en el otro.
9 Esa no es la *misma señora*.   Esa no es la misma.

Item substitution

1 La sala es lo mejor de la casa.
_____ bueno _____ .   La sala es lo bueno de la casa.
_____ malo _____ .   La sala es lo malo de la casa.

33.6

SEIS

2 Lo bonito de la casa son los muebles.

___barato _____.   Lo barato de la casa son los muebles.

___caro _____.   Lo caro de la casa son los muebles.

3 Me gusta lo bueno.

_____ mejor.   Me gusta lo mejor.

_____ bonito.   Me gusta lo bonito.

4 No nos gusta lo feo.

_____ malo.   No nos gusta lo malo.

_____ barato.   No nos gusta lo barato.

5 Lo emocionante de las carreras es ganar.

___agradable _____.   Lo agradable de las carreras es ganar.

___bueno _____.   Lo bueno de las carreras es ganar.

33.21.12 Translation drill

1 We bought the small car.   Compramos el coche pequeño.
   We bought the small one.   Compramos el pequeño.

2 I live in the large apartment.   Vivo en el apartamento grande.
   I live in the large one.   Vivo en el grande.

3 I sold the old clothes.   Vendí los vestidos viejos.
   I sold the old ones.   Vendí los viejos.

4 I want the other overcoat.   Quiero el otro abrigo.
   I want the other one.   Quiero el otro.

5 That's the same young lady.   Esa es la misma señorita.
   That's the same one.   Esa es la misma.

6 The living-room is the best thing about the house.   La sala es lo mejor de la casa.

7 We don't like old things.   No nos gusta lo viejo.

8 Cheap things are almost never any good.   Lo barato casi nunca es bueno.

9 The nice thing about the apartment is the furniture.   Lo bonito del apartamento son los muebles.

10 The bad thing about the office is the desks.   Lo malo de la oficina son los escritorios.

11 Dirty things are not pleasant.   Lo sucio no es agradable.

12 I like the good part a lot.   Me gusta mucho lo bueno.

13 He always buys the best.   El siempre compra lo mejor.

14 The ugly thing about the apartment is the kitchen.   Lo feo del apartamento es la cocina.

15 The pleasant aspect here is the people.   Lo agradable de aquí es la gente.

B. Discussion of pattern

Nominalization —the functioning as a noun by a word which is formally identifiable (by its endings, etc.) as a member of another form class— is a very common grammatical process in Spanish. Almost any adjective can take the place of the noun it normally accompanies, if the concept of the noun is in the context.

Thus /el‑ótro‑líbro/ can be referred to as /el‑ótro/, once the idea of a book is brought to the attention of a listener, and /la‑mísma‑señyóra/ can be referred to as /la‑mísma/. Also /los‑ótros/ and /las‑mísmas/. English does not nominalize as freely as Spanish, but adds 'one(s)' to the adjective: the other one, the same ones.

A similar construction with a neuter article is possible, though there is no parallel construction with a noun (since there are no neuter nouns in Spanish). The reference, instead of to a specific noun, is to a set of circumstances or a situation. Thus /lo⁀mísmo⁀me⁀pasó⁀a⁀mí↓/ translates 'The same thing(s) happened to me'; and /lo⁀málo⁀és │ke⁀no⁀téngo⁀áwto↓/ 'The bad part (aspect) is I don't have a car,' where the idea or quality of the adjective is conceptualized as a noun.

Since neuter nominalized forms do not have an explicit number (sg or pl), a noun following a neuter subject plus the verb /sér/ will often determine the number of the verb form. Thus, 'The nicest thing about the house is the furniture' translates /lo⁀boníto │de⁀la⁀kása │són⁀los⁀mwébles↓/, where the singular 'is' equates the Spanish plural /són/.

33.21.2 Ordinal numbers

A. Presentation of pattern

ILLUSTRATIONS

_____	1 En el *primer* piso, a la derecha de la entrada.
_____	2 Creo que me conviene más el *primero*.
second	segundo
The second line is busy.	3 La segunda línea está ocupada.
third	tercer (tercero)
What did he say, the third book or the third lesson?	4 ¿Qué dijo, el *tercer* libro o la *tercera* lección?
	5 Son las doce menos *cuarto*.
_____	
fifth	quinto
sixth	sexto
It's the fifth or sixth time that that official has called.	6 Es la *quinta* o *sexta* vez que llama ese oficial.
seventh	séptimo
eighth	octavo

Nonsense. It's not the seventh door; it's the eighth.   7 ¡Qué va! No es la *séptima* puerta; es la *octava*.

    ninth   noveno

The secretary lives on ninth street.   8 La secretaria vive en la calle *novena*.

    tenth   décimo

It's the tenth time I've come to this department.   9 Es la *décima* vez que vengo a este departamento.

EXTRAPOLATION

1ᵉʳ	primér	5º, 5ª	kínto, kínta	
1º, 1ª	priméro, priméra	6º, 6ª	sé(k)sto, sé(k)sta	
2º, 2ª	segúndo, segúnda	7º, 7ª	séptimo, séptima	
3ᵉʳ	terşér	8º, 8ª	oktábo, oktába	
3º, 3ª	terşéro, terşéra	9º, 9ª	nobéno, nobéna	
4º, 4ª	kwárto, kwárta	10º, 10ª	déşimo, déşima	

NOTES

a. Spanish ordinal numbers beyond ten are rarely used; cardinals are substituted.

b. In referring to days of the month, cardinals are substituted for all ordinals after /priméro/.

c. /priméro/ and /terşéro/ are shortened to /primér/ and /terşér/ before masculine singular nouns.

33.21.21 Substitution drill - item substitution

    1 En el primer piso hay mucho ruido.

        ————— 2º —————————.   En el segundo piso hay mucho ruido.

        ————— 3er —————————.   En el tercer piso hay mucho ruido.

    2 Ellos están en el cuarto piso.

        ————————— 5º —————.   Ellos están en el quinto piso.

        ————————— 6º —————.   Ellos están en el sexto piso.

    3 Carmen trabaja en el octavo piso.

        ————————— 9º —————.   Carmen trabaja en el noveno piso.

        ————————— 10º —————.   Carmen trabaja en el décimo piso.

    4 Es la segunda vez que voy a la ciudad.

        ————— 1ª —————————————.   Es la primera vez que voy a la ciudad.

        ————— 4ª —————————————.   Es la cuarta vez que voy a la ciudad.

    5 Es la séptima vez que llega tarde.

        ————— 8ª —————————.   Es la octava vez que llega tarde.

        ————— 5ª —————————.   Es la quinta vez que llega tarde.

33.21.22 Translation drill

1 It's the first time that I have written (am writing) to my girl friend.

Es la primera vez que le escribo a mi amiga.

2 I live on the first floor.

Vivo en el primer piso.

3 He lives in the fourth house on the right.

El vive en la cuarta casa a la derecha.

4 They work in the third building on the left.

Ellos trabajan en el tercer edificio a la izquierda.

5 It's the second time that I've lost (am losing) something.

Es la segunda vez que pierdo algo.

6 I won in the eighth race.

Yo gané en la octava carrera.

7 He lost in the fifth race.

El perdió en la quinta carrera.

8 They live on the ninth floor.

Ellos viven en el noveno piso.

9 It's the sixth letter that I've written (am writing) today.

Es la sexta carta que escribo hoy.

10 Let's bet on the seventh race.

Vamos a apostar en la séptima carrera.

11 We went up to (until) the tenth floor.

Subimos hasta el décimo piso.

B. Discussion of pattern

Ordinal numbers in Spanish are customarily used only up to ten. Thereafter cardinals are used, as in Carlos Quinto, 'Charles the Fifth' but Luis Catorce 'Louis the Fourteenth'. The ordinals are adjectives, and like many adjectives they change their endings to agree with masculine or feminine nouns they accompany. They can occur either before or after nouns, though two forms /priméro/ and /terséro/ are among the group of Spanish adjectives which are shortened (here by dropping the final /—o/) before masculine singular nouns.

In mentioning dates, /priméro/ is used to refer to the first day of a month, but cardinals are used for all others. Thus /el—priméro—de—húlyo/ 'The first of July' but /el—dós—de—húlyo/ 'the second of July'.

The pattern /és—la—terséra—béş|ke... 'It's the third time that...' is completed by a present tense form in the Spanish utterance, but by a present perfect construction in English: /és—la—terséra—béş|ke—kómo—akí↓/ 'It's the third time I have eaten here.'

Ordinal numbers are symbolized by a raised 'o' or 'a' following the figure, as: 2°, 4°, etc. The exception is that a raised 'er' follows the figures 1 and 3 before masculine singular nouns, as: 1er and 3er.

33.22   Replacement drills

A   Juan, recuerda que tienes un compromiso.

1   Señores, _____ .   Señores, recuerden que tienen un compromiso.

2   _____, _____ fiesta.   Señores, recuerden que tienen una fiesta.

3   _____, no olviden _____ .   Señores, no olviden que tienen una fiesta.

4   Señora, _____ .   Señora, no olvide que tiene una fiesta.

5   _____, _____ otra _____ .   Señora, no olvide que tiene otra fiesta.

6   _____, _____ hay _____ .   Señora, no olvide que hay otra fiesta.

7   _____ platos.   Señora, no olvide que hay otros platos.

B   Señora, ha sido un placer haberla conocido.

1   Señores, _____ .   Señores, ha sido un placer haberlos conocido.

2   _____, _____ visto.   Señores, ha sido un placer haberlos visto.

3   _____, _____ gusto _____ .   Señores, ha sido un gusto haberlos visto.

4   Carmen, _____ .   Carmen, ha sido un gusto haberla visto.

5   _____, _____ haberte _____ .   Carmen, ha sido un gusto haberte visto.

6   _____, _____ oído.   Carmen, ha sido un gusto haberte oído.

7   Chicas, _____ .   Chicas, ha sido un gusto haberlas oído.

C   Yo también he tenido mucho gusto.

1   Nosotros _____ .   Nosotros también hemos tenido mucho gusto.

2   _____ placer.   Nosotros también hemos tenido mucho placer.

3   El _____ .   El también ha tenido mucho placer.

4 _____ idea.   El también ha tenido mucha idea.

5 _____ buenas _____.   El también ha tenido buenas ideas.

6 _____ dado _____ .   El también ha dado buenas ideas.

7 ____ tampoco _____ .   El tampoco ha dado buenas ideas.

D   La comida estuvo buenísima.

1 ____ trabajos _____ .   Los trabajos estuvieron buenísimos.

2 _____ resultaron _____ .   Los trabajos resultaron buenísimos.

3 ____ fiesta _____ .   La fiesta resultó buenísima.

4 _____ fantástica.   La fiesta resultó fantástica.

5 _____ estuvieron _____ .   Las fiestas estuvieron fantásticas.

6 Aquella _____ .   Aquella fiesta estuvo fantástica.

7 ____ días _____ .   Aquellos días estuvieron fantásticos.

E   No pierda el camino. Vuelva pronto.

1 ____ pierdan _____ . _____ .   No pierdan el camino. Vuelvan pronto.

2 _____ . _____ mañana.   No pierdan el camino. Vuelvan mañana.

3 _____ llaves. _____ .   No pierdan las llaves. Vuelvan mañana.

4 ____ pierdas _____ . _____ .   No pierdas las llaves. Vuelve mañana.

5 _____ estas ____ . _____ .   No pierdas estas llaves. Vuelve mañana.

6 _____ libro. _____ .   No pierdas este libro. Vuelve mañana.

7 ____ pierda _____ . _____ .   No pierda este libro. Vuelva mañana.

F   Nosotros venimos todas las semanas.

1 _____ días.   Nosotros venimos todos los días.

2 Yo _____ .   Yo vengo todos los días.

3 _____ estudio _____ .   Yo estudio todos los días.

4 _____ noches.   Yo estudio todas las noches.

5 _____ toda _____ .   Yo estudio toda la noche.

6 _____ trabajamos _____ .   Nosotros trabajamos toda la noche.

7 _____ estas _____ .   Nosotros trabajamos todas estas noches.

33.23   Variation drills

A   Se ha pasado el tiempo volando.

1 The day has flown by.   Se ha pasado el día volando.

2 The year has flown by.   Se ha pasado el año volando.

3 The week has flown by.   Se ha pasado la semana volando.

4 The hour has flown by.   Se ha pasado la hora volando.

5 The morning has flown by.   Se ha pasado la mañana volando.

6 The afternoon has flown by.   Se ha pasado la tarde volando.

7 The evening has flown by.   Se ha pasado la noche volando.

B   Qué lástima que tengan que marcharse.

1   What a pity that you all have to go.   Qué lástima que tengan que irse.

2   What a pity that you all have to return.   Qué lástima que tengan que volverse.

3   What a pity that you all have to stay.   Qué lástima que tengan que quedarse.

4   What a shame that they have to get up.   Qué pena que tengan que levantarse.

5   How sad that you all have to move.   Qué malo que tengan que cambiarse de casa.

6   How sad that he has to wait.   Qué malo que tenga que esperar.

7   How sad that you have to go.   Qué malo que tenga que ir.

C   La próxima vez nos quedaremos más tiempo.

1   Next time we'll stay (a few) days longer.   La próxima vez nos quedaremos más días.

2   Next time we'll stay here.   La próxima vez nos quedaremos aquí.

3   Next time we'll stay at home.   La próxima vez nos quedaremos en casa.

4   Next Monday we'll stay at home.   El próximo lunes nos quedaremos en casa.

5   Next Sunday we'll stay in the city.   El próximo domingo nos quedaremos en la ciudad.

6   Next Saturday we'll stay in the country.   El próximo sábado nos quedaremos en el campo.

7   Next month we'll stay alone.   El próximo mes nos quedaremos solos.

D   Lo malo es que no tengo auto.

1   The bad part is I don't have any money.   Lo malo es que no tengo dinero.

2   The bad part is I don't have time.   Lo malo es que no tengo tiempo.

3   The bad part is I don't have any desire.   Lo malo es que no tengo ganas.

4 The good part is I don't have any mother-in-law.   Lo bueno es que no tengo suegra.

5 The good part is that we're careful.   Lo bueno es que tenemos cuidado.

6 The good part is that it's sunny.   Lo bueno es que hace sol.

7 The good part is that he pays attention.   Lo bueno es que hace caso.

E   Eso no es ningún problema.

1 That's no style.   Eso no es ningún estilo.

2 That's no attraction.   Eso no es ningún atractivo.

3 That's no sport.   Eso no es ningún deporte.

4 That's no art.   Eso no es ningún arte.

5 That's not at all sure.   Eso no es nada seguro.

6 That's not at all bad.   Eso no es nada malo.

7 This is not at all good.   Esto no es nada bueno.

F   No vayan muy rápido.

1 Don't go very slow.   No vayan muy despacio.

2 Don't go very fast.   No vayan muy de prisa.

3 Don't go so soon.   No vayan tan pronto.

4 Don't go so late.   No vayan tan tarde.

5 Don't go so rapidly.   No vayan tan rápido.

6 Don't go too rapidly.   No vayan demasiado rápido.

7 Don't go too early.   No vayan demasiado temprano.

33.24   Review drills

33.24.1   Spanish reflexive clitics as the equivalent of English possessives in identifying items whose ownership is obvious

    1   You never put your new shirt on.   Ud. nunca se pone la camisa nueva.

    2   Yesterday I put my green tie on.   Ayer me puse la corbata verde.

    3   They took their suitcases.   Ellos se llevaron las maletas.

    4   Last night I (broke) cracked my head.   Anoche me rompí la cabeza.

    5   Alice didn't take her overcoat.   Alicia no se llevó el abrigo.

    6   The boy didn't drink his milk.   El niño no se tomó la leche.

    7   They didn't eat their dessert.   Ellos no se comieron el postre.

    8   Eat your salad.   Cómase la ensalada.

    9   Drink your wine.   Bébase el vino.

   10   Brush your teeth.   Límpiese los dientes.

   11   Put your hat on.   Póngase el sombrero.

   12   Don't put your coat on here.   No se ponga el abrigo aquí.

   13   Don't eat your pie first.   No se coma el pastel primero.

33.24.2   Definite articles with days of the week and time expressions

    1   I arrived Monday at five after one.   Llegué el lunes a la una y cinco.

    2   We leave Thursday at one.   Salimos el jueves a la una.

    3   They arrive Friday at one thirty.   Ellos llegan el viernes a la una y treinta.

4 She arrived Saturday at four a.m.   Ella llegó el sábado a las cuatro de la mañana.

5 We're going to leave Sunday at nine p.m.   Vamos a salir el domingo a las nueve de la noche.

6 That plane leaves here Tuesday at three p.m.   Ese avión sale de aquí el martes a las tres de la tarde.

7 Are you going to be here Wednesday at seven?   ¿Va a estar Ud. aquí el miércoles a las siete?

8 On Fridays I work until five fifteen.   Los viernes trabajo hasta las cinco y quince.

9 On Thursdays they open at nine thirty.   Los jueves ellos abren a las nueve y treinta.

33.3   CONVERSATION STIMULUS

NARRATIVE 1

1 After having spent the day at his mother's, Jose takes   Después de haber pasado el día en casa de su madre, José lleva
   his fiancée and Juan home.   a su novia y a Juan a la casa.

2 First he lets out Juan, who lives closer, and then he   Primero deja a Juan que vive más cerca y luego lleva a Carmen.
   takes Carmen.

3 But when he goes alone (only) with her, he begins to drive too fast.   Pero cuando va solo con ella, empieza a manejar muy rápido.

4 This worries Carmen and so she tells him he ought to slow   Esto le preocupa a Carmen y entonces ella le dice que debe ir
   down.   más despacio.

5 But Jose doesn't pay any attention to her and tells her he Pero José no le hace caso y le dice que él sabe lo que hace.
   knows what he's doing.

6 He asks her why she gets so nervous.   Le pregunta que por qué se pone tan nerviosa.

7 It isn't that she's nervous, she replies, but she doesn't want   No es que está nerviosa, le contesta ella, pero tampoco quiere
   to die either.   morirse.

DIALOG 1

Carmen, dígale a José que por segunda vez, que no vaya tan rápido.

Carmen: Por segunda vez, José, no vayas tan rápido.

José, dígale que no se preocupe, que Ud. sabe lo que hace.

José: No te preocupes, yo sé lo que hago.

Carmen, dígale que eso es lo que él cree.

Carmen: Eso es lo que tú crees.

José, pregúntele que por qué se pone tan nerviosa.

José: ¿Por qué te pones tan nerviosa?

Carmen, contéstele que Ud. no está nerviosa, pero que tampoco quiere morirse.

Carmen: No estoy nerviosa, pero tampoco quiero morirme.

NARRATIVE 2

1 Carmen asks Jose, for (the) fifth time, to go slower, because there's too much traffic on the road.

Carmen le pide a José, por quinta vez, que vaya más despacio, que hay demasiado tráfico en el camino.

2 Jose replies to her that it isn't the fifth time she's telling him, it's the tenth.

José le contesta que no es la quinta vez que se lo dice, que es la décima.

3 It really is the tenth, but he won't listen to her; that's the trouble.

En realidad es la décima, pero él no le hace caso; eso es lo malo.

4 He tells her he *can't* go any slower.

El le dice que más despacio no puede ir.

5 But she doesn't stop telling him, and at each corner they come to, she tells him to watch out.

Pero ella no deja de decirle y a cada esquina que llegan le dice que se fije bien.

6 She tells him to be careful with the other cars, this and that and the other....

Le dice que tenga cuidado con los otros carros, que esto, que eso, que lo otro....

7 She bothers him so much that finally Jose can't (stand it) any more and says:

Lo molesta tanto que por fin José no puede más y le dice:

8 Oh, darn it! Don't bother so much! You sure are a nuisance! Why don't you drive, (better)?

¡Ah, caramba! ¡No molestes tanto! ¡Qué lata eres tú! ¿Por qué no manejas tú, mejor?

9 What's that?! Who do you think *I am* to be treated that way?!   ¿Qué es eso? ¿Quién cree *usted* que soy yo para tratarme
   she tells him calling him 'usted'.   así? ..le dice ella tratándolo de 'usted'.

10 Jose asks her to forgive him, but Carmen doesn't reply at   José le pide que lo perdone, pero Carmen no contesta nada
   all and after this neither one talks any more.   y ninguno de los dos habla más.

DIALOG 2

Carmen, dígale a José que por quinta vez, que más despacio,   Carmen: Por quinta vez, José, más despacio, que hay demasiado
   que hay demasiado tráfico en el camino.   tráfico en el camino.

José, dígale que no es la quinta, que es la décima vez que se   José: No es la quinta, es la décima vez que me lo dices.
   lo dice.

Carmen, dígale que puede ser la décima, pero que él no le   Carmen: Puede ser la décima, pero tú no me haces caso, eso es
   hace caso, que eso es lo malo.   lo malo.

José, dígale que más despacio no puede ir.   José: Más despacio no puedo ir.

Carmen, dígale que se fije bien es esta esquina; que tenga   Carmen: Fíjate bien en esta esquina; ten cuidado con ese carro
   cuidado con ese carro que viene allí.   que viene allí.

José, contéstele que Ud. lo está viendo, que por favor no le   José: Lo estoy viendo, por favor no me digas más.
   diga más.

Carmen, dígale que allí viene otro, que un momento, que no   Carmen: Allí viene otro, un momento, no pases todavía.
   pase todavía.

José, dígale que caramba, que no moleste tanto, que qué   José: ¡Ah, caramba! ¡No molestes tanto! ¡Qué lata eres tú!
   lata es ella. Pregúntele que por qué no maneja ella, mejor.   ¿Por qué no manejas tú, mejor?

Carmen, dígale que qué es eso, que quién cree él que es   Carmen: ¡¿Qué es eso?! ¿Quién cree *usted* que soy yo para
   usted para tratarla así.   tratarme así?

NARRATIVE 3

1 When they arrive at Carmen's house, Jose asks her if he   Al llegar a la casa de Carmen, José le pregunta si puede entrar
   can come in a moment.   un momento.

2 But Carmen says no.   Pero Carmen dice que no.

3 Jose asks her why not.   José le pregunta que por qué no.

4 She replies to him 'because not', and tells him: Ella le contesta que porque no, y le dice: 'buenas noches, señor.'
   'good night, sir'.

5 Jose asks her why such a hurry, what's the matter with   José le pregunta que por qué tanta prisa, que qué le pasa, que qué
   her, what did he do?   hizo él.

6 Carmen tells him he didn't do anything, at the same time   Carmen le dice que no hizo nada, al mismo tiempo que abre la
   that she opens the car door.   puerta del carro.

7 Jose asks her to let him accompany her to the door, at least. José le pide que lo deje acompañarla hasta la puerta, por lo menos.

8 But she says no, thanks, and that he doesn't need to bother. Pero ella le dice que no, que gracias, y que no necesita molestarse.

9 'But Carmen...,' he tells her.   Pero Carmen... —le dice él.

10 'Good night,' she replies.   Buenas noches —contesta ella.

11 'Shall I see you tomorrow?'   ¿Te veo mañana?

12 'I'm very sorry, I have an engagement.'   Lo siento mucho, tengo un compromiso.

13 'Frankly I don't understand women', says Jose when Carmen   Francamente yo no entiendo a las mujeres —dice José cuando
   shuts the door.   Carmen cierra la puerta.

DIALOG 3

José, dígale a Carmen que aquí están ya. Que si puede entrar un momento.

José: Aquí estamos ya. ¿Puedo entrar un momento?

Carmen, contéstele que no.

Carmen: ¡No!

José, pregúntele que por qué no.

José: ¿Por qué no?

Carmen, contéstele que porque no; y que buenas noches, señor.

Carmen: Porque no. Buenas noches, señor.

José, pregúntele que por qué tanta prisa, que qué le pasa, que qué hizo usted.

José: ¿Por qué tanta prisa, Carmen? ¿Qué te pasa? ¿Qué hice yo?

Carmen, contéstele que él no hizo nada.

Carmen: Ud. no hizo nada.

José, pídale que lo deje acompañarla hasta la puerta, por lo menos.

José: Déjame acompañarte hasta la puerta, por lo menos.

Carmen, contéstele que no, que gracias, que no necesita molestarse.

Carmen: No, gracias, no necesita molestarse.

José, 'pero Carmen'...dígale.

José: Pero Carmen....

Carmen, 'buenas noches', contéstele.

Carmen: Buenas noches.

José, pregúntele si la ve mañana.

José: ¿Te veo mañana?

Carmen, contéstele que lo siente mucho, que tiene un compromiso.

Carmen: Lo siento mucho, tengo un compromiso.

José, diga que francamente Ud. no entiende a las mujeres.

José: Francamente yo no entiendo a las mujeres.

33.4   READINGS

33.41   Life in Surlandia

33.41.0 Vocabulary building

BASIC SENTENCES

blond   rubio
but also   sino
the disposition   el carácter
sweet   dulce

Patricia, a pretty sixteen-year-old blond, was not only intelligent,   Patricia, una linda rubia de dieciseis años, no sólo era inteli-
  but also had a very sweet disposition.   gente sino que tenía un carácter muy dulce.

therefore   por lo tanto

She was, therefore, very popular among her friends.   Era, por lo tanto, muy popular entre sus amigos.

the champion   el campeón
in his day   en sus días

Her father, a great champion in his day, had taught her to play tennis.   Su padre, un gran campeón en sus días, le había enseñado a jugar
                                                                               tenis.

the sea   el mar
the port   el puerto
the point   la punta
white   blanco

The Phillips arrived by sea at the port of Punta Blanca.   Los Phillips llegaron por mar al puerto de Punta Blanca.

the train   el tren
toward   hacia

The next day they left by train for Las Palmas...   Al día siguiente salieron en tren hacia Las Palmas...

doña (the feminine equivalent of don)   doña
as   a medida que
to advance   avanzar

...and doña Catalina, as the train advanced, stopped complaining...

...y doña Catalina, a medida que el tren avanzaba, dejó de quejarse...

to begin   ponerse a
the admiration   la admiración

...and began to observe with admiration...

...y se puso a observar con admiración...

the lake   el lago
the mountain   la montaña
the jungle   la selva
to appear   aparecer
before   ante

...the lakes, rivers, jungles, and mountains, that appeared before her eyes.

...los lagos, ríos, selvas y montañas que aparecían ante su vista.

COGNATE LOAN WORDS

la energía	el trofeo
conservador	la posición
la facilidad	la capacidad
la figura	la eficiencia
religioso	la promoción

33.41.1   Reading selection

El Viaje

Veamos quiénes eran los Phillips. Ralph era un hombre de cuarenta y cinco años, aunque por su aspecto físico y energía para el trabajo, parecía tener no más de treinta y cinco. Moreno, no muy alto, conservador en la manera de vestir, parecía más bien un típico latinoamericano. Su energía no se limitaba al trabajo sino que también al deporte. Era un gran jugador de tenis y manejaba la raqueta como un campeón.

Su mujer se llamaba Catalina y era hija de inmigrantes italianos que habían venido a los Estados Unidos después de la primera guerra mundial, cuando ella tenía apenas tres años. En su casa siempre había hablado italiano con sus padres y dominaba, por lo tanto, esa lengua tan bien como el inglés, lo que seguramente le iba a ayudar a aprender el español con más facilidad que a su marido, aunque Ralph ya hablaba un poco. Catalina era rubia y muy bonita, pero su figura había cambiado un poco porque había engordado algo después de haberse casado con Ralph. Era una mujer muy religiosa, totalmente dedicada a su casa y no le gustaba salir ni viajar, ni mucho menos la idea de tener que ir a vivir a otro país.

Los Phillips tenían una hija, Patricia, una linda muchacha de dieciseis años, rubia como su madre y de hermosa figura. Inteligente y muy seria en sus estudios, era siempre la primera de su clase. Tenía un carácter muy dulce y era muy popular entre sus amigos y amigas; bailaba muy bien y le gustaban todos los deportes. De éstos, su favorito era el tenis, el cual le había enseñado su padre cuando apenas tenía ocho años. A los dieciseis ya era una gran jugadora y había ganado varios trofeos.

Hacía más de quince años que Ralph trabajaba con la United Appliances y poco a poco había ido subiendo hasta llegar a ocupar una de las posiciones más altas en la compañía y, gracias principalmente a él, los negocios de ésta en el extranjero habían aumentado mucho durante los últimos dos años. Era difícil encontrar a una persona con la capacidad de Ralph Phillips para manejar con eficiencia las operaciones en un mercado tan importante como iba a ser el de Surlandia. Por lo tanto, los directores de la compañía habían decidido mandarlo a Surlandia por dos o tres años, después de lo cual iba a volver a los Estados Unidos como uno de sus directores.

Ralph, que todavía estaba en Surlandia cuando fue informado de la decisión tomada por sus jefes, no dejó de pensar en su mujer porque, conociéndola como la conocía, estaba seguro de que a ella no le iba a gustar mucho la idea de ir a vivir al extranjero. Decidió no decirle nada por carta; esperó hasta volver a los Estados Unidos para hablar personalmente con ella y, una vez allá, se lo dijo primero a su hija, Patricia, quien siempre estaba de su parte. Pero, como en realidad esto significaba una importante promoción para Ralph, no les fue difícil convencerla.

Los Phillips no tuvieron mucho tiempo para arreglar todas las cosas del viaje: tres semanas solamente. En esas tres semanas tuvieron que comprar muebles, carro, buscar donde dejar a Patricia, que no podía irse inmediatamente con ellos por la escuela y tenía entonces que esperar hasta Junio. También tuvieron que despedirse de todo el mundo, alquilar la casa, sacar visas, obtener certificados de salud, vacuna, etcétera, etcétera.

Por fin, el 3 de Mayo, Ralph Phillips y su señora salieron para Surlandia. Aunque Ralph tenía mucha prisa por llegar, tuvieron que hacer el viaje por mar porque a su señora los aviones la ponían muy nerviosa. Cinco días después de haber salido de Nueva York, llegaron a Punta Blanca, el puerto principal de Surlandia. Después de pasar por Inmigración, donde los atendieron muy amablemente y no les revisaron más que un baúl de todo el equipaje que traían, un taxi los llevó a un hotel y allí pasaron la primera noche.

Al día siguiente tomaron el tren hacia Las Palmas. El viaje fue largo pero muy interesante, tan interesante que a doña Catalina, que desde el día que habían salido de Nueva York no había dejado de quejarse ni un momento, se puso a observar y a comentar con gran admiración sobre los lagos, ríos, montañas y selvas que aparecían ante su vista a medida que el tren avanzaba.

33.41.2 Response drill

1 ¿Por qué parecía Ralph tener menos años de los que tenía?
2 ¿En qué se parecía él a un típico latinoamericano?
3 ¿Cómo se llamaba su mujer?
4 ¿Quiénes eran sus padres?
5 ¿Por qué iba a tener ella más facilidad para aprender el español que su esposo?
6 ¿Cómo era ella en su aspecto físico?
7 ¿Cuántos años tenía la hija de los Phillips?
8 ¿Por qué era Patricia muy popular entre sus amigos?
9 ¿Por qué cuando apenas tenía dieciseis años ya era tan buena jugadora de tenis?
10 ¿Cuántos años hacía que Ralph trabajaba con la United Appliances Corporation?
11 ¿Por qué habían decidido los directores de la compañía mandarlo a Surlandia por dos o tres años?
12 ¿Qué tuvieron que hacer los Phillips para arreglar todas las cosas del viaje?
13 ¿Por qué tuvieron que hacer el viaje por mar?
14 ¿Cómo los atendieron las autoridades de Inmigración en Punta Blanca?
15 ¿Cuándo dejó de quejarse doña Catalina?

33.41.3 Discussion

1 Retell something about Ralph Phillips and his trip to Surlandia.
2 Retell something about his family.
3 Discuss some of the aspects of his job that would interest you.

33.42   Features

33.42.0 Vocabulary building

BASIC SENTENCES

the plateau
central
the land, earth
fertile

The central plateau, which does not have very fertile land,...

la meseta
central
la tierra
fértil

La meseta central, de tierras no muy fértiles,...

the east
the chain
the range
snowed (to snow)

...ends to the east in a chain of mountains called the Sierra Nevada...

el este
la cadena
la sierra
nevado (nevar)

...termina al este en una cadena de montañas llamada la Sierra Nevada...

to cross
the south

...which extends and crosses the country from north to south.

cruzar
el sur

...la cual se extiende y cruza el país de norte a sur.

the peak
the level

In this range we find peaks of over five thousand meters above sea level...

el pico
el nivel

En esta sierra encontramos picos de más de cinco mil metros sobre el nivel del mar...

the volcano
the earthquake
to cause

...and also volcanos whose activity has caused some earthquakes.

el volcán
el terremoto
causar

...y también volcanes cuya actividad ha causado algunos terremotos.

the west	el oeste
the coast	la costa
the temperature	la temperatura
average	medio
the degree	el grado
centigrade	centígrado
the season	la estación
dry	seco

To the west of the plateau is the coast, whose average temperature is from 22 to 30 degrees centigrade in the dry season...

Al oeste de la meseta está la costa, cuya temperatura media es de veintidós a treinta grados centígrados en la estación seca...

| the rain | la lluvia |

...and from 26 to 29 in the rainy season.

...y de veintiséis a veintinueve en la estación de las lluvias.

| the east | el oriente |
| virgin | virgen |

The lowlands of the east are large virgin jungles.

Las tierras bajas del oriente son grandes selvas vírgenes.

the sugar	el azúcar
the copper	el cobre
the iron (raw)	el hierro

Surlandia produces, among other things, sugar, copper, and iron.

Surlandia produce, entre otras cosas, azúcar, cobre y hierro.

COGNATE LOAN WORDS

la geografía	la elevación
geográfico	el terreno
el valle	la corriente
tropical	la región

desértico	el manganeso
húmedo	la formación
la vegetación	destruir
concentrar	el pino
el cacao	paralelamente
el banano	inexplorado
el petróleo	la frontera
abundante	la variación
la explotación	

33.42.1   Reading selection

Geografía de Surlandia [1]

Surlandia puede dividirse en cuatro zonas geográficas: La costa, la meseta, los valles centrales y las tierras bajas del oriente. Aunque Surlandia está en una región tropical, su clima depende de la relativa elevación del terreno y de las corrientes del mar.

En la costa hay dos regiones diferentes: en la parte sur es seca y desértica debido a una corriente fría del mar; en el norte, debido a una corriente caliente, la costa es húmeda y de vegetación tropical. Tres son sus puertos importantes: Puerto Laneros, Punta Blanca y Corral. En ellos se concentra gran parte de la actividad comercial del país. Los puertos del norte son los centros mayores de exportación de café, cacao, azúcar y bananos, mientras que por los del sur se exporta el petróleo y los minerales que se producen en el país.

La meseta tiene una elevación media de 3.000 metros. El clima aquí es relativamente seco, aunque en su parte norte, donde el terreno es más bajo y la vegetación más abundante, las condiciones son excelentes para la explotación del café. En la base sur de la meseta hay muchos minerales. De éstos, el cobre, hierro y manganeso son los más importantes. La meseta termina en una cadena de altas montañas, la Sierra Nevada. Su elevación media es de 4.000 metros sobre el nivel del mar y en ella encontramos picos de más de 5.500 metros. Algunos de éstos son volcanes, siendo el principal el Curutín, que ha dado formación al Lago Dulce. La actividad de este volcán es ahora mucho menor que en años pasados cuando, por ejemplo, en 1905 causó un terremoto que destruyó totalmente a la ciudad de Los Pinos. Hay otras dos cadenas de montañas que se extienden paralelamente, de norte a sur, a la Sierra Nevada y al oriente de ésta. Entre estas tres cadenas tenemos a los dos valles centrales, a unos 800 metros sobre el nivel del mar. De clima excelente y tierras fértiles, vive en ellos la mayor parte de la población. Las Palmas, capital de Surlandia, está en el primero de estos valles. La agricultura es el producto principal de esta zona.

Al oriente de la última cadena, el terreno baja rápidamente, y se entra en una región de selvas tropicales, todavía inexplorada en muchas partes.

----

[1] Ver mapa, p. 33.33

33.30   TREINTA

Hay varios ríos en Surlandia. El Río Chico nace en el Lago Dulce y sigue inmediatamente al norte de la meseta hasta llegar al Mar del Oeste. El Río Claro nace en un sistema de montañas en el país vecino del norte y, pasando por Surlandia, también llega a este mar. Por cada valle central, de sur a norte, pasa un río. Estos dos ríos, el Blanco y el Vírgenes, que cruzan la frontera norte del país, van hacia el sistema del gran Río Corrientes que llevan sus aguas al Mar del Este.

TEMPERATURAS MEDIAS EN SURLANDIA [2]

	Estación de las lluvias	Estación seca
Costa Norte	$29°$C ($83°$F)	$22°$C ($72°$F)
Costa Sur	$26°$C ($78°$F)	$30°$C ($85°$F)
Meseta	$17°$C ($62°$F)	$20°$C ($68°$F)
Valles Centrales (Las Palmas)	$26°$C ($78°$F)	$21°$C ($70°$F)

[2] Las variaciones de la temperatura entre el día y la noche son mayores en la costa sur, meseta y valles centrales que en la costa norte.

33.42.2 Response drill

    1 ¿Cuáles son las cuatro zonas geográficas en las cuales se divide Surlandia?
    2 ¿De qué depende el clima de ese país?
    3 ¿Cómo es la parte sur de la costa?
    4 ¿Cómo es la parte norte?
    5 ¿Qué productos se exportan por los puertos del norte?
    6 ¿Cuáles se exportan por los del sur?
    7 ¿Qué elevación media tiene la meseta?
    8 ¿Por qué son excelentes las condiciones para la explotación del café en la parte norte de la meseta?
    9 ¿Cuáles son algunos de los minerales que se encuentran en la base sur de esa meseta?
  10 ¿Qué es la Sierra Nevada?
  11 ¿Qué pasó en 1905 como resultado de la actividad del volcán Curutín?
  12 ¿Dónde vive la mayor parte de la población del país?
  13 ¿Dónde está la región de las selvas tropicales?
  14 ¿Dónde nace el Río Chico?
  15 ¿Hacia dónde van el Río Blanco y el Vírgenes después de cruzar la frontera norte del país?

33.42.3 Discussion

    1 Discuss the geography of Spain, some Latin American country, or your home State.

    2 Discuss some of the important products of these countries or states.

MAPA DE SURLANDIA

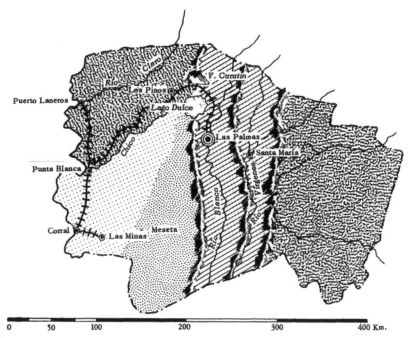

34.1   BASIC SENTENCES.   Molina talks with an economist from the Point IV program.

        Molina and Colonel Harris are drinking coffee in a restaurant downtown. Molina, who has arrived a little late, tells Harris about the
visit that he has just made to a friend who works for the ICA (Point 4) in Surlandia.

ENGLISH SPELLING   AID TO LISTENING   SPANISH SPELLING

Molina   *Molina*
  Do you know Ted Barber?   kónoşestu|átedbarber↑   ¿Conoces tú a Ted Barber?

Harris   *Harris*
  No. Who is he?   no↓ kyenés↓   No. ¿Quién es?

      the charge, responsibility   él-kárgó↓   el cargo

      to be in charge of   téner—a-kárgó↓   tener a cargo

      the point   él-puntó↓   el punto

Molina   *Molina*
  He's the one that's in charge of Point Four.   ésel|kétyené|ásúkárgo|lódélpunto   Es el que tiene a su cargo lo del
                                                                                      punto cuarto.
                                             kwártó↓

Harris   *Harris*
  Have you just seen him?   byenezdeberló↑   ¿Vienes de verlo?

Molina
Yes. I just talked with him.

siↄ ȧkȧboↄȩȧblár |kȯnélↄ

Molina
Sí. Acabo de hablar con él.

the visit

lȧ-bisitȧↄ

la visita

The visit that I had with him was very
interesting. (1)

lȧbisita |kȅlȧiȿe |fwémwinteresántȅↄ

La visita que le hice fue muy
interesante.

the class, kind, type

lȧ-klasȅↄ

la clase

Harris
Man, I didn't know Surlandia *needed* this
this kind of aid. (2)

ómbrȅↄ nȯsabıa |kȅsúrlandya |
nȅȿȅsitabȧ |ayuȓa |ȓéstȧklásȅ |

Harris
Hombre, no sabía que Surlandia
necesitaba ayuda de esta clase.

principally

prinȿipalméntȅↄ

principalmente

to prepare

prépȧrár↓

preparar

technical (3)

teknikóↄ

técnico

the specialist

él-ȇspȇȿyȧlistȧↄ

el especialista

Molina
Of course. Principally to prepare technical
specialists.

pȯrsúpwéstȯↄ prinȿipálmente |pȧrȧ
prépȧrar |teknikosȩespeȿyalístȧsↄ

Molina
Por supuesto. Principalmente para
preparar técnicos especialistas.

Harris
Technicians in what?

téknikosęŋké↓

Harris
¿Técnicos en qué?

to improve

mëhórár↓

mejorar

the agriculture

la̱—ágrikúlturá↓

la agricultura

to develop

dèsàrróoyar↓

desarrollar

the industry

la̱—índustryà↓

la industria

the commerce

él—kòmérşyô↓

el comercio

Molina
Well, to improve agriculture and develop
industry and commerce.

pwés |párámëhórar |lágrikúltura̱ |
ídèsàrróoyar |la̱industrya |̱elkómérşyô↓

Molina
Pues para mejorar la agricultura y
desarrollar la industria y el comercio.

to spend

gàstár↓

gastar

the silver (4)

lá—plátá↓

la plata

Harris
I bet you that'll cost plenty, won't it? (5)

sédebegastar |mucha |plátạ |ènéstô↓ noî

Harris
Se debe gastar mucha plata en
esto, ¿no?

the economy

la̱—ékònómià↓

la economía

Molina
Yes, but it's worth it for (the sake of) the country's economy.

sí↓ péró |bálelapéna |párálą ėkònómiąđelpaís↓

Molina
Sí, pero vale la pena para la economía del país.

the loan

ė̀l—préstámó↓

el préstamo

Now it looks like they're going to make us another loan.

áora |pàreşe |kėnòzbáną̦ęér |otro préstámó↓

Ahora parece que nos van a hacer otro préstamo.

Harris
Does the United States put up the whole thing?

lòpóneto̟đǫ |éstáđòsúniđos↑

Harris
¿Lo pone todo Estados Unidos?

the expense

ė̀l—gástó↓

el gasto

Molina
No. The United States sends technicians and we pay a part of the cost.

nó↓ ėstáđòsúniđoz |mándàtékníkòs↓ inòsótros |pàgamos |unaparteđeloz gástòs↓

Molina
No. Estados Unidos manda técnicos, y nosotros pagamos una parte de los gastos.

34.10   Notes on the basic sentences.

(1) Note that the verb used with /bɪsíta/ 'visit' is /aşér/ 'make': 'the visit that I made him'.

(2) Note the intonation pattern of the Spanish for this sentences: it ends in / | / . You have not seen many examples of it so far, though it is common enough in some dialects such as Mexican. The difference between it and one ending in /↓/ is that the pitch /1/ does not drop to as low a level, and it cuts off more abruptly at the end.

(3) The word *técnico* is to be considered a noun modifier, meaning 'technical', which like all noun modifiers is capable of being nominalized as in the next sentence where it means 'technicians',

(4) The use of the word *plata* 'silver' in the extended meaning 'money' is typical of a very informal conversational style of speaking.

(5) This sentence is almost impossible to translate more nearly literally: 'One ought to spend lots of money on this, shouldn't one?' but meaning 'One probably will spend....'. A parallel in English might be this: 'I'm going to see *The Night Riders;* it ought to be a good show.'Clearly 'it ought to be' here means something like 'It probably will be' or 'I'll bet it will be...'. and it is on such a basis that this translation is made.

34.2   DRILLS AND GRAMMAR

34.21   Pattern drills

34.21.1   The phrase relators /pór/ and /pára/

   A. Presentation of pattern

ILLUSTRATIONS

(in exchange for) _____	1 Gracias por la información.
(during, in) _____	2 No puedo venir los viernes por la tarde.
(along) _____	3 Ese que pasa por ahí es el coronel Harris.
(through) _____	4 Yo sólo anduve por el parque.
(around) _____	5 ¿Cómo sigue todo por su casa, señora?
(via) _____	6 No, van a venir por avión.
(by) _____	7 Debe ser un médico aceptado por la Embajada.
(on behalf of) _____	8 ¿Tiene alguna persona que responda por Ud.?

(because of) _____

(to call for) _____

(to get) _____

(why) _____

(what's this for) _____

(for the use of) _____

(for the benefit of) _____

(for the purpose of) _____

(enough for) _____

(to justify) _____

(in order to) _____

(to) _____

(destination) _____

(available for) _____

(until) _____

(as for) _____

_____

_____

_____

_____

9 No, *por* mí no se queden.

10 Paso *por* ti a las ocho.

11 Vámonos arriba *por* lo suyo.

12 ¿*Por* qué no vamos el quince y apostamos?

13 ¿*Para* qué es esto?

14 Los artículos *para* caballeros están abajo.

15 Y sobre todo, bueno *para* los niños.

16 Estoy a sus órdenes *para* ayudarle.

17 Traiga *para* los dos.

18 Es sólo un pretexto *para* reunirse.

19 Principalmente *para* preparar técnicos especialistas.

20 Yo voy *para* la ciudad.

21 *Quisiera ver una corbata *para* mi marido.

22 Apenas tenemos media hora *para* vestirnos.

23 Déjalo *para* las once.

24 *Para* mí lo más emocionante son las carreras de caballos.

25 Otra vez, *por favor.*

26 *Por supuesto.* Y así le enseñaré donde hay uno.

27 *Por ahora* sólo tengo dos desocupados.

28 Oye, *por fin* ¿a quién vas a llevar?

_____

_____   29 *Por lo visto acá toman más café que en los Estados Unidos.*

_____   30 *Por lo menos nosotros nos divertimos mucho.*

_____   31 *Por lo pronto necesita lo siguiente.*

                                    32 *Por poco me desmayo.*

EXTRAPOLATION

pór	pára
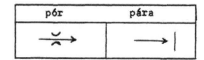	

NOTES

a. In almost all their contrasting uses the meanings of /pór/ and /pára/
    can be related to the concepts 'motion through' and 'motion to.'

34.21.11 Translation drill – paired sentences

1 I'm going by way of Chile.   Voy por Chile.
   I'm going to Chile.   Voy para Chile.

2 He's going along the street.   Va por la calle.
   He's going to the street.   Va para la calle.

3 I'm leaving through the park.   Salgo por el parque.
   I'm leaving for the park.   Salgo para el parque.

4 Go for the car.   Vaya por el coche.
   Go to the car.   Vaya para el coche.

5 The dress was made by Louise.   El vestido fue hecho por Luisa.
   The dress was made for Louise.   El vestido fue hecho para Luisa.

6 He did that for his sister's sake.   El hizo eso por su hermana.
   He did that for his sister.   El hizo eso para su hermana.

7 Why do you eat so much, Joseph?   ¿Por qué come Ud. tanto, José?
   What do you eat so much for, Joseph? ¿Para qué come Ud. tanto, José?

8 Why do you do that?   ¿Por qué hace Ud. eso?
   What do you do that for?   ¿Para qué hace Ud. eso?

9 That's why I bought it.   Por eso lo he comprado.
   That's the purpose I bought it for. Para eso lo he comprado.

10 Because of having studied so much he doesn't know anything.   Por haber estudiado tanto no sabe nada.
   For one who has studied so much he doesn't know anything.   Para haber estudiado tanto no sabe nada.

11 Because of being a friend of John's, you have to speak well of him.   Por ser Ud. amigo de Juan tiene que hablar bien de él.
   In order to be a friend of John's you have to speak well of him.   Para ser Ud. amigo de Juan tiene que hablar bien de él.

12 Because of helping him, I cracked (broke) my head.   Por ayudarlo, me rompí la cabeza.
   In order to help him, I cracked (broke) my head.   Para ayudarlo, me rompí la cabeza.

13 I bought this overnight bag for Carmen (to give to   Compré este maletín por Carmen.
    somebody else), (or) I bought it through Carmen.
    I bought this overnight bag for Carmen (to keep).   Compré este maletín para Carmen.

14 I worked in the Colonel's place.   Trabajé por el coronel.
    I worked for the Colonel.   Trabajé para el coronel.

15 I wrote the letter for the boss.   Escribí la carta por el jefe.
    I wrote the letter (to be sent) to the boss.   Escribí la carta para el jefe.

16 I've been eating for the last three days.   He comido por tres días.
    I've eaten enough to last three days.   He comido para tres días.

17 John's in favor of leaving (or) John's about to leave.   Juan está por salir.
    John's about to leave.   Juan está para salir.

18 Why do they serve coffee at that hour?   ¿Por qué sirven ellos café a esa hora?
    What's the reason for serving coffee at that hour?   ¿Para qué sirven ellos café a esa hora?

19 I exchanged the clothing for the trunk.   Cambié la ropa por el baúl.
    I changed the clothing (from the suitcase) to the trunk.   Cambié la ropa para el baúl.

B. Discussion of pattern

    One of the most difficult overlaps in Spanish (from the English point of view) is that of /pór/ and /pára/, both of which translate English 'for'. Even after additional meanings ('by, through, along, via, because of, in exchange for, per' for /pór/ - 'in order to' for /pára/) are called on to help make the choice, there are still many occurrences of both where the best English translation is just 'for.'

    The contrast of /pór/ and /pára/ is another example of a division of the meaning of a single concept in English into two categories in Spanish, just as /sér/ and /estár/ both translate 'be' and past I and past II both record past time.

    In addition to the difficulties inherent in the splitting of a single English concept, /pór/ and /pára/ are both phrase relators, and this class of words is the most troublesome of all in deciding on translation equivalents between Spanish and English. For example, the Spanish phrase relator /én/ can be translated in different sentences by English 'on, in, at, into, to, for, of, about,' and English 'by' can come out /pór, de, pára, a, en, kon, éntre, según, húnto‑a, al‑ládo‑de/.

The most useful generalization about what it is that all occurrences of /pór/ share in contrast with all occurrences of /pára/ seems to be the concepts of 'motion through' versus 'motion to.' Sometimes the application is figurative, but it is nearly always helpful. For instance, in translating the 'for' of 'I'm going to buy a present for my sister,' /pára/ appears if it is intended that she keep the present (motion to), but /pór/ if she is to give it to someone else (motion through).

The phrases /por—ké/ and /para—ké/ are very similar to each other, but /por—ké/ looks backward toward the cause of something (motion through the time indicated), while /para—ké/ looks ahead to the accomplishment of a purpose (motion to a definite future time). Thus /por—ké/ is 'why' and /para—ké/ is 'what for,' when these are different in English.

Considering /pór/ as 'means' and /pára/ as 'destination' is very helpful pedagogically, but there are some fixed expressions that are probably best learned as units, without attempting analysis. These mostly contain /pór/ , as /por—lo—ménos/ 'at least,' /por—fín/ 'at last,' etc.

34.21.2 Colors

A. Presentation of pattern

ILLUSTRATIONS

————————————————	1 Son esas maletas *verdes* y este baúl pequeño.
orange	anaranjado
Nonsense! Those shoes are not orange.	2 ¡Qué va! Ese calzado no es *anaranjado.*
purple	morado
The girl with the purple blouse is Inez.	3 La chica con blusa *morada* es Inés.
red	rojo
It's behind the red car.	4 Está detrás del auto *rojo.*
yellow	amarillo
The rice is very yellow.	5 El arroz está muy *amarillo.*
blue	azul
The dressmaker needs more blue cloth.	6 La modista necesita más tela *azul.*
black	negro
And don't forget the black pepper.	7 Y no se te olvide la pimienta *negra.*

gray

Yes, across from the house with the gray (window) grill.

white

Well, did you buy the white bread?

gris

8 Sí, en frente de la casa con reja *gris*.

blanco

9 En fin, ¿compraste el pan *blanco*?

EXTRAPOLATION

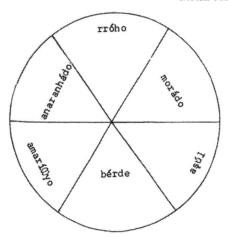

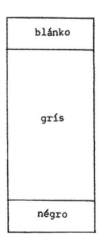

NOTES

a. The primary colors are /rróho , aşúl, amaríⓞyo/ .

b. The secondary colors are /morádo, bérde , anaranhádo/ .

c. Non color shades of light and dark, ranging between /blánko/ and /négro/ : /grís/ .

34.21.21 Substitution drill — item substitution

    1 Ellos viven en esa casa *blanca*.

       _____ amarilla.   Ellos viven en esa casa amarilla.

       _____ azul.   Ellos viven en esa casa azul.

    2 Compré una camisa *roja*.

       _____ verde.   Compré una camisa verde.

       _____ negra.   Compré una camisa negra.

    3 Mi esposa compró un vestido *morado*.

       _____ anaranjado.   Mi esposa compró un vestido anaranjado.

       _____ gris.   Mi esposa compró un vestido gris.

34.21.22 Translation drill

    1 The black suitcase is upstairs.   La maleta negra está arriba.

    2 I bought some white shoes.   Compré unos zapatos blancos.

    3 That yellow pencil is mine.   Ese lápiz amarillo es mío.

    4 My car is green and white.   Mi carro es verde y blanco.

    5 My wife bought one purple blouse and another   Mi esposa compró una blusa morada y otra gris.
       gray one.

    6 Whose is that blue hat?   ¿De quién es ese sombrero azul?

    7 How much does that yellow tie cost?   ¿Cuánto cuesta esa corbata amarilla?

8 We sold the red sofa-bed.	Vendimos el sofá-cama rojo.
9 Louise has a black car.	Luisa tiene un coche negro.

B. Discussion of pattern

Names of colors in Spanish are largely adjectives, though occassionally a /—do/ form of a verb like /anaranhádo/ occurs.

Many times a color designation is made by a comparison to some product with a fairly standard color, as /kolór—kafé/ or even /kolór—kafé—kon—léche/ for different shades of brown, a color which does not have a single generic equivalent in Spanish.

34.22   Replacement drills

A ¿Conoces tú a Ted Barber?	
1 ¿ _____ ellos _____ ?	¿Conocen ellos a Ted Barber?
2 ¿ _____ al señor _____ ?	¿Conocen ellos al señor Barber?
3 ¿ _____ alguien _____ ?	¿Conoce alguien al señor Barber?
4 ¿ _____ a la señorita _____ ?	¿Conoce alguien a la señorita Barber?
5 ¿Conozco _____ ?	¿Conozco yo a la señorita Barber?
6 ¿ _____ esa casa?	¿Conozco yo esa casa?
7 ¿ _____ nosotros _____ ?	¿Conocemos nosotros esa casa?

B   Es el que tiene a su cargo lo del Punto Cuarto.

1 Son _____ .

Son los que tienen a su cargo lo del Punto Cuarto.

2 ___ la que_____ .

Es la que tiene a su cargo lo del Punto Cuarto.

3 _____ lo de las visas.

Es la que tiene a su cargo lo de las visas.

4 _____ tienen _____ .

Son las que tienen a su cargo lo de las visas.

5 ___ el que _____ .

Es el que tiene a su cargo lo de las visas.

6 _____ lo de la plata.

Es el que tiene a su cargo lo de la plata.

7 Son _____ .

Son los que tienen a su cargo lo de la plata.

C   La visita que le hice fue muy interesante.

1 ___ trabajos _____ .

Los trabajos que le hice fueron muy interesantes.

2 _____ pocos.

Los trabajos que le hice fueron muy pocos.

3 ___ cosas _____ .

Las cosas que le hice fueron muy pocas.

4 _____ presté _____ .

Las cosas que le presté fueron muy pocas.

5 _____ pequeñas.

Las cosas que le presté fueron muy pequeñas.

6 _____ pedí _____ .

Las cosas que le pedí fueron muy pequeñas.

7 ___ favor _____ .

El favor que le pedí fue muy pequeño.

D   Se debe gastar mucha plata en eso, ¿no?

1 _____ dinero _____ , ¿—?

Se debe gastar mucho dinero en eso, ¿no?

2 _____ ganar _____ , ¿—?

Se debe ganar mucho dinero en eso, ¿no?

3 _____ bastante _____ , ¿—?

Se debe ganar bastante dinero en eso, ¿no?

4 _____ dólares _____ , ¿—?   Se debe ganar bastantes dólares en eso, ¿no?

5 _____ gastar _____ , ¿—?   Se debe gastar bastantes dólares en eso, ¿no?

6 ____ _____ tiempo _____ , ¿—?   Se debe gastar bastante tiempo en eso, ¿no?

7 _____ demasiado _____ , ¿—?   Se debe gastar demasiado tiempo en eso, ¿no?

E   Ahora nos van a hacer otro préstamo.

1 _____ pedir _____ .   Ahora nos van a pedir otro préstamo.

2 _____ otras cosas.   Ahora nos van a pedir otras cosas.

3 _____ mandar _____ .   Ahora nos van a mandar otras cosas.

4 _____ técnicos.   Ahora nos van a mandar otros técnicos.

5 _____ nuevos _____ .   Ahora nos van a mandar nuevos técnicos.

6 _____ les _____ .   Ahora les van a mandar nuevos técnicos.

7 _____ muchos _____ .   Ahora les van a mandar muchos técnicos.

F   Nosotros pagamos una parte de los gastos.

1 Yo _____ .   Yo pago una parte de los gastos.

2 _____ esta _____ .   Yo pago esta parte de los gastos.

3 _____ comida.   Yo pago esta parte de la comida.

4 _____ hago _____ .   Yo hago esta parte de la comida.

5 Ella _____ .   Ella hace esta parte de la comida.

6 _____ trabajo.   Ella hace esta parte del trabajo.

7 _____ preparamos _____ .   Nosotros preparamos esta parte del trabajo.

34.23   Variation drills

A   ¿Vienes de verlo?

1 Have you just invited him?   ¿Vienes de invitarlo?

2 Have you just convinced him?   ¿Vienes de convencerlo?

3 Have you just congratulated him?   ¿Vienes de felicitarlo?

4 Have you just met her?   ¿Vienes de conocerla?

5 Have you just introduced her?   ¿Vienes de presentarla?

6 Have you just helped her?   ¿Vienes de ayudarla?

7 Have you just waited on her?   ¿Vienes de atenderla?

B   Acabo de hablar con él.

1 I just ate with him.   Acabo de comer con él.

2 I've just been with her.   Acabo de estar con ella.

3 He just left with her.   Acaba de salir con ella.

4 He just came in with them (f).   Acaba de entrar con ellas.

5 He just lunched with me.   Acaba de almorzar conmigo.

6 We just spoke to the engineer.   Acabamos de conversar con el ingeniero.

7 We just decided it with the specialists.   Acabamos de decidirlo con los especialistas.

C   No sabía que Surlandia necesitaba ayuda de esta clase.

1   I didn't know this country needed that kind of help.   No sabía que este país necesitaba ayuda de esa clase.

2   I didn't know this industry needed that kind of help.   No sabía que esta industria necesitaba ayuda de esa clase.

3   I didn't know you needed that kind of help.   No sabía que Ud. necesitaba ayuda de esa clase.

4   I didn't know they needed that kind of help.   No sabía que ellos necesitaban ayuda de esa clase.

5   I didn't know you all needed that kind of help.   No sabía que Uds. necesitaban ayuda de esa clase.

6   We didn't know you all needed that type of technicians.   No sabíamos que Uds. necesitaban técnicos de esa clase.

7   We didn't know you all needed that type of specialists.   No sabíamos que Uds. necesitaban especialistas de esa clase.

D   Para preparar técnicos especialistas.

1   To prepare air technicians.   Para preparar técnicos aéreos.

2   To prepare technical engineers.   Para preparar ingenieros técnicos.

3   To prepare specialized engineers.   Para preparar ingenieros especialistas.

4   To prepare technicians in agriculture.   Para preparar técnicos en agricultura.

5   To prepare technicians in industries.   Para preparar técnicos en industrias.

6   To prepare specialists in motors.   Para preparar especialistas en motores.

7   To prepare specialists in foreign relations.   Para preparar especialistas en relaciones exteriores.

E   Para mejorar la agricultura y desarrollar la industria.

  1 To improve agriculture and develop commerce.   Para mejorar la agricultura y desarrollar el comercio.

  2 To improve the coin and develop the economy.   Para mejorar la moneda y desarrollar la economía.

  3 To improve the inspection and the customs.   Para mejorar la inspección y las aduanas.

  4 To improve the airports and the bases.   Para mejorar los aeropuertos y las bases.

  5 To improve the foreign relations.   Para mejorar las relaciones exteriores.

  6 To develop a good commercial section.   Para desarrollar un buen sector comercial.

  7 To have good health.   Para tener buena salud.

F   ¿Lo pone todo Estados Unidos?

  1 Does this country put it all up?   ¿Lo pone todo este país?

  2 Do you put it all up?   ¿Lo pone todo Ud.?

  3 Do you do it all?   ¿Lo hace todo Ud.?

  4 Does he give it all?   ¿Lo da todo él?

  5 Does she spend it all?   ¿Lo gasta todo ella?

  6 Do they prepare it all?   ¿Lo preparan todo ellos?

  7 Do you decide it all?   ¿Lo deciden todo Uds.?

34.24   Review drills — Lack of construction correlation:

34.24.1   English subject-verb — Spanish object-verb

1 Joseph likes to have fun.	A José le gusta divertirse.
2 Carmen likes to drive.	A Carmen le gusta manejar.
3 John likes to bother.	A Juan le gusta molestar.
4 Martha likes to explain everything.	A Marta le gusta explicar todo.
5 Mary (just) needs her luggage.	A María le falta el equipaje.
6 Ana (just) needs permission.	A Ana le falta el permiso.
7 Carmen (just) needs her passport.	A Carmen le falta el pasaporte.
8 They like the pie.	A ellos les gusta el pastel.
9 I like the furniture.	A mí me gustan los muebles.
10 She likes the court.	A ella le gusta la cancha.
11 He thinks it's small.	A él le parece pequeña.
12 We think it's good.	A nosotros nos parece buena.
13 My parents think it's too big.	A mis padres les parece muy grande.

34.24.2   Relative position of the parts of a Spanish progressive construction in questions

1 Is Mary winning?	¿Está ganando María?
2 Is Joseph writing?	¿Está escribiendo José?
3 Is Carmen sewing?	¿Está cosiendo Carmen?
4 Are Martha and John talking?	¿Están hablando Marta y Juan?

5 Are Carmen and Alice cleaning?	¿Están limpiando Carmen y Alicia?
6 Are Joseph and Louise studying?	¿Están estudiando José y Luisa?
7 Is John bathing?	¿Se está bañando Juan?
8 Is Louis shaving?	¿Se está afeitando Luis?
9 Is Paul moving?	¿Se está mudando de casa Pablo?

34.3　CONVERSATION STIMULUS

NARRATIVE 1

1 Three old friends were sitting conversing in a cafe.	Tres viejos amigos estaban sentados conversando en un café.
2 Two of them, don Rafael and don Alfredo, were complaining about the government.	Dos de ellos, don Rafael y don Alfredo, se quejaban del gobierno.
3 They were saying that the country needed a change.	Decían que el país necesitaba un cambio.
4 Because this government was the worst they had (ever) had.	Porque este gobierno era el peor que habían tenido.
5 They said that because of the government, the economy of the country was worse.	Decían que debido al gobierno, la economía del país estaba cada vez peor.
6 And that the cost of living was extremely high.	Y que la vida estaba carísima.
7 The cup of coffee they were drinking cost five pesos.	La taza de café que se estaban tomando costaba cinco pesos.
8 It was just a few months ago, they said, that for five pesos you could drink five cups of coffee.	Hacía apenas unos meses, decían ellos, que por cinco pesos uno podía tomarse cinco tazas de café.
9 They said that millions were spent on trips that people close to the government made to the United States.	Decían que se gastaban millones en viajes que los amigos del gobierno hacían a los Estados Unidos.

DIALOG 1

Don Rafael, dígale a don Alfredo que este país necesita un cambio. Que este es el peor gobierno que Uds. han tenido.

Rafael: Este país necesita un cambio, don Alfredo. Este es el peor gobierno que hemos tenido.

Don Alfredo, dígale que tiene razón, que la economía del país está cada vez peor y que la vida está carísima.

Alfredo: Tiene razón, don Rafael. La economía del país está cada vez peor y la vida está carísima.

Don Rafael, dígale que mire, que cinco pesos por esa taza de café.

Rafael: Mire Ud. ¡Cinco pesos por esta taza de café!

Don Alfredo, dígale que ya lo sabe. Que pensar que hace apenas unos meses por cinco pesos podía uno tomarse cinco tazas.

Alfredo: Ya lo sé. Pensar que hace apenas unos meses por cinco pesos podía uno tomarse cinco tazas.

Don Rafael, dígale que pensar también que se gastan millones en cantidades de viajes a los Estados Unidos para los amigos del gobierno.

Rafael: Pensar también que se gastan millones en cantidades de viajes a los Estados Unidos para los amigos del gobierno.

NARRATIVE 2

1 But the third gentleman, don Julio, was defending the government.

Pero el tercer señor, don Julio, defendía el gobierno.

2 He said that those trips were necessary.

El decía que esos viajes eran necesarios.

3 Because the purpose of them was to prepare technical specialists to develop new industries.

Porque el propósito de ellos era el de preparar técnicos especialistas para desarrollar nuevas industrias.

4 His two friends told him then that the government ought rather to give some help to agriculture, which was the base of the economy of the country, principally coffee.

Sus dos amigos le dijeron entonces que el gobierno debía más bien darle ayuda a la agricultura, que era la base de la economía del país, principalmente el café.

5 Then don Julio explained to them that precisely there was the rub.

Entonces don Julio les explicó que precisamente ahí estaba lo malo.

6 Because coffee alone wasn't giving the country a secure base for its economy.

Porque el café, solamente, no le daba al país una base segura para su economía.

7 If the price of coffee in the world market went down, as was happening right then, the whole country felt it.

Si los precios del café en los mercados del mundo bajaban, como estaba pasando, entonces, todo el país lo sentía.

8 Not just those who were in the coffee business.

No sólo los que estaban en el negocio del café.

DIALOG 2

Don Julio, dígales a los señores que esos viajes son necesarios para preparar técnicos especialistas.

Julio: Esos viajes son necesarios para preparar técnicos especialistas, señores.

Don Alfredo, pregúntele que especialistas en qué, que si especialistas en gastar más plata.

Alfredo: ¿Especialistas en qué, don Julio?, ¿especialistas en gastar más plata?

Don Julio, contéstele que no, que especialistas para desarrollar las industrias.

Julio: No, especialistas para desarrollar las industrias.

Don Rafael, pregúntele que por qué más bien no darle más ayuda a la agricultura, que es la base de la economía del país, principalmente el café.

Rafael: ¿Por qué más bien no darle más ayuda a la agricultura, que es la base de la economía del país, principalmente el café?

Don Julio, contéstele que precisamente ahí está lo malo, que el café solamente no le da al país una base segura en su economía.

Julio: Precisamente ahí está lo malo. El café solamente no le da al país una base segura en su economía.

Don Rafael, pregúntele que por qué no.

Rafael: ¿Por qué no?

Don Julio, contéstele que porque si los precios del café en los mercados del mundo bajan, como están bajando ahora, todo el país lo siente; que no sólo los que están en el negocio del café.

Julio: Porque si los precios del café en los mercados del mundo bajan, como están bajando ahora, todo el país lo siente, no sólo los que están en el negocio del café.

Don Alfredo, pregúntele a Don Julio si cree él entonces que ésa es la razón principal por la cual la economía del país está tan mala.

Alfredo: ¿Cree Ud. entonces, don Julio, que ésa es la razón principal por la cual la economía del país está tan mala?

Don Julio, dígale que claro, que por eso hay que   Julio: Claro. Por eso hay que desarrollar las industrias,
desarrollar las industrias, pero sin dejar de ayudar   pero sin dejar de ayudar a la agricultura, y no
a la agricultura al mismo tiempo, y no solamente en   solamente en lo del café.
lo del café.

NARRATIVE 3

1 Don Rafael asked don Julio where the necessary   Don Rafael le preguntó a don Julio dónde estaba el dinero
   money was, to develop new industries.   necesario para desarrollar nuevas industrias.

2 Julio explained to him that the United States   Julio le explicó que los Estados Unidos estaban por
   was about to make a loan of ten million dollars to   hacerle un préstamo de diez millones de dólares a Surlandia.
   Surlandia.

3 He knew about it because he had just talked to a   El lo sabía porque acababa de hablar con un amigo de él, Ted
   friend of his, Ted Barber.   Barber.

4 Ted Barber was the one who was in charge of Point   Ted Barber era el que tenía a su cargo lo del Punto Cuarto.
   Four.

DIALOG 3

Don Rafael, pregúntele a don Julio que dónde está el   Rafael: ¿Dónde está el dinero necesario para desarrollar
dinero necesario para desarrollar nuevas industrias.   nuevas industrias?

Don Julio, contéstele que los Estados Unidos están   Julio: Los Estados Unidos están por hacernos un préstamo
por hacerles un préstamo de diez millones.   de diez millones.

Don Rafael, pregúntele que cómo lo sabe él.   Rafael: ¿Cómo lo sabe Ud.?

Don Julio, contéstele que se lo dijo Ted Barber; que   Julio: Me lo dijo Ted Barber; acabo de hablar con él.
Ud. acaba de hablar con él.

Don Rafael, pregúntele que quién es Ted Barber.   Rafael: ¿Quién es Ted Barber?

Don Julio, contéstele que es el que tiene a su cargo lo   Julio: Es el que tiene a su cargo lo del Punto Cuarto.
del Punto Cuarto.

34.4   **READINGS**

34.41   Life in Surlandia

34.41.0   Vocabulary building

BASIC SENTENCES

the card	la tarjeta
The card that Patricia received said:	La tarjeta que Patricia recibió decía:
dear	querido
within	dentro de
'Dear Patricia: Within two hours we will arrive in Havana.'	'Querida Patricia: Dentro de dos horas llegamos a La Habana.'
to miss	hacer falta
We are very happy, but we miss you very much.	Estamos muy contentos, pero nos haces una falta muy grande.
the kiss	el beso
the affection	el cariño
to love	querer
Love and kisses from your parents (who love you), Ralph and Catalina.'	Besos y cariños de tus padres que te quieren, Ralph y Catalina.'
happily	felizmente
the scarcity	la escasez
Fortunately, although there was a great shortage of houses in Las Palmas,...	Felizmente, aunque había gran escasez de casas en Las Palmas,...
to obtain, get	conseguir
...the Phillips were able to get one that was under construction in the outskirts.	...los Phillips pudieron conseguir una que estaban construyendo en las afueras.

to doubt	dudar
slow	lento

But Ralph doubted they would be able to move there before August, because the work was going very slowly.

Pero Ralph dudaba poder mudarse allí antes de agosto porque los trabajos iban muy lentos.

the master	el maestro
the foreman, builder	el maestro de obras
to avoid, prevent	evitar
the robbery, theft	el robo

The foreman, who lived there in order to prevent the theft of materials, seemed not to be in any hurry.

El maestro de obras, que vivía allí para evitar robos de materiales, parecía no tener ninguna prisa.

the owner	el dueño
the closet	el closet

Ralph asked the owner to make the closets bigger...

Ralph pidió al dueño hacer los closets más grandes...

the curtain	la cortina
metalic	metálico

...and install screen doors.

...e instalar puertas con cortinas metálicas.

Although the house was new, when they moved in they found some defects:

Aunque la casa era nueva, cuando se mudaron encontraron algunos defectos:

the leak	la gotera
the roof	el techo
the piping	la tubería
the humidity	la humedad
the wall	la pared

...leaks in the roof, plumbing badly installed, humidity in the walls, etc.

...goteras en los techos, tuberías mal instaladas, humedad en las paredes, etc.

the law
the insurance
social
the social security
to obligate, compel

The high salaries and the social security laws which required that the workers be paid...

numerous
the holiday
the sickness
the accident

...for the many holidays, for sickness, accidents, etc....

the readjustment
the budget

...made necessary a readjustment in the budget.

to delay

Also other problems came up which delayed the work.

however, nevertheless
the order

Nevertheless, although the plant was not finished, many orders were already arriving.

la ley
el seguro
social
el seguro social
obligar

Los altos salarios y las leyes del seguro social que obligaban a pagar a los obreros...

numeroso
el día de fiesta
la enfermedad
el accidente

...por los numerosos días de fiesta, por enfermedades, accidentes, etc....

el reajuste
el presupuesto

...hicieron necesario un reajuste en el presupuesto.

atrasar

También se presentaron otros problemas que atrasaron los trabajos.

sin embargo
el pedido

Sin embargo, aunque la planta no estaba terminada, ya estaban llegando numerosos pedidos.

COGNATE LOAN WORDS

adorar	continuar	humano
el termómetro	la solución	increíble
el aire acondicionado	confesar	la iniciación
el resto	la paciencia	inactivo
el capitolio	el hábito	la conexión
gratis	complicado	la utilidad
finalmente	legal	la delegación
el estómago	preventivo	el circuito
inclusive	curativo	el voltaje
las vacaciones	el contrato	la refrigeradora
la medicina	la diferencia	la serie
Francia	mantener	responsable
interesar	profesional	

34.41.1   Reading selection

Unas Cartas

Punta Blanca, 8 de mayo

Mi hija adorada:

Llegamos esta tarde como a las tres. Son ahora las doce de la noche y no pensaba escribirte hasta llegar a Las Palmas porque me sentía muy cansada, pero está haciendo un calor tan horrible que no he podido dormir nada. Acabo de ver el termómetro que tenemos en el cuarto y la temperatura está a treinta y cuatro grados centígrados que supongo deben ser por lo menos noventa y cinco en grados Fahrenheit. El hotel en que estamos es bonito y cómodo pero no hay aire acondicionado. Felizmente salimos mañana para la capital.

¿Recibiste las tarjetas que te mandamos de La Habana? En unas horas que estuvimos allí tuvimos tiempo de ir a dar una vuelta por la ciudad y pudimos conocer un poco. Anduvimos por lo que llaman La Habana Vieja que con sus edificios viejos y calles muy estrechas nos pareció muy interesante por el contraste que ofrece con el resto de la ciudad. Después visitamos el capitolio que, según me dijeron, es más grande que el de Washington. Luego fuimos a un lugar donde hacen la mejor cerveza de Cuba y donde los turistas pueden tomar gratis toda la que quieran. Finalmente nos llevaron a conocer unos barrios residenciales lindísimos.

El viaje estuvo bastante interesante aunque yo perdí el apetito porque me sentía muy mareada y entonces me volvieron otra vez aquellos dolores de estómago que me han tenido siempre tan preocupada. No le quise decir nada a Ralph porque él siempre dice que son ideas mías. A él sí le hizo mucho bien el viaje; yo creo que inclusive engordó algunas libras que se le ven muy bien.

En el barco conocimos a un señor de apellido Valenzuela y a su señora. Ellos son de Surlandia y venían de pasar unas vacaciones en Europa. Son muy simpáticos y nos hicimos muy amigos. Tienen un hijo estudiando medicina en la Universidad de Duke y dos niñas en una escuela en Francia. Por lo visto son muy ricos, ¿no crees? El se interesó mucho cuando Ralph le habló de los proyectos de la compañía porque, según dijo él, ellos son dueños de grandes tierras en la región donde se está construyendo la represa del Río Chico.

Voy a terminar esta carta porque se está haciendo muy tarde y voy a ver si puedo dormir unas horas. Mañana tenemos que levantarnos muy temprano porque el tren sale a las siete.

Al llegar allá te escribo otra vez y te prometo continuar haciéndolo muy a menudo. No dejes tú de hacer lo mismo porque nos haces una falta muy grande. Menos mal que ya dentro de poco terminan las clases.

Bueno, hija mía, pórtate bien. Recibe todo el cariño de tu mamá,

Catalina

Las Palmas, 3 de junio

Sr. Howard MacDonald
Jefe del Departamento de Exportación
United Appliances Corporation
Chicago 26, Illinois

Querido Howard,

Como has podido ver por mis últimos informes, lo de la planta marcha más o menos bien, aunque no tan bien como uno quisiera. Día a día se presentan problemas nuevos para mí a los que, de una manera u otra, tengo que darles solución. Por ejemplo, ayer tuve que pasar todo el día atendiendo personalmente a la instalación de unos cables eléctricos debido a la falta de especialistas. Cada día se presentan nuevas dificultades que atrasan los trabajos: unas veces es que falta un documento nuevo para poder sacar ciertas cosas de la aduana, otras está lloviendo demasiado, y otras que los obreros no pueden continuar trabajando porque hay no sé qué es el contrato, en fin, si no es una cosa es otra. Francamente tengo que confesar que tenías razón cuando me dijiste que yo estaba demasiado optimista.

Bueno, yo creo que lo que debo hacer es aprender a tener mucha paciencia hasta poder adaptarme a los hábitos de trabajo y a los complicados aspectos legales aquí. Por una parte tenemos aquí una ley de seguro social para los obreros por la cual las compañías deben pagar salarios por días de fiesta no trabajados (y estos son bastantes), y también pagar seguro de accidentes de trabajo, enfermedad y medicina preventiva y curativa, y los tipos de contratos de trabajo son muy complicados. Por otra parte, a diferencia de los Estados Unidos, es necesario mantener relaciones con los obreros y empleados a un nivel personal antes que profesional. Sin embargo, aunque ésto complica y atrasa las operaciones (desde nuestro punto de vista), le da al trabajo un aspecto más humano y, una vez que uno se adapta a ésto, es increíble lo que puede conseguirse con esta gente.

Todo esto que te digo, más la gran cantidad de pequeños detalles a los que tengo que atender personalmente y los mayores salarios que tenemos que pagar (aquí la gente cree que las compañías americanas deben pagar mejores salarios que las compañías locales), me han obligado a revisar considerablemente la fecha de iniciación de las operaciones, como también hacer un reajuste en el presupuesto. Aunque sé que con ésto la compañía se ve obligada a mantener inactivo un importante capital mientras la planta no esté instalada, no hay otra cosa que podamos hacer. Felizmente nos ha llegado un número importante de pedidos que van a tomar toda nuestra producción por varios meses, gracias a la gran ayuda que nos ha prestado el agregado comercial de la Embajada, Fred Robinson, quien nos ha hecho unas conexiones magníficas.

Con respecto a nosotros, Catalina y yo estamos muy contentos. Estamos esperando a Patricia que viene en estos días. Ahora estamos viviendo en un apartamento, pero nos vamos a mudar a una casa que están construyendo en las afueras de Las Palmas. El dueño me la va a alquilar porque él se va por un tiempo a los Estados Unidos. He tenido mucha suerte porque la escasez de casas y apartamentos es terrible. El que tenemos no nos gusta porque es muy pequeño y nos cuesta carísimo. Pero como vamos a tener casa nueva, el poco tiempo que tengo desocupado lo he pasado consiguiendo teléfono (algo casi imposible) y la instalación de un buen servicio de agua, gas y luz. Todavía no sé cómo va a resultar. La población de esta ciudad ha aumentado tanto y tan rápidamente en los últimos meses, que las utilidades públicas no son suficientes.

Bueno, viejo, termino porque me están llamando a comer. No te olvides de escribir de vez en cuando.

Tu amigo,

Ralph

Las Palmas, 5 de junio

Mi querida Patty:

Tienes que perdonarme si no te escribo más a menudo pero como te ha explicado tu madre, no es por falta de ganas sino por falta de tiempo.

Todo marcha bien por aquí y estamos muy contentos, más ahora sabiendo que dentro de pocos días vas a estar con nosotros. Tu madre se ve muy cambiada y creo que pronto va a estar completamente acostumbrada a la vida aquí en Surlandia. Todavía no ha aprendido a hablar mucho español, pero lo poco que habla lo pronuncia mil veces mejor que yo.

Como ya sabes por fin encontramos casa. Fue una suerte muy grande que tuvimos porque la escasez de casas es tal aquí en Las Palmas, que yo creí que íbamos a tener que volvernos a los Estados Unidos por falta de un lugar donde vivir. Pero ya tenemos; es una casa completamente nueva, tan nueva que todavía no la han terminado de construir. El dueño, un señor Vargas Coronado, acaba de aceptar un cargo en la Delegación de Surlandia ante las Naciones Unidas y probablemente se va a quedar en Nueva York por lo menos dos años. Yo lo conocí a él en una comida en casa de Ricardo Fuentes, un amigo y vecino de Fred Robinson, y ahí él me ofreció alquilarme la casa que estaba construyendo. Fuimos a verla al día siguiente y ahí mismo firmé un contrato por un año. Me sale costando más cara de lo que yo pensaba, pero vale la pena. Yo creo que a ti te va a gustar mucho; es de un estilo colonial español con rejas en las ventanas y con un gran patio. El Sr. Vargas muy amablemente me aceptó hacerle algunos pequeños cambios que le pedí, tales como closets un poco más grandes e instalar puertas con cortinas metálicas (que aquí nadie las usa). Yo he tenido que preocuparme personalmente de la instalación eléctrica porque el dueño no iba a poner ningún circuito especial para la corriente de alto voltaje que se necesita para refrigeradoras, etc.

El problema ahora es saber cuándo nos la van a tener lista. El maestro de obras le dijo al Sr. Vargas Coronado que la casa iba a estar lista para el treinta de este mes, pero yo lo dudo mucho. Yo paso por ahí todos los días para ver como van los trabajos pero todo va muy lento. Siendo muy optimista, creo que no nos podemos mudar a esa casa antes de agosto. El maestro de obras está viviendo ahí con su familia, cosa que se acostumbra aquí en los trabajos de construcción para evitar robos de materiales, y me da la impresión de que él no tiene mucha prisa en terminar esa casa porque así puede vivir gratis por más tiempo. En todo caso, por lo que he podido ver, creo que aún después de habernos mudado vamos a tener una serie de problemas; siempre quedan defectos, como goteras en los techos, tuberías mal instaladas, humedad en las paredes, etc. Estas reparaciones las tengo que pagar yo porque aquí los dueños no son responsables de tales 'detalles'.

Bueno, hija, termino porque me están esperando en la oficina. Aquí te mando un cheque por cien dólares para gastos. Si necesitas más, avísame.

Recibe muchos besos de tu padre que te quiere mucho,

Ralph

34.41.2 Response drill

1 ¿Qué fecha llegaron los Phillips a Surlandia?
2 ¿Cuántos días se quedaron en Punta Blanca?
3 ¿Por qué estaba Catalina escribiéndole a su hija, si no pensaba hacerlo hasta llegar a la capital?
4 ¿A cómo estaba la temperatura a esas horas?
5 ¿Qué hicieron los Phillips en La Habana?
6 ¿Cómo les fue a ellos en el viaje?
7 ¿Quiénes son los señores que ellos conocieron en el barco?
8 ¿Por qué no iba el trabajo de la instalación de la planta tan bien como Ralph quería, según su carta a Howard McDonald?
9 ¿Qué obliga a pagar la ley de seguro social en Surlandia?
10 ¿Por qué tuvo Ralph que hacer un reajuste en el presupuesto?
11 ¿Debido a qué hay escasez de utilidades públicas en Las Palmas?
12 ¿Por qué le dijo Ralph en su carta a Patricia que habían tenido mucha suerte de encontrar casa?
13 ¿Cuándo van a mudarse?
14 ¿De quién es la casa?
15 ¿Para qué se acostumbra en Surlandia dejar al maestro de obra o a algún obrero vivir en los lugares donde se está construyendo un edificio?

34.41.3 Discussion

1 Retell some of the experiences the Phillips have had so far.
2 Explain some of the reasons why the work for the installation of the plant is lagging behind.
3 Discuss some of the differences between the attitude of workers in Surlandia and the attitude of workers in the U.S.

34.42   Features

34.42.0   Vocabulary building

BASIC SENTENCES

           alarming
           the rent
           exorbitant

Due to the alarming shortage of houses, rents are exorbitant.

           grave, serious

There are many projects for the solution of these and other serious problems...

           disproportionate

...caused by the disproportionate increase in the population.

           eternally
           dusty
           the archive, file

Nevertheless, such projects seem to sleep eternally in the dusty archives of our Ministries...

           the editorial

— says an editorial in La Prensa.

---

           alarmante
           el alquiler
           exorbitante

Debido a la alarmante escasez de casas, los alquileres son exorbitantes.

           grave

Hay muchos proyectos para la solución de este y otros graves problemas...

           desproporcionado

...causados por el aumento desproporcionado de la población.

           eternamente
           polvoriento
           el archivo

Sin embargo, tales proyectos parecen dormir eternamente en los polvorientos archivos de nuestros Ministerios...

           el editorial

—dice un editorial de La Prensa.

COGNATE LOAN WORDS

la distribución	cumulativo
normal	urgente
rural	la consideración
anticipar	el transporte
imposible	la desorganización
la transición	la burocracia
la obligación	absolutamente
el proceso	utilizar
el efecto	

34.42.1   Reading selection

Progreso Urbano y Facilidades Públicas

(Editorial de *La Prensa*, 21 de julio)

Los numerosos cambios en la estructura económica y social de los últimos años, como bien sabemos, han traído como resultado grandes reajustes en la distribución de la población. Así, el aumento del número de habitantes de los centros urbanos en nuestro país, que hasta hace poco era normal en relación al de las zonas rurales, ha continuado en forma desproporcionada.

Hace veinte o treinta años era difícil anticipar estos grandes cambios y por lo tanto difícil, si no imposible, tomar las medidas necesarias para una transición normal de la vida tranquila y colonial de nuestra capital a un gran centro urbano.

Sin embargo, era la obligación de nuestros gobiernos, cuando este proceso empezaba, haber planeado la expansión de la ciudad en vista de los numerosos problemas que desde un principio se presentaron y sobre los cuales este periódico llamó la atención más de una vez. Hoy, el efecto cumulativo de este cambio necesita, de una vez por todas, la urgente consideración de las autoridades.

Numerosos son los aspectos que necesitan una pronta solución. Tal vez, el problema más grave es la alarmante escasez de casas y apartamentos, y los precios exorbitantes que nos vemos obligados a pagar por los alquileres. Viene en seguida el serio problema del transporte público con su gran escasez de autobuses y mala organización de sus servicios. No menos grave es la total desorganización de otros servicios de utilidad pública, tales como el del agua, los teléfonos, gas, electricidad, etc., y finalmente, la lenta burocracia colonial de nuestros servicios administrativos.

Es absolutamente necesario, entonces, que nuestras autoridades miren estos problemas en forma práctica, utilizando los numerosos planes y proyectos cuyo destino, hasta el momento, parece ser el de dormir eternamente en los polvorientos archivos de nuestros Ministerios.

34.42.2 Response drill

1 ¿De cuál periódico fue tomado este artículo?
2 ¿De qué fecha es este editorial?
3 ¿Cambios de qué tipo ha tenido Surlandia en los últimos años?
4 ¿Cuál ha sido el resultado de esos cambios?
5 ¿Cómo ha sido el aumento de población en las ciudades en relación al de las zonas rurales?
6 ¿Por qué no se tomaron a tiempo las medidas para evitar los serios problemas que el reajuste en la distribución de la población trajeron?
7 ¿Cuál era la obligación de nuestros gobiernos?
8 ¿Cuál parece ser el problema más grave en Las Palmas, según este periódico?
9 ¿Por qué hay que pagar precios exorbitantes por los alquileres de las casas y apartamentos?
10 ¿Cuál es otro de los problemas que necesitan solución?
11 ¿Cómo son los servicios del transporte público?
12 ¿Qué pasa con los autobuses?, ¿son muy malos?
13 ¿Cuáles son otros servicios de utilidad pública que necesitan urgente atención?
14 ¿Cómo pueden las autoridades darles solución a estos problemas?
15 ¿Qué ha pasado con los numerosos planes y proyectos que existen?

34.42.3 Discussion

1 Discuss some of the problems that may arise from the rapid increase of population in an urban area.

2 Discuss some of the reasons why this rapid increase comes about, and mention some places in the United States where this has occurred.

35.1   BASIC SENTENCES.   A country barbecue on Columbus Day.

On 'Columbus Day' (The Day of the Race, El Día de la Raza), a national holiday, the Harrises, Molina, White and Carmen del Valle are invited to a barbecue in the country.

ENGLISH SPELLING	AID TO LISTENING	SPANISH SPELLING
it smells (to smell)	wėlé↓ ólèr↓	huele (oler)
the roast	ėl—ásadó↓	el asado
the veal	lá—tèrnèrå↓	la ternera
Mrs. Harris That roast veal surely smells good!	kebyeŋwelę |ésęásádódétérnèrà|	*Sra. Harris* ¡Qué bien huele ese asado de ternera!
the calm, tranquility	lá—kalmå↓	la calma
raw	krudó↓	crudo
'cause (because)	ké↓	que
Harris Relax, ('cause) it's still raw.	kalmå |kalmå↓ kétódábiąestakrúdå↓	*Harris* Calma, calma, que todavía está cruda.
Molina Let's have ourselves another beer.	bamosątomarnos |otrąęerbéşå↓	*Molina* Vamos a tomarnos otra cerveza.
the guitar	lá—gîtarrå↓	la guitarra

White
  Did you bring the guitar, Joe?

        tráhistelagitarra|hosé↑

White
  ¿Trajiste la guitarra, José?

        to touch, to play

        tókár↓

        tocar

Molina
  Yeah, but the one who's going to play *this* time is Carmen. (1)

        sí↓ péró̦lakebatokar|estabe̦s| baser|karmén↓

Molina
  Sí, pero la que va a tocar esta vez va a ser Carmen.

        the agreement

        èl—ákwerdó↓

        el acuerdo

        agreed, 'okay'

        de̦—ákwerdó↓

        de acuerdo

        that (he) may sing (to sing)

        ké—kanté↓ kántár↓

        que cante (cantar)

Carmen
  Agreed. But have the colonel sing.

        de̦ákwerdó↓ pérókékantelkoronél↓

Carmen
  De acuerdo. Pero que cante el coronel.

        the pigeon, dove

        lá—pálomá↓

        la paloma

Harris
  In Spanish I only know 'La Paloma'.

        yó|e̦ne̦spányol|solosé|lápálomá↓

Harris
  Yo en español sólo sé 'La Paloma'.

One of the group
  Have him sing it, have him sing it.

        kélákanté↓ kélákanté↓

Uno del grupo
  Que la cante..., que la cante....

the affection

él—kåriŋyó↓

el cariño

Harris
If at your window calls a dove,
Treat it with fondness, for it is my soul.

sįåtúbéntanaⓁyega |unapalómá↑

tratalakoŋkaríŋyó |kezmipersóná↓

Harris
'Si a tu ventana llega una paloma,
Trátala con cariño que es mi
persona.'

the manner

él—modó↓

el modo

Molina
I know it in another form.

yolasé |deotró |módó↓

Molina
Yo la sé de otro modo.

the donkey, jackass

él—burró↓

el burro

thin, skinny, feeble

flakó↓

flaco

the picture, portrait

él—rétrató↓

el retrato

If at your window arrives a skinny ass,
Treat it with fondness, for it is my image.

sįåtúbéntanaⓁyega |umburroflákó↑

tratalokoŋkaríŋyó |kezmirretrátó↓

'Si a tu ventana llega un burro flaco,
Trátalo con cariño que es mi retrato.'

tell (to tell)

kwenté↓ kòntår↓

cuente (contar)

the joke

él—chisté↓

el chiste

to laugh

rreirsé

reir

White
Now, Joe, tell us a joke to make us laugh.

  the saint

  the song

Molina
No. Rather, on my saint's day I'm going to teach you another song.

  well (2)

  to organize

Carmen
Well...from now to March....

  I reckon we'll have to plan something before *that*!

àorahosé↓ kwéntanosunchiste |pàrà

rréirnòs↓

   èl—santò↓

   là—kànşyón↓

nó↓ méhor |èldiademisantoʔ

lèzboyaensenyar |otrakanşyón↓

    pss↓

   òrgánişàr↓

pss....dèàkiamárşò↓

ay |kèòrgànişar |àlgo |ántès↓

White
¡Ahora José! Cuéntanos un chiste para reírnos.

  el santo

  la canción

Molina
No, mejor el día de mi santo les voy a enseñar otra canción.

  pss

  organizar

Carmen
Pss...de aquí a marzo....

  Hay que organizar algo antes.

2.10   Notes on the basic sentences

(1) Notice that the Spanish says, 'The one who's going to play *this* time is *going to be* Carmen,' but English usage requires that 'going to' *not* be repeated: 'The one who's going to play *this* time *is* Carmen.'

(2) *Pss* is the word *pues* devoiced (i.e., without the vocal cords vibrating).

35.2   DRILLS AND GRAMMAR

35.21   Pattern drills

35.21.1 Nominalization of articles

A . Presentation of pattern

ILLUSTRATIONS

The one the other day turned out magnificently.	1	*El del* otro día resultó magnífico.
_____	2	Yo soy *el que* quiere más pollo.
_____	3	*La del* otro día resultó fantástica.
_____	4	Yo soy *la que* limpia el apartamento del señor Molina.
They haven't charged me for the ones from last week.	5	No me han cobrado *los de* la semana pasada.
These are the ones that are at your disposal.	6	Estos son *los que* están a su disposición.
These runways are longer than the ones at the base.	7	Estas pistas son más largas que *las de* la base.
Are those the ones that are in the hall?	8	¿Esas son *las que* están en el pasillo?
_____	9	¿Que te parece si vamos a ver *lo de*l apartamento tuyo?
_____	10	A mí *lo que* me gusta es la animación de la plaza.

EXTRAPOLATION

Modifier	Nominalized
el—bárryo—de	el—de
el—senyór—ke	el—ke
la—fyésta—de	la—de
la—muchácha—ke	la—ke
los—tóros—de	los—de
las—órdenes—ke	las—ke
las—modístas—de	las—de
las—nínyas—ke	las—ke
	lo—de
	lo—ke

NOTES

a. Nominalization of articles occurs when the noun they would otherwise modify does not appear in the construction.

b. Articles are nominalized normally only when they are modified by a following phrase or clause.

c. The phrase relator /de/ and the clause relator /ke/ introduce the following phrase or clause.

35.21.11 Substitution drill — construction substitution

Problem 1:

Ahí está la señorita que habla español.

Answer:

Ahí está la que habla español.

Problem 2:

El es el señor de la sección consular.

Answer:

El es el de la sección consular.

1 Yo soy el señor que no tiene auto.   Yo soy el que no tiene auto.
2 Ella es la muchacha que trabaja ahí.   Ella es la que trabaja ahí.
3 Ahí está el señor que vino ayer.   Ahí está el que vino ayer.
4 Ellos son los señores que no hablan inglés.   Ellos son los que no hablan inglés.
5 Esa es la morena que baila bien.   Esa es la que baila bien.
6 Ahí están las muchachas que quieren verlo.   Ahí están las que quieren verlo.
7 Ellos fueron los señores que llegaron temprano.   Ellos fueron los que llegaron temprano.

8 Yo soy el señor del apartamento.   Yo soy el del apartamento.
9 Ella es la señorita de España.   Ella es la de España.

10 Ellas son las señoras del primer piso.	Ellas son las del primer piso.
11 Ahí está el señor del maletín.	Ahí está el del maletín.
12 Aquí está el señor de los muebles.	Aquí está el de los muebles.
13 Aquí estudia la señora de Chile.	Aquí estudia la de Chile.

35.21.12 Translation drill

1 They were the students who bought the furniture.   Ellos fueron los estudiantes que compraron los muebles.
  They were the ones who bought the furniture   Ellos fueron los que compraron los muebles.

2 There is the specialist who called yesterday.   Ahí está el especialista que llamó ayer.
  There is the one who called yesterday.   Ahí está el que llamó ayer.

3 I'm the American who doesn't speak Spanish.   Yo soy el americano que no habla español.
  I'm the one who doesn't speak Spanish.   Yo soy el que no habla español.

4 Louise is the person who has more friends.   Luisa es la persona que tiene más amigos.
  Louise is the one who has more friends.   Luisa es la que tiene más amigos.

5 He's the boy who's got two cars.   El es el muchacho que tiene dos autos.
  He's the one who's got two cars.   El es el que tiene dos autos.

6 This is yesterday's lesson.   Esta es la lección de ayer.
  This is yesterday's.   Esta es la de ayer.

7 He's the lieutenant from Venezuela.   El es el teniente de Venezuela.

   He's the one from Venezuela.   El es el de Venezuela.

8 The man with the furniture hasn't arrived.   No ha llegado el señor de los muebles.

   The one with the furniture hasn't arrived.   No ha llegado el de los muebles.

9 The girl from Costa Rica lives there.   La muchacha de Costa Rica vive ahí.

   The one from Costa Rica lives there.   La de Costa Rica vive ahí.

10 The lieutenant from Mexico works here.   Aquí trabaja el teniente de México.

    The one from Mexico works here.   Aquí trabaja el de México.

11 Why don't we tell what happened last night?   ¿Por qué no decimos lo que pasó anoche?

12 The thing I didn't like about the dinner was the salad.   Lo que no me gustó de la comida fue la ensalada.

13 We asked about the house yesterday.   Ayer preguntamos lo de la casa.

14 We talked about the business (deal) last night.   Anoche hablamos lo del negocio.

15 What she wanted was some shoes.   Lo que ella quería eran unos zapatos.

16 What I asked for was a beer.   Lo que yo pedí fue una cerveza.

17 What we asked about was the price.   Lo que nosotros preguntamos fue el precio.

18 Why don't we settle the matter of the document?   ¿Por qué no arreglamos lo del documento?

19 We're going to leave the business of the stores for Monday.   Vamos a dejar lo de las tiendas para el lunes.

20 He didn't buy me what I told him to.   No me compró lo que le dije.

21 That wasn't what she said.	Eso no fue lo que ella dijo.
22 Remember the matter of the visa.	Recuerde lo de la visa.
23 Remember the matter of the passport.	Recuerde lo del pasaporte.

B. Discussion of pattern

Like many other adjectives in Spanish, the articles frequently occur nominalized. As can be seen by the comparisons in the extrapolation, this construction is one in which the article modifies a noun and the noun is also modified by a following phrase (introduced by /de/) or clause (introduced by /ke/).

Indeed, as with most examples of adjective nominalization, the context has to supply the identification of the reference, except that the neuter article /lo/ is nominalized with the meaning 'the part about, the circumstances which,' etc.

The distinction between /de/ and /ke/ is one of relator function: /de/introduces a phrase (/de/plus a noun, pronoun, or another nominalized form), while /ke/ introduces a clause (/ke/plus a conjugated verb and any subject, object, or modifier that happens to accompany it).

35.21.2 Some semantic correlations: /tomár—ⓌyebÁr/ and /salír—dehár/

A. Presentation of pattern

ILLUSTRATIONS

_____	1 Hay que *tomar* un taxi.
_____	2 *Tome* esta solicitud.
_____	3 Yo mismo las *llevo*.
_____	4 Me las *lleva* el lechero.
_____	5 Bueno, al *salir* te llamo.

———————————————
———————————————
———————————————

6 Hoy es domingo y acaban de *salir* de misa.

7 Muy bien, ¿quieres *dejarme* en el hotel?

8 Sí, los *dejo* con el teniente La Cerda.

EXTRAPOLATION

to take	
obtain	convey
tomár	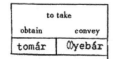yebár

to leave	
depart	let remain
salír	dehár

NOTES

a. The English concept 'take' is divided into two concepts in Spanish; meaning 'obtain, receive,' /tomár/ and meaning 'convey, carry,' /Ⱳyebár/.

b. The English concept 'leave' is likewise divided; /salír/ means 'depart, go away,' /dehár/ means 'leave behind.'

35.21.21 Translation drill

1 At last I took the house.   Por fin tomé la casa.
   I have already taken all my things.   Ya llevé todas mis cosas.

2 I have to take my sister.   Tengo que llevar a mi hermana.
   But then I have to take a taxi.   Pero entonces tengo que tomar un taxi.

3 We're going to take the room.   Vamos a tomar el cuarto.
   But we're not going to take anything now.   Pero no vamos a llevar nada ahora.

4 Can you take me downtown?   ¿Me puede llevar al centro?
   Because I can't take a taxi.   Porque no puedo tomar un taxi.

5 What time are you going to take the plane?   ¿A qué hora va a tomar el avión?
   Who's going to take you to the airport?   ¿Quién la va a llevar al aeropuerto?

6 I want to leave now.   Quiero salir ahora.
   And I don't want to leave anything here.   Y no quiero dejar nada aquí.

7 I left late this morning.   Salí tarde esta mañana.
   And I left the keys at home.   Y dejé las llaves en la casa.

8 He always leaves without saying where he's going. El siempre sale sin decir adónde va.
   And he leaves all his things in a mess.   Y deja todas sus cosas sin arreglar.

9 Did you leave home early?   ¿Salieron temprano de la casa?
   Where did you leave the children?   ¿Dónde dejaron a los niños?

10 What day are you going to leave?   ¿Qué día van a salir?
   Where are you going to leave the furniture?   ¿Dónde van a dejar los muebles?

11 He left here at five.   El salió de aqui a las cinco.
   And he didn't leave anything for you.   Y no dejó nada para Ud.

B. Discussion of pattern

    Just as an English speaker has to learn to divide the concept 'be' in Spanish and decide whether to use /sér/ or /estár/,
he must make other distinctions where the meaning areas of similar concepts in the two languages are not quite the same.

    'To take' is fairly consistently translated by dividing up the English area of meaning into 'take along with' (for /ḷyebár/) and
other meanings of 'take' (for /tomár/).

    'To leave' is even less complex. The difference depends on whether a person himself leaves or whether he leaves something. Thus
when an object noun or pronoun is present, the translation is /dehár/; otherwise it's /salír/.

35.22   Replacement drills

    A   ¡Qué bien huele ese asado de ternera!
    1 ¡_____ chuletas de cerdo!   ¡Qué bien huelen esas chuletas de cerdo!
    2 ¡_____ estas _____ !   ¡Qué bien huelen estas chuletas de cerdo!
    3 ¡——— mal _____ !   ¡Qué mal huelen estas chuletas de cerdo!
    4 ¡_____ pastel de manzana!   ¡Qué mal huele este pastel de manzana!

5 ¡____ horrible _____!   ¡Qué horrible huele este pastel de manzana!

6 ¡_____ está _____!   ¡Qué horrible está este pastel de manzana!

7 ¡_____ ensalada de tomate!   ¡Qué horrible está esta ensalada de tomate!

B   Vamos a tomarnos otra cerveza.

1 _____ copas.   Vamos a tomarnos otras copas.

2 Van_____.   Van a tomarse otras copas.

3 _____ tomarme _____.   Voy a tomarme otras copas.

4 _____ plato.   Voy a tomarme otro plato.

5 _____ dos _____.   Voy a tomarme dos platos.

6 _____ comernos _____.   Vamos a comernos dos platos.

7 Va_____.   Va a comerse dos platos.

C   La que va a tocar esta vez va a ser Carmen.

1 _____ ellos.   Los que van a tocar esta vez van a ser ellos.

2 El que_____.   El que va a tocar esta vez va a ser él.

3 _____ cantar _____.   El que va a cantar esta vez va a ser él.

4 _____ otra _____.   El que va a cantar otra vez va a ser él.

5 Las que_____.   Las que van a cantar otra vez van a ser ellas.

6 _____ ella.   La que va a cantar otra vez va a ser ella.

7 _____ ganar _____.   La que va a ganar otra vez va a ser ella.

D   Yo en español sólo sé 'La Paloma'.

1 Nosotros_____.   Nosotros en español sólo sabemos 'La Paloma'.

2 _____una canción.   Nosotros en español sólo sabemos una canción.

3 _____dos_____.   Nosotros en español sólo sabemos dos canciones.

4 Ellos_____.   Ellos en español sólo saben dos canciones.

5 _____inglés_____.   Ellos en inglés sólo saben dos canciones.

6 _____apenas_____.   Ellos en inglés apenas saben dos canciones.

7 _____chistes.   Ellos en inglés apenas saben dos chistes.

E   Yo la sé de otro modo.

1 El _____.   El la sabe de otro modo.

2 _____conozco_____.   Yo la conozco de otro modo.

3 ____lo_____.   Yo lo conozco de otro modo.

4 _____varios____.   Yo lo conozco de varios modos.

5 _____hago_____.   Yo lo hago de varios modos.

6 _____estilos.   Yo lo hago de varios estilos.

7 _____este____.   Yo lo hago de este estilo.

F   José, cuéntanos un chiste para reírnos.   José, cuéntame un chiste para reírme.

1 _____, cuéntame _____ .   José, cuéntame otro chiste para reírme.

2 _____, _____ otro _____ .   José, cuéntame otro chiste para reírme.

3 Chicas, _____ .   Chicas, cuéntenme otro chiste para reírme.

4 _____, _____ cosa _____ .   Chicas, cuéntenme otra cosa para reírme.

5 _____, enséñenme _____ .   Chicas, enséñenme otra cosa para reírme.

6 _____, _____ aprender.   Chicas, enséñenme otra cosa para aprender.

7 _____, _____ canciones _____ .   Chicas, enséñenme otras canciones para aprender.

35.23   Variation drills

A   Calma, calma, que todavía está cruda.

1 Relax, it's still cold.   Calma, calma, que todavía está fría.

2 Wait, it's still hot.   Espere, espere, que todavía está caliente.

3 Wait, it's not hot yet.   Espere, espere, que todavía no está caliente.

4 Slow down, it's not ready yet.   Despacio, despacio, que todavía no está lista.

5 Hurry up, there's still time.   Rápido, rápido, que todavía hay tiempo.

6 One minute, there's still time.   Un momento, que todavía hay tiempo.

7 One minute, there's something still missing.   Un momento, que todavía falta algo.

B   ¿Trajiste la guitarra, José?

1 Did you bring the ticket, Jose?   ¿Trajiste la entrada, José?

2 Did you bring the raquet, Jose?   ¿Trajiste la raqueta, José?

3 Did you bring the luggage, Jose?   ¿Trajiste el equipaje, José?

4 Did you bring the application, Jose?   ¿Trajiste la solicitud, José?

5 Did you bring the newspapers, Jose?   ¿Trajiste los periódicos, José?

6 Did you bring the checks, Jose?   ¿Trajiste los cheques, José?

7 Did you bring the furniture, Jose?   ¿Trajiste los muebles, José?

C   De acuerdo, pero que cante el coronel.

1 Agreed, but let the colonel go.   De acuerdo, pero que vaya el coronel.

2 Agreed, but let the colonel decide.   De acuerdo, pero que decida el coronel.

3 Agreed, but let the boss leave.   De acuerdo, pero que salga el jefe.

4 All right, but have your wife come.   Muy bien, pero que venga su esposa.

5 All right, but have him look for a house.   Muy bien, pero que busque casa.

6 Yes, but have him begin this week.   Sí, pero que empiece esta semana.

7 Yes, but have him send some money.   Sí, pero que mande dinero.

D   Trátala con cariño.

1   Treat it with care.

Trátala con cuidado.

2   Treat it with attention.

Trátala con atención.

3   Treat it well.

Trátala bien.

4   Treat it badly.

Trátala mal.

5   Treat it better.

Trátala mejor.

6   Treat it worse.

Trátala peor.

7   Treat it like this.

Trátala así.

E   Mejor les voy a enseñar otra canción.

1   Rather I'm going to teach you another lesson.

Mejor les voy a enseñar otra lección.

2   Rather I'm going to teach you another hour.

Mejor les voy a enseñar otra hora.

3   Rather I'm going to show you another certificate.

Mejor les voy a enseñar otro certificado.

4   Rather I'm going to show you the passport.

Mejor les voy a enseñar el pasaporte.

5   Rather I'm going to teach you to dance.

Mejor les voy a enseñar a bailar.

6   Rather I'm going to teach you to play tennis.

Mejor les voy a enseñar a jugar tenis.

7   Rather I'm going to teach you to speak Spanish.

Mejor les voy a enseñar a hablar español.

F   Hay que organizar algo antes.

1 We'll have to plan something afterwards.   Hay que organizar algo después.

2 We'll have to plan a game afterwards.   Hay que organizar un partido después.

3 We'll have to plan a party before.   Hay que organizar una fiesta antes.

4 We'll have to play a game before.   Hay que jugar un partido antes.

5 We'll have to prepare a roast before.   Hay que preparar un asado antes.

6 We'll have to accept a drink then.   Hay que aceptar un trago entonces.

7 We'll have to have some soup then.   Hay que tomar sopa entonces.

35.24   Review drills

35.24.1   Position of the clitics in commands

1 Don't tell her, tell me.   No se lo diga a ella, dígamelo a mí.

2 Don't sell it to her, sell it to me.   No se lo venda a ella, véndamelo a mí.

3 Don't give it to Carmen, give it to Jose.   No se lo dé a Carmen, déselo a José.

4 Don't lend it to her, lend it to me.   No se lo preste a ella, préstemelo a mí.

5 Don't sit there, sit here.   No se siente ahí, siéntese aquí.

6 Don't move on Sunday, move on Saturday.   No se mude el domingo, múdese el sábado.

7 Don't shave now, shave later.   No se afeite ahora, aféitese después.

8 Don't complain here, complain at the office.   No se queje aquí, quéjese en la oficina.

9 Don't get up so late, get up earlier.   No se levante tan tarde, levántese más temprano.

10 Don't get up, sit down.   No se levante, siéntese.

11 Don't sell it, give it to her.   No lo venda, déselo a ella.

12 Don't invite him, invite her.   No lo invite a él, invítela a ella.

13 Don't get nervous, get dressed.   No se ponga nervioso, vístase.

14 Don't sell it so cheap, think about it first.   No lo venda tan barato, piénselo primero.

15 Take a bath but don't shave.   Báñese, pero no se afeite.

16 Lend it to him, but don't sell it to him.   Présteselo pero no se lo venda.

35.24.2 Agreement of adjectives - hundreds

1 There were 100 men.   Había cien hombres.
   There were 100 women.   Había cien mujeres.

2 There were 101 men.   Había ciento un hombres.
   There were 101 women.   Había ciento una mujeres.

3 There were 110 men.   Había ciento diez hombres.
   There were 110 women.   Había ciento diez mujeres.

4 There were 200 men.   Había doscientos hombres.
   There were 200 women.   Había doscientas mujeres.

5 There were 300 men.   Había trescientos hombres.
   There were 300 women.   Había trescientas mujeres.

6 There were 400 men.   Había cuatrocientos hombres.
   There were 400 women.   Había cuatrocientas mujeres.

7	There were 600 men.	Había seiscientos hombres.
	There were 600 women.	Había seiscientas mujeres.
8	There were 800 men.	Había ochocientos hombres.
	There were 800 women.	Había ochocientas mujeres.
9	There were 500 men.	Había quinientos hombres.
	There were 500 women.	Había quinientas mujeres.
10	There were 700 men.	Había setecientos hombres.
	There were 700 women.	Había setecientas mujeres.
11	There were 900 men.	Había novecientos hombres.
	There were 900 women.	Había novecientas mujeres.

35.3   CONVERSATION STIMULUS

NARRATIVE 1

1 Victor and his wife went to the Brown's yesterday to pay them a visit.

Víctor y su esposa fueron ayer a la casa de los Brown para hacerles una visita.

2 But neither Mr. Brown, Anthony, nor his wife, Ann, were there.

Pero ni el Sr. Brown, Antonio, ni su señora, Ana, estaban.

3 The maid told Victor that they had left early.

La criada le dijo a Víctor que ellos habían salido desde temprano.

4 It seems that Anthony and Ann spent all day at a picnic given by Pedro Vargas at his country house.

Parece que Antonio y Ana estuvieron todo el día en un picnic organizado por don Pedro Vargas en su casa de campo.

5 He, by the way, isn't the great Pedro Vargas, the one who sings.

Este, a propósito, no es el gran Pedro Vargas, el que canta.

6 Victor knows him, though only by his photographs.

A ése lo conoce Víctor, aunque sólo en retratos.

7 This is another Pedro Vargas, a friend of the Browns.

Este es otro Pedro Vargas, un amigo de los Brown.

8 Anthony says that Pedro doesn't sing, but he sure tells some terrific jokes.

9 He says he made them laugh like crazy all afternoon.

Dice Antonio que don Pedro no canta, pero que sí cuenta unos chistes fantásticos.

Dice que los hizo reír como locos toda la tarde.

DIALOG 1

Víctor, dígale a los Sres. Brown que ayer fueron Ud. y su señora a la casa de ellos.

Ana, pídale que no les diga 'Sres. Brown.' Que les diga Antonio y Ana, por favor.

Víctor, dígales que bueno, que Antonio y Ana, entonces; y repítales que ayer pasaron Uds.por la casa de ellos pero que no estaban.

Ana, pregúntele si la criada les dijo dónde estaban.

Víctor, contéstele que no les dijo dónde estaban, solamente que habían salido desde temprano.

Antonio, dígale que sí, y explíquele que estuvieron todo el día en un picnic organizado por don Pedro Vargas en su casa de campo. Pregúntele si lo conoce a don Pedro.

Víctor, contéstele que no, que Ud. conoce sólo al gran Pedro Vargas, el que canta, pero que lo conoce sólo en retratos.

Antonio, dígale que éste es otro, un amigo de Uds. Que don Pedro no canta pero cuenta unos chistes fantásticos.

Ana, cuéntele a Víctor que los hizo reír como locos todo el día con sus chistes.

Víctor: Ayer fuimos mi señora y yo a la casa de Uds., Sres. Brown.

Ana: No nos diga 'Sres. Brown'; díganos Antonio y Ana, por favor.

Víctor: Bueno, Antonio y Ana, entonces. Ayer pasamos por su casa pero no estaban.

Ana: ¿Les dijo la criada dónde estábamos?

Víctor: No nos dijo dónde estaban, solamente que habían salido desde temprano.

Antonio: Sí, estuvimos todo el día en un picnic organizado por don Pedro Vargas en su casa de campo. ¿Ud. conoce a don Pedro?

Víctor: No, yo conozco sólo al gran Pedro Vargas, el que canta, pero lo conozco sólo en retratos.

Antonio: Este es otro, un amigo de nosotros. Don Pedro no canta pero cuenta unos chistes fantásticos.

Ana: Nos hizo reír como locos todo el día con sus chistes.

NARRATIVE 2

1 Anthony and Ann and everyone who was at the picnic had
   a wonderful time.

2 They sang, danced, drank beer, ate-they did everything.

3 There was a roast that was very good, except that it was
   a bit rare.

4 The Browns don't know what kind of meat it was, but they
   liked it very much.

5 Victor says it must have been roast veal.

6 Because that's almost always the (kind of) meat they take
   to picnics.

7 Of all the songs they sang, the one Ann liked best was 'La
   Paloma.'

8 This is a typical song and a very old one, but Ann hadn't
   ever heard it before.

---

1 Antonio y Ana y todos los que estuvieron en el picnic se
   divirtieron muchísimo.

2 Cantaron, bailaron, bebieron cerveza, comieron-hicieron de todo.

3 Había una carne asada que estaba muy buena, sólo que un poco
   cruda.

4 Los Brown no saben qué clase de carne era, pero les gustó
   mucho.

5 Víctor dice que debe haber sido asado de ternera.

6 Porque casi siempre ésa es la carne que llevan a los picnics.

7 De todas las canciones que cantaron, la que más le gustó a
   Ana fue 'La Paloma.'

8 Esta es una canción típica y muy vieja, pero Ana no la había
   oído nunca antes.

DIALOG 2

Víctor, dígales a ellos que por lo visto se divirtieron mucho.

Antonio, dígale que sí, que muchísimo. Que cantaron,
bailaron, bebieron cerveza, comieron, ¡qué no hicieron!

Ana, dígale que había una carne asada muy buena, sólo que
estaba un poco cruda.

Antonio, dígale también a Víctor que Ud. no sabe qué clase
de carne era pero que le gustó mucho.

Víctor, explíquele que debe haber sido asado de ternera. Que
éso es lo que casi siempre llevan a los picnics.

Víctor: Por lo visto se divirtieron mucho.

Antonio: Sí, muchísimo. Cantamos, bailamos, bebimos cerveza,
comimos, ¡qué no hicimos!

Ana: Había una carne asada muy buena, sólo que estaba un poco
cruda.

Antonio: Yo no sé qué clase de carne era, pero me gustó mucho.

Víctor: Debe haber sido asado de ternera. Eso es lo que casi
siempre llevan a los picnics.

Ana, pregúntele a Víctor que cómo se llama esa canción   Ana: Víctor, ¿cómo se llama esa canción que dice: 'Si a tu
que dice: 'Si a tu ventana llega...'   ventana llega...?

Víctor, contéstele que es 'La Paloma', una canción típica   Víctor: Es 'La Paloma', una canción típica muy vieja. ¿No
muy vieja. Pregúntele si no la había oído nunca antes.   la había oído nunca antes?

Ana, contéstele que no, que primera vez, pero que fue la   Ana: No, primera vez, pero fue la que más me gustó de todas.
que más le gustó de todas.

NARRATIVE 3

1 Also, yesterday was Saint Anthony's day.   También ayer era el día de San Antonio.

2 Some of those who were at the picnic congratulated   Algunos de los que estaban en el picnic felicitaron al Sr. Brown
   Mr. Brown on his saint's day.   por su santo.

3 Only those who knew that Mr. Brown's name was   Sólo los que sabían que el Sr. Brown se llamaba Antonio, claro.
   Anthony, of course.

4 Because almost everybody else knew him by his last   Porque casi todos los otros lo conocían por su apellido solamente.
   name only.

5 It was very funny to see him saying 'thanks', 'thanks'.   Fue muy divertido verlo diciendo 'gracias', 'gracias.'

6 Without knowing what it was all about until somebody   Sin saber de qué se trataba hasta que alguien se lo explicó.
   explained it to him.

7 He didn't know because in the United States nobody is   El no sabía porque en los Estados Unidos no se felicita a nadie
   congratulated on his saint's day.   por el día de su santo.

8 Here you are, although not always.   Aquí sí, aunque no siempre.

9 Only those who have names of very well-known saints are   Sólo se felicita a los que tienen nombres de santos muy conocidos.
   congratulated.

10 Such as Saint Francis, Saint Peter, Saint Paul, Saint Anthony,   Como San Francisco, San Pedro, San Pablo, San Antonio, Santo
    Saint Thomas, Saint Theresa, etc.   Tomás, Santa Teresa, etc.

DIALOG 3

Víctor, pregúntele a Antonio si lo felicitaron mucho ayer, día de San Antonio.

Antonio, contéstele que sólo los que sabían que así se llamaba usted. Que casi todos los otros lo conocían por su apellido solamente.

Ana, cuéntele a Víctor que fue muy divertido ver a su marido diciendo 'gracias,' 'gracias,' muy extrañado.

Antonio, explíquele que es que Ud. no sabía de qué se trataba hasta que le explicaron.

Víctor, pregúntele que por qué, que si eso no se acostumbra en los Estados Unidos.

Antonio, contéstele que no, que nunca.

Víctor, dígale que aquí sí, aunque sólo en algunos casos.

Ana, pregúntele que en cuáles casos.

Víctor, explíquele que Ud. no está muy seguro, pero que cree que sólo a los que tienen nombres de santos muy conocidos.

Ana, pregúntele que como cuáles.

Víctor, dígale que como San Francisco, San Pedro, San Pablo, Santo Tomás, Santa Teresa, etc.

Víctor: ¿Lo felicitaron mucho ayer, día de San Antonio?

Antonio: Sólo los que sabían que así me llamaba yo. Casi todos los otros me conocían por mi apellido solamente.

Ana: Fue muy divertido ver a mi marido diciendo 'gracias', 'gracias', muy extrañado.

Antonio: Es que yo no sabía de qué se trataba hasta que me explicaron.

Víctor: ¿Por qué? ¿Eso no se acostumbra en los Estados Unidos?

Antonio: No, nunca.

Víctor: Aquí sí, aunque sólo en algunos casos.

Ana: ¿En cuáles casos?

Víctor: No estoy muy seguro, pero creo que sólo a los que tienen nombres de santos muy conocidos.

Ana: ¿Cómo cuáles?

Víctor: Como San Francisco, San Pedro, San Pablo, Santo Tomás, Santa Teresa, etc.

35.4   READINGS

35.41   Life in Surlandia

35.41.0   Vocabulary building

BASIC SENTENCES

to announce
the loudspeaker
the flight

When they announced on the loudspeaker that flight 823 was ready
to take off,...

to run
the advantage
to select, choose
the seat

...all ran to the plane in order to have the advantage of choosing
the best seats.

the side
by the side of

Luis Alberto got there first and sat next to Patricia.

furtively, unobtrusively
to take off, remove
placed, put (to place)

She looked at him furtively at the same time that she removed the
things that she had placed there.

anunciar
el altoparlante
el vuelo

Cuando anunciaron por el altoparlante que el vuelo ochocientos
veintitrés estaba listo para despegar,...

correr
la ventaja
elegir
el asiento

...todos corrieron al avión para tener la ventaja de elegir los
mejores asientos.

el lado
al lado de

Luis Alberto llegó primero y se sentó al lado de Patricia.

disimuladamente
quitar
puesto (poner)

Ella lo miró disimuladamente al mismo tiempo que quitaba las
cosas que había puesto allí.

the young (man)   el joven
gay   alegre
handsome   guapo
the hair   el pelo
the eye   el ojo
the mustache   el bigote

Luis Alberto was a gay handsome young man with dark hair and eyes   Luis Alberto era un joven alegre, guapo, de pelo y ojos negros
and a mustache.   y bigote.

absent-mindedly, distractedly   distraídamente
to smile   sonreír(se)

He began to strum idly at the guitar, and she looked at him with a   El se puso a tocar distraídamente la guitarra y ella lo miró
smile.   sonriéndose.

happy   feliz

So they got acquainted. He was glad he had sat there...   Así se conocieron. El estaba feliz de haberse sentado allí...

the companion, friend   el compañero
to envy   envidiar

...and his buddies envied his luck.   ...y sus compañeros le envidiaban la suerte.

certain   cierto
the custom   la costumbre

He explained certain things about customs, educational systems,   El le explicó ciertas cosas sobre las costumbres, sistema de
etc. to her...   educación, etc...

the career   la carrera
short   corto

...and why studies for the career of medicine are shorter in   ...y por qué los estudios para la carrera de medicina son más
Surlandia.   cortos en Surlandia.

the elementary (secondary) school

Patricia said she wanted to enter the 'college,' meaning 'the university'...

the course
the literature

...to take a literature course.

unfortunately
the title, degree
the 'bachelor'

Unfortunately she didn't have a college entrance certificate,...

to enroll (oneself)
the pedagogy

...necessary to be able to enroll in the School of Education.

the examination
to take an examination
the grammar
the Castilian, Spanish
the French
the course, subject

He told her that she could take a test in Spanish grammar, English or French, and other subjects.

el colegio

Patricia dijo que ella quería entrar al colegio, queriendo decir 'la universidad,'...

el curso
la literatura

...para tomar un curso de literatura.

desgraciadamente
el título
el bachiller

Desgraciadamente no tenía el título de bachiller,...

matricular(se)
la pedagogía

...necesario para poder matricularse en la Escuela de Pedagogía.

el exámen
presentarse a un exámen
la gramática
el castellano
el francés
la materia

El le dijo que podía presentarse a un exámen sobre gramática castellana, inglés o francés, y otras materias.

COGNATE LOAN WORDS

la impresión	la filosofía	la física
la cámara	el latín	la ciencia
la dirección	la metodología	natural
admirar	la profesión	la música
aparentemente	el programa	cívico
la corrección	preparatorio	las humanidades
referir	requerir	teóricamente
la institución	la cultura	la combinación
primario	básico	equivalente
secundario	intensivo	el prestigio
la psicología	las matemáticas	la reputación
		desilusionar

35.41.1   Reading selection

Feliz Coincidencia

Un grupo de jóvenes latinoamericanos, estudiantes de diferentes universidades en los Estados Unidos, esperaban en el aeropuerto Internacional de Miami la llegada del vuelo 823. Este era el avión que los iba a llevar a sus respectivos países en la América Latina donde iban a pasar sus vacaciones. Unos eran compañeros de escuela, otros se conocían antes y otros se conocieron ahí porque mientras esperaban el avión que venía atrasado hora y media, habían formado un grupo muy alegre cantando, contando chistes o cambiando impresiones sobre sus estudios.

A las siete y media, por fin, anunciaron por el altoparlante que el vuelo 823 estaba listo para despegar. Con gran prisa se levantaron todos y corrieron al avión para tomar los mejores asientos. Uno de ellos, que aunque iba con dos maletines, abrigo en el brazo, una cámara y una guitarra en el otro, fue el primero en subir al avión.

—Dispénseme, ¿está ocupado este lugar?—le preguntó a una chica muy bonita que estaba sentada en el asiento de al lado escribiendo una carta. Ella lo miró y, con un movimiento de la cabeza le indicó que no lo estaba, al mismo tiempo que quitaba un libro y otras cosas que había puesto allí. El se sentó mientras sus compañeros la envidiaban la suerte que había tenido de sentarse al lado de tan linda muchacha. El avión despegó y diez minutos después volaba tranquilamente en dirección al sur. De vez en cuando el joven de la guitarra volvía disimuladamente sus ojos para admirar a aquella linda rubia de ojos azules y pensando en algún pretexto para entrar en conversación, pero ella, aparentemente, continuaba muy tranquila escribiendo su carta. Pero lo que el joven no sabía era que en su carta—que era para su mejor amiga y en la cual le contaba de las experiencias del viaje—en ese preciso momento le escribía lo siguiente: '...el de la guitarra está sentado a mi lado; es un muchacho muy guapo, de pelo y ojos negros y un bigote que le va muy bien. Supongo que es un estudiante que va a pasar las vacaciones a su casa, como lo deben ser todos los otros que vienen en este grupo. Hace rato me está mirando y como con ganas de conversar. El debe estar creyendo que yo estoy tan ocupada escribiendo una carta muy importante, que ni me he fijado quien está sentado a mi lado...ja, ja.... ¡Ay! ¡qué ganas tengo de oírlo tocar esa guitarra!

Parecía que el muchacho estaba leyendo lo que ella escribía porque no acababa ella de decirle eso a su amiga cuando tomó él la guitarra y se puso a tocar distraídamente unas notas. Ella lo miró con sorpresa y entonces él, pensando que tal vez la molestaba, dejó de tocar y le dijo:

—Perdóneme si la interrumpí—señorita.

—Al contrario—contestó ella—es que fue una coincidencia.

—¿Coincidencia de qué?

—No, nada, no importa, fue una coincidencia no más; siga tocando, por favor, a mí me encanta la guitarra—y puso la carta a un lado.

—El se puso a tocar y a cantar suavemente y, entre canción y canción, empezaron a conversar.

—Yo voy para Surlandia a reunirme con mis padres que ya hace un mes están allá —dijo ella y le explicó el trabajo que estaba haciendo su padre, el tiempo que pensaban quedarse a vivir allá, etc.

—Entonces Ud. debe ser Patricia, Patricia Phillips.

—¿Cómo lo sabe?—preguntó ella con gran sorpresa.

—Porque en una carta que recibí de mis padres, me contaban que cuando venían de Europa habían conocido en el barco a un señor Phillips y a su esposa, y que el señor Phillips iba como representante de una compañía que iba a poner una planta allá, y que tenían una hija muy bonita llamada Patricia, etc., etc. ¿Ve todo lo que yo sé de Ud.?—dijo riéndose. —Mi nombre es...

—No me diga—dijo Patricia sin dejarlo terminar—Ud. es Luis Alberto Valenzuela, estudiante de segundo año de medicina de la Universidad de Duke. Mi mamá también me escribió. —le dijo también riéndose.

El resto del viaje se les hizo muy corto. Continuaron conversando de sus vidas, de sus familias, amigos, de Surlandia, de los Estados Unidos, de las diferencias de costumbres entre los dos países, en fin, de todo aquello que les pareció de interés.

—¿Y qué piensa hacer Ud. en Surlandia, además de ir a fiestas, descansar y dormir?—preguntó Luis Alberto.

—Quiero estudiar también; tengo ganas de entrar al colegio y tomar algunos cursos que me interesan, especialmente literatura española y latinoamericana.

—Me parece buena la idea. Pero, mire, Patricia, permítame hacerle una pequeña corrección, y es que nosotros no decimos entrar al 'colegio', refiriéndonos a una universidad, como hacen Uds. Aquí, es decir, allá en Surlandia—continuó Luis Alberto—o en cualquier país latino 'colegio' representa para nosotros una institución de educación primaria o secundaria, nunca una universidad. Y ahora otra cosa, si Ud. entra a la universidad, no puede tomar un curso aquí y otro allá, como se puede hacer en las universidades norteamericanas. Si Ud. quiere estudiar literatura, tiene también que seguir otros cursos, tales como psicología, filosofía, latín, metodología, y muchas otras materias.

—Bueno, la filosofía no me importa mucho si hay que estudiarla, pero ¿por qué tengo que estudiar esas otras cosas si no me interesan?

—Porque en la universidad se entra directamente al estudio de una profesión desde el primer año. La literatura, por ejemplo, es parte de la profesión del maestro.y si se quiere estudiar literatura, hay que matricularse en la Escuela de Pedagogía y, por lo tanto, es necesario tomar todas las otras materias que van incluidas en el programa de estudios de esta profesión, ¿entiende?

—Sí, cómo no —contestó Patricia— pero todavía hay algo que me tiene un poco confundida. Si uno pasa directamente de la escuela secundaria a la universidad para empezar a estudiar inmediatamente una profesión, esto quiere decir que el estudio de una profesión se hace en menos tiempo que en los Estados Unidos porque entonces no se necesitan los dos años de estudios preparatorios que son requeridos en las universidades de nuestro país.

—Hasta cierto punto tiene Ud. razón—replicó Luis Alberto—porque por ejemplo en México, la carrera de medicina se hace en cinco o seis años, no estoy seguro, mientras que en los Estados Unidos, como es el caso mío, se necesitan por lo menos siete u ocho. Sin embargo, estos siete u ocho años incluyen los dos de estudios preparatorios que Ud. ha mencionado y cuyo propósito es el de darle al estudiante una cultura general al mismo tiempo que se le prepara y se le da tiempo de elegir la profesión que él quiere seguir. Aquí, entonces, tenemos las diferencias básicas entre la educación secundaria de los Estados Unidos y la nuestra. Nosotros seguimos el sistema europeo de educación y, por lo tanto, los estudios en la escuela secundaria o superior, como también se le llama, son mucho más intensivos que los de Uds. Mientras Uds. toman alrededor de cinco materias cada año, nosotros debemos tomar de diez a quince; un año típico puede incluir materias como castellano, matemáticas, física, geografía, historia, ciencias naturales, literatura, inglés, francés, música, educación cívica, educación física, y otras más. El propósito de esta educación secundaria, según el sistema europeo, es de darle a cada estudiante un conocimiento general de las humanidades. Por lo menos teóricamente, se cree que con este sistema se le da a una persona una idea general del mundo, de las ciencias y del arte, y la especialización viene después en la universidad. Podríamos decir que nuestros estudios secundarios son una combinación del 'high school' y de los dos primeros años del 'college' en los Estados Unidos. Por eso, después de terminar en la escuela secundaria obtenemos el título de bachiller y estamos preparados para entrar directamente al estudio de una profesión en la universidad.

—Muy interesante todo esto—dijo Patricia—pero entonces yo no entiendo por qué Ud., habiendo obtenido su título de bachiller en Surlandia, tuvo que tomar esos dos primeros años de 'college' en Duke.

—Porque, desgraciadamente, la mayoría de las universidades en los Estados Unidos no aceptan ese título como equivalente de esos dos años.

—Entonces, ¿por qué no estudió medicina en Surlandia, o es que no tienen Escuela de Medicina allá?

—Sí la tenemos, y es muy buena. Lo que pasa es que yo quería estudiar en los Estados Unidos por varias razones: el inglés y el prestigio de ser graduado de una universidad de tan alta reputación como es Duke. Y hay otras ventajas, como los 'dates'—dijo Luis Alberto sonriéndose.

—¿Ah, sí?—contestó Patricia. —Por lo visto le gustó mucho la vida allá. A propósito, tiene que explicarme eso de los 'dates' en Surlandia. Pero, hablando en serio, quisiera saber que debo hacer yo, entonces, para entrar a la universidad sin tener el título de bachiller. No me importa matricularme en la Escuela de Pedagogía pero ¿cómo hago?, si apenas soy graduada de 'high school'.

—Yo creo que tiene que pasar un examen para obtener el título de bachiller.

—¿Sobre todas las quince o más materias que me ha mencionado? Sería algo imposible para mí —exclamó Patricia desilusionada.

—Para entrar a la Escuela de Pedagogía tiene que presentarse solamente en castellano, historia de Surlandia, historia general, una lengua extranjera —en eso no tiene problema porque puede presentarse en inglés—filosofía, educación cívica y tal vez alguna otra que no recuerdo.

—El inglés no me preocupa, lo que me preocupa es el castellano porque, aunque sé bien la gramática, me cuesta mucho hablarlo. También la historia de Surlandia y esa otra cosa que Ud. no recuerda.

—Lo que podemos hacer es lo siguiente: cuando llegue allá—le dijo Luis Alberto— puede ir a ver a Mr. Mason, el director de la Escuela Americana de Las Palmas. El es muy amigo de la familia y mi padre puede hablarle para darle detalles y decirle exactamente lo que debe hacer. Si Ud. quiere yo puedo ayudarla a prepararse para esos exámenes.

—Muchas gracias, encantada—respondió ella sonriendo.

Y así Luis Alberto y Patricia continuaron conversando durante el resto del viaje, con tanto interés y tan contentos que, como dijimos antes, el viaje se les hizo demasiado corto. Por fin aterrizó el avión en el aeropuerto de Las Palmas y allí estaban sus respectivas familias esperándolos.

35.41.2 Response drill

1 ¿Qué hacía ese grupo de jóvenes en el aeropuerto?
2 ¿Por qué corrieron al avión?
3 ¿Dónde se sentó Luis Alberto?
4 ¿Cómo era él?
5 ¿Cómo empezó la conversación entre ellos?, es decir ¿cuál fue el pretexto?
6 ¿Por qué fue una coincidencia el haberse sentado juntos?
7 ¿De qué conversaron?
8 ¿Cuál es la diferencia entre la educación secundaria en los Estados Unidos y Surlandia?
9 ¿Qué título se puede obtener después de terminar uno los estudios secundarios en Surlandia?
10 ¿Cuáles son algunas de las materias que se estudian en la escuela superior?
11 ¿Cuál es el propósito de la educación secundaria, según el sistema europeo?
12 ¿Por qué toma más años la carrera de medicina en los Estados Unidos que en Surlandia?
13 ¿Por qué, si esa carrera se hace en menos tiempo en Surlandia, se fue Luis Alberto a estudiar a los Estados Unidos?
14 ¿Por qué tenía Patricia que tomar otros cursos en la Escuela de Pedagogía, si sólo quería tomar uno de literatura?
15 No siendo ella bachiller, ¿qué tenía que hacer para poder matricularse en esa escuela?

35.41.3 Discussion

1 Explain the educational systems used in the United States and Latin America.

2 Express your opinion as to why you prefer either system.

UNIT 35

35.42   Features

35.42.0   Vocabulary building

BASIC SENTENCES

the instruction
to orient
the learning, knowledge
bookish
cultured, educated

la instrucción
orientar
el saber
libresco
culto

A general type of instruction, oriented only toward book learning to form 'educated' persons,...

La instrucción de tipo general, orientada solamente hacia el saber libresco para formar personas 'cultas',...

to create
the understanding, knowledge
the success
the society

crear
el conocimiento
el éxito
la sociedad

...doesn't create the understanding necessary for success in a modern society.

...no crea el conocimiento necesario para el éxito en una sociedad moderna.

to oppose
the reform
the desire, wish

oponer(se)
la reforma
el deseo

Some are opposed to any kind of reform, but the desire of the majority...

Algunos se oponen a cualquier clase de reforma, pero el deseo de la mayoría...

the paper, the role
to play a role
the progress, advancement
technological

el papel
tener un papel
el adelanto
tecnológico

...is that modern education should play an important role in technological progress.

...es que la educación moderna tenga un papel importante en el adelanto tecnológico.

35.34

TREINTA Y CUATRO

to try to	tratar de
the sense, meaning, respect	el sentido

One of the first measures which the government has tried to take in this respect...

Una de las primeras medidas que el gobierno ha tratado de tomar en este sentido...

the creation, establishment	la creación
the trade, craft	el oficio
arts and crafts	artes y oficios

...has been the opening of a school of arts and crafts.

...ha sido la creación de una escuela de artes y oficios.

COGNATE LOAN WORDS

el círculo	España	
educacional	Portugal	la independencia
el experimento	el concepto	adoptar
la orientación	el impulso	ajustar
escapar	la investigación	el panorama
reformista	científico	la suficiencia
la asociación	puro	la necesidad
el seminario	el hemisferio	resumir
el simposio	histórico	corresponder
humanístico	la tradición	predominante
derivar	aplicar	ocurrir
el Renacimiento	la precedencia	revelar
constituir	la adaptación	la controversia
el clasicismo	la conquista	experimental
liberal	la colonización	la inclinación
implicar	in toto	la preparación
ideal	portugués	el criterio
permitir	lógico	consistir
		la realización

35.42.1   Reading selection

Problemas de Educación

El tema de la reforma de la educación secundaria es el tópico central de discusión en los círculos educacionales de Latinoamérica. En los últimos años se han hecho numerosos experimentos de reforma debido a que existe un clima general de opinión que los cambios sociales y económicos en estos países requieren una nueva orientación educacional.

Surlandia no ha escapado a estas tendencias reformistas. Al contrario, especialmente después de la segunda guerra mundial, la Asociación Nacional de Profesores Secundarios ha organizado una serie de seminarios y simposios con el fin de discutir este problema, cuyo punto central es el sentido de la educación humanística y su papel en nuestra sociedad.

Con respecto a la educación humanística, base de la educación en Surlandia, como en toda Latinoamérica, su sentido se deriva del Renacimiento en Europa, movimiento que constituyó una vuelta hacia el clasicismo antiguo y un más amplio conocimiento del hombre y del mundo. Este movimiento cultural fue recibido con entusiasmo por la aristocracia europea, lo que convirtió el estudio de las artes y las ciencias —las humanidades—en una actividad de gran prestigio social y constituyó la base de las llamadas profesiones liberales. La 'educación' era considerada como una manera de llegar a tales conocimientos humanísticos, tan necesarios para obtener una posición de prestigio en la sociedad. Se consideraban como personas 'educadas' o 'cultas' aquellas que sabían mucho de ciencias y artes. Nace entonces lo que llamamos el sistema europeo de educación.

Todo esto implica una filosofía en la que se considera que el hombre debe buscar el conocimiento por el conocimiento mismo, ideal que fue transmitido a Latinoamérica por Francia, España y Portugal.

Este concepto, que en Europa dió gran impulso a la investigación científica pura, no se extendió, sin embargo, en la misma forma en todo el Nuevo Mundo. En la parte norte de este Hemisferio una larga serie de causas históricas, siendo una de ellas el deseo de romper con las tradiciones europeas, llevó a la sociedad norteamericana a crear un sistema de valores diferentes. Como parte de este sistema, el conocimiento aplicado tomó precedencia al conocimiento puro como forma de adaptación a nuevas condiciones de vida. En Latinoamérica, al contrario, la conquista y colonización extendieron *in toto* las instituciones y tradiciones de la cultura española y portuguesa. Era lógico esperar, entonces, que una vez que las naciones latinoamericanas obtuvieron su independencia, ellas adoptaron el sistema de educación europea, el que en verdad se ajustaba perfectamente a una sociedad que hasta hace poco siguió siendo colonial.

Sin embargo, el panorama social y económico latinoamericano ha cambiado muy rápidamente en los últimos tiempos. El rápido desarrollo de nuevas clases sociales y nuevas aspiraciones, dentro de un nuevo clima económico-industrial, ha hecho dudar a muchos de la suficiencia o aun la necesidad de la instrucción puramente humanística como manera de prepararse para la vida moderna. El carácter de la instrucción humanística en relación a este nuevo tipo de vida puede resumirse en los dos puntos siguientes: (1) La instrucción técnica actual no corresponde a las necesidades de un país en desarrollo y (2) la instrucción de tipo general, orientada hacia el saber libresco, no puede dar los conocimientos necesarios para la vida dentro de una sociedad cuyo carácter tecnológico es cada vez más predominante.

Ante este problema se han formado varias corrientes de opinión entre maestros y autoridades. Típico de esto es lo que ocurre en Surlandia. Los seminarios y simposios de que hablábamos antes revelan que para algunos la solución está en adoptar totalmente el sistema norteamericano de educación primaria y secundaria. La mayoría prefiere, sin embargo, adaptar este sistema a las condiciones y necesidades de Surlandia, evitando la demasiada especialización característica de los Estados Unidos, mientras que unos pocos se oponen a cualquier clase de cambio.

Esta controversia ha dado como resultado una serie de experimentos y la creación de escuelas de tipo especial. Así, existen en Surlandia las llamadas 'escuelas secundarias experimentales'. En ellas se trata de orientar la enseñanza humanística en un sentido más 'práctico' y dando al estudiante la oportunidad de elegir algunas de las materias según sus inclinaciones personales. Están también las 'escuelas técnicas', que tratan de dar un tipo de instrucción que permita la formación de obreros especializados en artes y oficios.

Hasta el momento, el éxito relativo de estos experimentos no es tanto la preparación efectiva de obreros especializados ni la de muchachos realmente preparados para entrar a las universidades con un criterio claro de las necesidades de una sociedad moderna (para esto es necesario también una reforma de los estudios en las universidades mismas). El éxito consiste, sin embargo, en que estos experimentos representan una realización de tales necesidades, lo que ya es un gran adelanto.

35.42.2   Response drill

    1   ¿Cuál es el tópico central de discusión en los círculos educacionales de Latinoamérica?
    2   ¿Por qué se han hecho numerosos experimentos de reforma en los últimos años?
    3   ¿Qué ha hecho la Asociación de Profesores Secundarios de Surlandia en este sentido?
    4   ¿Cuál es el punto central de esos seminarios y simposios?
    5   ¿De dónde se deriva el sistema de educación de Surlandia y otros países latinoamericanos?
    6   ¿Qué constituyó el Renacimiento de Europa desde el punto de vista educacional?
    7   ¿Por qué fue recibido con entusiasmo por la aristocracia europea esa vuelta hacia el clasicismo antiguo?
    8   ¿A quién se consideraba como persona 'educada' o 'culta' en esos tiempos?
    9   ¿A qué dió gran impulso en Europa este nuevo concepto humanístico?
   10   ¿Por qué adoptaron las naciones latinoamericanas el sistema de educación europeo?
   11   ¿Cuál fue una de las causas históricas que llevó a la sociedad norteamericana a crear un sistema de valores diferentes?
   12   ¿Por qué razón dudan ahora muchas personas en Latinoamérica de la suficiencia o aún la necesidad de la instrucción puramente humanística como manera de prepararse para la vida moderna?

13 ¿Cuáles son los dos puntos en que se puede resumir el carácter de la instrucción humanística en relación a este nuevo tipo de vida en Latinoamérica?

14 ¿Cuál es la opinión de los que discuten estos problemas educacionales en los seminarios organizados por la Asociación de Profesores de Surlandia?

15 ¿Cuál ha sido el resultado de esta controversia?

35.42.3 Discussion

1 Explain the origin of the educational system used throughout Latin America and why up until recently this system has not changed in those countries.

2 Explain the reason or reasons why this system did not take hold in the United States.

36.1   BASIC SENTENCES.   Carmen phones the Harris house.

Carmen makes a phone call but gets a wrong number. She calls again and the Harrises' maid answers the phone.

ENGLISH SPELLING	AID TO LISTENING	SPANISH SPELLING
Unidentified voice Hello... (1)	díga↑	*Alguien* ¡Diga...!
Carmen May I speak with Mrs. Harris?	pweđǫablar |kónlásęņyóraharris↑	*Carmen* ¿Puedo hablar con la señora Harris?
Unidentified voice What Mrs. Harris? There's no Mrs. Harris at this number.	ke |sęņyóráhárris↓ ȧkıņǫáy | nıņgunȧ |sęņyórȧhárris↓	*Alguien* ¿Qué señora Harris? Aquí no hay ninguna señora Harris.
Carmen Isn't this 24-12-40? (2)	nǫesͺẹlbéyntıkwátro |đóşę̇ |kwárenta↑	*Carmen* ¿No es el veinticuatro-doce-cuarenta?
the bar	ȇl-bár↓	el bar
the cat	ȇl-gátȯ↓	el gato
lame, crippled	kohȯ↓	cojo
to mistake	ȇkibȯkár↓	equivocar

Unidentified voice
No. This is the 'Lame Cat' bar. You've got
the wrong number. (3)

noʹↄ ésese̦elbár |e̦lgátokóhòↄ

èstae̦kıbokáɗáↄ

Alguien
No. Este es el bar 'El Gato Cojo'.
Está equivocada.

to excuse

diskúlpàrↄ

disculpar

Carmen
Oh. Excuse me.

áↄ diskúlpe̦ustéɗↄ

Carmen
¡Ah! Disculpe usted.

(Carmen calls a second time)

Carmen
Is this 24-12-40?

ese̦lbeyntikwatro |ɗóṣé |kwàrenta↑

Carmen
¿Es el veinticuatro-doce-cuarenta?

Servant
Yes, ma'am.

sisȩŋyóràↄ

Sirvienta
Sí, señora.

Carmen
Is Mrs. Harris in?

éstalaseŋyoraharris↑

Carmen
¿Está la señora Harris?

in the name of

dé parte déↄ

de parte de

Servant
Who shall I say is calling? (4)

départedekyénↄ

Sirvienta
¿De parte de quién?

Carmen
  Carmen del Valle.   dėkarmende lbá00yė↓   *Carmen*
                                                                        De Carmen del Valle.

Servant
  She's not here right at this moment.   éneste |mòmento |nóęstá↓   *Sirvienta*
                                                                        En este momento no está.

          the message   él-rrékadó↓   el recado

  Do you want to leave a message for her?   kyéredehárlę |álgúnrrékadot ¿Quiere dejarle algún recado?

Carmen
  Please. Tell her I called. (5)   pòrfábór↓ digale |kéyọe0Nyamádó↓ *Carmen*
                                                                        Por favor, dígale que yo he llamado.

Servant
  Very well, ma'm.   muybyén |sènyòrítà↓   *Sirvienta*
                                                                        Muy bien, señorita.

(Mrs. Harris calls Carmen from a candy store)

          the confectionery, candy-shop   là-kòmfitèriá↓   la confitería

          the flower   là-flór↓   la flor

Mrs. Harris
  Carmen, I'm here in the 'Flowers' candy-shop. karmén↓ éstóyaki |ęnlàkòmfitéria| *Sra. Harris*
                                                                        Carmen, estoy aquí en la confitería
                                             làsflorés↓   'Las Flores'.

coincidence

là—kòynşiđenşyà↓

la coincidencia

Carmen
What a coincidence! I just called you at your house.

kékóynşiđénşyà↓ yọàkàbo |đéꝹyámar lasukásà↓

Carmen
¡Qué coincidencia! Yo acabo de llamarla a su casa.

decided (to decide, resolve)

rrésweltó↓ rrésólbér↓

resuelto (resolver)

the residence

là—résiđénşyà↓

la residencia

the ambassador

él—émbáhàđór↓

el embajador

afterwards of, after

déspwez—đé↓

después de

the cocktail party

él—kôktel↓

el coctel

Mrs. Harris
Have you all decided if you're going to the Ambassador's house tonight after my cocktail party?

anrreswelto↑sięstánoche↑ban
alarresiđenşya |đélèmbáhàđor↑
déspwézđèmikòktel↑

Sra. Harris
¿Han resuelto si esta noche van a la residencia del embajador después de mi coctel?

to doubt

dùđar↓

dudar

that (we) may go (to go)

kê—bày amós↓ ír↓

que vayamos (ir)

Carmen
I doubt we'll go.

duđokebayámós↓

Carmen
Dudo que vayamos.

the humor	èl—úmòr↓	el humor
to put on	pònersè↓	ponerse
the tuxedo	èl—ésmokin↓	el smoking
Jose's not in any mood to put on his tux.	hóse │noęsta │dęùmór │pàràpónérsèl ésmókin↓	José no está de humor para ponerse el smoking.
would, wish, hope	òhàla↓	ojalá
that (he) himself decides, makes up his mind (to decide)	kè—sè—dę$ìɗà↓ dè$íɗìrsè↓	que se decida (decidirse)

Mrs. Harris
I hope he decides to.

òhàla │kesedeşíɗà↓

Sra. Harris
¡Ojalá que se decida!

(you) will be able (to be able)	pòɗra↓ pòɗèr↓	podrá (poder)
to inaugurate, to show for the first time	éstrénàr↓	estrenar
the evening gown	èl—trahe—de—nóchè↓	el traje de noche
pretty, lovely, attractive	lìndò↓	lindo
That way you'll be able to show off that very lovely evening dress you have.	ɹàsi │pòɗrausteɗ │éstrénàr │esetrahe denoche │tanlìndò │kètyéné↓	Y así podrá usted estrenar ese traje de noche tan lindo que tiene.

the god   èl-dyós↓   el dios

Carmen   dyózlokyérà↓   *Carmen*
I sure hope so.   ¡Dios lo quiera!

Mrs. Harris   èntonşes|ástàlànoché↓   *Sra. Harris*
See you this evening, then.   Entonces, hasta la noche.

36.10   Notes on the basic sentences

(1) The variety of phrases used to respond to the ring of a telephone is considerable, and should be learned by each individual in the country of residence. Others besides /díga/ that occur frequently are: /aló/ 'hello', /sí/ 'yes', and /bwéno/ 'good'.

(2) Notice that usage will also vary with respect to the manner in which telephone numbers are read off. In English, the pattern is to read each number individually, with spacing to show groups: two-four, one-two, four-oh. Similar patterns are also found in Spanish usage, but grouping by twos (twenty-four, twelve, forty) is probably more common.

(3) Note that in English we would say 'You're mistaken' (the literal meaning of /está—ekıbokáda/) under other circumstances than these.

(4) It is worthwhile noting that the servant asks this question *even before* she tells Carmen that Mrs. Harris is not in. Furthermore, the question itself is one which is ordinarily asked only in business calls in America. No offense is intended by the question.

(5) Observe how different the sequence of tenses in Spanish is in this example from the English sequence: Spanish says, 'Tell her I *have* called.'

36.2   DRILLS AND GRAMMAR

36.21   Pattern drills

36.21.1   Present subjunctive after /ohalá/

    A.   Presentation of pattern

ILLUSTRATIONS

Hope I can go to the wedding.	1	Ojalá que yo *pueda* ir a la boda.
Hope you don't forget the bread and butter.	2	Ojalá que no te *olvides* del pan y de la mantequilla.
———————————————	3	Ojalá que se *decida*.
Hope the wedding's soon.	4	Ojalá que la boda *sea* pronto.
Hope the line's not busy.	5	Ojalá que la línea *esté* desocupada.
Hope we have everything complete.	6	Ojalá *tengamos* todo completo.
Hope they don't take my fingerprints.	7	Ojalá que no me *tomen* las huellas digitales.

EXTRAPOLATION

	−ár abl−ár	−ér −ír kom−ér bıb−ír	
1-2-3 sg 2 fam sg	ábl−e ábl−es	kóm−a kóm−as	bíb−a bíb−as
1 pl 2-3 pl	abl−émos ábl−en	kom−ámos kóm−an	bıb−ámos bíb−an

NOTES

a. Present tense subjunctive forms were presented in Units 27 and 28 in their function as commands; i.e., participation in commands is one of the important uses of subjunctive forms.

b. Regular patterns are listed above; irregular patterns show a modification of the stem (as presented in the units on commands). With very few exceptions a stem irregularity in the 1 sg form of the present tense will also appear in the present subjunctive pattern.

c. After the unique form /ohalá/ , meaning something akin to 'would to God', subjunctive forms are used.

d. Though /ke/ or another subordinating conjunction must introduce subjunctive forms after any verb, the /ke/ is not needed after /ohalá/ (unless some other form occurs between /ohalá/ and the verb) though it may be included without changing the sense.

36.21.11 Substitution drills — person-number substitution

1 Ojalá que *Ana* alquile la casa.

_____ yo _____ . Ojalá que yo alquile la casa.

_____ Uds. _____ . Ojalá que Uds. alquilen la casa.

_____ José y Luisa _____ . Ojalá que José y Luisa alquilen la casa.

_____ nosotros_____ . Ojalá que nosotros alquilemos la casa.

2 Ojalá que *yo* enseñe allí.

_____ tú _____ . Ojalá que tú enseñes allí.

_____ nosotros_____ . Ojalá que nosotros enseñemos allí.

_____ Marta y Luisa.. . Ojalá que Marta y Luis enseñen allí.

_____ Uds. _____ . Ojalá que Uds. enseñen allí.

3 Ojalá que *ellos* hereden algo.

————— yo —————.   Ojalá que yo herede algo.

————— los Molina —————.   Ojalá que los Molina hereden algo.

————— el teniente —————.   Ojalá que el teniente herede algo.

————— los muchachos —————.   Ojalá que los muchachos hereden algo.

4 Ojalá que *Uds.* no necesiten nada.

————— Carmen —————.   Ojalá que Carmen no necesite nada.

————— Ana y Luisa —————.   Ojalá que Ana y Luisa no necesiten nada.

————— Luisa y yo —————.   Ojalá que Luisa y yo no necesitemos nada.

————— tú —————.   Ojalá que tú no necesites nada.

5 Ojalá que *ella* venda el coche.

————— yo —————.   Ojalá que yo venda el coche.

————— nosotros —————.   Ojalá que nosotros vendamos el coche.

————— los Fuentes —————.   Ojalá que los Fuentes vendan el coche.

————— ellas —————.   Ojalá que ellas vendan el coche.

6 Ojalá que *los muchachos* aprendan español.

————— mi hija —————.   Ojalá que mi hija aprenda español.

————— yo —————.   Ojalá que yo aprenda español.

————— mi esposa y yo —————.   Ojalá que mi esposa y yo aprendamos español.

————— Ud. —————.   Ojalá que Ud. aprenda español.

7 Ojalá que *Ana* reciba esa carta.

_____ yo _____ .

_____ Pablo y yo _____ .

_____ ellos _____ .

_____ tú _____ .

Ojalá yo reciba esa carta.

Ojalá que Pablo y yo recibamos esa carta.

Ojalá que ellos reciban esa carta.

Ojalá que tú recibas esa carta.

8 Ojalá que *yo* me decida pronto.

_____ María _____ .

_____ Juan y María _____ .

_____ nosotros _____ .

_____ ellos _____ .

Ojalá que María se decida pronto.

Ojalá que Juan y María se decidan pronto.

Ojalá que nosotros nos decidamos pronto.

Ojalá que ellos se decidan pronto.

9 Ojalá que *nosotros* tengamos tiempo.

_____ yo _____ .

_____ Juan _____ .

_____ Juan y Ana _____ .

_____ mi esposa _____ .

Ojalá que yo tenga tiempo.

Ojalá que Juan tenga tiempo.

Ojalá que Juan y Ana tengan tiempo.

Ojalá que mi esposa tenga tiempo.

10 Ojalá que *yo* pueda ir.

_____ ellos _____ .

_____ las muchachas _____ .

_____ mi novia _____ .

_____ nosotros _____ .

Ojalá que ellos puedan ir.

Ojalá que las muchachas puedan ir.

Ojalá que mi novia pueda ir.

Ojalá que nosotros podamos ir.

11 Ojalá que *tú* vengas por avión.

   _____ ellos _____.   Ojalá que ellos vengan por avión.

   _____ nosotros _____.   Ojalá que nosotros vengamos por avión.

   _____ Carmen y Ud. _____.   Ojalá que Carmen y Ud. vengan por avión.

   _____ mi hermana _____.   Ojalá que mi hermana venga por avión.

12 Ojalá que *yo* sepa la lección.

   _____ los estudiantes ____.   Ojalá que los estudiantes sepan la lección.

   _____ mi hija _____.   Ojalá que mi hija sepa la lección.

   _____ Ud. y yo _____.   Ojalá que Ud. y yo sepamos la lección.

   _____ Juan y Pablo _____.   Ojalá que Juan y Pablo sepan la lección.

13 Ojalá que *Ud.* diga todo bien.

   _____ ellos _____.   Ojalá que ellos digan todo bien.

   _____ yo _____.   Ojalá que yo diga todo bien.

   _____ Juan y yo _____.   Ojalá que Juan y yo digamos todo bien.

   _____ tú _____.   Ojalá que tú digas todo bien.

14 Ojalá que *ellos* no hagan nada.

   _____ Ana _____.   Ojalá que Ana no haga nada.

   _____ Pablo y Luis _____.   Ojalá que Pablo y Luis no hagan nada.

   _____ el teniente _____.   Ojalá que el teniente no haga nada.

   _____ Uds. _____.   Ojalá que Uds. no hagan nada.

15 Ojalá que *Virginia* salga temprano.

_____ yo _____ .   Ojalá que yo salga temprano.

_____ ellos _____ .   Ojalá que ellos salgan temprano.

_____ Marta y yo _____ .   Ojalá que Marta y yo salgamos temprano.

_____ tú _____ .   Ojalá que tú salgas temprano.

Tense substitution

Problem:

   Alicia no *trabaja* mañana.

Answer:

   Ojalá que Alicia no trabaje mañana.

1 Yo *pronuncio* bien.   Ojalá que yo pronuncie bien.

2 Nosotros siempre *ganamos.*   Ojalá que nosotros siempre ganemos.

3 Ellos no *revisan* las maletas.   Ojalá que ellos no revisen las maletas.

4 Carmen *estudia* con nosotros.   Ojalá que Carmen estudie con nosotros.

5 Los Fuentes *viven* allí.   Ojalá que los Fuentes vivan allí.

6 La muchacha *barre* todos los días.   Ojalá que la muchacha barra todos los días.

7 Ellos se *visten* rápido.   Ojalá que ellos se vistan rápido.

8 A mi esposa le *gusta* el arroz.   Ojalá que a mi esposa le guste el arroz.

9 Esos señores *dan* siempre propina.   Ojalá que esos señores den siempre propina.

10 Mañana no *hay* inspección.   Ojalá que mañana no haya inspección.

11 No *hace* mucho viento.   Ojalá que no haga mucho viento.

12 Ella no me *pide* nada.   Ojalá que ella no me pida nada.

13 Mi hija *tiene* apetito.   Ojalá que mi hija tenga apetito.

14 Yo nunca *pierdo*.   Ojalá que yo nunca pierda.

15 Nosotros *podemos* hacer eso.   Ojalá que nosotros podamos hacer eso.

36.21.12 Response drill

Problem:
¿Lava la muchacha hoy?

Answer:
Sí, ojalá lave hoy.

	1 ¿Viene la muchacha ahora o mañana?	Ojalá venga ahora.
	2 ¿Tenemos que salir el jueves o el viernes?	Ojalá tengamos que salir el viernes.
(el centro)	3 ¿A dónde tiene que ir esta tarde?	Ojalá tenga que ir al centro.
(hoy)	4 ¿Cuándo va a llamar el coronel?	Ojalá llame hoy.
(José)	5 ¿Quién va a traer el hielo?	Ojalá lo traiga José.
(mañana)	6 ¿Van a venir los Molina hoy?	No, ojalá vengan mañana.
(casa)	7 ¿Van a alquilar ellos un apartamento?	No, ojalá alquilen una casa.

8 ¿Van a mandar los trajes hoy?   Sí, ojalá los manden.

9 ¿Van a venir por la ropa ahora?   Sí, ojalá vengan.

36.21.13 Translation drill

1 Hope we win the races.   Ojalá ganemos las carreras.

2 Hope she doesn't say anything.   Ojalá que ella no diga nada.

3 Hope they sign the document.   Ojalá que ellos firmen el documento.

4 Hope they open the stores tomorrow.   Ojalá abran las tiendas mañana.

5 Hope Alice doesn't faint.   Ojalá que Alicia no se desmaye.

6 Hope the people are nice.   Ojalá que la gente sea amable.

7 Hope you leave early.   Ojalá que Uds. salgan temprano.

8 Hope my mother-in-law doesn't get seasick   Ojalá que mi suegra no se maree en el barco.
   on the boat.

9 Hope you come again.   Ojalá que Uds. vengan otra vez.

10 Hope we don't work tomorrow.   Ojalá no trabajemos mañana.

11 Hope we eat early today.   Ojalá comamos hoy temprano.

12 Hope he doesn't put his foot in it.   Ojalá que él no meta la pata.

13 Hope the bedrooms are big.   Ojalá que los dormitorios sean grandes.

14 Hope we don't have to pay anything.   Ojalá no tengamos que pagar nada.

15 Hope the girls don't worry so much.   Ojalá que las muchachas no se preocupen tanto.

16 Hope the blind man sings again.   Ojalá que el ciego cante otra vez.

17 Hope the milkman brings the milk.	Ojalá que el lechero traiga la leche.
18 Hope we never live there.	Ojalá que nunca vivamos allí.
19 Hope we win again.	Ojalá ganemos otra vez.

B. Discussion of pattern

Earlier stages of English had a somewhat fuller set of subjunctive forms, but little remains in present-day usage except a few relic forms. These are most often found in areas of our language that tend to preserve traditional or even archaic modes of expression. Folk tales offer some examples, as in the children's story 'Jack and the Beanstalk,' where the giant expresses his uncertainty by saying '*Be* he alive, or *be* he dead,' instead of 'whether he is alive or not.'

Parliamentary procedure, which is also rooted in traditional modes of expression, also preserves some subjunctive uses in English. When a vote is proposed, it is done by an expression such as 'I move that the proposal *be* tabled.' Less formally but in the same pattern of the imposition of will are expressions like 'I propose (suggest, recommend) that he *be* recalled.'

After the expletive 'it' with some impersonal expressions in English, subjunctive forms do not sound too out-of-place. Thus, 'It is necessary that he *finish* this by tomorrow' is not stilted, but the same idea can be more informally expressed by a construction that does not use subjunctive, as 'It's necessary for him to (He ought to) finish this by tomorrow.'

Religious usage also preserves subjunctive forms. The 'Lord's Prayer,' when expressing strong emotion (in this case hope) reads 'Thy kingdom *come*, Thy will *be* done,...' instead of the more conversational (contemporaneously speaking) 'May Thy kingdom come, may Thy will be done,...'

One other usage of the subjunctive in modern English is also less frequently employed than formerly, namely in contrary-to-fact or unlikely-of-fulfillment statements: 'If he *were* to come,' etc.

In all these examples of 'be, come, were,' in which 'is, comes, was' might be expected since the subjects listed are usually associated with the latter forms, there is a flavor of archaic, formal, or poetic style. As will be shown in subsequent units, the use of subjunctive forms in Spanish is not at all associated with these feelings; it is an important part of everyday speech habits in Spanish. The above examples from English are cited only to illustrate some of the relic usages in our own speech that can be generalized for Spanish, since all of the features we associate with subjunctive in English, such as uncertainty, emotion, imposition of will, necessity, contrary to fact, unlikely of fulfillment, and some others, are also found in the use of subjunctive forms in Spanish. The difference is that Spanish has preserved a full system of forms and continues to use them extensively in the normal, everyday, conversational style of speaking.

Present subjunctive endings are characterized by a patterned switch in theme vowels: /a/ appears in the endings of /-ér-ír/ verbs and /e/ appears in the endings of /-ár/ verbs.

With the exception of the /-y/ type verbs /sér, estár, ír, dár/ and the verbs /sabér/ and /abér/, the 1 sg form of the present tense (the form agreeing with /yó/) is a reliable key to the stem irregularities of the present subjunctive. Usually it is necessary only to remove the ending /-o/ and add the endings listed in the extrapolation above. Stem vowel changing verbs (presented in 22.21.1) usually have the same stem pattern for present subjunctive as for present tense; i.e., the stem vowel change /o > wé, e > yé/ appears when the stress is on the stem, but when the stress is on the ending, the change does not occur. Thus the verb /podér/ yields /pwéda, pwédas, pwédan/, but /podámos/, and the verb /kerér/ yields /kyéra, kyéras, kyéran/, but /kerámos/ This is always true of /-ár/ and /-ér/ verbs, but in the case of /-ír/ verbs there is a further complication in the pattern, which is given below:

	o > wé ~ u dorm-ír	e > yé ~ ı sent-ír	e > í ~ ı seg-ír
1-2-3 sg	dwérm-a	syént-a	síg-a
2 fam sg	dwérm-as	syént-as	síg-as
1 pl	durm-ámos	sınt-ámos	sıg-ámos
2-3 pl	dwérm-an	syént-an	síg-an

In stem vowel changing /-ír/ verbs with the changes /o > wé, e > yé/, a third stem form, unaccented /u/ and /ı/, occurs in the 1 pl forms. If the vowel change is /e > ı/ (as in the verb /segír/ above), that change appears in all forms of the present subjunctive.

The verbs so far presented which follow this irregular pattern are listed below in the infinitive, singular present subjuntive and 1 pl present subjunctive forms:

o > wé ~ u			e > yé ~ ı		e > í ~ ı		
dormír	dwérma	durmámos	sentír syénta sıntámos		bestír	bísta	bıstámos
morír	mwéra	murámos			despedír	despída	despıdámos
					pedír	pída	pıdámos
					rreír	rría	rrıámos
					rrepetír	rrepíta	rrepıtámos
					segír	síga	sıgámos
					serbír	sírba	sırbámos

Other irregular verbs have a single, consistent stem throughout the present subjunctive pattern: /ponér: pónga, póngas, pongámos, póngan/, etc.

The use of the subjunctive for direct and indirect commands has been presented in Units 27 and 28. The use of the subjunctive in indirect commands has been extended in the instructions of the conversation stimuli to the use of subjunctive forms after /dígale—ke.../, a use which is intimately related to indirect commands. In the present unit, the conditioning environment for the appearance of subjunctive forms is the unique form /ohalá—(ke).../. The form /ohalá/ does not fit neatly into a classification of the forms of Spanish; it is not a verb (there are no variant forms with person-number endings, like there always are for verbs), yet it acts like a verb in conditioning the appearance of subjunctive forms. Nor is it a noun, pronoun, etc. If it is a verb modifier, it is the only one that can be followed by /ke/, and if it is a relator, it never occurs in a clear position of relation. It is just unique. It means something like 'hope, wish, would' (with no explicit reference as to who does the hoping, wishing, etc.) It is more like 'would to God,' and indeed is said to be a loan from Arabic where it meant 'would to Allah.' In any case, like the hopes expressed in the Lord's Prayer, the hopes expressed by /ohalá/ are couched in subjunctive forms.

The form /ohalá/ is usually followed by /ke/ if the subject of the clause precedes the verb:

/ohalá|ke—la—bóda|séa—próntoↆ/

If the verb follows immediately, /ohalá/ or /ohalá—ke/ may begin the sentence:

/ohalá—tráygan|ágwa—minerálↆ/
/ohalá—ke—tráygan|ágwa—minerálↆ/

36.22   Replacement drills

A   ¿Puedo hablar con la señora Harris?

1 ¿ _____ señores _____?   ¿Puedo hablar con los señores Harris?

2 ¿Podemos _____?   ¿Podemos hablar con los señores Harris?

3 ¿ _____ ver _____?   ¿Podemos ver a los señores Harris?

4 ¿ _____ señorita _____?   ¿Podemos ver a la señorita Harris?

5 ¿Tenemos _____?   ¿Tenemos que ver a la señorita Harris?

6 ¿ _____ ese _____?   ¿Tenemos que ver a ese señor Harris?

7 ¿Hay _____?   ¿Hay que ver a ese señor Harris?

B   Aquí no hay ninguna señora Harris.

1 _____vive_____.   Aquí no vive ninguna señora Harris.

2 _____ señor _____.   Aquí no vive ningún señor Harris.

3 _____ viven _____.   Aquí no viven ningunos señores Harris.

4 Ahí _____.   Ahí no viven ningunos señores Harris.

5 _____ americana.   Ahí no vive ninguna señora americana.

6 _____tenemos_____.   Ahí no tenemos ninguna señora americana.

7 _____ coronel _____.   Ahí no tenemos ningún coronel americano.

C   No, éste es el bar. Está equivocada.

1 ___, _____ unos.. . _____ .   No, éstos son unos bares. Está equivocada.

2 ___, _____ oficinas._____ .   No, éstas son unas oficinas. Está equivocada.

3 ___, aquélla_____ . _____ .   No, aquélla es una oficina. Está equivocada.

4 ___, _____ . Estamos___ .   No, aquélla es una oficina. Estamos equivocadas.

5 ___, _____ parque. _____ .   No, aquél es un parque. Estamos equivocadas.

6 ___, _____ . Estoy_____ .   No, aquél es un parque. Estoy equivocada.

7 ___, _____ confitería . _____ .   No, aquélla es una confitería. Estoy equivocada.

D   ¿Quiere dejarle algún recado?

1 ¿ _____ cosa?   ¿Quiere dejarle alguna cosa?

2 ¿Puede _____ ?   ¿Puede dejarle alguna cosa?

3 ¿ _____ otra _____ ?   ¿Puede dejarle otra cosa?

4 ¿ _____ contarle _____ ?   ¿Puede contarle otra cosa?

5 ¿ _____ chiste?   ¿Puede contarle otro chiste?

6 ¿ _____ enseñarle _____ ?   ¿Puede enseñarle otro chiste?

7 ¿ _____ canciones?   ¿Puede enseñarle otras canciones?

E   Por favor, dígale que yo la he llamado.

1 _____, _____ nosotros _____ .   Por favor, dígale que nosotros la hemos llamado.

2 _____, _____ visto.   Por favor, dígale que nosotros la hemos visto.

3 _____, _____ ellos _____ .   Por favor, dígale que ellos la han visto.

4 Oye, _____ .   Oye, dígale que ellos la han visto.

5 ____ , _____ nadie _____ .   Oye, dígale que nadie la ha visto.

6 ____ , cuéntale _____ .   Oye, cuéntale que nadie la ha visto.

7 ____ , _____ todos _____ .   Oye, cuéntale que todos la han visto.

F   José no está de humor para ponerse el smoking.

1 Yo _____ .   Yo no estoy de humor para ponerme el smoking.

2 _____ ropa.   Yo no estoy de humor para ponerme la ropa.

3 _____ cambiarme _____ .   Yo no estoy de humor para cambiarme la ropa.

4 _____ estamos _____ .   Nosotros no estamos de humor para cambiarnos la ropa.

5 _____ zapatos.   Nosotros no estamos de humor para cambiarnos los zapatos.

6 _____ limpiarnos _____ .   Nosotros no estamos de humor para limpiarnos los zapatos.

7 Tú _____ .   Tú no estás de humor para limpiarte los zapatos.

36.23   Variation drills

    A   ¿No es el veinticuatro-doce-cuarenta?

1	Isn't this 24-12-30?	¿No es el veinticuatro-doce-treinta?
2	Isn't this 34-12-30?	¿No es el treinta y cuatro-doce-treinta?
3	Isn't this 44-12-30?	¿No es el cuarenta y cuatro-doce-treinta?
4	Isn't this 44-11-20?	¿No es el cuarenta y cuatro-once-veinte?
5	Isn't this 25-11-20?	¿No es el veinticinco-once-veinte?
6	Isn't this 19-24-40?	¿No es el diecinueve-veinticuatro-cuarenta?
7	Isn't this 10-32-12?	¿No es el diez-treinta y dos-doce?

    B   Estoy aquí en la confitería.

1	I'm here at the customs office.	Estoy aquí en la aduana.
2	I'm here at the base.	Estoy aquí en la base.
3	I'm here in the control tower.	Estoy aquí en la torre de control.
4	We're here at Immigration.	Estamos aquí en la Inmigración.
5	We're here at the Ministry of Foreign Affairs.	Estamos aquí en el Ministerio de Relaciones Exteriores.
6	We're here at the Ministry of Commerce.	Estamos aquí en el Ministerio de Comercio.
7	We're here at the airport.	Estamos aquí en el aeropuerto.

C   ¡Qué coincidencia! Yo acabo de llamarla a su casa.

1 What a coincidence! I just called you at your store.   ¡Qué coincidencia! Yo acabo de llamarla a su tienda.

2 What a coincidence! I just called you at your hotel.   ¡Qué coincidencia! Yo acabo de llamarla a su hotel.

3 What a coincidence! I just left word for you (let you know)   ¡Qué coincidencia! Yo acabo de avisarle a su casa.
   at your house.

4 What a coincidence! I just left word for you at the Mission.   ¡Qué coincidencia! Yo acabo de avisarle a la Misión.

5 What a coincidence! He just left word for me here.   ¡Qué coincidencia! El acaba de avisarme aquí.

6 What a coincidence! They just got in touch with the Ministry.   ¡Qué coincidencia! Ellos acaban de comunicarse con el Ministerio.

7 What a coincidence! They just explained that to us.   ¡Qué coincidencia! Ellos acaban de explicarnos eso.

D   ¿Han resuelto si van a la residencia del Embajador?

1 Have you decided (resolved) if you're going to the Mission   ¿Han resuelto si van a la fiesta de la Misión?
   party?

2 Have you decided (resolved) if you're going to the United   ¿Han resuelto si van a los Estados Unidos?
   States?

3 Have you decided (resolved) if you're going to the country?   ¿Han resuelto si van al campo?

4 Have you decided if you're going to the country?   ¿Han decidido si van al campo?

5 Have you decided to go by boat?   ¿Han decidido ir en barco?

6 Have you decided to rent the house?   ¿Han decidido alquilar la casa?

7 Have you decided to sign the document?   ¿Han decidido firmar el documento?

E   Dudo que vayamos.

   1 I doubt if we'll leave.   Dudo que salgamos.

   2 I doubt if we'll sign the certificate.   Dudo que firmemos el documento.

   3 I doubt if we'll lunch with him.   Dudo que almorcemos con él.

   4 I doubt if we'll all fit in the car.   Dudo que quepamos todos en el coche.

   5 I doubt if we'll have any luck.   Dudo que tengamos suerte.

   6 I doubt if we'll enjoy ourselves much.   Dudo que nos divirtamos mucho.

   7 I doubt if we'll get nervous.   Dudo que nos pongamos nerviosos.

F   Así podrá Ud. estrenar ese traje tan lindo que tiene.

   1 That way you'll be able to show off that very pretty tie   Así podrá Ud. estrenar esa corbata tan linda que tiene.
      you have.

   2 That way you'll be able to show off those very pretty shoes   Así podrá Ud. estrenar esos zapatos tan lindos que tiene.
      you have.

   3 That way you'll be able to wear that very pretty dress   Así podrá Ud. llevar ese vestido tan lindo que tiene.
      you have.

   4 That way you'll be able to wear those very good clothes   Así podrá Ud. llevar esa ropa tan buena que tiene.
      you have.

   5 That way you'll be able to bring that very good cloth you have. Así podrá Ud. traer esa tela tan buena que tiene.

   6 That way you'll be able to show those very interesting   Así podrá Ud. enseñar esas fotos tan interesantes que tiene.
      photos you have.

   7 That way you'll be able to pay for that very expensive   Así podrá Ud. pagar esa casa tan cara que tiene.
      house you have.

UNIT 36

36.24   Review drills

36.24.1   Spanish infinitive for English -ing forms as objects of relators

1 I studied before writing the letter.	Estudié antes de escribir la carta.
2 Before saying anything, think it over well.	Antes de decir algo, piénselo bien.
3 Ask for the bill before paying.	Pida la cuenta antes de pagar.
4 We're going to call before leaving.	Vamos a llamar antes de salir.
5 I shaved before eating.	Me afeité antes de comer.
6 We're going to leave after studying.	Vamos a salir después de estudiar.
7 After studying here I'm going to work at that company.	Después de estudiar aquí voy a trabajar en esa compañía.
8 I called her after eating.	La llamé después de comer.
9 You can't learn without studying.	No puede aprender sin estudiar.
10 We can't enter without paying.	No podemos entrar sin pagar.
11 I can't work without eating.	No puedo trabajar sin comer.

36.24.2   Placement of verb modifiers

1 Is Mary coming already?	¿Ya viene María?
	¿Viene ya María?
	¿Viene María ya?
2 Does Charles always call?	¿Siempre llama Carlos?
	¿Llama siempre Carlos?
	¿Llama Carlos siempre?

3 Is Joseph coming now?   ¿Ahora viene José?
                                            ¿Viene ahora José?
                                            ¿Viene José ahora?

4 Hasn't Louis won yet?   ¿Todavía no ha ganado Luis?
                                            ¿No ha ganado todavía Luis?
                                            ¿No ha ganado Luis todavía?

5 Did they go out last night?   ¿Anoche salieron ellos?
                                            ¿Salieron anoche ellos?
                                            ¿Salieron ellos anoche?

6 Did Louise come yesterday?   ¿Ayer vino Luisa?
                                            ¿Vino ayer Luisa?
                                            ¿Vino Luisa ayer?

7 Did Ann arrive already?   ¿Ya llegó Ana?
                                            ¿Llegó ya Ana?
                                            ¿Llegó Ana ya?

36.3   CONVERSATION STIMULUS

NARRATIVE 1

1 This morning Pedro Flores' wife, Mercedes, sent his suit to the dry cleaners.

Esta mañana la señora de Pedro Flores, Mercedes, mandó el traje de él a la tintorería.

2 Hope they bring it to him tomorrow.

Ojalá que se lo traigan mañana.

3 Because they are invited to a dinner at the Ambassador's residence.

Porque ellos están invitados a una comida en la residencia del Embajador.

4 Mrs. Flores is very happy because she is going to be able to wear (for the first time) the new evening gown her husband just bought her.

La señora de Flores está muy contenta porque va a poder estrenar el traje de noche que su marido le acaba de comprar.

5 Don Pedro thinks the dinner is going to be at eight, but he's not sure.

Don Pedro cree que la comida va a ser a las ocho, pero no está seguro.

6 So he's going to call his friend, Ted Barber, to ask *him*.

Entonces va a llamar a su amigo, Ted Barber, para preguntarle a él.

7 The number is 22-54-53, if he's not mistaken.

El número es 22-54-53, si no está equivocado.

DIALOG 1

Pedro, pregúntele a su señora, Mercedes, que dónde está el smoking suyo, que no lo ve.

Pedro: ¿Dónde está el smoking mío que no lo veo, Mercedes?

Mercedes, contéstele que lo mandó a la tintorería esta mañana.

Mercedes: Lo mandé a la tintorería esta mañana.

Pedro, dígale que ojalá se lo traigan mañana. Que están invitados a una comida en la residencia del Embajador.

Pedro: Ojalá me lo traigan mañana. Estamos invitados a una comida en la residencia del Embajador.

Mercedes, dígale que qué bueno. Que así puede estrenar el traje de noche que él le acaba de comprar.

Pedro, dígale que Ud. cree que la comida es a las ocho pero que va a llamar a Ted Barber para estar seguro.

Mercedes, pregúntele si sabe el número de su casa.

Pedro, contéstele que Ud. cree que es el 22-54-53, si no está equivocado.

Mercedes: ¡Qué bueno! Así puedo estrenar el traje de noche que me acabas de comprar.

Pedro: Creo que la comida es a las ocho pero voy a llamar a Ted Barber para estar seguro.

Mercedes: ¿Sabes el número de su casa?

Pedro: Creo que es el 22-54-53, si no estoy equivocado.

NARRATIVE 2

1 Don Pedro calls that number and asks for Mr. Barber.

2 There they answer that they have not seen him today.

3 But if don Pedro wants to leave some message, they'll be very glad to give it to him.

4 Because Mr. Barber goes there from time to time.

5 Apparently don Pedro has called the wrong number.

6 And he asks if that isn't Mr. Barber's house, 22-54-53.

7 They tell him no, that he is talking with 22-53-54, 'El Burro Flaco' bar.

Don Pedro llama a ese número y pregunta por el Sr. Barber.

Ahí contestan que no lo han visto hoy.

Pero si don Pedro quiere dejarle algún recado, con mucho gusto se lo dan.

Porque el Sr. Barber va ahí de vez en cuando.

Por lo visto don Pedro ha llamado a un número equivocado.

Y pregunta si ésa no es la casa del Sr. Barber, el 22-54-53.

Le dicen que no, que está hablando con el 22-53-54, el bar 'El Burro Flaco'.

DIALOG 2

Pedro, llame y pregunte si está el Sr. Barber.

Alguien, conteste que no lo ha visto hoy, pero si quiere dejarle algún recado, con mucho gusto se lo da. Que don Ted llega ahí de vez en cuando.

Pedro: ¿Está el Sr. Barber?

Alguien: No lo he visto hoy, pero si quiere dejarle algún recado, con mucho gusto se lo doy. Don Ted llega aquí de vez en cuando.

Pedro, pregunte que cómo es eso 'de vez en cuando'. Que si ésta no es su casa, el 22-54-53.

Alguien, contéstele que no, que él está hablando con el 22-53-54, el bar 'El Burro Flaco'.

Pedro, dígale que 'ay, caramba' y que disculpe.

Pedro: ¿Cómo es eso 'de vez en cuando'?   ¿Esta no es su casa, el 22-54-53?

Alguien: No, Ud. está hablando con el 22-53-54, el bar 'El Burro Flaco'.

Pedro: ¡Ay, caramba! Disculpe.

NARRATIVE 3

1 Don Pedro calls again, but this time 22-54-53.

2 A maid answers and don Pedro asks for Mr. Barber.

3 He tells her Pedro Flores is calling.

4 The maid goes and gives the message to don Ted.

5 Mr. Barber tells don Pedro what a coincidence.

6 That he was about to call him to talk about the matter of the loan.

7 Don Pedro says that he hopes they have decided on it by now.

8 Mr. Barber tells him that a few things are lacking.

9 That for that reason he would like to talk with him, and asks him when they can get together.

10 Don Pedro says tomorrow morning if he wants to.

11 This seems all right to Mr. Barber.

12 Mr. Barber asks him, by the way, if he's going to go to the Ambassador's dinner.

13 Don Pedro says yes and asks him what time the dinner is.

14 Because he's not sure if it's at eight or at nine.

Don Pedro llama otra vez, pero esta vez al 22-54-53.

Una criada contesta y don Pedro pregunta por el Sr. Barber.

Le dice que es de parte de Pedro Flores.

La criada va y le da el recado a don Ted.

El Sr. Barber le dice a don Pedro que qué coincidencia.

Que estaba por llamarlo para conversar lo del préstamo.

Don Pedro dice que ojalá lo hayan resuelto ya.

El Sr. Barber le dice que faltan algunas cosas.

Que por eso quisiera conversar con él, y le pregunta que cuándo pueden reunirse.

Don Pedro le dice que mañana en la mañana, si él quiere.

Al Sr. Barber le parece muy bien.

El Sr. Barber le pregunta, a propósito, si él va a ir a la comida del Embajador.

Don Pedro le dice que sí y le pregunta que a qué hora es la comida.

Que no está seguro si es a las ocho o a las nueve.

DIALOG 3

Pedro, pregunte si ésta es la casa del Sr. Ted Barber.

Pedro: ¿Es ésta la casa del Sr. Ted Barber?

Criada, dígale que sí y pregúntele si quiere hablar con él.

Criada: Sí, señor, ¿quiere hablar con él?

Pedro, dígale que sí, si le hace el favor.

Pedro: Sí, si me hace el favor.

Criada, pregunte que de parte de quien.

Criada: ¿De parte de quién?

Pedro, dígale que de Pedro Flores.

Pedro: De Pedro Flores.

Criada, dígale que un momento, por favor. Ahora dígale a don Ted que lo llama don Pedro.

Criada: Un momento, por favor. Don Ted, lo llama don Pedro.

Ted, dígale a don Pedro que qué tal, que qué coincidencia, que Ud. estaba por llamarlo para conversar con él lo del préstamo.

Ted: ¿Qué tal, don Pedro? ¡Qué coincidencia! Estaba por llamarlo para conversar con Ud. lo del préstamo.

Don Pedro, dígale al Sr. Barber que ojalá lo hayan resuelto ya.

Pedro: Ojalá lo hayan resuelto ya, Sr. Barber.

Ted, contéstele que todavía faltan algunas cosas. Que por eso quisiera conversar con él. Pregúntele que cuándo pueden reunirse.

Ted: Todavía faltan algunas cosas. Por eso quisiera conversar con Ud. ¿Cuándo podemos reunirnos?

Don Pedro, dígale que mañana en la mañana, si él quiere.

Pedro: Mañana en la mañana si Ud. quiere.

Ted, dígale que le parece muy bien. Ahora pregúntele, a propósito, si él va a ir a la comida del Embajador mañana en la noche.

Ted: Me parece muy bien. A propósito, ¿Ud. va a ir a la comida del Embajador?

Don Pedro, dígale que sí y pregúntele que a qué hora es esa comida. Que Ud. no está seguro si es a las ocho o a las nueve.

Pedro: Sí. ¿A qué hora es esa comida? No estoy seguro si es a las ocho o a las nueve.

Ted, contéstele que es a las ocho.

Ted: Es a las ocho.

UNIT 36

36.4   READINGS

36.41   Life in Surlandia

36.41.0 Vocabulary building

BASIC SENTENCES

to be long

the picnic

to repent

tardar

el picnic

arrepentirse

It took them a long time to get to the picnic, but nobody regretted having gone.

Tardaron mucho en llegar al picnic, pero nadie se arrepintió de haber ido.

to approach

the fire

juicy

acercarse

el fuego

jugoso

Everybody came up close to the fire, where a juicy roast veal awaited them.

Todos se acercaron al fuego, donde los esperaba una jugosa ternera asada.

the farm, ranch

the hill

the curve

la finca

la cuesta

la curva

The road to the farm was full of hills and curves.

El camino a la finca estaba lleno de cuestas y curvas.

to cross (get in one's way)

the dog

the cow

the hen

atravesarse

el perro

la vaca

la gallina

Moreover, many dogs, cows, and chickens got in the way.

Además se atravesaban muchos perros, vacas y gallinas.

the poverty

the town

the straw

the countryman, farmer, peasant

barefoot, unshod

the hand

la pobreza

el pueblo

la paja

el campesino

descalzo

la mano

36.30

The poverty of the country and the towns, with their straw thatch roofed houses and peasants, some barefoot, others with their shoes in their hands (since it was Sunday),...

> the author
> Argentine
> the word
> the barbarism

...to which one Argentine author referred with the word 'barbarism,' was a great contrast to the city.

> the cattle raising
> the plantation

But they also saw large cattle farms and coffee plantations in flower.

> to listen
> the earning, profit

If we listen to the opinion of many people on agriculture, it yields large profits.

> to sow, plant
> the danger

But planting a single product is a danger...

> suddenly
> (it) would be (to be)

...because prices can go down suddenly and this would be very bad.

> skillfully

La pobreza del campo y de los pueblos, con sus casas con techo de paja y campesinos, unos descalzos, otros con los zapatos en la mano (por ser domingo),...

> el autor
> argentino
> la palabra
> la barbarie

...a lo que un autor argentino se refería con la palabra 'barbarie', era un gran contraste con la ciudad.

> la ganadería
> la plantación

Pero también vieron grandes fincas de ganadería y plantaciones de café en flor.

> escuchar
> la ganancia

Si escuchamos la opinión de muchos sobre la agricultura, ésta deja grandes ganancias.

> sembrar
> el peligro

Pero sembrar un solo producto es un peligro...

> de repente
> estaría (estar)

...porque los precios pueden bajar de repente y esto estaría muy mal.

> hábilmente

It is necessary to try, skillfully, to develop industries...   Hay que tratar, hábilmente, de desarrollar las industrias...

          to hurry, hasten   apresurar
          the increase   el aumento
          agricultural   agrícola
          the consumption   el consumo

...and hasten the increase of agricultural products for consumption.   ...y apresurar el aumento de los productos agrícolas de consumo.

          the growth   el crecimiento

This is necessary because of urban growth.   Esto es necesario debido al crecimiento urbano.

COGNATE LOAN WORDS

astuto	doméstico
la fortuna	el aroma
explotar	montar
la puntualidad	aparte
abrupto	la ruina
característico	sufrir
famoso	la disertación
el educador	la confusión
Argentina	la meditación
la civilización	la distinción
exagerar	interno
la velocidad	Chile
el animal	

36.41.1   Reading selection

Una Visita al Campo

Poco después de llegar a Surlandia, los Phillips fueron invitados por la familia Valenzuela para visitar Benaberme, una de sus fincas situada al otro lado de la Sierra Nevada. Otros miembros de la colonia norteamericana también estaban entre el grupo de invitados, entre ellos el Sr. Barber, jefe del programa del Punto Cuarto y los Robinson. Estaban además el Sr. Raúl González, del Ministerio de Economía, toda la familia de don Ricardo Fuentes, y amigos y amigas de Luis Alberto Valenzuela.

Los Valenzuela eran de las familias más ricas de Surlandia. El padre, don Rafael Angel, era un hombre muy inteligente y astuto para los negocios, y la pequeña fortuna que había heredado al morir sus padres, la había multiplicado muchas, muchas veces. Ahora era dueño de grandes plantaciones de café y azúcar, fincas de ganadería y muchas tierras que aún estaban sin explotar.

Era día domingo y todos habían quedado en reunirse en la casa de los Fuentes a las siete para salir a las ocho lo más tarde. Ya eran las nueve y media, sin embargo, y todavía faltaban algunos—hay que recordar que esto pasaba en Surlandia, donde en el aspecto puramente social de la vida, la falta de puntualidad es algo tan corriente que la gente más bien se extraña si uno llega a la hora exacta. Por eso fue que cuando el Coronel Harris y su señora llegaron, encontraron a los Fuentes en pijamas—¡sí llegaron a las siete en punto...! Pocos minutos después llegaron John White, acompañado de su gordita de las gafas, y José Molina con Carmen. Y así fueron llegando todos, cada uno con un pretexto diferente por no haber llegado más temprano, hasta que por fin como a las diez entraron todos en sus carros y salieron siguiendo a los Fuentes que iban a la cabeza del grupo.

Aunque la distancia hasta Benaberme era solamente de cincuenta kilómetros, tardaron casi tres horas porque el camino era estrecho, lleno de curvas y cuestas ya que había que cruzar la Sierra Nevada para llegar a las tierras de los Valenzuela.

Una cosa que les llamó mucho la atención a los norteamericanos que por primera vez salían al campo en Surlandia, fue el contraste tan grande que existe entre la ciudad y el campo y lo abrupto del cambio pues—contrario a lo que se ve en los Estados Unidos—tan pronto salieron de las afueras de Las Palmas se encontraron en una región totalmente diferente. Por el camino iban viendo casas que en su mayoría eran de adobe y con techos de paja, cosa que no habían visto en la capital, aún en los sectores más pobres. Tampoco habían visto antes mujeres con faldas tan largas ni tantos sombreros grandes de paja que todos los hombres usaban. La mayoría de los campesinos, tanto hombres como mujeres y niños, iban descalzos, aunque algunos de ellos iban calzados porque como era domingo se ponían zapatos para venir a pasear a la capital o ir a la iglesia. Algo que les llamó mucho la atención fue que algunos llevaban sus zapatos en la mano, seguramente para ponérselos antes de entrar a la capital.

También observaron lo que les pareció una gran pobreza en los pueblos por donde iban pasando y cuando pararon en uno de ellos para preguntar unas direcciones, los norteamericanos que hablaban bien el español pudieron notar que, no sólo en la manera de vestir sino aún en la manera de hablar y de expresarse, el campesino era un hombre muy diferente al de la ciudad.

Comentando más tarde sobre este abrupto cambio de la ciudad al campo, uno de los señores les explicó a los norteamericanos que esto no era típico solamente de Surlandia, sino también de cualquier país latinoamericano. La diferencia en el standard de vida entre el campo y la ciudad era algo característico.

—No sé si Uds. han oído hablar de Domingo Sarmiento—observó Raúl González—Sarmiento fue uno de los más famosos autores y educadores argentinos y también fue presidente de la Argentina. En uno de sus libros, llamado 'Facundo', él habla de este gran contraste y usa las palabras 'civilización y barbarie' diciendo que las ciudades representan la civilización y el campo la barbarie, aunque yo creo que eso es algo exagerado, especialmente en estos tiempos.

Los carros no podían correr a mucha velocidad no sólo por las condiciones del camino, sino porque a menudo se atravesaban perros, vacas, gallinas, cerdos y otros animales domésticos que esperaban hasta el último momento para quitarse del camino, lo que hacían con una calma increíble.

Después de cruzar la Sierra Nevada, vieron grandes plantaciones de café que, en ese tiempo del año estaban en flor, una flor blanca que daba un aroma muy agradable; en verdad parecía que la noche antes había nevado. Después pasaron por muchas plantaciones de azúcar que también les interesó mucho a los norteamericanos que nunca habían visto estas cosas antes.

A la una llegaron a Benaberme donde los Valenzuela los esperaban con los caballos listos para llevarlos al río Chico en un lugar cerca de la gran represa que hacía poco había sido terminada. Era allí donde iban a hacer el picnic. Cuando llegaron ya estaban los empleados empezando a asar una ternera entera. Mientras la asaban, abrieron unas cervezas y los jóvenes se pusieron a bailar, y a cantar, mientras los viejos, especialmente los que no estaban muy acostumbrados a montar a caballo, decidieron sentarse a conversar.

—Por lo que he podido ver del país—decía Ralph Phillips que estaba en un grupo aparte con los señores Valenzuela, Robinson, Barber, y González—estas enormes plantaciones de café y azúcar me dan la impresión de que la agricultura debe dejar grandes ganancias.

—Es verdad—dijo el Sr. González—la agricultura deja muchas ganancias pero si dependemos demasiado de ella ponemos la economía del país en un gran peligro. El café, por ejemplo; hoy la gente se está dedicando más que nunca a sembrar café porque los precios en el mercado mundial han subido muchísimo. Pero, ¿qué pasa si se sigue sembrando más y más café y de repente los precios se vienen abajo? La ruina completa de muchísima gente. Por eso nuestro gobierno está tratando de desarrollar las industrias pues así no sólo evitamos la ruina que puede venir si la agricultura sufre, sino que ésto puede ayudar al problema de la gran pobreza que Uds. han visto en el campo.

El Sr. Barber, que escuchaba en silencio esta 'disertación' sobre economía, no podía dejar de pensar en la confusión que tenía la gente sobre estos problemas. Su meditación fue interrumpida por el mismo señor González, quien para terminar le dijo—¿No es verdad, señor Barber? Este último prefería no dar su opinión, pero tampoco podía dejar de contestar algo. —Sí, tiene razón, pero creo que es necesario hacer una distinción entre agricultura de exportación y agricultura de consumo interno. Supongo que Ud. se refiere a la primera.

—Sí, sí, desde luego—se apresuró a contestar Raúl González—. Pero cree Ud. que la industrialización del país es lo más importante por el momento?

—Bueno, sí y no—dijo Barber, algo arrepentido por haberse dejado llevar en esta discusión. —Las industrias son importantes, pero el crecimiento urbano que éstas traen requieren un aumento de los productos agrícolas de consumo. Tome Ud. el caso de Chile y otros países.

—Exactamente—interrumpió hábilmente Raúl González—pero para desarrollar las dos cosas necesitamos dinero, mi querido amigo— Y luego en un cierto tono de broma, dijo—otro préstamo de su gobierno no estaría mal, ¿verdad?

Todos se rieron y empezaron a conversar de otras cosas. Momentos después, llamaron a comer y el grupo se acercó alegremente al fuego donde los esperaba la jugosa ternera asada.

36.41.2   Response drill

1   ¿Dónde estaba situada la finca Benaberme?
2   ¿De qué era dueño don Rafael Angel Valenzuela?
3   ¿Había heredado él toda esa fortuna?
4   ¿Cuáles eran algunas de las personas invitadas a visitar Benaberme ese domingo?
5   ¿Dónde y a qué hora habían quedado en reunirse?
6   ¿Cómo se considera la falta de puntualidad en Surlandia, en el aspecto puramente social?
7   ¿Por qué tardaron casi tres horas para llegar a la finca de los Valenzuela?
8   ¿Qué fue lo que les llamó mucho la atención a los que por primera vez salían de la ciudad?
9   ¿Quién fue Domingo Sarmiento?
10 ¿De qué habla él en su libro 'Facundo'?
11 ¿Por qué no podían los carros correr a mucha velocidad?
12 ¿Qué vieron después de cruzar la Sierra Nevada?
13 ¿Por qué está la gente en Surlandia sembrando más café que nunca?
14 ¿Qué peligro hay para un país que dedica su agricultura a uno o dos productos solamente?
15 ¿Qué hicieron los señores que estaban conversando cuando los llamaron a comer?

36.41.3   Discussion

1 Explain what Sarmiento means when he uses the words 'civilización' and 'barbarie' in one of his books.

2 Discuss some of the other things that struck your attention in regard to Surlandia after having read the above selection.

UNIT 36

36.42.   Features

36.42.0   Vocabulary building

BASIC SENTENCES

the table

As we can see in Tables I and II,...

    the average
    the wheat
    the grain
    the ton
    metric

...the average in the production of wheat and other grains, in metric tons,...

    the mining industry
    the balance
    the payment

...is much less than that of mining, and the balance of payments is not very favorable.

    imposed (to impose)
    the machinery

Although the government has not imposed restrictions on the importation of machinery,...

    the investment

...a larger capital investment is necessary to solve the economic problems of the country.

    the way, means
    the communication

la tabla

Como podemos ver en las Tablas I y II,...

    el promedio
    el trigo
    el grano
    la tonelada
    métrico

...el promedio en la producción de trigo y otros granos, en toneladas métricas,...

    la minería
    el balance
    el pago

...es mucho menor que el de la minería, y el balance de pagos no es muy favorable.

    (impuesto) imponer
    la maquinaria

Aunque el gobierno no ha impuesto restricciones a la importación de maquinarias,...

    la inversión

...es necesaria una mayor inversión de capitales para resolver los problemas económicos del país.

    la vía
    la comunicación

For example, it is necessary to open more channels of
communication and to develop agriculture.

       on the other hand

On the other hand, one of the many difficulties in this respect...

       the rancher, property owner

...is that the greater part of the land is in the hands of a few
land owners.

Por ejemplo, es necesario abrir más vías de comunicación
y desarrollar la agricultura.

       por otra parte

Por otra parte, una de las muchas dificultades en este sentido...

       el hacendado

...es que la mayor parte de la tierra está en manos de unos
pocos hacendados.

COGNATE LOAN WORDS

el censo	la inflación
anual	el economista
el boletín	subdividir
estadístico	la productividad

36.42.1   Reading selection   *Surlandia y su Economía*

Aunque Surlandia produce granos y legumbres y tiene alguna ganadería, casi toda su agricultura está dedicada al café, cacao, azúcar y bananos, productos todos de exportación. La Tabla I puede darnos una idea de la producción agrícola de Surlandia (Ver: Censo Agrícola, 1956)

Tabla I

Promedio anual 1947-56		
	Toneladas métricas	Por ciento
Café	25.000	
Cacao	19.000	84,3
Azúcar	18.500	
Bananos	15.000	
Trigo	7.800	15,7
Legumbres	6.720	
Total	92.020	100,0

La producción de exportación agrícola y de minerales dan al país casi el cien por ciento de sus entradas en dólares. Por otra parte, se importan maquinarias industriales y agrícolas, artículos para transporte y comunicaciones, materiales de construcción y una variedad de artículos de consumo. La Tabla II nos da una idea del balance de pagos entre las exportaciones e importaciones (Ver: Ministerio de Economía y Trabajo, Boletín Estadístico, 1957):

Tabla II

Exportaciones	Millones de pesos	Importaciones	Millones de pesos
Agricultura	27,5	Maquinaria industrial	20,0
Minería	27,5	Maquinaria agrícola	10,0
Otros	8,0	Transporte y comunicaciones	5,0
		Materiales de construcción	15,0
		Otros	9,0
Totales	63,0		59,0

Como puede verse, la situación todavía es favorable a Surlandia. Pero, debido a la mayor población y a las nuevas aspiraciones hacia un mejor standard de vida, la importación de artículos de consumo ha aumentado y el gobierno ha impuesto algunas restricciones a la entrada de productos manufacturados al país.

Aunque hay algo de inflación, ésta aun no es muy grande. Sin embargo, los economistas del gobierno piensan que son necesarias algunas reformas. Uno de los problemas principales es la inflación en los precios de los productos agrícolas. Para arreglar esta situación es necesario ir a un desarrollo de la agricultura para dar a la población más y mejores alimentos. Sin embargo, hay serias dificultades para esto. En primer lugar, el 75 por ciento de la tierra está en manos de unos pocos, mientras que el otro 25 por ciento está muy subdividido entre la mayoría de la población rural. En segundo lugar, tanto los campesinos como los hacendados son de carácter muy conservador. Entre los proyectos del gobierno está abrir para la agricultura y la inmigración las tierras bajas del oriente, para lo cual se están haciendo los estudios necesarios.

Para el desarrollo de Surlandia es necesario aumentar la productividad per capita de la población, la inversión de mayores capitales y la construcción de mayores vías de comunicación.

36.42.2 Response drill

1 ¿Cuáles son algunos de los productos agrícolas de Surlandia?
2 ¿Cuál fue el promedio total anual de producción agrícola entre los años 1947 y 1956, en toneladas métricas?
3 ¿Cuántas toneladas métricas de trigo se produjeron como promedio entre esos años?
4 ¿Cuál fue el por ciento de producción de trigo y legumbres en relación al resto de los productos agrícolas?
5 ¿Es toda la producción agrícola de Surlandia para consumo interno?
6 ¿Qué otras cosas exporta este país?
7 ¿Cuál fue el valor de las exportaciones de minería según la Tabla II del Boletín Estadístico de 1957?
8 ¿Qué importa Surlandia principalmente?
9 ¿Cómo está el balance de pagos entre las exportaciones e importaciones, según la Tabla II?
10 ¿Por qué ha aumentado la importación de artículos de consumo?
11 ¿Qué ha hecho el gobierno para evitar un aumento muy grande en la importación de productos manufacturados?
12 ¿Qué es necesario hacer para evitar la inflación en los precios de los productos agrícolas?
13 ¿Qué dificultades se presentan en ésto?
14 ¿Cuál es uno de los proyectos que tiene el gobierno para los cuales se están haciendo los estudios necesarios?
15 ¿Qué es necesario hacer para el desarrollo económico de Surlandia?

36.42.3 Discussion

1 Discuss the economic situation of Surlandia, and compare it with that of Spain or some Latin American country.
2 Explain why many of these countries are placing many restrictions on the importation of manufactured products.

37.1   BASIC SENTENCES.   A cocktail party at the Harrises'.

Carmen and Molina have just arrived at the Harrises' cocktail party.

ENGLISH SPELLING   AID TO LISTENING   SPANISH SPELLING

that (you all) may be (to be)   kê—seán↓ sér↓   que sean (ser)

Mrs. Harris   *Sra. Harris*
I'm certainly happy you all are the first.   kwantomeạlégró |kêseanlospriméròs↓   ¡Cuánto me alegro que sean los
                                                                                 primeros!

beautiful, handsome, attractive [1]   gwapó↓   guapo

Carmen   *Carmen*
How nice you look, Jean!   kegwapạestá |yín↓   ¡Qué guapa está, Jean!

the worry, troubles   lâ—prêôkúpáşyoh↓   la preocupación

Mrs. Harris   *Sra. Harris*
I don't know how, with the troubles I've got!   nosekómò |kônlâprẹôkúpàşyoŋ | No se cómo, con la preocupación
                                          ketéŋgò↓   que tengo.

to happen, come about   sùşêđér↓   suceder

Carmen   *Carmen*
What's happened? [2]   kesuşéđê↓   ¿Qué sucede?

to promise

prómétér↓

prometer

Mrs. Harris
One of the maids who promised to come and
help me still hasn't shown up.

unadelaskryadas |képrómétyobenír |
ayúdarme |todabíangañyegádó↓

Sra. Harris
Una de las criadas que prometió
venir a ayudarme, todavía no
ha llegado.

Carmen
It doesn't matter. Count on us. (3)

no̢impórtà↓ kwenteko(n)nosótrôs↓

Carmen
No importa. Cuente con nosotros.

(During the party)

the captain

él-kápitán↓

el capitán

Mrs. Harris
Captain Smith, Mr. Rojas.

kápitanesmiş↑ élséŋyorróhàs↓

Sra. Harris
Capitán Smith, el señor Rojas.

Smith
Glad to meet you.

muchogústô↓

Smith
Mucho gusto.

Rojas
Same here.

igwalméntê↓

Rojas
Igualmente

37.2

Mrs. Harris
I'll go bring you a drink. Excuse me.

lézboyatraeruŋkoktél↓ kònsú

pérmisò↓

Sra. Harris
Les voy a traer un coctel. Con su
permiso.

Carmen
Do you want me to fix you another whiskey?

kyéres|kètéprèparę|ótrowiski↑

Carmen
¿Quieres que te prepare otro whiskey?

White
Yes, but put in lots of ice.

si↓ péróponle|bastànteyélò↓

White
Sí, pero ponle bastante hielo.

the olive

la—àşèytunà↓

la aceituna

the little pie (4)

èl—pàstèlitò↓

el pastelito

And pass the olives and 'pastelitos,' will you?

ipasalas̪aşeytunas|ilospastelítòs↓

kyéres↑

Y pasa las aceitunas y los pastelitos, ¿quieres?

(Some time later)

Guest
Well, ma'am. Thanks a lot for your kindness,
but we have to be on our way.

bwénò|sèŋyórà↓ milgraşyàs|pòr

sús̪àténşyónès↓pérótènemoskęírnós↓

Invitado
Bueno señora. Mil gracias por sus
atenciones pero tenemos que irnos.

Mrs. Harris
What! Don't go yet. Why you just arrived a
little while ago.

kómò↓ nosebáyàn|tòđàbíà↓

si̥aşepokito|kèℓℓyégarón↓

Sra. Harris
¡Cómo! No se vayan todavía. Si
hace poquito que llegaron....

TRES

the short while   él—rrató↓   el rato

Mr. Harris   *Sr. Harris*
Stay a while longer.   keđenseunrratomás↓   Quédense un rato más.

to please, humor, accomodate   kómplaşér↓   complacer

perhaps, maybe   tal—béş↓   tal vez

Guest   *Invitado*
I'd very much like to.   méǧústáríamucho|komplaşérlòs ↓   Me gustaría mucho complacerlos.

Another time, perhaps.   ótrođíą|tálbéş ↓   Otro día tal vez.

again   dé—nwebó↓   de nuevo

Mrs. Harris   *Sra. Harris*
When will we see you again? (5)   kwandolozbemozđenwébó↓   ¿Cuándo los vemos de nuevo?

least expected   menos—pensáđó↓   menos pensado

to surprise   sórprénder↓   sorprender

Guest   *Invitado*
The day you least expect it we'll surprise   éldią|ménòspènsađo|lò(s)sòrpréndemos| El día menos pensado los sorpren-
you with a visit.   demos con una visita.
                                       kónunabisítá↓

Guest's wife																				*Invitada*
But first you must come by our house. (6)				pérgantes |tyenenkepasar |porkásă↓				Pero antes tienen que pasar por casa.

37.10   Notes on the basic sentences

(1) The adjective /gwápo/ can describe both men and women. It includes the area of meaning of both 'handsome' and 'beautiful.'

(2) Note the simple present tense of the Spanish:/suṣéde/   'happens, is happening', contrasting with the present perfect phrase of English: 'has happened'. A more nearly literal translation of the Spanish would perhaps be 'What's going on?'

(3) This is another of the many instances when the literal meanings of the individual words in a phrase seem to suggest a very different composite meaning in the two languages, but are in fact equivalent: Spanish 'count with us' equals English 'count on us'.

(4) 'Little pie' is a feeble translation for a kind of turnover, round in shape, not sweet, filled with meat or cheese, generally small and fried.

(5) It should be clear by now that a present tense form has no necessary connection with present time. Here, for instance, it clearly needs translation by a future phrase in English, though conceivably it could equally well be translated as 'When are we seeing you again?'

(6) An English speaker may well be disturbed by the absence, in the Spanish phrase, of any equivalent for the heavily emphasized word *our* in the English translation. To 'pass by house' /pasár—por—kása/   in Spanish occurs only in the context of a speaker's reference to his own house, and therefore is unambiguous as it stands.

37.2   DRILLS AND GRAMMAR

37.21   Pattern drills

37.21.1   Present subjunctive in noun clauses functioning as the object of a verb

   A. Presentation of pattern

ILLUSTRATIONS

_____					1 ¿*Quieres* que te prepare otro whiskey?

Do you gentlemen want the waiter to take care of you?		2 ¿*Desean* los señores que los atienda el mesero?

to order, command

ordenar

The Air Force is ordering the pilots to have their equipment ready.

3 La Fuerza Aérea *ordena* que los pilotos tengan su equipo listo.

I don't let the servant go to the market.

4 Yo no *dejo* que la criada vaya al mercado.

to permit

permitir

She won't permit them to take her finger prints.

5 Ella no *permite* que le tomen las huellas digitales.

to prohibit, forbid

prohibir

The colonel forbids our going early today.

6 El coronel *prohíbe* que nos marchemos temprano hoy.

to suggest

sugerir

The lieutenant suggests that we bring more supplies.

7 El teniente *sugiere* que traigamos más provisiones.

I'm going to ask my wife to be more strict with the children.

8 Voy a *pedirle* a mi esposa que sea más rigurosa con los niños.

Mr. Molina says for you to please go to his office.

9 *Dice* el señor Molina que tenga la bondad de ir a su oficina.

———————————

I don't think she's divorced.

10 *Dudo* que vayan.

11 *No creo* que ella sea divorciada.

———————————

I hope it isn't cloudy this afternoon.

12 ¡Cuánto me *alegro* que sean los primeros!

We are very sorry the rooms aren't clean yet.

13 *Espero* que esta tarde no esté nublado.

14 *Sentimos* mucho que las piezas no estén limpias todavía.

EXTRAPOLATION

Verb in main clause	Verb in subordinate clause
Imposition of will, command Doubt Emotion	Subjunctive
Other	Indicative

NOTES

a. If the subject of a verb in a main clause is different from the subject of a verb in a subordinate clause, and

b. If the verb in the main clause expresses imposition of will, doubt, or emotion,

c. The verb in the subordinate clause will normally appear in its subjunctive form.

37.21.11 Substitution drills - person-number substitution

1 Ana quiere que yo la lleve al centro.

_____nosotros_____.   Ana quiere que nosotros la llevemos al centro.

_____Pablo y Juan_____.   Ana quiere que Pablo y Juan la lleven al centro.

_____Uds._____.   Ana quiere que Uds. la lleven al centro.

_____Carlos_____.   Ana quiere que Carlos la lleve al centro.

2 Yo no creo que *ella* firme.

_____Alicia y Juan_____.

_____Ana y yo_____.

_____el mayor_____.

_____tú _____.

Yo no creo que Alicia y Juan firmen.

Yo no creo que Ana y yo firmemos.

Yo no creo que el mayor firme.

Yo no creo que tú firmes.

3 Yo deseo que *Alicia* trabaje aquí.

_____Juan y Ana_____.

_____Ud._____.

_____ellas_____.

_____Luisa_____.

Yo deseo que Juan y Ana trabajen aquí.

Yo deseo que Ud. trabaje aquí.

Yo deseo que ellas trabajen aquí.

Yo deseo que Luisa trabaje aquí.

4 Luisa espera que *Ud.* compre algo.

_____yo_____.

_____Marta y yo_____.

_____Juan_____.

_____Uds._____.

Luisa espera que yo compre algo.

Luisa espera que Marta y yo compremos algo.

Luisa espera que Juan compre algo.

Luisa espera que Uds. compren algo.

5 Pablo duda que *yo* sea español.

_____nosotros_____.

_____Alicia y Juan___.

_____él _____.

_____Uds._____.

Pablo duda que nosotros seamos españoles.

Pablo duda que Alicia y Juan sean españoles.

Pablo duda que él sea español.

Pablo duda que Uds. sean españoles.

6 El coronel ordena que *Uds.* vuelen ahora.

    ————————————— yo——————— .   El coronel ordena que yo vuele ahora.

    ————————————— los tenientes ——.   El coronel ordena que los tenientes vuelen ahora.

    ————————————— el mayor——————— .   El coronel ordena que el mayor vuele ahora.

    ————————————— ellos ——————— .   El coronel ordena que ellos vuelen ahora.

7 Yo no dejo que *mis hijas* vayan ahí.

    ————————————— Ana——————— .   Yo no dejo que Ana vaya ahí.

    ————————————— ellos ——————— .   Yo no dejo que ellos vayan ahí.

    ————————————— Alicia y María——.   Yo no dejo que Alicia y María vayan ahí.

    ————————————— mi hijo——————— .   Yo no dejo que mi hijo vaya ahí.

8 Yo me alegro que *Ud.* esté mejor.

    ————————————— Marta——————— .   Yo me alegro que Marta esté mejor.

    ————————————— los señores ——.   Yo me alegro que los señores estén mejor.

    ————————————— tú——————— .   Yo me alegro que tú estés mejor.

    ————————————— la niña——————— .   Yo me alegro que la niña esté mejor.

9 Siento mucho que *Ud.* no pueda ir.

    ————————————— tú——————— .   Siento mucho que tú no puedas ir.

    ————————————— Ana y Alicia ——.   Siento mucho que Ana y Alicia no puedan ir.

    ————————————— ellos——————— .   Siento mucho que ellos no puedan ir.

    ————————————— Antonio——————— .   Siento mucho que Antonio no pueda ir.

Tense - construction substitution

Problem:

Yo me *voy* ahora.

Alicia quiere que_____.

Alicia duda que_____.

Alicia desea que _____.

Alicia espera que_____.

Answer:

Alicia quiere que yo me vaya ahora.
Alicia duda que yo me vaya ahora.
Alicia desea que yo me vaya ahora.
Alicia espera que yo me vaya ahora.

1 Nosotros *salimos* pronto.

Ellos sugieren que_____.   Ellos sugieren que nosotros salgamos pronto.

Ellos dudan que_____.   Ellos dudan que nosotros salgamos pronto.

Ellos desean que_____.   Ellos desean que nosotros salgamos pronto.

Ellos esperan que_____.   Ellos esperan que nosotros salgamos pronto.

2 Marta *habla* inglés.

    Yo dudo que _____ .   Yo dudo que Marta hable inglés.

    Yo espero que _____ .   Yo espero que Marta hable inglés.

    Yo me alegro de que _____ .   Yo me alegro de que Marta hable inglés.

    Yo sugiero que _____ .   Yo sugiero que Marta hable inglés.

3 Ana *vive* allí.

    Yo me alegro de que _____ .   Yo me alegro de que Ana viva allí.

    Yo no dejo que _____ .   Yo no dejo que Ana viva allí.

    Yo no permito que _____ .   Yo no permito que Ana viva allí.

    Yo dudo que _____ .   Yo dudo que Ana viva allí.

4 Ellas *juegan* bien.

    María no cree que _____ .   María no cree que ellas jueguen bien.

    María quiere que _____ .   María quiere que ellas jueguen bien.

    María espera que _____ .   María espera que ellas jueguen bien.

    María se alegra de que _____ .   María se alegra de que ellas jueguen bien.

5 Las muchachas también *van*.

    Nosotros dejamos que _____ .   Nosotros dejamos que las muchachas también vayan.

    Nosotros permitimos que _____ .   Nosotros permitimos que las muchachas también vayan.

    Nosotros sugerimos que _____ .   Nosotros sugerimos que las muchachas también vayan.

    Nosotros esperamos que _____ .   Nosotros esperamos que las muchachas también vayan.

6 Uds. *vienen* mañana.

   El dice que _____.   El dice que Uds. vengan mañana.

   El duda que _____.   El duda que Uds. vengan mañana.

   El sugiere que _____.   El sugiere que Uds. vengan mañana.

   El no quiere que_____.   El no quiere que Uds. vengan mañana.

7 El *paga* bien.

   Yo no creo que _____.   Yo no creo que él pague bien.

   Yo espero que _____.   Yo espero que él pague bien.

   Yo dudo que _____.   Yo dudo que él pague bien.

   Yo me alegro de que____.   Yo me alegro de que él pague bien.

8 Ana y Alicia también *ganan*.

   Nosotros esperamos que _____.   Nosotros esperamos que Ana y Alicia también ganen.

   Nosotros deseamos que_____.   Nosotros deseamos que Ana y Alicia también ganen.

   Nosotros dudamos que_____.   Nosotros dudamos que Ana y Alicia también ganen.

   Nosotros nos alegramos de que_____. Nosotros nos alegramos de que Ana y Alicia también ganen.

9 Mi hijo *apuesta* mucho.

   Yo no dejo que _____.   Yo no dejo que mi hijo apueste mucho.

   Yo prohibo que _____.   Yo prohibo que mi hijo apueste mucho.

   Yo no creo que _____.   Yo no creo que mi hijo apueste mucho.

   Yo no permito que_____.   Yo no permito que mi hijo apueste mucho.

37.21.12 Response drill

	1	¿Quiere Ud. que nosotros salgamos o que comamos?	Quiero que Uds. coman.
	2	¿Quiere ella que yo salga o que coma?	Quiere que salga.
	3	¿Desean Uds. que ella cante o que baile?	Deseamos que ella baile.
	4	¿Desean Uds. que yo los lleve o que los traiga?	Deseamos que Ud. los traiga.
	5	¿Ellos sugieren que yo estudie o que trabaje?	Sugieren que Ud. estudie.
	6	¿Uds. le sugieren a ella que vaya o que llame?	Le sugerimos que llame.
(la carta)	7	¿Qué quieres tú que yo escriba?	Quiero que escribas la carta.
(3 horas)	8	¿Cuántas horas nos sugiere Ud. que estudiemos?	Les sugiero que estudien tres horas.
(allí)	9	¿Dónde me sugiere que coma?	Le sugiero que coma allí.
(calle)	10	¿Le prohíbe Ud. a su hijo que juegue en la casa?	No, le prohíbo que juegue en la calle.
(3 horas)	11	¿Sugiere Ud. que yo estudie 5 horas?	No, sugiero que Ud. estudie tres horas.
(el pasaporte)	12	¿Duda Ud. que él traiga el certificado?	No, dudo que traiga el pasaporte.
(domingo)	13	¿Esperan Uds. que ellas vengan el sábado?	No, esperamos que ellas vengan el domingo.
	14	¿Quiero yo que Uds. aprendan?	Sí, Ud. quiere que nosotros aprendamos.
	15	¿Quieren Uds. que yo les ayude?	Sí, queremos que Ud. nos ayude.
	16	¿Duda Ud. que ellos paguen?	Sí, dudo que ellos paguen.
	17	¿Permite Ud. que ella maneje?	Sí, permito que ella maneje.
	18	¿Se alegra Ud. de que su familia esté aquí?	Sí, me alegro mucho de que mi familia esté aquí.
	19	¿Dice él que abramos los libros?	Sí, él dice que abramos los libros.
	20	¿Les pido yo a Uds. que repitan?	Sí, Ud. nos pide que repitamos.
	21	¿Deseas tú que yo te explique esta lección?	Sí, deseo que tú me la expliques.

37.21.13 Translation drill

1	The boss orders you all to work one more hour.	El jefe ordena que Uds. trabajen una hora más.
2	Alice doesn't want me to get fat.	Alicia no quiere que yo engorde.
3	The lieutenant prohibits our betting here.	El teniente prohíbe que apostemos aquí.

TRECE   37.13

4 I hope my girl friend doesn't work Saturday.	Yo espero que mi novia no trabaje el sábado.
5 I don't let the girl sweep on Sundays.	Yo no dejo que la muchacha barra los domingos.
6 The boss prohibits our singing here.	El jefe prohibe que cantemos aquí.
7 I suggest (to you) that you look for another engineer.	Yo le sugiero que busque otro ingeniero.
8 She doesn't think that we are wrong.	Ella no cree que estemos equivocados.
9 We are very sorry that she is so nervous.	Sentimos mucho que ella esté tan nerviosa.
10 Martha hopes that I'll go with her.	Marta espera que yo vaya con ella.
11 I'm very happy that Paul is working at the Embassy.	Me alegro mucho de que Pablo trabaje en la embajada.
12 I ask you not to repeat this.	Les pido que no repitan esto.
13 The colonel doesn't let us land there.	El coronel no deja que aterricemos ahí.
14 The captain says for you to close the office.	Dice el capitán que cierren la oficina.
15 I hope that you win this afternoon.	Espero que ganen esta tarde.

B.   Discussion of pattern

As stated in the discussion of subjunctive usage in the preceding unit, the distinctions involved in comparing subjunctive and indicative are primarily in the way one looks at the situation (a concept referred to as 'aspect') rather than a difference in time or tense. It is well to remember, as this discussion proceeds, that subjunctive forms are expressive elements of the language; they do not appear because of a speaker's calculated intention to express 'hope', 'doubt', etc., but rather their appearance is part of a system of clues which tells the listener about this 'aspect' or attitude of hope, etc., on the part of the speaker.

The pattern that is drilled in the present unit illustrates a subjunctive form in a subordinate clause (a conjugated verb plus its relator, subject, object(s), modifiers, etc.) functioning as the object of the verb in the main clause. Two conditions usually (though neither is strictly obligatory) accompany this pattern: (1) a change in the subject reference of the verbs in the two clauses, and (2) the occurrence of a verb that belongs to a category of semantically related verbs. The classification of these verbs is presented in terms of three categories: (1) imposition of will, (2) doubt, and (3) emotion. The verbs thus far presented in this text which belong to these groups are the following:

Imposition of will	Doubt	Emotion
dejár	kreér (especially when negative)	alegrárse
deseár		esperár
deşír (when it relays an order)	dudár	sentír
kerér		
mandár		
ordenár		
pedír		
permitír		
proibír		
suherír		

This is not, of course, a complete list of all verbs which belong.

These categories are useful in abstracting the common semantic element shared by the verbs in each list. For instance the verb /desír/ can appear in two patterns which illustrate the contrast of 'imposition of will.' Note the translations of the following pair:

/hwán-díṣe |ke-byéne↓/   'John says he's coming.'

/hwán-díṣe |ke-bénga↓/   'John says (for you) to come.'

Likewise the contrast of 'doubt' can be illustrated, since doubt is expressed by the subjunctive form in the construction:

/nó-kréo |ke-máryo-bá↓/   'I *don't* think Mario's going.'

/nó-kréo |ke-máryo-báya↓/   'I don't *think* Mario's going.'

The choice depends on the degree of relative confidence or doubt one wishes to express.

The preceding example indicates that participation in the pattern of subjunctive usage is not always compulsory, and this is true. Several of the verbs listed above also participate in another construction, more like English:

/me-déha |ke-sálga↓/   /me-déha-salír↓/   'He lets me go out.'

/me-permíte |ke-báya↑/   /me-permíte-ír↑/   'Does he permit me to go?'

/me-mánda |ke-bénga↓/   /me-mánda-benír↓/   'He orders me to come.'

It is instructive to compare the rather complex patterns (and similar overlap) of English verbs in equivalent constructions. Eight distinct constructions are illustrated by the following sentences:

(1) He_____ me to go.   (2) He_____ me go.   (3) He _____ for me to go.   (4) He_____ my going.

      orders   makes   is happy   prohibits
      wants   lets   is pleased   forbids
      asks   helps   is eager   regrets
      permits   is delighted
      forbids   is ashamed
      expects

(5) He_____ about my going.   (6) He _____ that I go.   (7) He _____ that I'll go.   (8) He_____ that I'm going.

      is sorry   demands   hopes   hopes
      is happy   urges   says   says
      is delighted   desires   doubts   doubts
      is amazed   suggests   thinks   thinks
                                        regrets
                                        is happy
                                        is pleased
                                        is delighted
                                        is ashamed
                                        is sorry
                                        is amazed

Of these English sentences, only (6) is subjunctive in form: He_____ that I go, be, say, etc.

Note that some verbs are used in only one pattern, some in two, some in several. In each case the determining factor is the verb (or verb plus adjective) in the main clause. The important thing for our purposes is to note that various English constructions are equivalent to the Spanish subjunctive in the patterns drilled in this unit, and that the possible patterns in Spanish do not individually correlate to the possible patterns in English.

37.22   Replacement drills

A   Cuánto me alegro que sean los primeros.

1 _____ nos _____ .   Cuánto nos alegramos que sean los primeros.

2 _____ primero.   Cuánto nos alegramos que sea el primero.

3 _____ se _____ .   Cuánto se alegra que sea el primero.

4 _____ seamos _____ .   Cuánto se alegra que seamos los primeros.

5 _____ las _____ .   Cuánto se alegra que seamos las primeras.

6 _____ últimas.   Cuánto se alegra que seamos las últimas.

7 _____ alegro _____ .   Cuánto me alegro que seamos las últimas.

B   No sé cómo, con la preocupación que tengo.

1 ___ sabemos ___ , _____ .   No sabemos cómo, con la preocupación que tenemos.

2 _____ , ___ dolor _____ . No sabemos cómo, con el dolor que tenemos.

3 ___ sabe _____ , _____ .   No sabe cómo, con el dolor que tiene.

4 _____ , ___ esos _____ .   No sabe cómo, con esos dolores que tiene.

5 _____ , ___ cosas _____ .   No sabe cómo, con esas cosas que tiene.

6 _____ , ___ esta _____ .   No sabe cómo, con esta cosa que tiene.

7 ___ entiendo ___ , _____ .   No entiendo cómo, con esta cosa que tengo.

C   Sí, pero ponle bastante hielo.

1 —, _____ mucho _____.   Sí, pero ponle mucho hielo.

2 —, _____ agua.   Sí, pero ponle mucha agua.

3 —, _____dale_____.   Sí, pero dale mucha agua.

4 —, _____cosas.   Sí, pero dale muchas cosas.

5 —, _____pídele_____.   Sí, pero pídele muchas cosas.

6 —, _____milagros.   Sí, pero pídele muchos milagros.

7 —, _____un _____.   Sí, pero pídele un milagro.

D   Y pasa las aceitunas, ¿quieres?

1 _____pastelitos, ¿_____?   Y pasa los pastelitos, ¿quieres?

2 _____el _____, ¿_____?   Y pasa el pastelito, ¿quieres?

3 _____agua, ¿_____?   Y pasa el agua, ¿quieres?

4 _____esa _____, ¿_____?   Y pasa esa agua, ¿quieres?

5 _____ceniceros, ¿_____?   Y pasa esos ceniceros, ¿quieres?

6 ___dame _____, ¿_____?   Y dame esos ceniceros, ¿quieres?

7 _____ moneda, ¿_____?   Y dame esa moneda, ¿quieres?

E   Mil gracias, pero tenemos que irnos.

1 Un millón _____, _____.   Un millón de gracias, pero tenemos que irnos.

2 _____, _____tengo_____.   Un millón de gracias, pero tengo que irme.

3 Muchas_____, _____.   Muchas gracias, pero tengo que irme.

4 _____, _____marcharnos.   Muchas gracias, pero tenemos que marcharnos.

5 _____, _____tiene_____.   Muchas gracias, pero tiene que marcharse.

6 Muy agradecido,_____.   Muy agradecido, pero tiene que marcharse.

7 _____, _____debo_____.   Muy agradecido, pero debo marcharme.

F   Quédense un rato más.

1 _____ días más.   Quédense unos días más.

2 Quedémonos _____.   Quedémonos unos días más.

3 _____semanas_____.   Quedémonos unas semanas más.

4 _____otra_____.   Quedémonos otra semana más.

5 _____meses_____.   Quedémonos otros meses más.

6 _____un_____.   Quedémonos un mes más.

7 _____menos.   Quedémonos un mes menos.

37.23   Variation drills

A   No importa. Cuente con nosotros.

1 It doesn't matter. Count on me.   No importa. Cuente conmigo.
2 It doesn't matter. Count on the permission.   No importa. Cuente con el permiso.
3 It doesn't matter. Count on the trip.   No importa. Cuente con el viaje.
4 Don't worry. Count on the money.   No se preocupe. Cuente con el dinero.
5 Don't worry. Have no fear (go quietly).   No se preocupe. Vaya tranquilo.
6 It's not worth while. Go tomorrow.   No vale la pena. Vaya mañana.
7 It's not worth while. Come back another day.   No vale la pena. Vuelva otro día.

B   Les voy a traer un coctel.

1 I'm going to bring you a gift.   Les voy a traer un regalo.
2 I'm going to lend you a horse.   Les voy a prestar un caballo.
3 I'm going to tell you a joke.   Les voy a contar un chiste.
4 I'm going to pay you a visit.   Les voy a hacer una visita.
5 I'm going to cash a check for you.   Les voy a cambiar un cheque.
6 I'm going to play the guitar for you.   Les voy a tocar la guitarra.
7 I'm going to win a game from you.   Les voy a ganar un partido.

C   ¿Quieres que te prepare otro whiskey?

1 Do you want me to fix another cup of coffee for you?   ¿Quieres que te prepare otro café?
2 Do you want me to fix another sandwich for you?   ¿Quieres que te prepare otro sandwich?
3 Do you want me to fix you some eggs?   ¿Quieres que te prepare unos huevos?
4 Do you want me to serve you chicken?   ¿Quieres que te sirva el pollo?
5 Do you want me to serve you the roast?   ¿Quieres que te sirva el asado?
6 Do you want me to bring you the beer?   ¿Quieres que te traiga la cerveza?
7 Do you want me to bring you the tomatoes?   ¿Quieres que te traiga los tomates?

D   Me gustaría mucho complacerlos. Otro día tal vez.

1 I'd like very much to meet them. Some other day, maybe.   Me gustaría mucho conocerlos. Otro día tal vez.
2 I'd like very much to see them. Some other day, maybe.   Me gustaría mucho verlos. Otro día tal vez.
3 I'd like very much to introduce them. Tomorrow, maybe.   Me gustaría mucho presentarlos. Mañana tal vez.
4 I'd like very much to take them. Friday, maybe.   Me gustaría mucho llevarlos. El viernes tal vez.
5 I'd like very much to visit them. Sunday, maybe.   Me gustaría mucho visitarlos. El domingo tal vez.
6 I'd like very much to accompany them. This afternoon, maybe.   Me gustaría mucho acompañarlos. Esta tarde tal vez.
7 I'd like very much to take care of them. Some day, maybe.   Me gustaría mucho atenderlos. Algún día tal vez.

E   El día menos pensado los sorprendemos con una visita.

1 The day you least expect it we'll surprise you with a party.   El día menos pensado los sorprendemos con una fiesta.
2 The day you least expect it we'll surprise you with a meal.   El día menos pensado los sorprendemos con una comida.
3 The day you least expect it we'll visit you at your house.   El día menos pensado los visitamos en su casa.
4 The day you least expect it we'll take you to the country.   El día menos pensado los llevamos al campo.
5 The day you least expect it we'll accompany you to the club.   El día menos pensado los acompañamos al club.
6 The day you least expect it we'll take (bring) you again.   El día menos pensado los traemos otra vez.
7 The day you least expect it we'll see you again.   El día menos pensado los vemos otra vez.

F   Pero antes tienen que pasar por casa.

1 But first you must come by the club.   Pero antes tienen que pasar por el club.
2 But first you must come by the consular section.   Pero antes tienen que pasar por la sección consular.
3 But first you must come by the Foreign Office.   Pero antes tienen que pasar por el Ministerio de Rela-
                                                                   ciones Exteriores.
4 But first you must come by here.   Pero antes tienen que pasar por aquí
5 But first you must come by for me.   Pero antes tienen que pasar por mí.
6 But after they have to come for you.   Pero después tienen que venir por ti.
7 But after they have to come for her.   Pero después tienen que venir por ella.

37.24   Review drills

37.24.1   Certain indefinite adjectives as modifiers

1	I bought another car.	Compré otro auto.
2	I have another overcoat.	Tengo otro abrigo.
3	He has another little girl.	Tiene otra niña.
4	We have a thousand dollars.	Tenemos mil dólares.
5	I owe a thousand dollars.	Debo mil dólares.
6	I want a hundred pesos.	Quiero cien pesos.
7	We owe a hundred pesos.	Debemos cien pesos.
8	They have a hundred goblets.	Tienen cien copas.
9	Bring me a half.	Tráigame media.
10	Give me a half.	Deme media.

37.24.2   Review of gender in demonstratives

1   Do you like this dress?   ¿Le gusta este vestido?
     Do you like this clothing?   ¿Le gusta esta ropa?
     Do you like this?   ¿Le gusta esto?

2   Does he want this trunk?   ¿Quiere este baúl?
     Does he want this suitcase?   ¿Quiere esta maleta?
     Does he want this?   ¿Quiere esto?

3   Did you see this pair of shoes?   ¿Vio este par de zapatos?
     Did you see this song?   ¿Vio esta canción?
     Did you see this?   ¿Vio esto?

4   Did he buy this overcoat?   ¿Compró este abrigo?
     Did he buy this cloth?   ¿Compró esta tela?
     Did he buy this?   ¿Compró esto?

5 I wish to see this book.
I wish to see this church.
I wish to see this.

Deseo ver este libro.
Deseo ver esta iglesia.
Deseo ver esto.

6 I wrote this document.
I wrote this letter.
I wrote this.

Escribí este documento.
Escribí esta carta.
Escribí esto.

7 Take this coffee.
Take this soup.
Take this.

Tómese este café.
Tómese esta sopa.
Tómese esto.

8 Sweep this hall.
Sweep this part.
Sweep this.

Barra este pasillo.
Barra esta parte.
Barra esto.

9 See this picture.
See this door.
See this.

Vea este retrato.
Vea esta puerta.
Vea esto.

37.3   CONVERSATION STIMULUS

NARRATIVE 1

1 Mr. Roberto Muñoz' secretary, Gloria, is a little bit worried about her boss.

La secretaria del Sr. Roberto Muñoz, Gloria, está un poco preocupada por su jefe.

2 It seems to her that he has some problem (worry).

A ella le parece que él tiene alguna preocupación.

3 Actually, what is happening to him is that he feels a little bit sick and has a headache.

En realidad, lo que le sucede es que se siente un poco mareado y tiene dolor de cabeza.

4 He says that perhaps something he ate last night made him sick.

Dice él que tal vez algo que comió anoche le hizo daño.

5 And so he's going to go home and go to bed for a while.

Y entonces va a ir a su casa a acostarse un rato.

6 Gloria asks him if he wants her to call a doctor.

Gloria le pregunta si quiere que llame a un médico.

7 But Mr. Muñoz tells her not to bother, that he doesn't
think it's worth the trouble.

Pero el Sr. Muñoz le dice que no se moleste, que no cree que
valga la pena.

8 She tells him that anything he needs, just let her know.

Ella le dice que cualquier cosa que necesite, que le avise.

DIALOG 1

Gloria, pregúntele al Sr. Muñoz que qué le sucede, que si tiene
alguna preocupación.

Gloria: ¿Qué le sucede, Sr. Muñoz?, ¿tiene alguna preocupación?

Señor, contéstele que no, que es que se siente mareado y tiene
dolor de cabeza.

Señor: No, es que me siento mareado y tengo dolor de cabeza.

Gloria, pregúntele que qué cree él que pueda ser.

Gloria: ¿Qué cree Ud. que pueda ser?

Señor, dígale que no sabe, que tal vez algo que comió anoche.

Señor: No sé, tal vez algo que comí anoche.

Gloria, pregúntele que si no quiere que llame a un médico.

Gloria: ¿No quiere que llame a un médico?

Señor, contéstele que no, que no se moleste, que Ud. no cree
que valga la pena. Dígale que va a ir a su casa a acostarse
un rato.

Señor: No, no se moleste, no creo que valga la pena. Voy a ir
a casa a acostarme un rato.

Gloria, dígale que muy bien, y que cualquier cosa que necesite,
que le avise.

Gloria: Muy bien, y cualquier cosa que necesite, avíseme.

NARRATIVE 2

1 Before leaving for his house, Mr. Muñoz asks his secretary
to do him a favor.

Antes de irse para su casa, el Sr. Muñoz le pide a su secretaria
que le haga un favor.

2 He tells her to call Mr. Robledo and tell him that he couldn't
wait for him.

Le dice que llame al Sr. Robledo y le diga que no pudo
esperarlo.

3 And to explain why to him.

Y que le explique por qué.

4 Gloria tells him Captain Rojas also agreed to come this morning.

Gloria le dice que el Capitán Rojas también quedó en venir esta mañana.

5 Mr. Muñoz tells her that he knows it, but that he doubts Captain Rojas will come.

El Sr. Muñoz dice que ya lo sabe pero que duda que el Capitán Rojas venga.

6 Because he promised to be here at nine and it's already ten.

Porque le prometió estar aquí a las nueve y ya son las diez.

7 But that in any case, if he comes, she tell him he'll be back this afternoon.

Pero en todo caso, sí viene, que le diga que él vuelve esta tarde.

DIALOG 2

Señor, dígale a Gloria que antes de irse quiere que le haga un favor.

Señor: Antes de irme quiero que me haga un favor, Gloria.

Gloria, dígale al Sr. Muñoz que con mucho gusto.

Gloria: Con mucho gusto, Sr. Muñoz.

Señor, dígale que llame al Sr. Robledo y le diga que no pudo esperarlo. Que le explique por qué.

Señor: Llame al Sr. Robledo y dígale que no pude esperarlo. Explíquele por qué.

Gloria, dígale que el Capitán Rojas también quedó en venir esta mañana.

Gloria: El Capitán Rojas también quedó en venir esta mañana.

Señor, dígale que ya lo sabe, pero que duda que venga. Que él prometió estar aquí a las nueve y ya son las diez. Pero en todo caso, sí viene, que le diga que Ud. vuelve esta tarde.

Señor: Ya lo sé, pero dudo que venga. El prometió estar aquí a las nueve y ya son las diez. En todo caso, si viene, dígale que yo vuelvo esta tarde.

NARRATIVE 3

1 When he arrives home, Mr. Muñoz calls the maid, María, and asks her where his wife is.

Al llegar a su casa, el Sr. Muñoz llama a la criada, María, y le pregunta dónde está la señora.

2 His wife's out on the patio.

La señora está en el patio.

3 Mr. Muñoz tells Maria to go tell his wife to come right away.

El Sr. Muñoz le dice a María que vaya y le diga a su señora que venga en seguida.

4 Maria doesn't think don Roberto's in a very good mood.

A María le parece que don Roberto no está de muy buen humor.

5 When his wife comes and asks him what's the matter, he explains to her.

Cuando su señora viene y le pregunta qué sucede, él le explica.

6 And tells her he thinks it was all those olives and little pies he ate last night that made him sick.

Y le dice que cree que fueron todas esas aceitunas y pastelitos que comió anoche que le hicieron daño.

7 All those things that he ate and that he *drank*, she tells him.

Todas esas cosas que comió y que *tomó*, le dice ella.

8 She says that she told him many times, but that he didn't pay any attention to her.

Dice que se lo dijo muchas veces pero él no le hizo caso.

9 Her husband tells her that the next time he's going to pay attention to her.

Su esposo le promete que la próxima vez le va a hacer caso.

10 But that for now he wants her to prepare a bag of ice for him.

Pero que por ahora quiere que le prepare una bolsa con hielo.

11 Because he has a horrible headache.

Porque tiene un dolor de cabeza horrible.

12 His wife tells him that the day he least expects it, something worse is going to happen to him.

Su esposa le dice que el día menos pensado le va a pasar algo peor.

DIALOG 3

Señor, llame a María y pregúntele dónde está la señora.

Señor: ¡¡María!! ¿Dónde está la señora?

María, contéstele a don Roberto que en el patio y pregúntele si quiere que se la llame.

María: En el patio, don Roberto. ¿Quiere que se la llame?

Señor, contéstele que sí, y que le diga que venga en seguida.

Señor: Sí y dígale que venga en seguida.

María, vaya y dígale a la señora que don Roberto está aquí y dice que venga en seguida. Dígale que Ud. cree que no está de muy buen humor.

María: Señora, don Roberto está aquí y dice que venga en seguida. Yo creo que no está de muy buen humor.

Señora, pregúntele a Roberto que qué sucede, que por qué no está en la oficina.

Señor, explíquele que no se sentía bien. Que Ud. cree que fueron todas esas aceitunas y pastelitos y todas esas cosas que comió anoche que le hicieron daño.

Señora, dígale que todas esas cosas que comió y que tomó. Que Ud. se lo dijo muchas veces pero que él no le hizo caso.

Señor, dígale que le promete que la próxima vez le va a hacer caso. Pero que por ahora Ud. quiere que le prepare una bolsa con hielo porque tiene un dolor de cabeza horrible.

Señora, dígale que el día menos pensado le va a pasar algo peor.

Señora: ¿Qué sucede Roberto? ¿Por qué no estás en la oficina?

Señor: No me sentía bien. Yo creo que fueron todas esas aceitunas y pastelitos y todas esas cosas que comí anoche que me hicieron daño.

Señora: Todas esas cosas que comiste y que *tomaste*. Yo te lo dije muchas veces pero tú no me hiciste caso.

Señor: Te prometo que la próxima vez te voy a hacer caso. Pero por ahora quiero que me prepares una bolsa con hielo porque tengo un dolor de cabeza horrible.

Señora: El día menos pensado te va a pasar algo peor.

37.4 READINGS

37.41 Life in Surlandia

37.41.0 Vocabulary building

BASIC SENTENCES

offended, resentful, annoyed

Betty was a little offended because she had not heard anything from Patricia.

resentido

Betty estaba un poco resentida porque no había recibido nada de Patricia.

the size

For that reason Patricia has sent her a long letter.

el tamaño

Por eso Patricia le ha mandado una carta de gran tamaño.

the means
through, by means of
to miss

In it, one can see that even though she misses a lot of things...

el medio
por medio de
echar de menos

Por medio de ella se ve que, aunque todavía echa de menos muchas cosas...

picturesque

...she likes the picturesque life of Surlandia very much.

Some of the points in the letter are:

to recite, practice

Studies: the students stroll in the park reciting their lessons until they know them by heart.

to digest

This is because the professors give their subjects in digested form.

fortunately

Patricia did the same thing and fortunately passed her exams.

the anniversary
free

Anniversary of the Independence: the government declared several holidays (free days).

to attend
the event
sporting

Patricia attended many parties, dances, sport events, etc.

the slap, blow

In a dance her friend Jack Brown almost came to blows with another boy.

pintoresco

...le gusta mucho la pintoresca vida de Surlandia.

Algunos de los puntos de la carta son:

recitar

Estudios: Los estudiantes se pasean en el parque recitando sus lecciones hasta aprenderlas de memoria.

digerir

Esto es debido a que los profesores dan sus materias en forma digerida.

por dicha

Patricia hizo lo mismo y por dicha pasó sus exámenes.

el aniversario
libre

Aniversario de la Independencia: El gobierno declaró varios días libres.

asistir
el evento
deportivo

Patricia asistió a muchas fiestas, bailes, eventos deportivos, etc.

la pescozada

En un baile su amigo Jack Brown casi se da de pescozadas con otro muchacho.

university	universitario
actual, real, true	verdadero
campaign	la campaña
political	político
in order to, so that	a fin de
the queen	la reina
the king	el rey

University week: Real political campaign in order to elect the Queen and the 'King of the Uglies.'

Semana Universitaria: Verdadera campaña política a fin de elegir la Reina y el Rey Feo.

the candidate	la candidata

Patricia was a candidate, but she didn't win.

Patricia estuvo de candidata, pero no ganó.

to form part	formar parte de
the court	la corte
royal	real

Nevertheless she was part of the royal court.

Sin embargo, formó parte de la corte real.

COGNATE LOAN WORDS

especialmente	militar	la presentación
imaginarse	participar	la elección
la salvación	personalmente	el, la radio
la distracción	el idiota	el voto
el adulto	desagradable	democrático
la mayoría	el comité	la letra
celebrar	pro	el carnaval
la pompa	privado	culminar
la parada	oficialmente	seriamente

37.41.1 Reading selection

Una Carta

17 de octubre

Querida Betty:

Ayer recibí tu carta y te doy toda la razón por estar resentida conmigo porque, aunque es verdad que he estado ocupadísima desde que llegué, esto no es pretexto suficiente para no haberles dedicado un rato a todas mis amigas, especialmente a ti a quien prometí escribir muy a menudo. Espero que me perdones.

Me alegro que te hayas divertido tanto durante las vacaciones y que las cosas entre tú y Jim vayan tan bien. ¿No te lo dije yo desde aquel día? Y pensar que al principio no te gustaba ni un poquito. ¡Ay, Dios cómo cambian las cosas en este mundo! Bueno, me alegro muchísimo y te felicito. Sé que todavía no están pensando en casarse, pero ojalá que se decidan algún día porque los dos son el uno para el otro.

Ahora, déjame contarte de mi vida por estas partes. En primer lugar, quiero decirte que estoy muy contenta y, aunque al principio me hizo bastante falta todo lo de allá, no me costó mucho acostumbrarme.

He pasado casi todos estos meses estudiando para pasar unos exámenes a fin de poder entrar a la universidad. Esta ha sido la principal razón por la cual no te había escrito antes. No te imaginas la cantidad de cosas que tuve que aprender de memoria. El peor de todos en ese sentido fue el de Historia de Surlandia.... Fue algo horrible tener que recordar tantos nombres, fechas y una serie de detalles como nunca en mi vida había visto antes... y todo en español, imagínate. Una cosa que me ayudó mucho fue que, por medio de Alberto Valenzuela, un muchacho que venía en el avión conmigo, conocí a muchos amigos y amigas de él, unos estudiantes de la universidad y otros que se estaban preparando para entrar, y todos me ayudaron muchísimo. Cuatro de ellos, un muchacho y tres chicas, estaban estudiando las mismas materias que yo porque iban a entrar a la Escuela de Pedagogía (donde estoy yo ahora; algún día te voy a contar por qué) y entonces los cinco estudiábamos juntos. Te digo que esa fue la salvación mía porque oyéndolos discutir y conversando con ellos fue como aprendí más. Lo divertido del caso era que me hacían levantarme todos los días a las cinco de la mañana, imagínate, para ir a estudiar con ellos en el parque. Se ve que eso es una costumbre entre los estudiantes aquí porque cuando nosotros llegábamos ya el parque estaba lleno y aquello parecía como un domingo en la tarde; todos los estudiantes paseándose con los libros abiertos recitan sus materias. Esta manera de estudiar se debe, según parece, a que el profesor le da al estudiante casi todo digerido y esto es casi exclusivamente lo que uno tiene que saber para los exámenes. El resultado es que los estudiantes se aprenden de memoria cantidades de detalles porque el que más detalles sepa, mejor pasa el examen. Así tuve que hacer yo, y estoy segura de que si en estos momentos entro a un 'quiz program' en los Estados Unidos, nadie me gana. Los primeros días no podía concentrarme por tanta distracción con otros estudiantes que a cada momento se acercaban para hablarnos de otras cosas. Pero en fin, así son las costumbres de cada país y poco a poco me fui acostumbrando. Bueno, la cosa es que pasé los exámenes más o menos bien, y ya hace como un mes que estoy en la Universidad.

La vida universitaria aquí es muy diferente a la nuestra y es difícil acostumbrarse. Ahora me doy cuenta por qué a esas dos chicas latinas que estaban en nuestra clase, ¿recuerdas? les costó tanto adaptarse. Para empezar, aquí la gente joven no forma un mundo aparte sino que, por el contrario, participa en todas las actividades de los adultos; con decirte que en español ni siquiera hay una palabra para decir 'teen-ager'. Así, los muchachos y muchachas participan en la política nacional y se casan muy jóvenes...¡qué lata!

Otra cosa que me ha llamado la atención ha sido ver tan pocas estudiantes mujeres en toda la universidad, con la excepción de la Escuela de Pedagogía, donde nosotras llevamos una mayoría de tres por uno. No sé cuál pueda ser la razón de esta mayoría, pero yo creo que aquí existe todavía la idea de que son las mujeres las que tienen mejores condiciones naturales para ser maestros. Parece también que, con la excepción de esta profesión, la mujer aquí todavía no ocupa el mismo lugar que el hombre en la vida pública y por eso se ven tan pocas de ellas en las otras escuelas de la universidad. Sin embargo, me dicen que esto ha ido cambiando en los últimos años y el número de mujeres en la universidad está aumentando cada vez más.

Volviendo al tema de la historia de Surlandia, quiero contarte que el 22 de septiembre fue el aniversario de la independencia de este país. Esta fecha se celebra con gran pompa todos los años y el gobierno declara el 21 y el 22 días libres para todas las oficinas públicas. Nosotros en la universidad tuvimos tres porque como esos días cayeron en miércoles y jueves, nos dieron el viernes libre también. Hubo muchas fiestas y bailes y paradas militares y qué no. Papá me llevó a todos los lugares. (Mamá no quiso ir a nada, tú sabes como es ella). Lo más fantástico de todo es que conocí personalmente al Presidente de la República, Don Carlos María González; ¿qué te parece? Fue en una recepción que dio el gobierno para el cuerpo diplomático y papá, aunque no es diplomático, fue invitado también y me llevó a mí. Cuando presentaron al Presidente nos dio la mano y habló bastante rato con nosotros. Yo me puse tan nerviosa que me porté como una idiota y no supe ni qué le dije cuando me habló. El jueves fui al gran baile de campesinos que hacen todos los años en el Club Unión. Todo el mundo iba vestido con el traje típico del campesino que como puedes ver por la foto que aquí te mando, es muy pintoresco. A mí tuvieron que prestarme uno porque nadie me avisó hasta dos días antes que tenía que ir vestida así. Gracias a Dios la amiga que me lo prestó era exactamente de mi tamaño; ella no pudo ir porque no se sentía bien. El baile resultó estupendo yo no dejé de bailar ni una pieza y me enseñaron todos los bailes típicos de aquí. A Jack Brown, un muchacho americano que acaba de llegar, le pasó una cosa algo desagradable. Cuando yo estaba bailando con otro muchacho, Jack se acercó y lo tocó como para indicarle que quería bailar conmigo y entonces se hizo una gran confusión porque el otro no entendía qué era lo que Jack quería, o por lo menos no quería entender pues esa costumbre no existe aquí, y aquello fue algo horrible, yo viendo mientras ellos dos discutían y casi terminan dándose de pescozadas. Por dicha llegó un amigo de Jack y disimuladamente se lo llevó. Yo espero que ya le hayan explicado que aquí no se acostumbra eso para que no meta la pata otra vez.

Se me está haciendo demasiado larga esta carta, pero no quiero terminarla sin antes contarte una cosa más. Acabamos de tener lo que aquí llaman la Semana Universitaria; no sé explicarte exactamente el motivo, pero es una semana de fiestas y eventos deportivos y elecciones de Reina y de Rey Feo. Naturalmente, como en todas partes, a la reina la eligen entre las muchachas más lindas y simpáticas, pero el que eligen de Rey Feo tiene que ser, como la palabra lo dice, el estudiante más feo pero al mismo tiempo el más divertido y popular. Yo estuve de candidata a reina, representando a mi escuela. No gané, pero me siento feliz de sólo haber sido candidata. El comité Pro-Patricia Primera me llevaba a todas partes. Lo divertido era que íbamos no sólo a las diferentes escuelas de la universidad, sino que también a las escuelas secundarias, oficinas públicas y privadas. En todas partes nos recibían 'oficialmente' y, una vez hecha la presentación, mis compañeros se ponían a venderle votos a todo el mundo. Un señor, que no recuerdo quién era, compró dos mil, ¿qué te parece? Es decir, puso quinientos pesos, porque cada voto costaba veinticinco céntimos. Como puedes ver, para poder ganar no sólo hay que ser bonita sino que es necesario hacer una verdadera campaña política con discursos por radio, anuncios en los periódicos, etc. Claro está que, aunque la venta de votos no parece ser un proceso democrático, eso se acostumbra aquí en esta clase de elecciones para poder pagar todos los gastos de las fiestas que se hacen durante esta semana.

El jueves de esa semana se contaron los votos y salió elegida una muchacha lindísima de la Escuela de Filosofía y Letras. El resto de la semana la Reina y su Corte de Honor, de la que yo formaba parte, asistió a toda clase de fiestas y eventos deportivos; aquello fue un verdadero carnaval que culminó con la coronación de la Reina y el Rey Feo en el Teatro Real. Ya ahora todo ha vuelto a lo normal y yo estoy estudiando muy seriamente. Me siento muy contenta aquí en Surlandia, aunque puedo decir que todavía echo de menos las cosas de allá. Oye, Betty, se me acaba de ocurrir una idea; ¿no te gustaría venir a pasar las vacaciones de Navidad con nosotros? El viaje por avión no cuesta mucho y aquí no tienes que gastar un céntimo. Dile a tus padres que te den permiso y (hmm)... a Jim también.

Contéstame pronto y avísame qué has decidido. Recibe muchos cariños de tu amiga,

Patricia

37.41.2   Response drill

   1 ¿Cómo van las cosas entre la amiga de Patricia y su novio?
   2 ¿Para qué ha estado estudiando Patricia?
   3 ¿Cuál fue el examen más difícil?
   4 ¿Cómo conoció Patricia a sus compañeros?
   5 ¿En qué forma estudiaban los muchachos que querían entrar a la universidad?
   6 ¿Por qué le parecía a Patricia tan difícil estudiar para esos exámenes.
   7 ¿Cuándo es el aniversario de la independencia de Surlandia?
   8 ¿Cómo lo celebran?
   9 ¿A quién conoció Patricia en esa ocasión?
 10 ¿Cómo había que ir vestido al baile de campesinos?
 11 ¿Era de Patricia el traje que llevaba?
 12 ¿A quién le pasó una cosa desagradable?
 13 ¿Quiénes eran candidatas a reina en la semana universitaria?
 14 ¿Quién salió elegida?
 15 ¿Cómo se hacía la campaña para la elección de reina?

37.41.3 Discussion

    1 Discuss university life in Surlandia and compare it with university life in the United States.

    2 Describe the 'semana universitaria'.

37.42   Features
37.42.0   Vocabulary building

BASIC SENTENCES

the captaincy	la capitanía
the viceroyalty	el virreinato

In the Captaincy of Surlandia, as in all the Viceroyalty,...

En la capitanía de Surlandia, como en todo el Virreinato,...

the indian	el indio
to apportion, distribute	repartir
the encomienda (large tract of land with its resident Indians given in trust by the king in compensation for services rendered)	la encomienda

...the Indians were divided in encomiendas by the Spaniards.

...los indios fueron repartidos en encomiendas por los españoles.

isolated	aislado

The social, political, economic, and religious institutions were imposed from Spain, and the population centers were isolated.

Las instituciones sociales, políticas, económicas y religiosas eran impuestas desde España y los centros de población estaban aislados.

the manifestation, demonstration	la manifestación
the attempt	la tentativa
revolutionary	revolucionario
the priest	el sacerdote
creole	criollo

37.34   TREINTA Y CUATRO

There were many demonstrations and revolutionary attempts and, in 1810, a liberal creole priest asked for the creation of a local government...

               to remain
               ignominously
               to imprison
               the despot

... 'as long as (while) our very dear King Don Fernando remains ignominiously imprisoned by the French despots.'

               the patriot
               to defeat
               the army
               the royalist
               the battle
               to proclaim
               formally

Finally, the patriots defeated the royalists' army in a great battle, and Surlandia formally proclaimed its independence.

               the period
               the anarchy
               the leader (local, often self appointed,
                military commander)
               to promote, further
               the coup d'etat

But there was a period of anarchy, due to the fact that military leaders promoted coup d'etats against the government.

               the power
               the fear, dread

Hubo muchas manifestaciones y tentativas revolucionarias y, en 1810, un sacerdote criollo liberal, pidió la creación de un gobierno local...

               permanecer
               ignominiosamente
               aprisionar
               el déspota

... 'mientras nuestro amadísimo Rey Don Fernando permanezca ignominiosamente aprisionado por los déspotas franceses.'

               el patriota
               derrotar
               el ejército
               el realista
               la batalla
               proclamar
               formalmente

Finalmente, los patriotas derrotaron al ejército de los realistas en una gran batalla y Surlandia proclamó formalmente su independencia.

               el período
               la anarquía
               el caudillo

               promover
               el golpe de estado

Pero hubo después un período de anarquía, debido a que caudillos militares promovían golpes de estado contra el gobierno.

               el poder
               el temor

the loyalty
the troops

These leaders had great power and inspired fear or loyalty from the troops and from the people in general.

in spite of
the atmosphere
the peace
the tranquility

In the last few years, in spite of many difficulties, the country has lived in an atmosphere of peace and tranquility.

the isolation
the constitution
the liberty, freedom
the party
the religion
the trade-union

Surlandia no longer lives in isolation, and the new constitution has given greater freedom (liberty) to the press, to religion, and to political parties, and permits the organization (creation) of workers unions.

la lealtad
la tropa

Estos caudillos tenían gran poder e inspiraban el temor o la lealtad de las tropas y de la gente en general.

a pesar de
el ambiente
la paz
la tranquilidad

En los últimos años, a pesar de muchas dificultades, el país ha vivido en un ambiente de paz y tranquilidad.

el aislamiento
la constitución
la libertad
el partido
la religión
el gremio

Surlandia ya no vive en aislamiento y la nueva·constitución ha dado mayor libertad a la prensa, a la religión y a los partidos políticos y permite la creación de gremios obreros.

COGNATE LOAN WORDS

explorar	el regionalismo	el límite
la posesión	cultural	adyacente
el territorio	federal	el conflicto
políticamente	unitario	la disputa
la separación	típicamente	recientemente
la prisión	autocrático	el incidente
el gobernador	administrativo	efectivo
influenciar	inspirar	la intervención
el elemento	la personalidad	progresar
arrestar	dictatorial	económicamente
la represión	la estabilidad	claramente
independiente	honesto	violento
el héroe	caracterizar	afectar
decisivo	interior	la policía
la junta	considerable	intervenir
la duración	la influencia	detener
originar	civil	nacionalista
	basar	iniciar

37.42.1 Reading selection

Historia y Desarrollo Político de Surlandia

En Surlandia, antes de la conquista española vivían varias tribus de indios. La más importante de éstas vivía en pequeños pueblos en los valles centrales y su economía era principalmente agrícola. Surlandia fue explorada por primera vez en 1518. En 1520, otro grupo de españoles llegó hasta los valles centrales y quince años después España ya había tomado posesión de casi todo el territorio. Algunas de las ciudades principales fueron fundadas en esta época, entre ellas Las Palmas. Las tierras y los indios fueron repartidos en encomiendas, sistema que formó la base económica de todas las posesiones españolas en América. Políticamente, Surlandia, cuyo nombre en la época colonial era el de Santa Tierra del Sur, fue una Capitanía General dentro del Virreinato de Nueva Colón.

El desarrollo de la vida colonial en Surlandia no fue muy diferente al de tantas otras regiones de la América española. Las instituciones sociales, políticas, económicas y religiosas eran impuestas desde España, mientras que los diferentes centros de población estaban aislados por las marcadas zonas geográficas. Aunque las primeras tentativas revolucionarias ocurrieron en 1810, Surlandia obtuvo su independencia en 1822. Varias fueron las razones en estos movimientos. La rigurosa separación de las clases sociales no dejaba a los hijos de los españoles nacidos en Surlandia ocupar lugares de importancia en la administración del país; la falta de libertad de comercio, las ideas liberales europeas y norte-americanas y el éxito de la revolución en otros países en la América Latina, fueron todas razones importantes que llevaron finalmente a la independencia.

En 1810, la prisión en Francia del Rey de España fue el pretexto para la libre expresión de estas aspiraciones de independencia. Un sacerdote criollo, el Padre Rodríguez, miembro de un grupo liberal criollo, pidió al Gobernador la creación de un gobierno local '...mientras nuestro amadísimo Rey Don Fernando permanezca ignominiosamente aprisionado por los déspotas franceses.' Sin embargo, el Gobierno se dejó influenciar por los elementos más conservadores y, en la mañana en que iba a celebrarse una gran reunión popular para formar un nuevo gobierno, éste ordenó a las tropas arrestar a los jefes patriotas. Siguieron a esto doce años de terrible guerra y represión. Finalmente, con la ayuda de los gobiernos y tropas de los nuevos e independientes países vecinos, el jefe de los patriotas surlandeses y héroe de la independencia de este país, Coronel Don José Laneros, derrotó a los realistas españoles en la decisiva batalla de Maracó. Al día siguiente, 22 de septiembre de 1822, Surlandia proclamó formalmente su independencia. Se formó una junta de gobierno y Laneros fue elegido presidente.

Sin embargo esta junta fue de corta duración. A los seis meses, uno de los jefes del ejército se levantó en contra del nuevo gobierno y Laneros dejó el gobierno abandonando el país y muriendo fuera de él enfermo y desilusionado. Este es el principio de un largo período en que las juntas, golpes de estado y pronunciamientos ocurrían uno después de otro y el país vivió en la anarquía por veinte años. Veamos algunas de las razones.

El aislamiento entre los diferentes centros de población había originado un marcado regionalismo cultural, social, económico y político. Los elementos liberales de la revolución de independencia dominaban en las regiones de la meseta y de la costa, y los conservadores en los valles centrales. Tenemos entonces a dos partidos contrarios: los amarillos o liberales y los azules o conservadores. Los primeros deseaban reformas en lo social y lo económico, mientras que los segundos querían mantener las viejas instituciones coloniales.

Las opiniones estaban también divididas sobre el tipo de constitución que Surlandia debía adoptar. Unos querían un estado federal y otros un estado unitario. Por otra parte, el deseo de dar a la constitución una orientación democrática típicamente norteamericana para una sociedad de instituciones coloniales y autocráticas, hacía de sus provisiones letra muerta, lo que trajo la anarquía política, económica y administrativa. Finalmente, estaban los caudillos, jefes militares por lo general, que eran seguidos por las tropas y el pueblo debido a sus éxitos militares o al temor o lealtad que inspiraban sus fuertes personalidades. Estos promovían golpes de estado y ejercían un gobierno dictatorial.

Sin embargo, fue el último de estos caudillos, Enrique Carrera, el que dio al país su primer período de estabilidad política y económica. Hombre fuerte, culto, honesto y astuto político, supo mantener un balance entre los diferentes sectores sociales, políticos y económicos. Este período se caracteriza por la paz interior, lo que creó un ambiente económico favorable a base del aumento considerable de las exportaciones agrícolas. Aunque esto dió mayor poder económico a una clase social, dio sin embargo más trabajo a un mayor número de gente. Al mismo tiempo el país se abrió a las influencias culturales extranjeras y a la inmigración.

Los gobiernos que siguen, civiles o militares, continúan la línea de Carrera, autocrática y basada en el poder económico de una clase aristocrática. Esta paz interna, a pesar de algunos golpes de estado, continuó hasta la época de la crisis económica mundial. Durante este período de paz hubo una serie de dificultades por fronteras con los países vecinos. Debido a la difícil geografía y a las condiciones administrativas durante la colonia, España no pudo o no quiso fijar los límites exactos de las capitanías generales adyacentes. Esto produjo graves conflictos después que estas regiones se convirtieron en países independientes. Aun hoy día quedan algunos territorios en disputa, lo que recientemente ha dado lugar a incidentes entre tropas surlandesas y de otros países vecinos. Felizmente, la efectiva intervención de la Organización de Estados Americanos ha evitado que estos incidentes se conviertan en conflictos armados.

Durante todo este tiempo Surlandia, como hemos dicho, progresó económicamente. Sin embargo, el país fue dependiendo más y más de los mercados internacionales para sus productos. Los resultados se vieron claramente en la forma violenta en que la crisis económica mundial afectó a la nación. De la noche a la mañana, miles de obreros se encontraron sin trabajo; el gobierno no pudo pagar a sus empleados y el comercio interno casi desapareció. Esto produjo la caída del gobierno y la policía y el ejército intervinieron para detener el desorden y dar fin a las violentas manifestaciones que en las calles hacían obreros, empleados y estudiantes. Sólo en 1934, después de numerosas juntas militares y de completa anarquía, el país volvió a tener tranquilidad. Esto fue posible debido a que un nuevo partido, el Nacionalista, con bases populares y de clase media, después de ganar las elecciones por gran mayoría, inició un período de reformas y dio al país una nueva constitución. Entre estas reformas están las leyes del trabajo y seguro social, la creación de gremios obreros, mayor libertad de prensa y de religión. Al mismo tiempo, la explotación del petróleo y de nuevos minerales, como también el crecimiento de las exportaciones del café y otros productos, dio nuevo impulso al crecimiento económico del país. En estos últimos años el gobierno ha impuesto algunas restricciones a las importaciones pero, en general, se ha podido mantener una relativa estabilidad política y económica.

37.42.2 Response drill

1 ¿Dónde vivía la tribu de indios más importante de Surlandia antes de la conquista española?
2 ¿Cómo repartieron los españoles las tierras y los indios?
3 ¿Cuál era el nombre de Surlandia en la época de la colonia?
4 ¿Por qué estaban aislados los diferentes centros de población?
5 ¿Cuáles fueron algunas de las causas de los movimientos revolucionarios?
6 ¿Cuál fue el pretexto para expresar las aspiraciones de independencia?
7 ¿Quién fue el jefe de los patriotas y qué hizo?
8 ¿Cuáles fueron los dos partidos políticos en Surlandia?
9 ¿Cuáles eran las opiniones sobre el tipo de constitución que Surlandia debía adoptar?

10 ¿Quiénes eran y qué importancia tenían los caudillos?
11 ¿Quién fue Enrique Carrera?
12 ¿Por qué hubo dificultades por fronteras?
13 ¿Qué pasó en la época de la crisis económica mundial?
14 ¿Quién dio al país una nueva constitución?
15 ¿Cuáles han sido las nuevas reformas?

37.42.3 Discussion

1 Discuss the typical Spanish colonial institutions and compare them with the English ones.

2 Describe the changes in government that have occured in Surlandia.

38.1   BASIC SENTENCES.   John gives up smoking to buy a car.

Sunday at noon Jose enters a bar and runs into Juan there.

ENGLISH SPELLING	AID TO LISTENING	SPANISH SPELLING
Jose What's new, Juan? How goes it with you?	ke̦ayd̦enwebo |hwán↓ komotebá↓	*José* ¿Qué hay de nuevo, Juan? ¿Cómo te va?
middling, fair	rrégulár↓	regular
John So, so, just middling. (1)	ásɪasí| rregúlár↓	*Juan* Así, así. Regular.
the news	lá–nótɪṣyá↓	la noticia
Have you heard the latest news? (2)	sabez |la̦últímánótɪṣya↑	¿Sabes la última noticia?
Jose No. What is it?	no̦↓keés↓	*José* No. ¿Qué es?
to smoke	fúmár↓	fumar
John That I've stopped smoking. (3)	ke̦éd̦éhad̦o |d̦efumár↓	*Juan* Que he dejado de fumar.
really	dé–berás↓	de veras

Jose
Really?

dèbéras↑

José
¿De veras?

John
You heard me say it. (4)

kómóloyès |

Juan
Como lo oyes.

to save

aórrár↓

ahorrar

I have to buy myself a car, and I have
to save up. (5)

èznéşésáryô |kémékómprę
únkóchè↑ ıtẹ̀ŋgokęaórrár↓

Es necesario que me compre un
coche y tengo que ahorrar.

the way

là—mánérá↓

la manera

Jose
What a way to save! But really it's better
for you to do it. (6)

kemaneradęaorrár↓ pérô
rréálméntè↑ èzméhórkeloágás↓

José
¡Qué manera de ahorrar! Pero
realmente es mejor que lo hagas.

the hand

là—mánô↓

la mano

at second-hand

dè—sègúndà—mánô↓

de segunda mano

Are you going to buy it second hand?

lóbásákomprár |dèségúndámano↑

¿Lo vas a comprar de segunda
mano?

of course   dézdé—lwegó↓   desde luego

the opportunity   lá—ọpòrtúnidàd↓   la oportunidad

John
Of course. I have a very good opportunity. [7]   dézdélwegó↓ teṇgọ |ùṇạópòrtùnidàd | *Juan*
                                                                                  Desde luego. Tengo una oportu-
                                           muybwéná↓   nidad muy buena.

what about, what's new with...   kẹ—ez—dê↓   que es de...

And Carmen? How is she getting along?   ikarmên↓ kezdesubídà ↓   Y Carmen, ¿qué es de su vida?

the grandmother   lạ—ábwelá↓   la abuela

sick   émfermò↓   enfermo

Jose
She's gone to see her grandmother, who is   sẹaidọ |ábérásụábwela |késtá   *José*
very sick.   Se ha ido a ver a su abuela que
                                           muyemférmá↓   está muy enferma.

So...   ásiké | Así que...

the movie   èl—ṣiné↓   el cine

What do you say we go to a movie?   ketal |sinòzbamosalṣíné↓   ¿Qué tal si nos vamos al cine?

to give, to offer, to show (a movie)   dár↓   dar

John
Good idea. What's on?   bwénąięéa↓ keđán↓   *Juan*
                                                                                    Buena idea. ¿Qué dan?

the film   lá‑pélıkúlá↓   la película

Jose
There are a couple of very good pictures.   ayumpár |đépélıkulaz |múybwénás↓   *José*
                                                                                    Hay un par de películas muy buenas.

the cigarette   él‑şıgárrıⁿyó↓   el cigarrillo

John
Have you got a cigarette?   tyénes |únşıgárrıⁿyo↑   *Juan*
                                                                                    ¿Tienes un cigarrillo?

Jose
Aren't you the guy who wasn't going to smoke? tyéres |élkénǫıbasafumár↓   *José*
                                                                                    ¿Tú eres el que no ibas a fumar?

the match (8)   él‑fosfóró↓   el fósforo

John
Well,... this is the last one. And give me a bwénǫ | ésteşelúltimó↓ iđamę   *Juan*
match, too.   Bueno,... éste es el último. Y dame
                                              umfósfóró |támbyén↓   un fósforo también.

38.10   Notes on the basic sentences

(1) /rregulár/ *regular* does not imply 'quite regularly', that is 'normally', as the student at first glance might decide. It means somewhat below normal, 'not so good' or the like, and calls for a question about 'What's the matter?'

(2) Literally not 'have you heard about' but 'do you know about'.

(3) Literally not 'stopped' but 'ceased from'.

(4) Literally 'as you hear it'. This is not, however, a rude reply as it would certainly be in English: 'You heard me; don't ask stupid questions.' It merely confirms the original assertion, quite without any implication of abruptness or impatience.

(5) In the Spanish equivalent of this portion of the English, you have as long a phrase on pitch / 1 / as you are likely to encounter in Spanish intonation.

(6) Notice the difference between English and Spanish structure reflected in this translation: 'It's better for you to do it' rather than 'It's better that you do it.' The matter was discussed in detail in Unit 37.

(7) That is, he has a deal.

(8) In most areas of Latin America this is the regular word for 'match'; in Spain it is /la-ʃeríǰya/ *la cerilla*, in Mexico /el-ʃeríǰyo/ *el cerillo*.

38.2   DRILLS AND GRAMMAR

38.21   Pattern drills

38.21.1   Present subjunctive in noun clauses functioning as the subject of a verb

   A.   Presentation of pattern

ILLUSTRATIONS

_____	1 *Es necesario* que me compre un coche y tengo que ahorrar.
_____	2 ¡Qué manera de ahorrar! Pero realmente *es mejor* que lo haga.
necessary	preciso

Is it necessary for you to take fingerprints?

      possible

It's possible that it'll be cloudy tomorrow.

      probable, likely

It's likely her husband is upstairs.

      important

It's very important for you to bring me the ham and the fruit.

It's not sure the boys will inherit the house.

It's a pity you don't have a racquet.

It doesn't sit well with me for my daughter to go out with a divorced man.

It doesn't matter if the apartment's furnished.

It's worthwhile for you to send your clothes to the laundry on the corner.

It surprises me that Carmen has no appetite.

3 *¿Es preciso* que tomen las huellas digitales?

      posible

4 *Es posible* que mañana esté nublado.

      probable

5 *Es probable* que su marido esté arriba.

      importante

6 *Es* muy *importante* que me traiga el jamón y la fruta.

7 *No es seguro* que los varones hereden la casa.

8 *Es lástima* que Ud. no tenga raqueta.

9 No me *conviene* que mi hija salga con un divorciado.

10 No *importa* que el apartamento esté amueblado.

11 *Vale* la pena que Ud. mande la ropa a la lavandería de la esquina.

12 Me *sorprende* que Carmen esté tan desganada.

EXTRAPOLATION

Verb in main clause	Verb in subordinate clause
/és/ plus adjective not indicating certainty Impersonal verbs	Subjunctive
Other	Indicative

NOTES

a. Certain so-called impersonal expressions (consisting of /és/ plus an adjective which does not indicate certainty) and impersonal verbs (which appear only in their 3 sg forms and have a subordinate clause or an infinitive as their subject) require the appearance of a subjunctive form in the subordinate clause.

38.21.11 Substitution drill — person-number substitution

1 Es mejor que *yo* no maneje más.

    ————————el capitán ————.   Es mejor que el capitán no maneje más.

    ———————— nosotros————.   Es mejor que nosotros no manejemos más.

    —————— Carmen ————.   Es mejor que Carmen no maneje más.

    —————— ellos————.   Es mejor que ellos no manejen más.

2 Es preciso que *ellos* visiten la misión.

_____ Juan _____ .   Es preciso que Juan visite la misión.

_____ los tenientes _____ .   Es preciso que los tenientes visiten la misión.

_____ el piloto _____ .   Es preciso que el piloto visite la misión.

_____ la secretaria _____ .   Es preciso que la secretaria visite la misión.

3 Es bueno que *Alicia* converse en español.

_____ yo _____ .   Es bueno que yo converse en español.

_____ ellas _____ .   Es bueno que ellas conversen en español.

_____ Ud. y yo _____ .   Es bueno que Ud. y yo conversemos en español.

_____ tú _____ .   Es bueno que tú converses en español.

4 Es difícil que *Pablo* haga eso.

_____ Marta y Ud. _____ .   Es difícil que Marta y Ud. hagan eso.

_____ yo _____ .   Es difícil que yo haga eso.

_____ Juan _____ .   Es difícil que Juan haga eso.

_____ nosotros _____ .   Es difícil que nosotros hagamos eso.

5 No es seguro que *nosotros* compremos los regalos.

_____ yo _____ .   No es seguro que yo compre los regalos.

_____ el chofer _____ .   No es seguro que el chofer compre los regalos.

_____ las muchachas _____ .   No es seguro que las muchachas compren los regalos.

_____ mi hermana _____ .   No es seguro que mi hermana compre los regalos.

6 Es importante que *Ud.* vea la lista.

        _____Ud. y yo_____,   Es importante que Ud. y yo veamos la lista.

        _____el teniente_____.   Es importante que el teniente vea la lista.

        _____los pilotos____.   Es importante que los pilotos vean la lista.

        _____tú_____.   Es importante que tú veas la lista.

7 Es probable que *yo* salga esta noche.

        _____nosotros_____.   Es probable que nosotros salgamos esta noche.

        _____Juan_____.   Es probable que Juan salga esta noche.

        _____Uds._____.   Es probable que Uds. salgan esta noche.

        _____ellos_____.   Es probable que ellos salgan esta noche.

8 No conviene que *tú* vivas en las afueras.

        _____los Molina_____.   No conviene que los Molina vivan en las afueras.

        _____el teniente_____.   No conviene que el teniente viva en las afueras.

        _____yo_____.   No conviene que yo viva en las afueras.

        _____nosotros_____.   No conviene que nosotros vivamos en las afueras.

9 No importa que *Uds.* no paguen ahora.

        _____yo_____.   No importa que yo no pague ahora.

        _____nosotros_____.   No importa que nosotros no paguemos ahora.

        _____María_____.   No importa que María no pague ahora.

        _____las muchachas_____.   No importa que las muchachas no paguen ahora.

10 Es necesario que *Juan* llame ahora.

   _____ yo_____ .   Es necesario que yo llame ahora.

   _____ la secretaria_____ .   Es necesario que la secretaria llame ahora.

   _____ nosotros_____ .   Es necesario que nosotros llamemos ahora.

   _____ tú_____ .   Es necesario que tú llames ahora.

11 Es mejor que yo no fume más.

   _____ Alicia _____ .   Es mejor que Alicia no fume más.

   _____ nosotros_____ .   Es mejor que nosotros no fumemos más.

   _____ el teniente____ .   Es mejor que el teniente no fume más.

   _____ ellos _____ .   Es mejor que ellos no fumen más.

Tense-construction substitution

Problem: Answer:

Pablo *va* al centro

Es probable que_____ .   Es probable que Pablo vaya al centro.

No es seguro que_____ .   No es seguro que Pablo vaya al centro.

Es posible_____ .   Es posible que Pablo vaya al centro.

Es mejor que_____ .   Es mejor que Pablo vaya al centro.

1 Alicia *estudia* mucho.

   Es preciso que_____ .   Es preciso que Alicia estudie mucho.

   Es bueno que_____ .   Es bueno que Alicia estudie mucho.

   Es importante que _____ .   Es importante que Alicia estudie mucho.

   Es necesario que_____ .   Es necesario que Alicia estudie mucho..

2 Yo *limpio* el auto.

    Es mejor que_____.   Es mejor que yo limpie el auto.

    Es necesario que_____.   Es necesario que yo limpie el auto.

    Es importante que_____.   Es importante que yo limpie el auto.

    Es difícil que_____.   Es difícil que yo limpie el auto.

3 Nosotros *volvemos* luego.

    Es probable que_____.   Es probable que nosotros volvamos luego.

    Es posible que_____.   Es posible que nosotros volvamos luego.

    Es preciso que_____.   Es preciso que nosotros volvamos luego.

    No conviene que_____.   No conviene que nosotros volvamos luego.

4 Ellos no *mandan* nada.

    Es mejor que_____.   Es mejor que ellos no manden nada.

    Es probable que_____.   Es probable que ellos no manden nada.

    Es posible que_____.   Es posible que ellos no manden nada.

    No importa que_____.   No importa que ellos no manden nada.

5 Ud. *decide* la fecha.

    Es preciso que_____.   Es preciso que Ud. decida la fecha.

    Es importante que_____.   Es importante que Ud. decida la fecha.

    Es necesario que_____.   Es necesario que Ud. decida la fecha.

    Es mejor que_____.   Es mejor que Ud. decida la fecha.

38.21.12 Response drill

	1 ¿Es necesario que yo me vaya o que me quede?	Es necesario que se quede.
	2 ¿Es necesario que ellos se vayan o que se queden?	Es necesario que se queden.
	3 ¿Es mejor que nosotros llamemos ya o que esperemos?	Es mejor que Uds. esperen.
(es posible mañana)	4 ¿Cuándo vienen ellos?	Es posible que vengan mañana.
(es probable el viernes)	5 ¿Cuándo llega Luisa?	Es probable que llegue el viernes.
(es necesario tres)	6 ¿Cuántas horas va a estudiar esta noche?	Es necesario que estudie tres horas.
(es preciso que seis)	7 ¿Cuántas horas van a trabajar Uds. mañana?	Es preciso que trabajemos seis horas.
(el lunes)	8 ¿Es necesario que ellos vengan el viernes?	No, es necesario que vengan el lunes.
(mañana)	9 ¿Es preciso que yo llame ahora?	No, es preciso que llame mañana.
	10 ¿Es necesario que yo pague la cuenta?	Sí, es necesario que Ud. la pague.
	11 ¿Es necesario que Uds. traduzcan la lección?	Sí, es necesario que nosotros la traduzcamos.
	12 ¿Es bueno que yo aprenda el inglés?	Sí, es bueno que Ud. lo aprenda.
	13 ¿Es preciso que Uds. estudien el español?	Sí, es preciso que lo estudiemos.

38.21.13 Translation drill

1 It's necessary for me to pronounce better.	Es necesario que yo pronuncie mejor.
2 Is it possible for me to call the cleaners now?	¿Es posible que llame ahora a la tintorería?
3 Is it better for me to send the suits?	¿Es mejor que yo mande los trajes?
4 It's probable we'll receive something.	Es probable que recibamos algo.
5 It's not sure there'll be an inspection.	No es seguro que haya inspección.
6 It doesn't matter if the official comes.	No importa que venga el oficial.
7 It's possible that they'll check my handbag.	Es posible que me revisen el maletín.
8 It's difficult for us to go to bed early.	Es difícil que nos acostemos temprano.
9 It's a pity she's not here.	Es lástima que ella no esté aquí.

10 It's important for us to translate this letter.   Es importante que nosotros traduzcamos esta carta.
11 It's not sure that I'll work this week.   No es seguro que yo trabaje esta semana.
12 It's necessary for you to speak with the pilot.   Es necesario que Uds. hablen con el piloto.
13 It's likely to be cold.   Es probable que haga frío.
14 It's not possible for us to convince her.   No es posible que nosotros la convenzamos.
15 It's better for you not to complain so much.   Es mejor que Uds. no se quejen tanto.
16 It's good for them to have a good time.   Es bueno que ellos se diviertan.
17 It doesn't matter if you pay tomorrow.   No importa que Uds. paguen mañana.

B. Discussion of pattern

The pattern of subjunctive usage drilled in this unit is the appearance of subjunctive verb forms in a subordinate clause which function as the subject of an impersonal verb or verb-complement phrase consisting of /sér/ plus an adjective or noun.

The common feature in this pattern seems to be 'lack of certainty' expressed by the adjective (or noun) following /sér/ or inherent in the verb itself. Certain adjectives and nouns which themselves express 'certainty' occur in this subjunctive construction only when the impersonal verb or verb-complement phrase is negative. The line of demarcation between 'certainty' and 'lack of certainty,' however, is not always clearly drawn. Relative certainty and uncertainty can be expressed by the occurrence of indicative or subjunctive, rather than by the expression or its negation. Notice the difference in the rather loose translations of the following sentences:

/no-és-segúro|ke-byéne↓/   'It's practically certain that he's not coming.'

/no-és-segúro|ke-bénga↓/   'It's probably certain that he's not coming.'

The items which have appeared in this subjunctive pattern so far in this text are as follows:

Impersonal verb - complement phrase		Impersonal verb
és-neṣesáryo	és-probáble	impórta
és-mehór	(és)-lástıma	kombyéne
és-preṣíso	no-és-ṣyérto	bále
és-posíble	no-és-segúro	sorprénde
és-ımportánte	no-és-berdád	

A complete list would, of course, be much longer.

It is interesting to note that there are few impersonal verbs in English similar to /kombyéne, bále/ , etc., in Spanish. All of the English equivalents of the verbs listed above are verb *be* plus adjective or noun complement. Thus the usual translation for both impersonal verbs and verb-complement phrases is 'it's...': 'it's necessary, it's important, it's suitable, it's worth,' etc. Note also that in the Spanish construction (as in English) the normal subject-verb word order is almost always inverted to verb-subject: /és—neşesáryo|ke—báyas↓/ 'it's necessary for you to go,' rather than 'For you to go is necessary.'

There are similar constructions which do not require the appearance of subjunctive forms. Those indicating certainty have been mentioned above, but are summarized here:

Impersonal verb - complement phrase	Impersonal verb
és—ęyérto és—segúro és—berdád	paréşe

This subjunctive construction is very frequent, but not obligatory. As mentioned above, an infinitive can be the subject of the impersonal verb or verb-complement phrase, and normally is when no specific person reference is given:

/és—imposíble—benír ↓/   'It's impossible to come.'

/impórta—estudyár ↓/   'It's important to study.'

It is also possible, however, to add the person reference by means of a clitic pronoun, in a construction similar to that of the English equivalent construction (similar, that is, except for word order and the preposition *for*):

/me—és—imposíble—benír ↓/   'It's impossible for me to come.'

/me—impórta—estudyár ↓/   'It's important for me to study.'

Since clitic pronouns are not normally stressed, emphasis in the above constructions is given /imposíble/ and /impórta/ To emphasize the person reference, the subjunctive clause construction must be employed:

/és—imposíble |ke—yó—bénga ↓/   'It's impossible for me to come.'

/impórta |ke—yó—estúdye ↓/   'It's important for me to study.'

And of course if two different person references are employed, the subjunctive clause is mandatory:

/me—impórta |ke—ána—estúdye ↓/   'It's important to me for Ann to study.'

Two constructions are also possible in English, as in Spanish, but the difference in their tone is one of style level rather than of emphasis or person reference. In the preceding sentences, the constructions 'for me to come, for me to study' are informal; 'that I come, that I study' are usually much more formal. Both, however, can be conversational, and some expressions may sound more natural with a clause: 'It's probable she'll get here on time, It's not sure I'll work this week,' etc.

38.22   Replacement drills

A   ¿Sabes la última noticia?

1 ¿_____canciones?   ¿Sabes las últimas canciones?

2 ¿_____primera_____?   ¿Sabes la primera canción?

3 ¿Conoces_____?   ¿Conoces la primera canción?

4 ¿_____mejores_____?   ¿Conoces las mejores canciones?

5 ¿_____juegos?   ¿Conoces los mejores juegos?

6 ¿_____otro_____?   ¿Conoces el otro juego?

7 ¿_____saques?   ¿Conoces los otros saques?

B   Es necesario que me compre un auto.

1 _____ compremos _____.
2 ___ preciso _____.
3 _____ sábanas.
4 _____ compren _____.
5 ___ mejor _____.
6 _____ otra _____.
7 _____ te _____.

Es necesario que nos compremos un auto.
Es preciso que nos compremos un auto.
Es preciso que nos compremos unas sábanas.
Es preciso que se compren unas sábanas.
Es mejor que se compren unas sábanas.
Es mejor que se compren otra sábana.
Es mejor que te compres otra sábana.

C   Desde luego. Tengo una oportunidad muy buena.

1 _____. _____ oportunidades _____.
2 _____. Es _____.
3 ¡Caramba! _____.
4 ¡_____! _____ pescado _____.
5 Cómo no. _____.
6 _____. _____ fresco.
7 _____. _____ verduras _____.

Desde luego. Tengo unas oportunidades muy buenas.
Desde luego. Es una oportunidad muy buena.
¡Caramba! Es una oportunidad muy buena.
¡Caramba! Es un pescado muy bueno.
Cómo no. Es un pescado muy bueno.
Cómo no. Es un pescado muy fresco.
Cómo no. Son unas verduras muy frescas.

D   Hay un par de películas muy buenas.

1 _____ zapatos _____ .   Hay un par de zapatos muy buenos.

2 _____ docena _____ .   Hay una docena de zapatos muy buenos.

3 _____ huevos _____ .   Hay una docena de huevos muy buenos.

4 _____ frescos.   Hay una docena de huevos muy frescos.

5 _____ unas _____ .   Hay unas docenas de huevos muy frescos.

6 _____ cantidad _____ .   Hay una cantidad de huevos muy frescos.

7 _____ frutas _____ .   Hay una cantidad de frutas muy frescas.

E   ¿Tú eres el que no ibas a fumar?

1 ¿Ustedes_____ ?   ¿Ustedes son los que no iban a fumar?

2 ¿_____ la que_____ ?   ¿Usted es la que no iba a fumar?

3 ¿ _____ coser?   ¿Usted es la que no iba a coser?

4 ¿Ellos_____ ?   ¿Ellos son los que no iban a coser?

5 ¿_____ declarar?   ¿Ellos son los que no iban a declarar?

6 ¿_____ querían____ ?   ¿Ellos son los que no querían declarar?

7 ¿_____ el que_____ ?   ¿El es el que no quería declarar?

F   Bueno. Este es el último.   Bueno. Estas son las últimas.

    1 _____ . _____ las _____ .   Bueno. Estas son las últimas.

    2 _____ . _____ primero.   Bueno. Este es el primero.

    3 _____ . Esos _____ .   Bueno. Esos son los primeros.

    4 _____ . _____ inmigrante.   Bueno. Ese es el inmigrante.

    5 _____ . Aquéllos _____ .   Bueno. Aquéllos son los inmigrantes.

    6 _____ . _____ salida.   Bueno. Aquélla es la salida.

    7 _____ . Estas _____ .   Bueno. Estas son las salidas.

38.23   Variation drills

    A   ¿Qué hay de nuevo, Juan?

        1 What's new, Mary?   ¿Qué hay de nuevo, María?
        2 What's there to eat, Mary?   ¿Qué hay de comer, María?
        3 What's there to drink, Mary?   ¿Qué hay de tomar, María?
        4 What's for dessert, Mary?   ¿Qué hay de postre, María?
        5 What about the equipment?   ¿Qué hay del equipo?
        6 What about the vaccination certificate?   ¿Qué hay del certificado de vacuna?
        7 What is there?   ¿Qué hay?

    B   He dejado de fumar.

        1 I've stopped practicing tennis.   He dejado de practicar tenis.
        2 I've stopped giving (making) presents.   He dejado de hacer regalos.
        3 I've stopped giving tips.   He dejado de dar propinas.
        4 I've stopped asking favors.   He dejado de pedir favores.
        5 I've stopped going to the country.   He dejado de ir al campo.
        6 I've stopped betting on the races.   He dejado de apostar en las carreras.
        7 We've stopped selling men's wear.   Hemos dejado de vender artículos para caballeros.

C   Pero realmente es mejor que lo hagas.

1 But really it's better for you to say it.   Pero realmente es mejor que lo digas.
2 But really it's better for you to know it.   Pero realmente es mejor que lo sepas.
3 But it's necessary for you to bring it.   Pero es necesario que lo traigas.
4 But it's difficult for you to find it.   Pero es difícil que lo encuentres.
5 But it's important for you to translate it.   Pero es importante que lo traduzcas.
6 But it's worse for you to repeat it.   Pero es peor que lo repitas.
7 But it's not possible for you to have it.   Pero no es posible que lo tengas.

D   ¿Lo vas a comprar de segunda mano?

1 Are you going to buy it cheap?   ¿Lo vas a comprar barato?
2 Are you going sell it dear (expensive)?   ¿Lo vas a vender caro?
3 Are you going to have it ready?   ¿Lo vas a tener listo?
4 Are you going to receive it soon?   ¿Lo vas a recibir pronto?
5 Are you going to do it afterwards?   ¿Lo vas a hacer después?
6 Are you going to finish it right away?   ¿Lo vas a acabar en seguida?
7 Are you going to take good care of it?   ¿Lo vas a cuidar bien?

E   Se ha ido a ver a su abuela que está muy enferma.

1 She's gone to see her sister who is very sick.   Se ha ido a ver a su hermana que está muy enferma.
2 She's gone to see her daughter who is very sick.   Se ha ido a ver a su hija que está muy enferma.
3 She's gone to see her mother who is very sick.   Se ha ido a ver a su mamá que está muy enferma.
4 She's gone to see her neighbor who is very sick.   Se ha ido a ver a su vecino que está muy enfermo.
5 She's gone to see her husband who is very sick.   Se ha ido a ver a su marido que está muy enfermo.
6 She's gone to see her parents who are very sick.   Se ha ido a ver a sus padres que están muy enfermos.
7 She's gone to see her grandparents who are very old. Se ha ido a ver a sus abuelos que están muy viejos.

F   ¿Qué tal si nos vamos al cine?

1 What do you say we go to the country?   ¿Qué tal si nos vamos al campo?
2 What do you say we go afterwards?   ¿Qué tal si nos vamos después?
3 What do you say we go together?   ¿Qué tal si nos vamos juntos?
4 What do you say we stay here?   ¿Qué tal si nos quedamos aquí?

SPOKEN SPANISH

UNIT 38

5 What do you say we meet tomorrow?   ¿Qué tal si nos encontramos mañana?
6 What do you say we sit down (up) ahead?   ¿Qué tal si nos sentamos adelante?
7 What do you say we complain?   ¿Qué tal si nos quejamos?

38.24   Review drills

38.24.1 Use of definite articles - Generalized plurals - uncountables vs. countables

1 I like milk.   Me gusta la leche.
2 I like meat.   Me gusta la carne.
3 I like butter.   Me gusta la mantequilla.
4 I like money.   Me gusta la plata.
5 I like soup.   Me gusta la sopa.
6 I like coffee.   Me gusta el café.
7 I like fish.   Me gusta el pescado.
8 I like bread.   Me gusta el pan.
9 I like rice.   Me gusta el arroz.
10 I like chicken.   Me gusta el pollo.

11 I like brunettes.   Me gustan las morenas.
12 I like girls.   Me gustan las chicas.
13 I like parties.   Me gustan las fiestas.
14 I like bullfights.   Me gustan las corridas.
15 I like vegetables.   Me gustan las legumbres.
16 I like Sundays.   Me gustan los domingos.
17 I like ships.   Me gustan los barcos.
18 I like airplanes.   Me gustan los aviones.
19 I like bullfighters.   Me gustan los toreros.
20 I like sports.   Me gustan los deportes.
21 I don't like problems. No me gustan los problemas.

38.20

VEINTE

38.24.2 Use of indefinite articles with modified nouns after /sér/

1 He's a pilot.   El es piloto.
   He's a good pilot.   El es un buen piloto.

2 She's a secretary.   Ella es secretaria.
   She's a good secretary.   Ella es una buena secretaria.

3 He's a captain.   El es capitán.
   He's a good captain.   El es un buen capitán.

4 He's a lieutenant.   El es teniente.
   He's a good lieutenant.   El es un buen teniente.

5 He's a chauffeur.   El es chofer.
   He's a good chauffeur.   El es un buen chofer.

6 He's an officer.   El es oficial.
   He's a good officer.   El es un buen oficial.

7 He's an ambassador.   El es embajador.
   He's a good ambassador.   El es un buen embajador.

8 She's a dressmaker.   Ella es modista.
   She's a good dressmaker.   Ella es una buena modista.

9 He's a clerk.   El es empleado.
   He's a good clerk.   El es un buen empleado.

38.3   CONVERSATION STIMULUS

NARRATIVE 1

1 Lieutenant Ray, of the American Air Mission, is going to the United States soon.

El teniente Ray, de la Misión Aérea Norteamericana, se va pronto para los Estados Unidos.

2 Before leaving he's going to put an ad in the paper to see if he can sell his car.

Antes de irse va a poner un anuncio en el periódico para ver si puede vender su carro.

3 But if he can't sell it, he'll take it with him.

Pero si no lo puede vender, se lo lleva.

4 He plans to ask about two thousand or twenty-two hundred dollars.

Piensa pedir unos dos mil o dos mil doscientos dólares.

5 The car cost him three thousand and it's almost new.

El carro le costó tres mil y está casi nuevo.

6 Rudolph Lizano, who very much wants to buy the car, tells the lieutenant that if he knows of someone, he'll let him know.

Rodolfo Lizano, que está con muchas ganas de comprar el carro, le dice al teniente que si él sabe de alguien, le avisa.

7 And that perhaps it's better for him not to place the ad yet.

Y que tal vez es mejor que no ponga el anuncio todavía.

8 The lieutenant tells him O.K., but that it's necessary for him to let him know soon, because he's going next month.

El teniente le dice que está bien, pero que es necesario que le avise pronto, porque él se va el mes que viene.

DIALOG 1

Rodolfo, pregúntele al teniente si es verdad que él se va pronto para los Estados Unidos.

Rodolfo: ¿Es verdad que Ud. se va pronto para los Estados Unidos, teniente?

Teniente, contéstele que así parece y pregúntele que quién se lo dijo.

Teniente: Así parece. ¿Quién se lo dijo?

Rodolfo, contéstele que se lo dijeron en la Embajada. Pregúntele que qué piensa hacer con el carro de él.

Rodolfo: Me lo dijeron en la Embajada. ¿Qué piensa hacer con su carro?

Teniente, dígale que espera venderlo, si puede; que si no,
se lo lleva. Dígale que va a poner un anuncio en el
periódico.

Teniente: Espero venderlo, si puedo; si no, me lo llevo.
Voy a poner un anuncio en el periódico.

Rodolfo, pregúntele que cuánto piensa pedir por él.

Rodolfo: ¿Cuánto piensa pedir por él?

Teniente, contéstele que unos 2.000 o 2.200 dólares. Que
a Ud. le costó 3.000 y está casi nuevo.

Teniente: Unos dos mil o dos mil doscientos dólares. A mí me
costó tres mil y está casi nuevo.

Rodolfo, dígale que si Ud. sabe de alguien, le avisa. Que
tal vez es mejor que no ponga el anuncio todavía.

Rodolfo: Si yo sé de alguien, le aviso. Tal vez es mejor que
no ponga el anuncio todavía.

Teniente, dígale que muy bien, pero que es necesario que le
avise pronto, porque Ud. se va el mes que viene.

Teniente: Muy bien, pero es necesario que me avise pronto,
porque yo me voy el mes que viene.

NARRATIVE 2

1 Rudolph goes right away to see his grandmother.

Rodolfo va en seguida a ver a su abuela.

2 She is very surprised by the visit, because he had not been
to her house for a long time.

Ella se sorprende mucho de la visita, porque hacía mucho tiempo
que él no iba a su casa.

3 The excuse that he gives is that he has been working a lot
these days.

El pretexto que le da él es que ha estado trabajando mucho en
estos días.

4 As often happens with old people, Rudolph's grandmother
complains that she is very old and sick, and that soon
she's going to die.

Como sucede a menudo con las personas viejas, la abuela de
Rodolfo se queja de que ya está muy vieja y enferma, y que
pronto se va a morir.

5 But he bets she's going to live at least fifty years more.

Pero él le apuesta que va a vivir por lo menos cincuenta años
más.

6 Afterwards he gives her the great news that he's going to
buy himself a car.

Después le da la gran noticia de que va a comprarse un carro.

7 And that when he buys it he's going to take her for a ride
every day.

Y que cuando lo compre va a llevarla a pasear todos los días.

8 His grandmother remarks that he's very good, always
   thinking of his grandmother.

La abuela dice que es tan bueno; siempre pensando en su
abuela.

DIALOG 2

Rodolfo, dígale 'hola' a su abuelita y pregúntele cómo le va.

Rodolfo: ¡Hola, abuelita! ¿Cómo le va?

Abuela, dígale 'hola, hijo mío' y dígale que ahí está, vieja
y enferma. Que pronto se va a morir.

Abuela: ¡Hola, hijo mío! Aquí estoy, vieja y enferma. Pronto
        me voy a morir.

Rodolfo, dígale a su abuelita que no diga eso. Que Ud. apuesta
a que va a vivir por lo menos cincuenta años más.

Rodolfo: No diga eso, abuelita. Apuesto a que Ud. va a vivir
        por lo menos cincuenta años más.

Abuela, dígale que Dios lo oiga. Pregúntele que por qué hacía
tanto tiempo que no venía a verla.

Abuela: Dios lo oiga. ¿Por qué hacía tanto tiempo que no venía
        a verme?

Rodolfo, contéstele que es que ha estado trabajando mucho
estos días.

Rodolfo: Es que he estado trabajando mucho estos días.

Abuela, dígale que se alegra mucho de verlo y pregúntele qué
hay de nuevo.

Abuela: Me alegro mucho de verlo. ¿Qué hay de nuevo?

Rodolfo, dígale que le tiene una gran noticia. Que va a comprarse
un carro y que cuando lo compre va a llevarla a pasear todos
los días.

Rodolfo: Le tengo una gran noticia. Voy a comprarme un carro
        y cuando lo compre, voy a llevarla a pasear todos
        los días.

Abuela, dígale que tan bueno que es él, 'hijo mío'; que siempre
pensando en su abuela.

Abuela: Tan bueno que es Ud., hijo mío; siempre pensando en
        su abuela.

NARRATIVE 3

1 He explains to her that it's a second hand car, but that it's
   almost new.

El le explica que es un carro de segunda mano, pero que está
casi nuevo.

2 That it belongs to a lieutenant from the Air Mission who is
   leaving next month.

Que pertenece a un teniente de la Misión Aérea que se va el
mes que viene.

3 That the car cost the lieutenant three thousand dollars, but that he's selling it for two thousand, maybe less.

Que el carro le costó tres mil dólares al teniente pero que lo vende en dos mil, tal vez menos.

4 Two thousand dollars is about twenty thousand pesos.

Dos mil dólares son como veinte mil pesos.

5 Caramba! His grandmother didn't know Rudolph had so much cash.

¡Caramba! La abuela no sabía que Rodolfo tenía tanta plata.

6 He explains to her that he doesn't have it all.

El le explica que no la tiene toda.

7 That he's saving like mad, that he's stopped smoking, going to parties, going to movies.

Que está ahorrando como un loco; que ha dejado de fumar, de ir a fiestas, de ir al cine....

8 But that he still lacks about five thousand pesos.

Pero que todavía le faltan como cinco mil pesos.

9 She tells him in that case maybe it's better for him not buy a car yet.

Ella dice que en ese caso tal vez es mejor que no compre carro todavía.

10 But he explains to her that this is a terrific (fantastic) opportunity and that he can't let it go.

Pero él le explica que es una oportunidad fantástica y que no la puede dejar ir.

11 That's why he'd like to ask her if she could make him a loan.

Por eso él quisiera preguntarle si ella puede hacerle un préstamo.

12 She tells him of course, with pleasure, and asks him if he wants it in bills or in a check.

Ella le contesta que desde luego, que con mucho gusto, y le pregunta si lo quiere en billetes o en cheque.

13 He answers her that it's better for her to make him a check and tells her she is the best person in all the world.

El le contesta que es mejor que le haga un cheque y le dice que ella es la persona más buena de todo el mundo.

DIALOG 3

Rodolfo, explíquele a su abuela que éste es un carro de segunda mano pero que está casi nuevo. Que es de un teniente de la Misión Aérea que se va el mes que viene.

Rodolfo: Este es un carro de segunda mano, pero está casi nuevo. Es de un teniente de la Misión Aérea que se va el mes que viene.

Abuela, pregúntele que en cuánto se lo vende.

Abuela: ¿En cuánto se lo vende?

Rodolfo, dígale que a él le costó 3.000 dólares, pero que se
   lo da en 2.000, tal vez menos.

Abuela, dígale que 2.000 dólares son como 20.000 pesos.
   Dígale que 'caramba', que Ud. no sabía que él tenía
   tanta plata.

Rodolfo, dígale que no la tiene toda. Que Ud. está ahorrando
   como un loco; que ha dejado de fumar, de ir a fiestas, de
   ir al cine, pero que todavía le faltan como 5.000.

Abuela, dígale que en ese caso tal vez es mejor que no compre
   carro todavía.

Rodolfo, explíquele que es que es una oportunidad muy buena
   que tiene, que no la puede dejar ir. Que por eso quisiera
   preguntarle si ella puede....

Abuela, dígale que sí, sí, sí, que ya Ud. sabe, que él quiere
   que Ud. le dé esa plata, que si no es así.

Rodolfo, dígale que sí a su abuelita pero que Ud. no quiere
   que le haga ningún regalo; que Ud. quiere que le haga un
   préstamo.

Abuela, dígale que con mucho gusto, y pregúntele que cómo
   lo quiere, si en billetes o en cheque.

Rodolfo, contéstele que es mejor que le haga un cheque.

Abuela, dígale que le traiga su libro de cheques que está sobre
   su mesa de noche.

Rodolfo, dígale a su abuelita que ella es la persona más buena
   de todo, todo el mundo.

Rodolfo: A él le costó tres mil dólares, pero me lo da en dos mil,
   tal vez menos.

Abuela: Dos mil dólares son como veinte mil pesos. ¡Caramba!
   No sabía que Ud. tenía tanta plata.

Rodolfo: No la tengo toda. Estoy ahorrando como un loco; he
   dejado de fumar, de ir a fiestas, de ir al cine, pero
   todavía me faltan como cinco mil.

Abuela: En ese caso, tal vez es mejor que no compre carro
   todavía.

Rodolfo: Es que es una oportunidad muy buena que tengo, no la
   puedo dejar ir. Por eso quisiera preguntarle si Ud.
   puede....

Abuela: Sí, sí, sí, ya sé; Ud. quiere que yo le dé esa plata, ¿no
   es así?

Rodolfo: Sí, abuelita, pero yo no quiero que me haga ningún
   regalo; yo quiero que me haga un préstamo.

Abuela: Con mucho gusto. ¿Cómo lo quiere, en billetes o en
   cheque?

Rodolfo: Es mejor que me haga un cheque.

Abuela: Tráigame el libro de cheques que está sobre mi mesa
   de noche.

Rodolfo: Abuelita, Ud. es la persona más buena de todo, todo
   el mundo.

38.4   READINGS

38.41   Life in Surlandia

38.41.0   Vocabulary building

BASIC SENTENCES

which, the one which
to overthrow

el cual
derrocar

The government of Andivia, with which Surlandia had excellent
relations, had been overthrown by a military junta.

El gobierno de Andivia, con el cual Surlandia tenía excelentes
relaciones, había sido derrocado por una junta militar.

to deny, refuse
to recognize
purely, cleanly

negarse
reconocer
netamente

Surlandia refused to recognize the new government and, for purely
political reasons,...

Surlandia se negaba a reconocer al nuevo gobierno y, por
razones netamente políticas,...

both
to worsen, deteriorate

ambos
empeorar

...the situation between both countries grew worse from day to day.

...la situación entre ambos países empeoraba de día a día.

on the one hand
the number
the exile

por una parte
el número
el exilado

On the one hand, Surlandia permitted the entry of a large number
of exiles,...

Por una parte, Surlandia permitía la entrada de un gran número
de exilados,...

to accuse
to execute, carry out
all along

acusar
ejecutar
a todo lo largo

...and on the other, it accused Andivia of carrying out troop
movements all along the border.

...y por otra, acusaba a Andivia de ejecutar movimientos de
tropas a todo lo largo de la frontera.

to reject
categorically, flatly
in turn, in answer, furthermore

Andivia categorically rejected the accusations and in turn said...

rechazar
rotundamente
por su parte

Andivia rechazaba rotundamente las acusaciones y por su parte decía...

dangerous, perilous
previous

...that the dangerous situation was due to the help that Surlandia was giving to the exiles from the previous government.

peligroso
anterior

...que la peligrosa situación se debía a la ayuda que Surlandia daba a los exilados del gobierno anterior.

to take seriously

In Las Palmas nobody took what was happening seriously,...

tomar en serio

En Las Palmas nadie tomaba en serio lo que pasaba,...

the summer
the beach

...perhaps because it was summer and everybody was at the beach.

el verano
la playa

...tal vez porque era verano y todo el mundo estaba en la playa.

the weekend

But one afternoon, on a weekend, it happened.

el fin de semana

Pero una tarde, en un fin de semana, sucedió.

older
the age

The two older sons of the Fuentes, twenty and twenty-two years of age, were at the Ministry.

mayor
la edad

Los dos hijos mayores de los Fuentes, de veinte y veintidós años de edad, estaban en el Ministerio.

the little girl
the little friend
outside

The two younger girls were outside in the park with their friends.

la niñita
la amiguita
afuera

Las dos niñitas menores con sus amiguitas estaban afuera en el parque.

to awaken	despertar
the siesta, midday nap	la siesta
the hammock	la hamaca

Doña Marta, who was listening to the radio, felt very nervous and went to wake up Don Ricardo who was taking a nap in a hammock.

Doña Marta, que escuchaba la radio, se sentía muy nerviosa y fue a despertar a Don Ricardo que dormía la siesta en una hamaca.

invading	invasor

At that moment, a voice on the radio announced: 'Invading forces...

En ese momento, una voz en la radio anunció: 'Fuerzas invasoras...

COGNATE LOAN WORDS

el noreste	común
la armonía	la dictadura
la comisión	tenso
neutral	constantemente
impedir	la invasión
la prolongación	simple
satisfactorio	la ideología
formalizar	el rumor
el salón	correspondiente
el triunfo	respectivamente
constitucional	la intuición
subversivo	tranquilamente
extremo	penetrar

38.41.1 Reading selection

Conflictos Internacionales

Las buenas relaciones que durante los últimos cinco años habían existido entre Surlandia y Andivia, país vecino con el cual limitaba al noreste, estaban nuevamente perdiendo esa armonía que, gracias a la intervención de la Organización de Estados Americanos, se había podido establecer cuando la controversia sobre un territorio que por años había estado en disputa, casi culminó en una guerra abierta entre ambos países. En esa época la OEA mandó una comisión formada por representantes de varias naciones neutrales, la que no sólo impidió la prolongación del conflicto sino que, después de varios meses de estudios y conversaciones con los gobiernos de Surlandia y Andivia, obtuvo una solución satisfactoria para ambos países, formalizada en un tratado de paz que se firmó poco después en el Salón de las Américas de la Unión Panamericana en Washington. La feliz solución de esta disputa, que por cuestiones de límites había existido entre Surlandia y Andivia desde su independencia de España, representó un gran triunfo para la OEA y dió al mundo entero un ejemplo de la eficiencia de esta organización.

Desgraciadamente, se había creado un nuevo conflicto durante los últimos meses y las relaciones entre ambos países empeoraban de día a día. Sin embargo, esta vez no se trataba de límites sino de algo netamente político. En mayo del año anterior el gobierno constitucional y democrático de Andivia había sido derrocado por un golpe de estado y el poder estaba ahora en manos de una junta militar. Este golpe había sido dado por el ejército debido, decían ellos, a que el país estaba en peligro de caer en manos de elementos subversivos de la extrema izquierda. Poco tiempo después del golpe de estado, muchos países reconocieron el nuevo gobierno.

Surlandia, por el contrario, cuyas relaciones con el gobierno caído habían sido mejores que en cualquier otra época de su historia, no sólo se negaba a reconocer al nuevo gobierno sino que, como es común en Latinoamérica, había abierto sus puertas a cantidades de exilados que buscaban asilo político de lo que ellos decían era una dictadura militar.

Debido a esta actitud por parte del gobierno de Surlandia, existía ahora una situación cada día más tensa entre ambos países. El número de exilados aumentaba constantemente y esto creaba una situación peligrosa y difícil para el país. Por una parte, de acuerdo con la Constitución, el gobierno no podía cerrarle las puertas a ningún exilado político; pero, por otra, el número de exilados aumentaba tanto a medida que pasaba el tiempo, que no sólo el gobierno de Andivia sino que el partido de oposición en Surlandia misma acusaba al gobierno de este país de prestar ayuda económica y militar con el propósito de organizar una invasión armada hacia Andivia para derrocar a la junta militar.

Surlandia, por su parte, acusaba a Andivia de estar ejecutando grandes movimientos de tropas a todo lo largo de la frontera, acusaciones que este país rechazaba rotundamente explicando que solamente estaba tomando las medidas necesarias para impedir cualquier tentativa de invasión por parte de los exilados.

Quién decía la verdad o quién tenía la razón, no se sabe, pero lo cierto es que la situación era realmente grave. Sin embargo, como pasaban los meses y nada sucedía, excepto las acusaciones que de un lado y otro continuaban haciéndose los dos gobiernos, la gente, especialmente en Surlandia, empezó a considerar todo esto como una simple disputa aislada entre dos gobiernos de diferentes ideologías.

Aunque todo el mundo continuaba comentando las noticias que daban los periódicos como también los rumores que se oían por todas partes, casi nadie tomaba la situación muy en serio; a cada nuevo rumor o noticia, alguien inventaba un chiste correspondiente. La vida en Las Palmas seguía su curso normal y tranquilo.

Pero el día llegó en que los chistes se acabaron y la gente se dió cuenta de la realidad de las cosas. Ese día era sábado, un sábado como cualquier otro. Eran como las tres de la tarde cuando se oyeron las primeras noticias. A esa hora no había mucho movimiento en las calles, no sólo porque las oficinas del gobierno y muchas tiendas cerraban sus negocios después de las doce, sino porque era verano y muchísima gente salía de la ciudad para ir a pasar el fin de semana en la playa o en el campo. Los que no salían preferían quedarse dentro de sus casas ya que el calor afuera era muy grande.

Entre los que se habían quedado ese fin de semana en la ciudad, estaba la familia de los Fuentes. Don Ricardo estaba allá en el patio durmiendo su acostumbrada siesta en una hamaca. Doña Marta estaba en la sala con dos de sus hijos menores, Gerardo y Mario, ella escribiendo unas cartas y ellos escuchando un programa de música por radio. Las dos niñitas, Isabel y Ofelia, estaban en el parque jugando con Jane y Ruth Robinson y otras amiguitas del barrio. Sólo los dos hijos mayores, Alfredo y Julio, no habían llegado a almorzar ni habían llamado y doña Marta, naturalmente, estaba algo preocupada. Ella era la única que tomaba en serio la situación que prevalecía entre su país y Andivia. Ni aún estos dos hijos mayores, que trabajaban con el gobierno en el Ministerio de Relaciones Exteriores, le daban importancia al asunto y todos los días llegaban del trabajo contando el último chiste sobre la última noticia. Pero ella en cambio, cuando los oía hablando así, no dejaba de sentir un gran temor al pensar que ellos, que tenían veinte y veintidós años de edad respectivamente, serían los primeros en ser llamados a las armas en caso de guerra.

Ese día estaba más preocupada que nunca, su intuición le decía que algo sucedía o iba a suceder. ¿Por qué no llegaban? ¿Por qué no habían llamado por lo menos para avisar dónde estaban? Eran ya las tres de la tarde ¡Dios mío! ¿Por qué se sentía tan nerviosa? Trató de convencerse de que nada pasaba, que eran ideas que se le habían metido en la cabeza. Siguió escribiendo tratando de olvidarse del asunto, pero no pudo más y decidió entonces despertar a su esposo que seguía tranquilamente durmiendo su siesta. De repente, en el momento que se levantaba de la silla, el programa de radio fue interrumpido por una voz nerviosa que decía: '¡Interrumpimos este programa para anunciar que fuerzas invasoras han penetrado el territorio nacional por la frontera Este! ¡Este es un informe oficial que acabamos de recibir del Ministerio de Guerra! Repetimos: ¡Fuerzas invasoras...!'

38.41.2 Response drill

    1 ¿Qué conflicto había existido entre Surlandia y Andivia y qué solución había tenido?
    2 ¿Qué clase de conflicto había ahora?
    3 ¿Cuándo había sido derrocado el gobierno de Andivia?
    4 ¿Cuál había sido la actitud de Surlandia?
    5 ¿Por qué no cerraba Surlandia sus puertas a los exilados de Andivia?
    6 ¿De qué acusaba Andivia a Surlandia?
    7 ¿Cuáles eran las acusaciones de Surlandia?
    8 ¿Tomaba en serio la situación la gente en Surlandia?
    9 ¿Cuándo se dio cuenta la gente de la realidad de las cosas?
   10 ¿Dónde estaba la familia de los Fuentes?
   11 ¿Qué hacía don Ricardo?
   12 ¿Dónde estaban las niñitas?
   13 ¿Dónde trabajaban los hijos de doña Marta?
   14 ¿Por qué estaba preocupada doña Marta?
   15 ¿Qué oyó la señora Fuentes por radio?

38.41.3 Discussion

    1 Describe the causes that led to a conflict between Surlandia and Andivia.

    2 Discuss the reactions of doña Marta.

38.42   Features

38.42.0   Vocabulary building

BASIC SENTENCES

the event | el acontecimiento
the threat | la amenaza
the security | la seguridad
inter-American | interamericano

The events of 1825 constituted a threat for inter-American security. | Los acontecimientos de 1825 constituían una amenaza para la seguridad interamericana.

to call, convoke | convocar
the congress | el congreso
Panama | Panamá

Due to this, Simón Bolívar decided to call a Congress at Panama City... | Debido a esto, Simón Bolívar decidió convocar un Congreso en la Ciudad de Panamá...

to propose | proponer
the league, alliance | la liga

...and to propose the formation of an alliance of American Republics. | ...y proponer la formación de una liga de repúblicas americanas.

high, lofty | alto
the principle | el principio
the precedent | el precedente

The lofty principles of Bolívar served later as a precedent... | Los altos principios de Bolívar sirvieron más tarde de precedente...

the League of Nations | la Liga de las Naciones
permanent | permanente
the arbitration | el arbitraje
The Permanent Court of Arbitration | La Corte Permanente de Arbitraje
The Hague | La Haya

TREINTA Y TRES   38.33

...to the League of Nations, the Permanent Court of Arbitration at
The Hague, and the Organization of American States.

       the closing session
       to ratify

After the closing session of the Panama Congress, the treaty was
ratified only by Colombia...

       the distrust, lack of confidence
       unstable

...due to the distrust among the republics and to an unstable system
of balance of power.

       to drain off, exhaust
       the wealth, riches
       the resource

Thus, many of the republics saw themselves exhausted by wars
which consumed the wealth of their resources.

       the conference
       to contribute
       to deliberate
       to entrust, confide
       the dedication

There have been many (Inter-) American Conferences which have
contributed to a deliberate and confident dedication...

       to abolish

...by means of which war is abolished.

...a la Sociedad de las Naciones, a la Corte Permanente de
Arbitraje de La Haya, y a la Organización de Estados
Americanos.

       la clausura
       ratificar

Después de la clausura del Congreso de Panamá, el Tratado
fue ratificado sólo por Colombia...

       la desconfianza
       inestable

...debido a la desconfianza entre las repúblicas y a un inestable
sistema de balanza de poderes.

       agotar
       riqueza
       el recurso

Así, muchas de las repúblicas se vieron agotadas por guerras
que consumían las riquezas de sus recursos.

       la conferencia
       contribuir
       deliberar
       confiar
       la dedicación

Ha habido muchas Conferencias Americanas, que han contri-
buído a una deliberada y confiada dedicación...

       abolir

...por la cual es abolida la guerra.

the fruit

the collaboration

the significance

The fruits of this collaboration have a great significance,...

to strengthen

the sovereignty

...which results in strengthening the peace, sovereignty, and progress of this hemisphere.

el fruto

la colaboración

el significado

El fruto de esta colaboración tiene un gran significado,...

robustecer

la soberanía

...lo que viene a robustecer la paz, la soberanía y el progreso de este hemisferio.

COGNATE LOAN WORDS

el origen

el panamericanismo

destructivo

pacífico

la evolución

la unión

la confederación

la extensión

la gloria

adherir

radical

la justicia

perpetuo

la conciliación

prosperar

antagónico

cristalizar

solemne

la Magna Carta

substituir

Buenos Aires

panamericano

la estructura

reafirmar

la solidaridad

la integridad

la declaración

38.42.1   Reading selection

Orígenes del Panamericanismo

A pesar de los numerosos conflictos armados que ha habido en este Hemisferio desde las guerras de la conquista e independencia hasta las guerras civiles, intervenciones militares e incidentes de fronteras, es muy probable que las Américas sean la parte del mundo en que la paz se ha mantenido por períodos más largos. Mientras el progreso de la técnica ha ido convirtiendo a las guerras en conflictos cada vez más destructivos, las naciones americanas han tratado de resolver sus diferencias por medios pacíficos.

La evolución hacia la paz en América es parte de la historia de la Organización de Estados Americanos, cuyos orígenes se deben a la amenaza, por parte de naciones europeas, a la independencia recientemente obtenida en aquel tiempo por la mayoría de las antiguas colonias en el norte y en el sur del Hemisferio.

Simón Bolívar, para quien la paz y la seguridad de América era, en 1825, el problema más urgente, invitó a las nuevas repúblicas americanas a un congreso que iba a reunirse en 1826 en la Ciudad de Panamá. Esto no era una idea nueva para Bolívar quien, por más de diez años, había tratado de formar una confederación americana. El había escrito en 1815: 'Deseo más que otro alguno ver formar en América la más grande nación del mundo, menos por su extensión y riquezas que por su libertad y gloria.... Ojalá tengamos la fortuna de instalar allí (Panamá) un... congreso...a tratar y discutir sobre los altos intereses de la paz y de la guerra, con las naciones de las otras tres partes del mundo.'

Otros héroes de la independencia en la América Latina tenían las mismas aspiraciones que Bolívar. En Norteamérica, Henry Clay, Secretario de Estado de los Estados Unidos, se adhirió a la idea de un Congreso en Panamá, diciendo que esto significaba 'una nueva época en los acontecimientos humanos'.

La organización internacional que se iba a proponer en Panamá era tan radical en sus conceptos que el mundo no estaba preparado para aceptarla. La liga de naciones que se proponía crear en Panamá sería una sociedad de estados independientes, en la cual ninguno sería más fuerte que los otros. Esta liga no estaría basada solamente en lo geográfico, lo militar o lo religioso, sino que en un concepto de ley, justicia y libertad. Las características principales del plan presentado por Bolívar al Congreso, formalizado en el Tratado de la Confederación y firmado por los representantes de las naciones en 1826, constituye un precedente para el desarrollo de la organización sobre la cual está fundada hoy la paz de este Hemisferio.

La primera de estas características fue el principio de seguridad colectiva. En el Tratado se hablaba de la defensa colectiva de las repúblicas por medio de un ejército interamericano, el que estaría formado por tropas de los países miembros. Este principio de seguridad colectiva, aceptado hoy en todo el mundo, es una de las bases del sistema interamericano.

Una segunda característica fue el principio de 'Unión, Liga y Confederación perpetua', que sirvió de precedente a la Sociedad de las Naciones y a las Naciones Unidas, como también a la presente Organización de los Estados Americanos.

Otra característica era el principio de arbitraje y conciliación en la solución de las disputas, adoptado en 1890 como una de las bases principales de las relaciones interamericanas. Este principio fue aplicado nueve años más tarde cuando la Conferencia de La Haya creó la Corte Permanente de Arbitraje.

Sin embargo, en los cincuenta años que siguieron al Congreso de Panamá, estos principios no prosperaron. El Tratado de Confederación fue ratificado sólo por Colombia. Las estrechas ideas nacionalistas y la desconfianza entre los países dieron como resultado la formación de grupos antagónicos, como igualmente la formación de un inestable sistema de balanza de poderes. Así, las jóvenes repúblicas se vieron agotadas por guerras que consumían sus recursos económicos y humanos.

Fue sólo en 1889 que las ideas de Bolívar comenzaron a cristalizar con la Primera Conferencia Internacional Americana convocada por los Estados Unidos en Washington. El Secretario de Estado, James G. Blaine, tuvo las siguientes palabras durante la clausura de la Conferencia: '...la paz (debe fundarse)...en...la deliberada, confiada y solemne dedicación (de este Hemisferio)...a la prosperidad. Nosotros mantenemos que esta nueva Magna Carta, por la cual es abolida la guerra entre las repúblicas americanas y es substituída por el arbitraje, es el primero y el gran fruto de la Conferencia Internacional Americana.'

Uno de los primeros resultados de esta Conferencia fue la creación de la Unión Internacional de las Repúblicas Americanas y de la Oficina Comercial de las Repúblicas Americanas con oficinas centrales en Washington. El propósito de esta Oficina Comercial era el de obtener y distribuir informaciones económicas y comerciales sobre los países miembros. En 1910, después de la Cuarta Conferencia Internacional Americana, celebrada en Buenos Aires, la Unión tomó el nombre de Unión de las Repúblicas Americanas y la Oficina Comercial pasó a llamarse Unión Panamericana.

Desde la fecha histórica de 1889-1890 ha habido muchas Conferencias Internacionales Americanas, cada una de las cuales ha contribuido al progreso de la cooperación interamericana y a la paz del Hemisferio. En la Conferencia de Bogotá en 1948, se completó la estructura de lo que ahora se llama Organización de los Estados Americanos. En la Carta de esta Organización, ratificada por todos los países americanos en 1951, las Repúblicas Americanas reafirman su dedicación solemne a un orden de paz y de justicia, de solidaridad y colaboración, como igualmente de defender su soberanía, su independencia y la integridad de su territorio.

En Julio de 1956, para celebrar el aniversario del Congreso de Panamá, la Organización de Estados Americanos convocó a una reunión especial en la Ciudad de Panamá. Al mismo tiempo se reunió la Primera Conferencia de Presidentes Americanos. Ellos firmaron la Declaración de Panamá, documento de gran significado interamericano, y dieron impulso a la idea de crear un Comité Especial formado por los representantes de cada uno de los Presidentes, como una medida de robustecer la obra de la Organización de Estados Americanos.

38.42.2 Response drill

1 ¿Cómo han tratado de resolver sus diferencias las naciones de este Hemisferio?
2 ¿Por qué razón decidieron unirse las repúblicas americanas?
3 ¿Qué aspiraciones tenía Bolívar para las tres Américas?
4 ¿Quién se adhirió a las ideas de Bolívar?
5 ¿Qué clase de liga se propuso en Panamá?
6 ¿Aceptaron las naciones americanas la liga que Bolívar y Clay propusieron en Panamá?
7 ¿Cuál es el principio de seguridad colectiva?
8 ¿Cuándo fue aceptado por todas las naciones del mundo el principio de arbitraje y conciliación?
9 ¿Cuándo comenzaron a cristalizar las ideas de Bolívar?
10 ¿Quién era el Secretario de Estado Americano durante la Primera Conferencia Americana?
11 ¿Cuál era el propósito de la Oficina Comercial de las Repúblicas Americanas?
12 ¿Cómo se llama ahora la Oficina Comercial?
13 ¿Cuándo se completó la estructura de la Organización de Estados Americanos?
14 ¿Qué principios se reafirmaron en la Carta de la OEA?
15 ¿Qué documento firmaron los presidentes en la Conferencia que se celebró en 1956?

38.42.3 Discussion

1 Describe the origins of the Organization of American States.

2 Discuss the principles introduced by Bolívar's plan and the wide acceptance they have today.

39.1   BASIC SENTENCES.   John White buys a car.

White has managed to save up enough money to purchase a used car.

ENGLISH SPELLING	AID TO LISTENING	SPANISH SPELLING
John		*Juan*
Well, how much are you asking for the car?	ėntónşés| kwantopiɗe |porelkóchė↓	Entonces, ¿cuánto pide por el coche?
the owner	él—dweņyó↓	el dueño
Owner		*Dueño*
2000 dollars.	dózmíl—dólårės↓	Dos mil dólares.
brand new (1)	nwėbėşitó↓	nuevecito
John		*Juan*
For *that* price I can buy it brand new. (2)	pòresepreşyo |lókompronwebėşitó↓	Por ese precio lo compro nuevecito.
Owner		*Dueño*
This is last year's model.	ėstez |ɗėláŋyópàsaɗó↓	Este es del año pasado.
the change, transmission, gears	ėl—kambyó↓	el cambio
automatic	àwtómatíkò↓	automático
It has automatic transmission.	tyenelkambyǫ |àwtómatíkò↓	Tiene el cambio automático.

to fail

fáǒyár↓

fallar

on the third day

à—lós—trez—días↓

a los tres días

John

And the motor? I don't want it to break down on me after three days.

¿élmòtor↑ nokyerokemefáǒyę| àlóstrézdiás↓

Juan

¿Y el motor? No quiero que me falle a los tres días.

to guarantee

gàràntişár↓

garantizar

perfect

pèrfektó↓

perfecto

the condition, state

él—éstadó↓

el estado

the brake

él—frenó↓

el freno

Owner

I'll guarantee you it's in perfect shape, and so are the brakes. (3)

yólégàràntişo|késta|ęmpèrfekto estádó↓ lòmızmo|kelosfrénòs↓

Dueño

Yo le garantizo que está en perfecto estado, lo mismo que los frenos.

the color

èl—kòlòr↓

el color

the upholstery

là—tàpíşèríá↓

la tapicería

John

Its color and upholstery aren't bad. (4)

But what's your bottom price?

dèkóloritapişeria↑noęstamál↓

pérò| kwantǫez lomènòs↓

Juan

De color y tapicería no está mal.

Pero, ¿cuánto es lo menos?

to reduce	rrébáhár↓	rebajar
the cent	él—ṣéntimó↓	el céntimo

Owner
I can't come down for you even one cent.

nólepwéḍorrebahár↑nḷun |ṣéntimó↓

Dueño
No le puedo rebajar ni un céntimo.

to use	úsár↓	usar
very expensive	kárɪsɪmó↓	carisimo

John
For a used car, it's awfully expensive. (5)

párásér |únkóchęúsaḍo↑éskárɪsímó↓

Juan
Para ser un coche usado, es carísimo.

the bother	lá—mólestyá↓	la molestia

So...Sorry for the trouble I've given you.

ásɪké| pérḍonelamoléstyá↓

Así que...Perdone la molestia.

Good evening, sir.

bwénaznóchés |sę́ɲór↓

Buenas noches, señor.

Owner
Don't leave; perhaps we may still get together on it.

nósebayá |sę́ɲór↓ tálbeṣ |
Ø̦yegemosąunakwérḍó↓

Dueño
No se vaya, señor. Tal vez llegue-mos a un acuerdo.

John
Then, $ 1850?

éntonṣés↓ mɪlochoṣyéntós |
ṣɪŋkwenta↑

Juan
Entonces, ¿mil ochocientos cincuenta?

Owner		*Owner*
1900.	mílnobe̥şyéntŏs↓	Mil novecientos.
the deal	él‒tràtô↓	el trato
sold	trato̥‒échò↓	trato hecho
the word	lä‒pálabrá↓	la palabra

John

It's a deal. Not another word.

trátōéchò↓ n̩unapalabramás↓

Juan

Trato hecho. Ni una palabra más.

39.10   Notes on the basic sentences

(1) Note here that the diminutive suffix /‒şíto/‒ *cito* does not have the 'logical' meaning that one might expect — 'a little bit new' or 'almost new' — but rather 'completely new' or 'brand new'.

(2) We have previously observed that the simple present tense in Spanish occurs in a range of time-contexts where English would use a variety of forms such as the future mode ('will____') or the durative aspect ('is____ing'). Here, however, is an instance where the equivalence is between a simple present in Spanish and one of the complex modal phrases of English ('can buy'). Only context will give you any clue as to the appropriateness of one translation over another.

(3) Literally the Spanish says, '..., the same as the brakes.' Since, however, there has been no previous reference to the brakes, English does not allow the comparison to be worded in the same way, and the quite unliteral translation is, then, '..., and so are the brakes.'

(4) A more nearly literal translation would be: 'As far as color and upholstery are concerned, it's not bad.' That is, 'Of color and upholstery....'

(5) The difference between /pára/ *para* and /pór/ *por* is interestingly illustrated in this sentence. /para‒sér/ *para ser* means 'Considering that it is (a used car)...', while /por‒sér/ *por ser* would mean 'Because it is...' as in /por‒sér‒un‒kóche‒ nwébo↑ lo‒pwédo‒garantişár↓/ *Por ser un coche nuevo, lo puedo garantizar* 'Since it's a new car, I can guarantee it.' A mini- mally contrasting pair of sentences might appear as follows:

/para‒sér‒amerikáno↑ ábla‒muy‒byén↓/

Para ser americano, habla muy bien
'For an American, he speaks very well;'

/por‒sér‒amerikáno↑ ábla‒muy‒byén↓/

Por ser americano, habla muy bien
'Because he's an American, he speaks very well.'

39.2   DRILLS AND GRAMMAR

39.21   Pattern drills

39.21.1   The derivational suffix /─(eṣ)ít─/

   A.   Presentation of pattern

ILLUSTRATIONS

The little girl is downstairs.   1 La *niñita* está abajo.

Please give me another little piece of pie.   2 Tenga la bondad de darme otro *pastelito.*

My daughter speaks like a little lady.   3 Mi hija habla como una *mujercita.*

Don't you see that little light over there?   4 ¿No ves aquella *lucecita* que está allá?

─────────────────────────────   5 A la *gordita* de las gafas.

Your boy is a bit skinny.   6 Su niño está un poco *flaquito.*

─────────────────────────────   7 *Igualito.*

Your daughter is quite grown up.   8 La hija ya está *grandecita.*

─────────────────────────────   9 Por ese precio lo compro *nuevecito.*

EXTRAPOLATION

Noun or adjective	with /─(eṣ)ít─/ suffix
chík─a	chik─ít─a
muhér	muher─ṣít─a
nwéb─o	nweb─eṣít─o
pók─o	pok─ít─o

NOTES

a. The derivational suffix /─ít─/, and the alternates /─ṣít─/ and /─eṣít─/ can be added to the stems of many modifiers and nouns.
b. The suffix appears between the stem and the inflectional suffixes of gender (and number).
c. If the characteristic gender suffixes /─a/ or /─o/ are not present with the stem, they are added to the new derivational form.

39.21.11 Substitution drill — item substitution

Problem:
 Es una morena *pequeña.*

Answer:
 Es una morena pequeñita.

1 Es una muchacha *gorda.*	Es una muchacha gordita.
2 Es una lección *larga.*	Es una lección larguita.
3 Compré un escritorio *nuevo.*	Compré un escritorio nuevecito.
4 Mi auto ya está *viejo.*	Mi auto ya está viejito.
5 Mi novia es *morena.*	Mi novia es morenita.
6 Ellos viven en esa *casa.*	Ellos viven en esa casita.
7 Le llevé a mi hija una *silla.*	Le llevé a mi hija una sillita.
8 Los García tienen dos *niñas.*	Los García tienen dos niñitas.
9 Mi hijo come en esa *mesa.*	Mi hijo come en esa mesita.

39.21.12 Translation drill

1 John's girl friend is a bit chubby.	La novia de Juan es gordita.
2 His apartment is rather small.	Su apartamento es pequeñito.
3 That little brunette is pretty.	Esa morenita es muy linda.
4 This little table is for my daughter.	Esta mesita es para mi hija.
5 I brought my son a little boat.	Le traje a mi hijo un barquito.
6 She bought her daughter a very cute little dress.	Ella le compró a su hija un vestidito muy bonito.
7 They have a little girl.	Ellos tienen una muchachita.
8 Give me a little bit.	Déme un poquito.
9 Look at that little bull.	Mire ese torito.

B.   Discussion of pattern

Derivation is the grammatical process by which new words are formed on existing stems by adding certain endings called derivational suffixes. Derivational formations need to be distinguished from inflectional formations. Inflectional suffixes are used to classify words and differentiate their functions in a construction: a stem which takes /—ár/ is a verb, one which takes /—o/ or /—a/ is an adjective, etc. Inflectional suffixes designate such categories as person, number, gender, and tense. The inflectional suffixes form a closed class with a rather small membership.

Derivational suffixes do not distinguish word classes, though they may or may not be characteristic of certain classes. Indeed, derivational suffixes often change the form classification of a word (inflectional suffixes never do), so that by a given suffix, for example, a verb can be changed to an adjective. For instance the suffix /—dór—/ occurring with the stem (and theme vowel) of the verb /enkantár/ 'to charm' forms the adjective /enkantadór/ 'charming'.

The suffix /—ít—/ , drilled in the present section, usually occurs with nouns and adjectives (without altering their word class membership), though other modifiers can also occur with this suffix, as /aóra/ 'now' and /aoríta/ 'pretty soon.'

With some stems (there is no sure way to predict which), the alternants /—ṣít—/ and /—eṣít—/ appear. Thus /muhér/ becomes /muherṣíta/ and /nwébo/ becomes /nwebeṣíto/. As with any pattern of derivational formation (since these suffixes do not themselves classify words), it is necessary to learn which of the three alternate forms of the suffix will be used, or if any at all will. Unlike some other derivational suffixes, the /—ít—/ suffix has a very wide distribution (occurs with lots of words).

All derivational suffixes appear between the stem and any inflectional suffixes that may appear (hence the dash at both ends of a cited suffix like /—ít—/). Thus the word /kása/ 'house' is split for the insertion of /—ít—/ between the stem and the inflectional suffix: /kás—a/ plus /—ít—/ becomes /kas—ít—a/. If an /—a/ or an /—o/ gender suffix does not occur on the stem, one is added, so that /muhér/ 'lady' becomes /muherṣíta/ 'little lady', and /bérde/ 'green' becomes /berdeṣíto/ or /berdeṣíta/ 'greenish' depending on whether it modifies a masculine or a feminine noun.

Note that this derivational suffix carries with it a strong stress (this is typical of derivational suffixes; inflectional suffixes usually do not), so the strong stress is moved from the stem to the suffix in the derived form.

The /—ít—/ suffix is often referred to as a diminutive, and this is a meaning it frequently carries, as in /ího/ 'son' and /ihíto/ 'small son.' However, it can also mean *slightly* as in /berdeṣíto/ 'greenish,' *emphatic* as in /nwebeṣíto/ 'brand new,' or *endearing* as in /abwelíta/ 'darling grandmother.' Sometimes, to reinforce the diminutive meaning, the /—ít—/ suffix will be doubled to /—ıtít—/ , so that the following examples can be derived: /chíko/ 'small,' /chıkíto/ 'very small' and /chıkı-títo/ 'tiny.'

There are other diminutive derivational suffixes in Spanish which are widely used, particularly /—ík—/ and /—íⁿy—/. Different dialect areas will often show a preference for one or another suffix, and this will be noticed . Costa Ricans, for example, are frequently called /tíkos/ because of their habit of using the /—ík—/ diminutive suffix in preference to /—ít—/ .

39.21.2 The derivational suffix /-ísim-/

A. Presentation of pattern

ILLUSTRATIONS

_____

_____

_____

_____

_____

1 La comida estuvo *buenísima*.

2 Tiene un saque *buenísimo*.

3 Muy bien, aunque yo estoy *ocupadísima*.

4 Está *riquísimo*.

5 Para ser un coche usado, es *carísimo*.

EXTRAPOLATION

Adjective or verb modifier	With /-ísim-/ suffix
rrík-o	rrik-ísim-o
bwén-a	bwen-ísim-a
tárd-e	tard-ísim-o
fáṣıl	faṣıl-ísim-o
kár-os	kar-ísim-os

NOTES

a. The derivational suffix /-ísim-/ can be added to the stems of many modifiers.

b. The derivational suffix occurs between the stem and any inflectional suffixes of gender and number which appear.

c. A characteristic /-o/ or /-a/ ending is added after the derivational suffix when the modifier ends in a consonant as in /faṣıl-ísim-o/ or replaces an /-e/ as /tard-ísim-o/.

39.21.21 Substitution drill — item substitution

Problem:

Mi secretaria es *competente*.

Answer:

Mi secretaria es competentísima.

1 El apartamento de ella es *grande*.
2 Compramos un auto *barato*.
3 Ellas están *equivocadas*.
4 He estado *ocupado*.
5 Esta lección es *fácil*.
6 Esa pista es *larga*.
7 Todos estamos *contentos*.
8 Ese club es *caro*.
9 Anoche comimos *mucho*.

El apartamento de ella es grandísimo.
Compramos un auto baratísimo.
Ellas están equivocadísimas.
He estado ocupadísimo.
Esta lección es facilísima.
Esa pista es larguísima.
Todos estamos contentísimos.
Ese club es carísimo.
Anoche comimos muchísimo.

39.21.22 Translation drill

1 The Garcias live in a *very* large house.
2 Jose bought a *very* expensive car.
3 This morning we arrived *very* late.
4 We had a *very* good time.
5 Louise drives *very* fast.
6 This office is *very* comfortable.
7 That room is *very* small.
8 English is *very* difficult.
9 The party was *very* good.
10 Carlos dances *very* badly.
11 The airport is *very* big.

Los García viven en una casa grandísima.
José compró un carro carísimo.
Esta mañana llegamos tardísimo.
Nos divertimos muchísimo.
Luisa maneja rapidísimo.
Esta oficina es comodísima.
Ese cuarto es pequeñísimo.
El inglés es dificilísimo.
La fiesta estuvo buenísima.
Carlos baila malísimo.
El aeropuerto es grandísimo.

B. Discussion of pattern

One of the most frequently used derivational suffixes is /—ísɪm—/, which can occur with the stem of almost any modifier.

The /—ísɪm—/ suffix functions as an intensifier, usually translated in English by the word 'very' used with the adjective. Thus /rríko/ 'rich' is made more emphatic as /rrɪkísɪmo/ 'very rich.'

39.21.3 The compounding suffix /—ménte/

A. Presentation of pattern

ILLUSTRATIONS

_____	1 *Francamente* ninguno.
_____	2 *Igualmente*, gracias.
_____	3 *Realmente* vale la pena vivir en ese barrio.
_____	4 *Realmente* todo el conjunto es muy atractivo.
_____	5 *Principalmente* para preparar técnicos especialistas.

EXTRAPOLATION

Adjective	With /—ménte/ suffix
fránka	fránka—ménte
rreál	rreál—ménte

NOTES

a. The compounding suffix usually makes a verb (or self) modifier out of an adjective.

b. This suffix is added after (instead of before, as for derivational formations) the inflectional suffixes.

39.21.31 Substitution drill — item substitution

    Problem:
        Alicia es perfecta.
        _____ baila_____.

    Answer:
        Alicia baila perfectamente.

        1 Luis es *tranquilo.*
            _____ maneja_____.   Luis maneja tranquilamente.

        2 Ana habla *rápido.*
            _____traduce_____.   Ana traduce rápidamente.

        3 En la embajada son muy *amables.*
            _____ atienden _____.   En la embajada atienden muy amablemente.

        4 La morena resultó *estupenda.*
            _____bailó_____.   La morena bailó estupendamente.

        5 El toro fue *valiente.*
            _____ murió_____.   El toro murió valientemente.

        6 Marta fue *fantástica.*
            _____ jugó_____.   Marta jugó fantásticamente.

        7 Carlos fue *fenomenal.*
            _____se portó____.   Carlos se portó fenomenalmente.

39.21.32 Translation drill

1 The Molinas come here frequently.	Los Molina vienen aquí frecuentemente.
2 We dressed rapidly.	Nos vestimos rápidamente.
3 I translated everything carefully.	Traduje todo cuidadosamente.
4 At the office they treated me pleasantly.	En la oficina me trataron amablemente.
5 John speaks Spanish perfectly.	Juan habla español perfectamente.
6 Ann drives rapidly.	Ana maneja rápidamente.
7 He handled himself valiently.	El se portó valientemente.
8 The girls danced terrifically.	Las muchachas bailaron estupendamente.
9 They do everything comfortably.	Ellos hacen todo cómodamente.
10 Frankly, I'm not complaining.	Francamente, yo no me quejo.
11 Really, that garden is pretty.	Realmente, ese jardín es bonito.

B. Discussion of pattern

The word formations in this section are different from those described in the two preceding sections in several ways. The compounding suffix is added to a complete word, not inserted between the stem and the inflectional suffixes. Also, both the stress of the stem and that of the ending are retained in the resulting compound word.

The ending /‑mente/ has no apparent gender marker (no /‑o/ or /‑a/), but the preceding adjective agrees as though the ending were a feminine noun. Also the compound is much more loosely joined together than a derivational formation, since one compounding suffix can suffice for two adjectives: /ganáron‑klára‑ɪ‑limpya‑ménte/.

The /‑ménte/ compounding suffix resembles the English suffix '___ly' in some ways. Both can make a verb modifier of an adjective (though English '___ly' can also make an adjective of a noun: friend, friendly), and both share the meaning 'in the manner of.'

It is not uncommon for /‑isɪm‑/ and /‑ménte/ to both appear with one stem, in which case /‑ménte/ is added to the derivational formation: /rrapidísɪma‑ménte/.

39.22   Replacement drills

A   Entonces, ¿cuánto pide por el coche?

1 _____ , ¿ _____ este ____ ?   Entonces, ¿cuánto pide por este coche?

2 _____ , ¿ _____ quiere _____ ?   Entonces, ¿cuánto quiere por este coche?

3 _____ , ¿ _____ retratos?   Entonces, ¿cuánto quiere por estos retratos?

4 _____ , ¿ _____ cobra _____ ?   Entonces, ¿cuánto cobra por estos retratos?

5 _____ , ¿ _____ ese ____ ?   Entonces, ¿cuánto cobra por ese retrato?

6 _____ , ¿ _____ información?   Entonces, ¿cuánto cobra por esa información?

7 _____ , ¿ _____ da _____ ?   Entonces, ¿cuánto da por esa información?

B   Por ese precio lo compro nuevecito.

1 _____ la _____ .   Por ese precio la compro nuevecita.

2 _____ nuevecitas.   Por ese precio las compro nuevecitas.

3 ____ esos _____ .   Por esos precios las compro nuevecitas.

4 _____ pequeñitas.   Por esos precios las compro pequeñitas.

5 _____ hago _____ .   Por esos precios las hago pequeñitas.

6 _____ cantidad _____ .   Por esa cantidad las hago pequeñitas.

7 _____ grandecito.   Por esa cantidad lo hago grandecito.

C   Este es del año pasado.

1 _____ semana ____.   Este es de la semana pasada.

2 _____ son_____.   Estos son de la semana pasada.

3 Aquél_____ .   Aquél es de la semana pasada.

4 _____ mes_____.   Aquél es del mes pasado.

5_____ parecen_____ .   Aquéllos parecen del mes pasado.

6 Esto_____ .   Esto parece del mes pasado.

7 _____ es_____.   Esto es del mes pasado.

D   Tiene cambio automático.

1 _____ técnicos.   Tiene cambios técnicos.

2 _____ palabras_____ .   Tiene palabras técnicas.

3 Son_____ .   Son palabras técnicas.

4 _____ agradables.   Son palabras agradables.

5 _____ días_____ .   Son días agradables.

6 _____ nublados.   Son días nublados.

7 Hay_____ .   Hay días nublados.

E   Yo le garantizo que está en perfecto estado.

1 _____ magnífico _____.   Yo le garantizo que está en magnífico estado.

2 Nosotros _____ __.   Nosotros le garantizamos que está en magnífico estado.

3 _____ están_____ .   Nosotros le garantizamos que están en magnífico estado.

4 _____ relaciones.   Nosotros le garantizamos que están en magníficas relaciones.

5 ____ digo_____ .   Yo le digo que están en magníficas relaciones.

6 _____ buenas _____.   Yo le digo que están en buenas relaciones.

7 _____ estaban_____ .   Yo le digo que estaban en buenas relaciones.

F   Para ser un coche usado, es carísimo.

1 _____ coches_____ , _____ .   Para ser unos coches usados, son carísimos.

2 _____ viejo,_____ .   Para ser un coche viejo, es carísimo.

3 _____ ,___ buenísimo.   Para ser un coche viejo, es buenísimo.

4 _____ casas_____ ,_____ .   Para ser unas casas viejas, son buenísimas.

5 _____ baratas, _____ .   Para ser unas casas baratas, son buenísimas.

6 _____ , __ grandísima.   Para ser una casa barata, es grandísima.

7 _____ cuarto_____ ,_____ .   Para ser un cuarto barato, es grandísimo.

39.23   Variation drills

    A   Dos mil dólares.

        1 Three thousand dollars.   Tres mil dólares.
        2 Thirty thousand dollars.   Treinta mil dólares.
        3 Fifty thousand dollars.   Cincuenta mil dólares.
        4 Sixty thousand dollars.   Sesenta mil dólares.
        5 Seventy thousand dollars.   Setenta mil dólares.
        6 One hundred thousand dollars.   Cien mil dólares.
        7 One million dollars.   Un millón de dólares.

    B   ¿Y el motor? No quiero que me falle.

        1 And the transmission? I don't want it to break down on me.   ¿Y el cambio? No quiero que me falle.
        2 And the brakes? I don't want them to give out on me.   ¿Y los frenos? No quiero que me fallen.
        3 And the upholstery? I don't want it to get torn.   ¿Y la tapicería? No quiero que se rompa.
        4 And my mother-in-law? I don't want her to faint.   ¿Y mi suegra? No quiero que se desmaye.
        5 And you? I don't want you to get mixed up (confused).   ¿Y Ud.? No quiero que se confunda.
        6 And you? I don't want you to commit yourself.   ¿Y Ud.? No quiero que se comprometa.
        7 And you all? I don't want you to go away.   ¿Y Uds.? No quiero que se vayan.

    C   De color y tapicería no está mal.

        1 Its motor and brakes aren't bad.   De motor y frenos no está mal.
        2 Its condition and the price aren't bad.   De estado y precio no está mal.
        3 Its style and the color aren't bad.   De estilo y color no está mal.
        4 Its automatic transmission's not bad.   De cambio automático no está mal.
        5 Its model's not bad.   De modelo no está mal.
        6 Its length's not bad.   De largo no está mal.
        7 Its lines aren't bad.   De línea no está mal.

D   No le puedo rebajar ni un céntimo.

1 I can't come down even one peso for you.   No le puedo rebajar ni un peso.
2 I can't come down even a little bit for you.   No le puedo rebajar ni un poco.
3 I can't come down any for you.   No le puedo rebajar nada.
4 I can't collect anything from you.   No le puedo cobrar nada.
5 I can't explain anything to you.   No le puedo explicar nada.
6 I can't forgive you anything.   No le puedo perdonar nada.
7 I can't answer you anything.   No le puedo responder nada.

E   Perdone tanta molestia.

1 Excuse so much annoyance.   Perdone tanta lata.
2 Excuse so much noise.   Perdone tanto ruido.
3 Excuse so many (so much) problems.   Perdone tanto problema.
4 Excuse so many (so much) excuses.   Perdone tanto pretexto.
5 So much heat doesn't matter.   No importa tanto calor.
6 So much cold doesn't matter.   No importa tanto frío.
7 So much pepper doesn't matter.   No importa tanta pimienta.

F   No se vaya. Tal vez lleguemos a un acuerdo.

1 Don't go. Maybe we can agree on a price.   No se vaya. Tal vez lleguemos a un precio.
2 Don't go. Maybe we can agree on a compromise.   No se vaya. Tal vez lleguemos a un compromiso.
3 Don't go. Maybe it's worth the trouble.   No se vaya. Tal vez valga la pena.
4 Don't go. Maybe they'll win the set.   No se vaya. Tal vez ganen el partido.
5 Don't worry. Maybe it's good news.   No se preocupe. Tal vez sean buenas noticias.
6 Don't worry. Maybe everything'll turn out all right. No se preocupe. Tal vez resulte todo bien.
7 Don't worry. Maybe it won't be any problem.   No se preocupe. Tal vez no sea ningún problema.

39.24   Review drills

39.24.1   Spanish verbs with included subject

1 John? He's shaving.	¿Juan? Se está afeitando.
2 Anthony? He's bathing.	¿Antonio? Se está bañando.
3 The girls? They're getting dressed.	¿Las muchachas? Se están vistiendo.
4 The lady? She's sweeping.	¿La señora? Está barriendo.
5 Ann? She's cleaning.	¿Ana? Está limpiando.
6 Charles? He's not here.	¿Carlos? No está aquí.
7 The doctor? He's not in the office.	¿El médico? No está en la oficina.
8 Martha? She hasn't called yet.	¿Marta? No ha llamado todavía.
9 Louise? He hasn't been here today.	¿Luis? No ha estado hoy aquí.

39.24.2   The adjective /tódo/

1 All of us are working at the same company.	Todos nosotros trabajamos en la misma compañía.
2 All of us danced last night.	Todos nosotros bailamos anoche.
3 All of us went to the agency.	Todos nosotros fuimos a la agencia.
4 All of us helped Carmen.	Todos nosotros le ayudamos a Carmen.
5 All of us believe that.	Todos nosotros creemos eso.
6 All of us came yesterday.	Todos nosotros vinimos ayer.
7 All of them put on a tie.	Todos ellos se pusieron corbata.
8 All of them arrived late.	Todos ellos llegaron tarde.
9 All of them went to the bullfight.	Todos ellos fueron a la corrida.
10 All of them brought their (the) vaccination certificate.	Todos ellos trajeron el certificado de vacuna.
11 All of them filled their (the) application.	Todos ellos llenaron la solicitud.
12 All the women were surprised.	Todas las mujeres se sorprendieron.
13 All the ladies ate slowly.	Todas las señoras comieron despacio.
14 All the young ladies danced.	Todas las señoritas bailaron.

15 All the men drank beer.	Todos los hombres bebieron cerveza.
16 All the girls got nervous.	Todas las muchachas se pusieron nerviosas.
17 All the boys ate together.	Todos los niños almorzaron juntos.

Note: Spanish uses /tódos/ as an adjective before either nouns or pronouns. English uses *all* as a noun before pronouns, but before nouns it can be used either as an adjective (as in Spanish) or as a noun (as with pronouns): 'all the boys' or 'all of the boys'

39.3   CONVERSATION STIMULUS

NARRATIVE 1

1 After visiting his grandmother, Rudolph went again to see Lieutenant Ray.	Después de visitar a su abuela, Rodolfo fue de nuevo a ver al Teniente Ray.
2 He asked him where he had the car because he wanted to see it.	Le preguntó dónde tenía el carro porque quería verlo.
3 The Lieutenant was a little busy at that moment because he had to finish a letter.	El teniente estaba un poco ocupado en ese momento porque tenía que terminar una carta.
4 But he was almost done.	Pero le faltaba muy poquito.
5 Rudolph sat down while the lieutenant finished what he had to do.	Rodolfo se sentó mientras el teniente terminaba lo que tenía que hacer.

DIALOG 1

Rodolfo, pregúntele al teniente que dónde tiene el carro.	Rodolfo: ¿Dónde tiene el carro, teniente?
Teniente, contéstele que está ahí a la vuelta, que si quiere ir a verlo.	Teniente: Está ahí a la vuelta. ¿Quiere ir a verlo?
Rodolfo, dígale que sí, si él no está muy ocupado.	Rodolfo: Sí, si no está muy ocupado.

Teniente, dígale que no, que sólo le falta terminar esta carta.   Teniente: No, sólo me falta terminar esta carta. Me falta muy
  Que le falta muy poco. Que se siente un momentito, por favor.   poco. Siéntese un momentito, por favor.

Rodolfo, contéstele que muchas gracias.   Rodolfo: Muchas gracias.

NARRATIVE 2

1 The lieutenant and Rudolph went to see the car.

El teniente y Rodolfo fueron a ver el carro.

2 It was a two-tone car, blue and white.

Era un carro de dos colores, azul y blanco.

3 Rudolph had seen it many times, and frankly he liked it
  very much.

Rodolfo lo había visto muchas veces, y francamente le gustaba
  muchísimo.

4 It was a little bit dirty because it had been raining a lot
  and it wasn't worth the trouble washing it.

Estaba un poquito sucio porque había estado lloviendo mucho
  y no valía la pena lavarlo.

5 Rudolph said that since he was going to be the new owner,
  he was going to wash it every day.

Rodolfo dijo que como él iba a ser el nuevo dueño, lo iba a
  lavar todos los días.

6 The lieutenant was surprised when he heard him say that.

El teniente se sorprendió al oírlo decir eso.

7 Because he didn't know Rudolph was the one who wanted
  to buy it.

Porque él no sabía que era Rodolfo el que lo quería comprar.

8 But Rudolph explained to him that he didn't tell him the
  day he spoke with him....

Pero Rodolfo le explicó que no se lo dijo el día que habló
  con él....

9 Because he didn't have the money then, and he didn't
  want to commit himself.

Porque no tenía la plata entonces, y no quería comprometerse.

10 Now he has a little, but not enough to pay what the
  lieutenant is asking.

Ahora tiene un poco, pero no lo suficiente para pagar lo que el
  teniente pide.

DIALOG 2

Teniente, dígale que es aquél que está ahí, aquel azul
con blanco.

Teniente: Es aquél que está ahí, aquel azul con blanco.

Rodolfo, dígale que sí, que Ud. lo conoce. Que Ud. lo
ha visto muchas veces y francamente le gusta muchísimo.

Rodolfo: Sí, yo lo conozco. Yo lo he visto muchas veces y
francamente me gusta muchísimo.

Teniente, explíquele que está un poquito sucio, pero como
ha estado lloviendo tanto estos días, no vale la pena
lavarlo.

Teniente: Está un poquito sucio, pero como ha estado lloviendo
tanto estos días, no vale la pena lavarlo.

Rodolfo, dígale que cuando Ud. sea el dueño, lo va a lavar
todos los días.

Rodolfo: Cuando yo sea el dueño, lo voy a lavar todos los días.

Teniente, dígale que Ud. no sabía que él era el que quería
comprarlo. Pregúntele que por qué no se lo dijo aquel día.

Teniente: No sabía que Ud. era el que quería comprarlo. ¿Por
qué no me lo dijo aquel día?

Rodolfo, contéstele que porque no tenía la plata entonces, y
no quería comprometerse.

Rodolfo: Porque no tenía la plata entonces, y no quería
comprometerme.

Teniente, pregúntele si ahora la tiene.

Teniente: ¿Ahora la tiene?

Rodolfo, contéstele que tiene un poco, pero no lo suficiente
para pagar lo que pide.

Rodolfo: Tengo un poco, pero no lo suficiente para pagar lo
que Ud. pide.

NARRATIVE 3

1 While they were taking a ride in the car, Rudolph and the
lieutenant began to talk about the price.

Mientras daban una vuelta en el carro, Rodolfo y el teniente
empezaron a hablar del precio.

2 The car was in perfect condition.

El carro estaba en perfecto estado.

3 The only thing that had to be adjusted was the brakes,
which were a little loose.

Lo único que había que arreglarle eran los frenos, que estaban
un poco flojos.

4 Rudolph began by saying he would buy it if the lieutenant
would give him a good price.

Rodolfo empezó diciendo que él lo compraba si el teniente le
daba un buen precio.

5　The lieutenant said that two thousand was the least.　　　El teniente dijo que dos mil era lo menos.

6　Rudolph told him that the most he could give him was　　　Rodolfo le dijo que lo más que podía darle era mil quinientos.
　　one thousand five hundred.

7　The lieutenant came down to 1900.　　　　　　　　　　El teniente bajó a mil novecientos.

8　Rudolph went up to 1700.　　　　　　　　　　　　　　Rodolfo subió a mil setecientos.

9　The lieutenant came down to 1800.　　　　　　　　　　El teniente bajó a mil ochocientos.

10　Rudolph went up to 1800.　The deal was made.　　　　　Rodolfo subió a mil ochocientos.　Trato hecho.

DIALOG 3

Teniente, pregúntele a Rodolfo si quiere que vayan a dar　　　Teniente:　¿Quiere que vayamos a dar una vuelta?
una vuelta.

Rodolfo, contéstele que bueno, que vayan.　Dígale que la　　Rodolfo:　Bueno, vamos.　La tapicería está muy bonita.
tapicería está muy bonita.

Teniente, dígale que oiga ese motor.　Que Ud. le garantiza　　Teniente:　Oiga ese motor.　Yo le garantizo que el carro está
que el carro está en perfecto estado, como nuevo.　Que　　　　　　　en perfecto estado.　Sólo tiene que arreglarle los
sólo tiene que arreglarle los frenos que están un poco　　　　　　frenos que están un poco flojos.
flojos.

Rodolfo, dígale que sí, que se ve que lo ha cuidado mucho.　　Rodolfo:　Sí, se ve que lo ha cuidado mucho.　Bien, pongámonos
Después dígale que bien, que se pongan de acuerdo.　Que　　　　　de acuerdo.　Yo se lo compro si Ud. me da un buen
Ud. se lo compra si le da un buen precio.　　　　　　　　　　　precio.

Teniente, dígale que dos mil, como le dijo el otro día, que　　Teniente:　Dos mil, como le dije el otro día.　No puedo rebajarle
no le puede rebajar más.　　　　　　　　　　　　　　　　　más.

Rodolfo, dígale que no puede darle más de 1500.　　　　　　Rodolfo:　No puedo darle más de mil quinientos.

Teniente, dígale que en ese caso Ud. no cree que lleguen　　Teniente:　En ese caso no creo que lleguemos a un acuerdo.
a un acuerdo.

Rodolfo, pídale que le rebaje un poquito y que va a ver como llegan a un acuerdo.	Rodolfo: Rebájeme un poquito y va a ver como llegamos a un acuerdo.
Teniente, dígale que está bien que 1900, pero eso sí es lo último.	Teniente: Está bien, mil novecientos, pero eso sí es lo último.
Rodolfo, dígale que le da 1700.	Rodolfo: Le doy mil setecientos.
Teniente, dígale que no, que 1900.	Teniente: No, mil novecientos.
Rodolfo, dígale que 1700.	Rodolfo: Mil setecientos.
Teniente, dígale que 1900.	Teniente: Mil novecientos.
Rodolfo, dígale que hagan una cosa: Ud. sube cien más y él baja cien, 1800. Pregúntele que qué le parece.	Rodolfo: Hagamos una cosa: yo subo cien más y Ud. baja cien también, mil ochocientos. ¿Qué le parece?
Teniente, dígale que está bien, que 1800 por ser él.	Teniente: Está bien, mil ochocientos, por ser Ud.
Rodolfo, dígale que trato hecho.	Rodolfo: Trato hecho.

39.4   READINGS

39.41   Life in Surlandia

39.41.0   Vocabulary building

BASIC SENTENCES

to invade	invadir
the casualty	la baja
dead (to die)	muerto (morir)
to wound	herir

On learning that Andivia had just invaded Surlandia, and that there had already been many casualties, counting dead and wounded,...

Al saberse que Andivia acababa de invadir a Surlandia y que ya había muchas bajas, contando muertos y heridos,...

the citizen	el ciudadano
to travel over	recorrer

VEINTITRES   39.23

patriotic

...the citizens in Las Palmas went out to move through the streets, to listen to patriotic speeches,...

to throw
the insult
the stone

...and to throw insults and stones against the Andivian Embassy.

to protect
broken (to break)

Although there were troops there to protect the building, a certain number of windows were (left) broken.

to take advantage of, make use of
the refreshment, beverage
the tamale
the lottery

During the confusion, some took advantage of the situation to sell beverages, tamales, and lottery tickets.

to face up to
the agression
the headquarters
the focal point, center

To meet the aggression the Headquarters of the Army sent troops to the center of the conflict near the border.

the convoy
the truck
the jeep

patriótico

...los ciudadanos en Las Palmas salieron a recorrer las calles, a escuchar discursos patrióticos,...

lanzar
el insulto
la piedra

... y a lanzar insultos y piedras en contra de la Embajada de Andivia.

proteger
roto (romper)

Aunque allí había tropas para proteger el edificio, quedaron unas cuantas ventanas rotas.

aprovechar
el refresco
el tamal
la lotería

Durante la confusión, algunos aprovechaban la situación para vender refrescos, tamales y billetes de lotería.

hacer frente
la agresión
el Cuartel General
el foco

Para hacer frente a la agresión, el Cuartel General del Ejército mandó tropas al foco del conflicto cerca de la frontera.

el convoy
el camión
el jeep

the front

In a convoy of trucks and jeeps that was going toward the front...

the second lieutenant
the command
in command of
the platoon

...were Second Lieutenants Alfredo and Julio Fuentes, commanding two platoons.

to shout
the sergeant

After arriving and taking positions, Alfredo, with a commanding voice, shouted to a sergeant...

the patrol
the hill
the enemy

... that he had to go with a patrol to a hill in order to observe the enemy.

the shot
pale

A short time later, after some shots, the men from the patrol came back running, pale as ghosts.

to agitate, excite
to kill
to shoot
the sign, signal
the pass word

The sergeant, excited, said: 'Don Julio almost killed us. He began to fire without asking us for the password.'

el frente

En un convoy de camiones y jeeps que iba hacia el frente...

el sub-teniente
el mando
al mando de
el pelotón

... estaban los sub-tenientes Alfredo y Julio Fuentes al mando de dos pelotones.

gritar
el sargento

Después de llegar y tomar posiciones, Alfredo, con voz de mando, le gritó a un sargento...

la patrulla
la colina
el enemigo

... que éste tenía que ir con una patrulla a una colina para observar al enemigo.

el disparo
pálido

Al poco tiempo, después de unos disparos, los de la patrulla volvieron corriendo pálidos como un muerto.

agitar
matar
disparar
la seña
el santo y seña

El sargento, agitado, dijo: 'Don Julio casi nos mata. Empezó a dispararnos sin pedirnos el santo y seña'.

the medal	la medalla
the patron, boss	el patrón
the Patron Saint	el Santo Patrón
to save	salvar

One, more nervous than the rest, said the medal of his Patron Saint was what had saved them.	Uno, más nervioso que los demás, dijo que era la medalla de su Santo Patrón lo que los salvó.

COGNATE LOAN WORDS

lamentarse	atacar
extra	misterioso
el monumento	la concentración
el palacio	la movilización
presidencial	activo
la estación	el promontorio
el telégrafo	imbécil
el mensaje	ansioso

39.41.1   Reading selection

Los Primeros Días

Momentos después de las primeras noticias sobre la invasión, las calles se llenaron de gente. Todo el mundo corría de un lugar a otro, muchos sin saber hacia dónde ni por qué. Por aquí se veía un hombre haciendo un discurso patriótico, por allá una mujer que se lamentaba: '¡Se llevan a mi hijo!', '¡Se llevan a mi hijo! ¡¡¡Dios mío!!!' ¡Extra! ¡¡¡EXTRA!!!, pasaban gritando los muchachos que vendían periódicos. Otros aprovechaban la situación para vender otras cosas: ¡¡¡TAMALES CALIENTES!!! ¡¡¡REFRESCOS!!! ¡LOTERIA! ¡MAÑANA SE JUEGA! ¡¡¡LA LOTERIA!!!

Las radios seguían transmitiendo noticias en boletines que el gobierno daba, y pidiendo a todos mantener su calma y no hacer caso a los rumores. Pero era difícil mantener la tranquilidad y los rumores, por el contrario, aumentaban momento a momento.

La primera gran manifestación se organizó como a las cinco de la tarde frente al monumento de Laneros, héroe de la independencia de Surlandia, donde el pueblo escuchó con entusiasmo discursos de profesores de la Universidad, estudiantes y otros ciudadanos. Después, cantando canciones patrióticas y gritando ¡Viva Surlandia! ¡Mueran los invasores!, la enorme manifestación de hombres, mujeres y niños empezó a recorrer las calles de la capital. Al pasar por la Embajada de Andivia lanzaron insultos y piedras, y algunos trataron de entrar al edificio. Por dicha no pudieron porque el gobierno, anticipando que esto podía suceder, ya tenía tropas ahí para proteger el edificio y a los miembros de la embajada. Los daños causados fueron sólo algunas ventanas rotas. Finalmente, la manifestación llegó al Palacio Presidencial donde el Presidente de la República, Ingeniero Carlos María González (1) pronunció un emocionante discurso, que fue interrumpido muchas veces por los grandes aplausos de la gente.

Mientras tanto, en las estaciones, en el aeropuerto y en los caminos, el movimiento de tropas que iban hacia el 'frente', y de gente que volvía apresurada de la playa y del campo, era enorme. Sin embargo, después de estas primeras horas de conmoción y confusión, todo se fue haciendo más normal y el país entero empezó a organizar sus fuerzas para hacer frente a la situación.

Después de haber escuchado las palabras del Presidente la manifestación recorrió una vez más las calles y después, poco a poco, la gente empezó a irse a sus casas. Todo estaba tranquilo; sólo el ruido causado por los camiones militares rompía el silencio de la noche.

Según los informes oficiales transmitidos por la radio hasta ese momento, la situación era la siguiente: desde temprano en la mañana del sábado corrían rumores de que algo serio ocurría o iba a ocurrir en la frontera. A las dos de la tarde la oficina de telégrafos de Cuatro Vientos, un pequeño pueblo situado a diez kilómetros de la frontera, mandó un mensaje urgente. Este mensaje decía que el pueblo estaba siendo atacado. Varios otros mensajes siguieron a éste, el último informando que gran parte del pueblo ya había caído en manos de los invasores, los cuales seguían avanzando y estaban ya muy cerca de la oficina de telégrafos. Después no se oyó más.

La noticia corrió rápidamente por todo el país y pronto empezaron a llegar cantidades de mensajes de otros pueblos de la frontera sobre misteriosos movimientos de tropas enemigas por esos puntos. Por un momento pareció que Andivia había atacado a lo largo de toda la frontera. Sin embargo, todas estas noticias resultaron ser falsas y ya, en las primeras horas de la noche, el gobierno supo que hasta el momento las operaciones militares se limitaban a Cuatro Vientos.

En Andivia, los periódicos indicaban que el conflicto se debía a que una fuerza de exilados había tratado de cruzar la frontera con ayuda de las autoridades surlandesas. Que por eso se había ordenado a las tropas de Andivia destruir el foco de concentración enemiga en Surlandia situado cerca de Cuatro Vientos. Que ése era el sólo propósito de la operación.

Surlandia negó rotundamente el pretexto dado por Andivia para invadir su territorio y, considerando esto como un acto de agresión a la soberanía del país, ordenó una movilización general.

Las primeras noticias sobre el resultado de la batalla de Cuatro Vientos habían sido algo exageradas: varias personas que habían podido escapar a tiempo estimaban los muertos entre cien y ciento cincuenta y los heridos en más de trescientos, pero más tarde se supo oficialmente que el número total de bajas de un lado y otro habían sido veinte: seis muertos y catorce heridos.

(1) In some Latin American countries, the degree of engineer, particularly civil engineer, has a great deal of social prestige and is used as a title.

Pasaron algunos días y la situación militar no cambiaba. Las fuerzas surlandesas, en número de cinco mil, en vez de atacar inmediatamente a Cuatro Vientos, esperaban al enemigo a unos cuatro kilómetros de distancia de ese punto. Pero, como se supo después, gracias a la oportuna intervención de la OEA, no había continuado avanzando más allá de Cuatro Vientos.

Entre las tropas surlandesas que esperaban con impaciencia la orden de avanzar sobre el enemigo, orden que no parecía llegar nunca, estaban los sub-tenientes Alfredo y Julio Fuentes. Ambos hermanos habían obtenido este grado después de haber hecho el servicio militar y, a pesar de no estar obligados a entrar al servicio activo debido a su trabajo en el Ministerio de Relaciones Exteriores, el mismo día de la invasión se presentaron al Cuartel General del Ejército, no sin antes haber pasado largo rato en la oficina de su jefe tratando de obtener su permiso. Por fin lo convencieron y, esa misma noche, después de haber ido a su casa a despedirse de sus padres y hermanos, salían hacia el frente en un convoy de camiones y jeeps.

El viaje fue difícil, pero el entusiasmo era tan grande que, entre canciones y chistes, el tiempo pasaba rápidamente. Aquello parecía más bien un grupo de estudiantes en un picnic. Llegaron al frente en la tarde del día siguiente y, con mucho entusiasmo aunque con cierto desorden, comenzaron a establecer sus posiciones. Alfredo estaba al mando de un pelotón y su hermano Julio al mando de otro.

——¡Sargento Ortíz!, —ordenó Alfredo con voz de mando, como corresponde a un oficial.

——¡Sí, mi Teniente!, —contestó el sargento saludando militarmente.

——¡Vaya con dos hombres a aquel promontorio a observar si hay algún movimiento de tropas enemigas!

——¡A aquel proto...QUE, mi Teniente? ¿Protomorio? ¿Cuál protomorio?

——¡No protomorio!, PRO-MON-TO-RIO, imbécil! ¡Esa pequeña colina que se ve allá! ¿¡Que no ve!?, gritó Alfredo. —Estos campesinos idiotas no saben ni hablar como la gente, pensó.

El sargento eligió a dos hombres del pelotón y salió inmediatamente hacia el lugar indicado. Alfredo llamó entonces a otros para darles otras órdenes.

Hacía una hora que la patrulla había salido cuando se oyeron unos disparos. Minutos después volvía el sargento con sus dos hombres, corriendo y más pálidos que un muerto. Alfredo supuso que algo serio ocurría y salió apresuradamente a encontrarlos.

——¿Qué pasa? ¿Tropas enemigas?—, preguntó ansiosamente.

——¿Tropas enemigas? ¡Mi abuela!—, contestó el sargento con voz agitada y nerviosa. —Su hermano que casi nos mata.[2] Andaba por ahí con otra patrulla y cuando nos vió acercándonos al monontorio... al proto... bueno, a esa *cosa*, parece que creyó que éramos enemigos y comenzaron a dispararnos. Gracias a Dios que nos dió patas para correr.

(2) Present tense forms are occasionally used referring to past time, particularly when narrating events from the past. This construction transfers some of the immediateness of the present and gives the effect of vividness, as if the events were being relived.

-- Y a mi vieja que me dió esta medalla de mi Santo Patrón, --dijo uno de los hombres, --Eso fue lo que nos salvó.

--¿Cómo pudo Ud. reconocer que era mi hermano?,-- le preguntó Alfredo al sargento.

-- Porque nos encontramos de repente como a una distancia de cincuenta metros y yo pude ver perfectamente que el jefe de la otra patrulla era don Julio. Y en vez de pedirnos el santo y seña, empezaron ellos a dispararnos como locos y nosotros salimos como a cien por hora. Los pobres deben haber estado más nerviosos que nosotros.

Este y muchos otros incidentes ocurrieron durante los primeros días. Fue una gran suerte que el enemigo decidió no seguir atacando.

39.41.2 Response drill

   1 ¿Qué se veía en las calles momentos después de las primeras noticias sobre la invasión?
   2 ¿Quién aprovechaba la situación?
   3 ¿Qué hizo la gente al pasar por la Embajada de Andivia?
   4 ¿Cuáles fueron los daños causados?
   5 ¿Cómo se llamaba el presidente de Surlandia?
   6 ¿Se disolvió pronto la manifestación?
   7 ¿Dónde estaba Cuatro Vientos?
   8 ¿Qué decía el mensaje que llegó de Cuatro Vientos?
   9 ¿Qué decían los periódicos de Andivia?
 10 ¿Cuál fue la respuesta de Surlandia?
 11 ¿Cuántas bajas hubo en la batalla de Cuatro Vientos?
 12 ¿Quiénes estaban entre las tropas que iban hacia el frente?
 13 ¿Qué grado tenían?
 14 ¿Cómo fue el viaje?
 15 ¿Por qué dispararon en contra de la patrulla?

39.41.3 Discussion

   1 Describe the street scenes after the news of Andivia's attack was received.

   2 Tell the interesting incident that occurred at the front.

39.42   Features

39.42.0   Vocabulary building

BASIC SENTENCES

the cooperation   la cooperación
to effect, carry out   efectuar
the public health   la salubridad
the housing   la vivienda
the protection   la protección
the infancy   la infancia
the child welfare   la protección a la infancia

Inter-American cooperation is carried out in fields like public health,   La cooperación interamericana se efectúa en campos como el de
housing, and child welfare.   la salubridad, la vivienda y la protección a la infancia.

the illiteracy   el analfabetismo
to read   leer

Illiteracy is also a grave problem, since there are millions of people   El analfabetismo es también un grave problema ya que hay
that don't know how to read or write,...   millones de personas que no saben leer ni escribir,...

the right   el derecho
the duty, obligation   el deber

... and for this reason do not know what their rights and   ... y que por esto no saben cuáles son sus derechos y sus
obligations are.   deberes.

the publication   la publicación
the normal school, teachers college   la escuela normal
vocational   vocacional
the library   la biblioteca

The OEA prepares publications and organizes seminars, teachers   La OEA prepara publicaciones y organiza seminarios, escuelas
colleges and vocational schools, and libraries to put an end to   normales y vocacionales, y bibliotecas para terminar con el
illiteracy.   analfabetismo.

the fever
the malaria
the smallpox
the typhus
the tuberculosis
contagious

la fiebre
el paludismo
la viruela
el tifo
la tuberculosis
contagioso

Yellow fever, malaria, smallpox, typhus, and tuberculosis are some
of the contagious diseases in the Americas...

La fiebre amarilla, el paludismo, la viruela, el tifo y la tuberculosis son algunas de las enfermedades contagiosas en las
Américas...

to control
the epidemic

controlar
la epidemia

... which must be controlled in order to avoid epidemics.

... que hay que controlar para evitar epidemias.

sanitary
the Pan-American Sanitary Bureau
the nurse

sanitario
la Organización Sanitaria Panamericana
la enfermera

The Pan-American Sanitary Bureau has, in this sense, helped
a great deal through medical and technical centers, courses
for nurses, etc.

La Organización Sanitaria Panamericana ha ayudado mucho en
este sentido por medio de centros técnicos y médicos, cursos
para enfermeras, etc.

the improvement
the demonstration
the cultivation
the soil
(pertaining to the) forest

el mejoramiento
la demostración
el cultivo
el suelo
forestal

The OEA also helps in the improvement of agriculture, making
cultivation demonstrations on how to conserve (maintain) the soil
and forest resources.

La OEA también ayuda al mejoramiento de la agricultura, haciendo
demostraciones de cultivos, de cómo mantener el suelo y los
recursos forestales.

aphthous
the hoof and mouth disease

aftoso
la fiebre aftosa

Moreover, it helps control the hoof and mouth disease.   Además, ayuda a controlar la fiebre aftosa.

       the catastrophe   la catástrofe
       the inundation, flood   la inundación
       the reconstruction   la reconstrucción
       the rehabilitation   la rehabilitación
       the community   la comunidad
       to devastate   devastar

Finally, when there are catastrophes, such as floods, it helps in   Finalmente, cuando hay catástrofes, tales como inundaciones,
the reconstruction and rehabilitation of devastated communities.   ayuda a la reconstrucción y rehabilitación de las comunidades
                                                                        devastadas.

COGNATE LOAN WORDS

       el mosquito   Cuba
       el continente   el Perú
       la emergencia   el Uruguay
       el desastre   el urbanismo
       Costa Rica   cooperativo

39.42.1 Reading selection

La Organización de los Estados Americanos y su Campo Social

     El panamericanismo implica una cierta filosofía que sirve de base a las relaciones internacionales americanas. Esta filosofía está basada en el concepto de cooperación en todos los campos de la actividad humana, ya sea tanto en los problemas de la agricultura, de la vivienda, de la salubridad, de la educación, del arte y la música, como en el de la protección a la infancia. Este concepto recibió un nuevo impulso en 1951 cuando la OEA (Organización de Estados Americanos) inició su programa de Cooperación Técnica como resultado de los deseos de los Estados miembros de la Organización.

Los proyectos que ahora se realizan con este propósito son los siguientes:

1. Cooperación en Educación. El propósito principal en este importante campo es el deseo de llegar a terminar totalmente con el analfabetismo por medio de la creación de más y mejores escuelas primarias. Es este un problema muy grave para los países americanos, ya que las estadísticas nos dicen que existen millones de personas que no saben leer ni escribir, y de niños sin ninguna instrucción, debido a la falta de escuelas y de maestros. Esta situación, mientras permanezca en este estado, seguirá manteniendo bajos niveles de vida como también una falta de conocimiento por los ciudadanos de América respecto de sus derechos y deberes. La OEA, debido a lo grave que es este problema, está ayudando a su solución por medio de Seminarios Interamericanos sobre Educación Primaria y Vocacional, Escuelas Normales Rurales, Bibliotecas Populares, publicaciones y servicios de información, de orientación y de ayuda en la preparación de cursos sobre asuntos interamericanos.

2. Cooperación en Salubridad Pública. Las enfermedades contagiosas constituyen un problema que afecta a todas las repúblicas americanas. La fiebre amarilla, el paludismo, la viruela, el tifo, la tuberculosis y otras enfermedades no dejan a estos países utilizar efectivamente sus enormes reservas de capital humano, mientras que otras enfermedades como la fiebre aftosa afectan seriamente la producción de alimentos de origen animal. La obra preventiva de la Organización Sanitaria Panamericana para controlar estas enfermedades, iniciada en 1902, se ha hecho más efectiva al establecerse, en 1951, cursos para enfermeras, Centros de demostraciones de técnicas, y al tomarse nuevas medidas preventivas y otras para atacar enfermedades y epidemias. Se quiere así terminar con los focos de mosquitos, y dar mayor impulso a trabajos de investigación de las condiciones sanitarias del Continente. También se hacen demostraciones prácticas de cómo resolver estos problemas. Además, en este programa de cooperación técnica, hay programas especiales cada vez que ocurren situaciones de emergencia, tales como terremotos, inundaciones u otros desastres.

3. Cooperación en Agricultura. La agricultura es la base de la vida y actividad económica de las Américas. El mejoramiento de los niveles de vida y de la economía de las repúblicas americanas depende de su eficiencia para desarrollar sus recursos naturales, como también de la técnica agrícola.

Para obtener mejores resultados, las repúblicas americanas, por medio de la OEA, han estado colaborando para enseñarles a los campesinos a mejorar y aumentar sus cultivos, a proteger los suelos, los recursos forestales y a utilizar prácticas más avanzadas. Con este propósito, se han creado centros regionales en Costa Rica, Cuba, el Perú y el Uruguay. Estos centros preparan a cientos de estudiantes americanos en técnicas de agricultura y vida rural, en trabajos de extensión agrícola, economía doméstica y agrícola, en cómo usar y mantener los suelos, en administración agrícola, etc.

4. Cooperación en Vivienda y Urbanismo. Unas de las mayores necesidades en el Hemisferio Occidental es la de aumentar el número de viviendas, como igualmente aplicar nuevas técnicas de urbanismo en el desarrollo de las ciudades. Para ayudar en la solución de este problema, la OEA, dentro de su Programa de Cooperación Técnica efectúa una importante obra en este campo. Con este propósito se estableció en Bogotá, en 1952, el Centro Interamericano de Vivienda, donde todos los años se preparan numerosos estudiantes americanos. Se han creado, además una serie de actividades cooperativas en el campo del urbanismo, cuyo objetivo principal es contribuir al desarrollo de las comunidades de acuerdo con sistemas más avanzados. Estas actividades se han extendido a la reconstrucción y rehabilitación de comunidades devastadas por terremotos y otras catástrofes.

39.42.2   Response Drill

    1 ¿En qué filosofía se basa el panamericanismo?
    2 ¿Cuándo inició la Organización de Estados Americanos su programa de cooperación técnica?
    3 ¿Cuál es el propósito principal de la OEA en el campo de la educación?
    4 ¿Por qué medios trata la OEA de terminar con el analfabetismo?
    5 ¿Qué enfermedades contagiosas que atacan al hombre se tratan de prevenir?
    6 ¿Qué enfermedad afecta la producción de alimentos de origen animal?
    7 ¿Cómo trata la OEA de controlar las epidemias?
    8 ¿Qué cursos se han establecido?
    9 ¿Cómo se puede mejorar el nivel de vida de las naciones americanas?
   10 ¿Qué se le está enseñando a los campesinos?
   11 ¿Dónde hay centros de ciencias agrícolas?
   12 ¿Qué se enseña en ellos?
   13 ¿Cuál es una de las mayores necesidades en el desarrollo de las ciudades?
   14 ¿Para qué se estableció el Centro Interamericano de Vivienda?
   15 ¿Qué ha hecho la OEA en casos de terremotos y otras catástrofes?

39.42.3   Discussion

    1 Discuss the problems of education in the Americas.

    2 Describe the work of the OAS in the field of urbanization.

40.1   BASIC SENTENCES.   Carmen's grandmother dies.

      Molina arrives at the office, and tells White that Carmen's grandmother has just died.

ENGLISH SPELLING	AID TO LISTENING	SPANISH SPELLING
Jose John, I'm not going to work today.	hwán↓ oy |nobóyatrabahár↓	*José* Juan, hoy no voy a trabajar.
free	líbré↓	libre
the day off	él-día-líbré↓	el día libre
I've asked for the day off.	épeđíđǫ|eldíalíbré↓	He pedido el día libre.
John Is something the matter?	pásalgo↑	*Juan* ¿Pasa algo?
to die	mórirsé↓	morirse
Jose Yes. Carmen's grandmother died yesterday afternoon.	si'↓ àkarmen |sélémùryo| làbwelạ |àyérpòrlátárđé↓	*José* Sí. A Carmen se le murió la abuela ayer por la tarde.
John I'm very sorry! [1]	kwantolosyéntó↓	*Juan* ¡Cuánto lo siento!
to remain	kéđar↓	quedar

And how has Carmen stood up under it? [2]   ikómọakeḍaḍokármẹn↓   ¿Y cómo ha quedado Carmen?

      sad   trịsté↓   triste

Jose
Very sad. I'm going over there now.   muytrịsté↓ boyparaⓐyaórá↓   *José*
                                                   Muy triste. Voy para allá ahora.

There has to be someone to help them.   tyénekẹaberalgyen |kẹlẹsáyuḍé↓   Tiene que haber alguien que les
                                                        ayude.

      the burial   ẹl‑éntyẹrró↓   el entierro.

John
When's the funeral?   kwandọesẹlentyẹrró↓   *Juan*
                                                   ¿Cuándo es el entierro?

Jose
This afternoon at four. [3]   ẹstatárḍẹ |alǎskwatró↓   *José*
                                                   Esta tarde a las cuatro.

      the card   lá‑tárhetá↓   la tarjeta

      the condolence   ẹl‑pẹsámé↓   el pésame

      the note of sympathy   lá‑tárheta‑ḍe‑pẹsámé↓   la tarjeta de pésame

John
How does one write a note of sympathy? [4]   kómoseskribẹ |únátárhetaḍepẹsámé↓   *Juan*
                                                   ¿Cómo se escribe una tarjeta de
                                                   pésame?

      simply   sịmpleménté↓   simplemente

Jose
You simply put 'My very deepest sympathy.'   sịmplementepones↑ mímá(s)   *José*
                                        sentíḍó |pẹsámé↓   Simplemente pones 'Mi más
                                                   sentido pésame.'

the aunt

lá—tíá

la tía

personally

pérsónalménté↓

personalmente

But you can give it to her and her aunt personally.

pérópwédèzdarseló |áéⓨa |ɹásù tía |pérsònalméntè↓

Pero puedes dárselo a ella y a su tía personalmente.

the mourning

él—lútó↓

el luto

to be in mourning [5]

éstár—de—lútò↓

estar de luto

John
Now you'll be in mourning, won't you?

àora |basɑestár |delútó | no↑

Juan
Ahora vas a estar de luto ¿no?

(you) yourself will put (to put on oneself)

sé—póndra↓ pónersé↓

se pondrá (ponerse)

Jose
Not me. Carmen will put on half-mourning for a few months. [6]

yonó↓ kármén |sèpóndra |medyo luto |myéntràspasan |unozmésès↓

José
Yo no. Carmen se pondrá medio luto mientras pasan unos meses.

John
See you this afternoon.

nózbémos |estatárdé↓

Juan
Nos vemos esta tarde.

to order

mándar↓

mandar

to order made, to have made

mándar—a—aşér↓

mandar a hacer

the wreath, crown

lá—kóroná↓

la corona

Jose
Okay. Right now I have to go have the wreath made.

bwenó↓ àora |téŋgókémándár áşér |lákòroná↓

José
Bueno, ahora tengo que mandar a hacer la corona.

TRES

40.10   Notes on the basic sentences

(1) The Spanish phrase, translated literally 'How much I feel it (or regret it),' sounds quite stilted and affected to English ears. The student must assume that it is not so in Spanish.

(2) Literally, 'How has Carmen remained?'

(3) What may appear to be undue haste in completing funeral arrangements is no more than custom in many areas, dating from a time when the haste may have been necessary. In some areas, of course, it still is.

(4) A custom which is common enough in many areas of the world, including our own, but especially so in Latin America. The note is often quite a formal card, sometimes edged in black, rather than the personal note of sympathy with which we are familiar here, though of course the latter also is widely used. The very fact that the manner of preparing and sending such a note can be *talked* about in this way, plus the fact that such notes must be answered by similar cards, reflects the level of formality at which the behavior is carried on: it contrasts sharply with the utterly personal and individually informal level that we are familiar with.

(5) /lúto/ *luto* is the exterior indication of mourning: in clothes (black), arm-bands, etc. It has the transferred or extended meaning of mourning in general.

(6) 'Half-mourning' is a manner of dress that shows substantial respect for the dead without total involvement (all-black clothes, veil, no make-up, etc). For women, it may mean dressing predominantly in black or violet, or at least darker shades of gray with symbolic black trimming or ornamentation; for men, it may not extend beyond the symbolic arm-band, lapel strip or even a black tie.

40.2   DRILLS AND GRAMMAR

40.21   Pattern drills

40.21.1 Present subjunctive in noun modifying clauses

A. Presentation of pattern

ILLUSTRATIONS

I'm looking for the porter that speaks English.
I'm looking for a porter that speaks English.

1 Busco al mozo que *habla* inglés.
   Busco a un mozo que *hable* inglés.

There's a stand here that has fresh vegetables.
Is there a stand here that has fresh vegetables?

2 Aquí hay un puesto que *tiene* legumbres frescas.
   ¿Hay aquí un puesto que *tenga* legumbres frescas?

There's a person who will vouch for you.
_____.

There's a box there that will do.
There's nothing there that's any good.

There's a chauffeur that will help them.
_____.

He wants to meet the brunette who speaks English.
He wants to meet a brunette who speaks English.

I need the secretary who understands Spanish.
I need a secretary (the kind of secretary) who understands
  Spanish.

Anything he needs, he lets me know.
_____.

In spite of what you're saying, it isn't true.
In spite of what you may say, it isn't true.

Buy the ones John says to.
Buy whichever ones John says to.

Give me the ones you have.
Give me whatever ones you have.

Take the one you want (the one you have already selected).
Take whichever one you want.

Whatever you wish (have it your way).

Be that as it may.

Let them say what they want.

3 Hay una persona que *responde* por usted.
   ¿Tiene alguna persona que *responda* por usted?

4 Ahí hay una caja que *sirve*.
   Ahí no hay nada que *sirva*.

5 Hay un chofer que les *ayuda*.
   Tiene que haber alguien que les *ayude*.

6 Quiere conocer a la morena que *habla* inglés.
   Quiere conocer a una morena que *hable* inglés.

7 Necesito a la secretaria que *entiende* español.
   Necesito una secretaria que *entienda* español.

8 Cualquier cosa que *necesita*, me avisa.
   Cualquier cosa que *necesite*, avíseme.

9 A pesar de lo que tú *dices*, no es cierto.
   A pesar de lo que tú *digas*, no es cierto.

10 Compre las que Juan *dice*.
    Compre las que Juan *diga*.

11 Déme los que *tiene*.
    Déme los que *tenga*.

12 Llévese el que *quiere*.
    Llévese el que *quiera*.

13 Lo que tú *quieras*.

14 Sea lo que *sea*.

15 Digan lo que *digan*.

EXTRAPOLATION

Noun (nominalized form)	Definite specific	Indefinite, non existant
Verb in modifying clause	Indicative	Subjunctive

Use of personal /a/ before a noun refering to a person occurring as the direct object of a verb, when the noun is modified by a subjunctive clause.

Verb	—	A *Category* of Persons	Subjunctive clause
	a	An *Individual* Person	

NOTES

a. If the noun which is modified is something definite, and identifiable, the verb in the modifying clause is indicative.

b. But if the noun is indefinite, nonspecific, or non existent, the verb in the modifying clause is subjunctive.

c. Though a noun designating a person will always be preceded by the 'personal a' if the following clause has an indicative verb, it may or may not be preceded by the 'personal *a*' if the following clause has a subjunctive verb, depending on whether the reference is to a *person* or to a *category* of persons.

40.21.11 Substitution drill — construction substitution

    Problem:

        Juan *busca a la modista* que cobra barato.
        Juan busca a una modista_____ .

    Answer:

        Juan busca a una modista que cobre barato.

1 *Quiero conocer a la morena* que baila bien.
  Quiero conocer a una morena_____ .   Quiero conocer a una morena que baile bien.

2 *Busco la casa* que tiene dos pisos.
  Busco una casa_____ .   Busco una casa que tenga dos pisos.

3 *Necesito hablar con la persona* que sabe traducir.
  Necesito hablar con una persona _____ .   Necesito hablar con una persona que sepa traducir.

4 *Hay una calle* que es estrecha.
  No hay una calle_____ .   No hay una calle que sea estrecha.

5 *Tengo que ir a la tienda* donde venden ropa buena.
  Tengo que ir a una tienda _____ .   Tengo que ir a una tienda donde vendan ropa buena.

6 *¿Dónde está la secretaria* que habla inglés?
  ¿Dónde encuentro una secretaria_____ ?   ¿Dónde encuentro una secretaria que hable inglés?

7 *¿Cuándo me presentas a la muchacha* que juega tenis?
  ¿Cuándo me presentas a una muchacha _____ ?   ¿Cuándo me presentas a una muchacha que juegue tenis?

8 *Hay algo* que puede servirte.
  No hay nada _____ .   No hay nada que pueda servirte.

9 *Hay alguien* que habla inglés.
  No hay nadie _____ .   No hay nadie que hable inglés.

40.21.12 Translation drill

1 I want the house that has four rooms.   Quiero la casa que tiene cuatro cuartos.
  I want a house that has four rooms.   Quiero una casa que tenga cuatro cuartos.

2 I have to go to the store where they have everything.   Tengo que ir a la tienda donde hay de todo.
  I have to go to a store where they have everything.   Tengo que ir a una tienda donde haya de todo.

3 I need the secretary that speaks English and Spanish.   Necesito a la secretaria que habla inglés y español.
  I need a secretary (the kind of secretary) that speaks English   Necesito una secretaria que hable inglés y español.
    and Spanish.

4 I'm looking for the house that's colonial style.   Busco la casa que es de estilo colonial.
  I'm looking for a house that's colonial style.   Busco una casa que sea de estilo colonial.

5 There's one avenue that's very pretty.   Hay una avenida que es muy bonita.
  There's not one avenue that's pretty.   No hay una avenida que sea bonita.

6 Where can I find the engineer who does such good jobs?   ¿Dónde encuentro al ingeniero que hace tan buenos
                                                               trabajos?
  Where can I find an engineer (a kind of engineer) who can   ¿Dónde encuentro un ingeniero que haga tan buenos
    do such good jobs?   trabajos?

7 I know someone who has a car.   Conozco a alguien que tiene auto.
  I don't know anybody who has a car.   No conozco a nadie que tenga auto.

8 We pay the one who helps us most.   Le pagamos a la que nos ayuda más.
  We'll pay whichever one helps us most.   Le pagamos a la que nos ayude más.

9 I'm going to take the ones who have fewer suitcases.   Yo voy a llevar a las que tienen menos maletas.
   I'm going to take whichever ones have fewer suitcases.   Yo voy a llevar a las que tengan menos maletas.

10 She's going to invite the one who dances well.   Ella va a invitar al que baila bien.
   She's going to invite whichever one dances well.   Ella va a invitar al que baile bien.

11 I'll return with the one who plays the guitar.   Yo vuelvo con la que toca la guitarra.
   I'll return with whichever one plays the guitar.   Yo vuelvo con la que toque la guitarra.

12 Let him say whatever he wants, it's OK.   Diga lo que diga, está bien.

13 Let him bring anything he wants; I don't like it.   Traiga lo que traiga, no me gusta.

14 Be that as it may, it doesn't matter to me.   Sea lo que sea, no me importa.

15 Whatever he does, he does it well.   Haga lo que haga, todo lo hace bien.

16 However much she cleans, she leaves everything dirty.   Limpie lo que limpie, todo lo deja sucio.

17 No matter how much he sleeps, he never wants to get up.   Duerma lo que duerma, nunca quiere levantarse

18 Let come what may, he always sings.   Pase lo que pase, siempre canta.

B. Discussion of pattern

   In this pattern subjunctive verb forms appear in clauses which modify nouns or nominalized forms. The noun (or nominalized form) which is modified determines whether an indicative or a subjuntive verb form will appear in the modifying clause. If the modified noun is being identified as a specific, individual item (person, place, etc.) the verb in the modifying clause is indicative. If the modified noun is conceived as something indefinite, nonspecific, not yet identified, or nonexistent, the verb in the modifying clause is subjunctive.

   A helpful clue to the form of the verb in the modifying clause is frequently present in the article modifying the same noun. If the definite article (/el, la/,etc.) appears, the verb in question will undoubtedly be indicative. If the indefinite article (/un, úna/,etc.) appears, the verb will probably be subjunctive:

                         I'm looking for the person who speaks Spanish.

                         I'm looking for a person who speaks Spanish.

In the first sentence, the speaker has a specific person in mind, so 'speaks' is translated /ábla/. In the second sentence the person has not yet been identified; any person (who speaks Spanish) will do, so 'speaks' is translated /áble/. This is not, however, an infallible condition for the occurrence of a subjunctive modifier clause. Note how the second sentence cited above in an expanded context can refer to a definite person: 'I'm looking for a person who speaks Spanish. I met him here yesterday.' Regardless of the expression 'a person,' a specific individual is referred to and 'speaks' is therefore translated /ábla/.

Here as in other constructions the expressive nature of subjunctive forms is apparent. The subjunctive does not cause indefiniteness; rather indefiniteness present in a set of circumstances is expressed by means of a subjunctive construction.

Since items not yet identified are often alluded to in questions, and since nonexistent items are often alluded to in negative statements, subjunctive verbs frequently occur in clauses modifying such items:

> Is there anyone here who speaks Spanish?

> There's no one here who speaks Spanish.

In both of these examples, 'speaks' is translated /áble/.

A noun (occurring as the direct object of the verb in the main clause) designated as specific by the appearance of an indicative modifying clause will, if the reference is to a person, be preceded by a personal /a/. But such a noun modified by a subjunctive clause may or may not appear with a personal /a/ depending on whether the speaker is thinking of a person or simply of a category of persons:

> I'm looking for the specialist who can do this work.
> /búsko-al-espeşyalísta |ke-pwéde-aşér |éste-trabáho↓/

> I'm looking for a specialist who can do this work.
> /búsko-a-un-espeşyalísta |ke-pwéda-aşér |éste-trabáho↓/

> I'm looking for the type of specialist who can do this work.
> /búsko-un-espeşyalísta |ke-pwéda-aşér |éste-trabáho↓/

When the item modified is a nominalized article, the concept of pre-identification still operates:

> Bring the one you want.   /tráyga |la-ke-kyére↓/
> Bring whichever one you want. /tráyga |la-ke-kyéra↓/

There are a number of fixed expressions with /lo─ke/ which are very common in every day conversation. One frequent pattern has two identical subjunctive forms on either side of /lo─ke/. The first is an indirect command; the second is in a clause modifying the nominalized /lo/:

/séa─lo─ke─séa↓/	Be that as it may.
/dígan─lo─ke─dígan↓/	Let them say anything they want to.
/ágamos─lo─ke─agámos↓/	Let's do whatever we feel like.

Sentences in this pattern can contrast with indicative as the following pair indicates:

/séa─lo─ke─séa↓/	Be that as it may.
/és─lo─ke─és↓/	That's the way it is.

In these two sentences both verbs are either subjunctive or indicative. Combinations which mix the two do not occur.

40.22   Replacement drills.

A   He pedido el día libre.

1 _____ unos _____.	He pedido unos días libres.
2 _____ rato ____.	He pedido un rato libre.
3 ____tenido _____.	He tenido un rato libre.
4 _____ ocupado.	He tenido un rato ocupado.
5 _____ horas ____.	He tenido unas horas ocupadas.
6 _____ tranquilas.	He tenido unas horas tranquilas.
7 _____ viaje ____,	He tenido un viaje tranquilo.

B   A Carmen se le murió la abuela.

1 _____ tía.   A Carmen se le murió la tía.

2 _____ dos _____.   A Carmen se le murieron dos tías.

3 A mí _____ .   A mí se me murieron dos tías.

4 _____ amigo.   A mí se me murió un amigo.

5 A nosotros_____ .   A nosotros se nos murió un amigo.

6 _____ varios_____.   A nosotros se nos murieron varios amigos.

7 _____ se me_____ .   A mí se me murieron varios amigos.

C   ¿Cuándo es el entierro?

1 ¿Dónde _____ ?   ¿Dónde es el entierro?

2 ¿_____ fiestas?   ¿Dónde son las fiestas?

3 ¿Cómo_____ ?   ¿Cómo son las fiestas?

4 ¿_____ catedral?   ¿Cómo es la catedral?

5 ¿_____ son _____ ?   ¿Cómo son las catedrales?

6 ¿_____ toreo?   ¿Cómo es el toreo?

7 ¿Qué _____ ?   ¿Qué es el toreo?

D   ¿Cómo se escribe una tarjeta de pésame?

1   ¿A quién _____?   ¿A quién se escribe una tarjeta de pésame?

2   ¿ _____ manda _____?   ¿A quién se manda una tarjeta de pésame?

3   ¿ _____ las _____?   ¿A quién se mandan las tarjetas de pésame?

4   ¿Cuándo _____?   ¿Cuándo se mandan las tarjetas de pésame?

5   ¿ _____ cartas _____?   ¿Cuándo se mandan las cartas de pésame?

6   ¿Cómo _____?   ¿Cómo se mandan las cartas de pésame?

7   ¿ _____ hacen _____?   ¿Cómo se hacen las cartas de pésame?

E   Puedes dárselo a ella personalmente.

1   _____ a nosotros _____.   Puedes dárnoslo a nosotros personalmente

2   Tienes _____.   Tienes que dárnoslo a nosotros personalmente.

3   _____ a ellos _____.   Tienes que dárselo a ellos personalmente.

4   Debes _____.   Debes dárselo a ellos personalmente.

5   _____ pedírselo _____.   Debes pedírselo a ellos personalmente.

6   _____ principalmente.   Debes pedírselo a ellos principalmente.

7   _____ a mí _____.   Debes pedírmelo a mí principalmente.

F   Tengo que mandar a hacer la corona.

 1 Hay _____.   Hay que mandar a hacer la corona.

 2 _____ otras _____.   Hay que mandar a hacer otras coronas.

 3 Debemos _____.   Debemos mandar a hacer otras coronas.

 4 _____ traer _____.   Debemos mandar a traer otras coronas.

 5 _____ escuadrón.   Debemos mandar a traer otro escuadrón.

 6 Tenemos _____.   Tenemos que mandar a traer otro escuadrón.

 7 _____ escuadrilla.   Tenemos que mandar a traer otra escuadrilla.

40.23 Variation drills

 A Juan, hoy no voy a trabajar.

  1 John, I'm not going to go out today.   Juan, hoy no voy a salir.
  2 Look, I'm not going to go out today.   Mira, hoy no voy a salir.
  3 Look, I'm not going to be able to today.   Mira, hoy no voy a poder.
  4 Listen, I'm not going to need to today.   Oye, hoy no voy a necesitar.
  5 Listen, I'm not going out to take a walk tomorrow.   Oye, mañana no salgo a pasear.
  6 Imagine, I'm not going out to practice tomorrow.   Fíjate, mañana no salgo a practicar.
  7 Imagine, I'm not going out to the court tomorrow.   Fíjate, mañana no salgo a la cancha.

 B Tiene que haber alguien que les ayude.

  1 There has to be someone that remembers them.   Tiene que haber alguien que les recuerde.
  2 There has to be someone that hears them.   Tiene que haber alguien que les oiga.
  3 There has to be someone to explain to them.   Tiene que haber alguien que les explique.
  4 There has to be someone to tell them.   Tiene que haber alguien que les diga.
  5 There has to be someone to cook for us.   Tiene que haber alguien que nos cocine.
  6 There has to be someone to wash for us.   Tiene que haber alguien que nos lave.
  7 There has to be someone to serve us.   Tiene que haber alguien que nos sirva.

C Esta tarde a las cuatro.

 1 This afternoon at three.   Esta tarde a las tres.
 2 This afternoon at a quarter past three. Esta tarde a las tres y cuarto.
 3 This afternoon at three thirty.   Esta tarde a las tres y media.
 4 This afternoon at three forty five. Esta tarde a las tres y cuárenta y cinco.
 5 Tonight at ten.   Esta noche a las diez.
 6 Tonight at ten ten.   Esta noche a las diez y diez.
 7 Tonight at ten twenty-five.   Esta noche a las diez y veinticinco.

D Simplemente pones 'Mi más sentido pésame'.

 1 You just say, 'My very deepest sympathy.' Simplemente dices, 'Mi más sentido pésame.'
 2 You just say, 'I'm very sorry.'   Simplemente dices, 'Lo siento mucho.'
 3 You just write, 'I'm very sorry.' Simplemente escríbes, 'Lo siento mucho.'
 4 You just write, 'My friend John.' Simplemente escríbes, 'Mi amigo Juan.'
 5 You just begin, 'My friend John.' Simplemente empiezas, 'Mi amigo Juan.'
 6 You just put, 'Very gratefully.'   Simplemente pones, 'Muy agradecido.'
 7 You just sign, 'John Harris.'   Simplemente firmas, 'John Harris.'

E Ahora vas a estar de luto, ¿no?

 1 Now you'll be free, won't you?   Ahora vas a estar libre, ¿no?
 2 Now you'll be quiet.   Ahora vas a estar tranquilo.
 3 Now he'll be here.   Ahora va a estar aquí.
 4 Afterwards he'll be sad.   Después va a estar triste.
 5 Afterwards he'll be grateful.   Después va a estar agradecido.
 6 Afterwards they'll be sick.   Después van a estar enfermos.
 7 Afterwards they'll be worried. Después van a estar preocupados.

F   Carmen se pondrá medio luto mientras pasan unos meses.

1 Carmen will put on mourning for a few months.   Carmen se pondrá luto mientras pasan unos meses.
2 Carmen will put on mourning for about three months.   Carmen se pondrá luto mientras pasan unos tres meses.
3 Carmen will put on mourning for about three weeks.   Carmen se pondrá luto mientras pasan unas tres semanas.
4 Carmen will put on mourning for about two or three weeks.   Carmen se pondrá luto mientras pasan unas dos o tres semanas.
5 Carmen will put on mourning for a few weeks.   Carmen se pondrá luto mientras pasan unas semanas.
6 Carmen will put on mourning for a few days.   Carmen se pondrá luto mientras pasan unos días.
7 Carmen will put on mourning for a time.   Carmen se pondrá luto mientras pasa un tiempo.

40.24   Review drills

40.24.1   Adjective position — obligatory postposed adjectives

1 Hand me that red shirt.   Páseme esa camisa roja.
2 Hand me that yellow bag.   Páseme esa bolsa amarilla.
3 Hand me that black hat.   Páseme ese sombrero negro.
4 Hand me that grey suit.   Páseme ese traje gris.
5 Hand me that green pen.   Páseme esa pluma verde.
6 Hand me that purple cloth.   Páseme esa tela morada.
7 Hand me that blue pencil.   Páseme ese lápiz azul.
8 Hand me that orange book.   Páseme ese libro anaranjado.
9 Hand me that white dress.   Páseme ese vestido blanco.

10 I met the Spanish girl.   Conocí a la señorita española.
11 I met the American girl.   Conocí a la señorita americana.
12 I met the Spanish gentleman.   Conocí al señor español.
13 I met the American gentleman.   Conocí al señor americano.

40.24.2 Nominalization of demonstratives

    Problem:
        ¿Quién es ese *señor?*

    Answer:
        ¿Quién es ése?

1 ¿Quién es esa *señorita?*	¿Quién es ésa?
2 ¿Quién es ese *hombre?*	¿Quién es ése?
3 ¿Quién es aquél *muchacho?*	¿Quién es aquél?
4 ¿Quién es aquella *morena?*	¿Quién es aquélla?
5 ¿Quiénes son esos *señores?*	¿Quiénes son ésos?
6 ¿Quiénes son esas *muchachas?*	¿Quiénes son ésas?
7 ¿Quiénes son aquellos *tenientes?*	¿Quiénes son aquéllos?

40.3 CONVERSATION STIMULUS

NARRATIVE 1

1	Carmen's grandmother died on Thursday of last week,	La abuela de Carmen murió el jueves de la semana pasada,
2	after having been ill for a few days.	después de haber estado enferma por algunos días.
3	The next day Jose went to the office of his boss, Mr. Willis, to tell him what had happened,	Al día siguiente José fue a la oficina de su jefe, el Sr. Willis, para contarle lo que había pasado,
4	and to tell him that, since Carmen was very upset, he wanted to ask for the day off in order to be with her (accompany her),	y para decirle que, como Carmen estaba muy triste, él quería pedir el día libre para acompañarla,
5	and also to go to the funeral which was going to be at four in the afternoon.	y también para ir al entierro que iba a ser a las cuatro de la tarde.
6	Mr. Willis told him he was very sorry and of course, he could leave right away.	El Sr. Willis le dijo que lo sentía mucho y que cómo no, que podía irse en seguida.

DIALOG 1

José, dígale con permiso al Sr. Willis y pregúntele si puede hablar con él un momento.

Sr. Willis, dígale a José que sí, cómo no, que pase y se siente. Pregúntele que en qué le puede servir.

José, dígale que Ud. no sabe si él sabe que ayer murió la abuela de su novia.

Sr. Willis, dígale que ¡no le diga!, que cuánto lo siente, y que Ud. supone que Carmen debe estar muy triste.

José, dígale que sí, que por eso Ud. quisiera pedirle el día libre para acompañarla y para ir al entierro.

Sr. Willis, dígale que cómo no, que puede irse en seguida. Pregúntele que cuándo es el entierro.

José, dígale que esta tarde a las cuatro.

José: Con permiso, Sr. Willis, ¿puedo hablar con Ud. un momento?

Willis: Sí, José, cómo no, pase, siéntese. ¿En qué le puedo servir?

José: No sé si Ud. sabe que ayer murió la abuela de mi novia.

Willis: ¡No me diga! Cuánto lo siento. Supongo que Carmen debe estar muy triste.

José: Sí, por eso yo quisiera pedirle el día libre para acompañarla y para ir al entierro.

Willis: Cómo no, puede irse en seguida. ¿Cuándo es el entierro?

José: Esta tarde a las cuatro.

NARRATIVE 2

1 Colonel Harris and his wife couldn't go to the funeral nor send a wreath because they were out in the country.

2 Jean, the Colonel's wife, sent Carmen a sympathy card.

3 On Monday they returned to the city and that evening while they were having dinner,

4 Jean told her husband that they should go to Carmen's house after dinner to express their sorrow,

5 because, even though they had already sent her a (sympathy) card, they should also express it (the *pésame*) personally since Carmen was a very close friend of theirs.

El Coronel Harris y su señora no pudieron ir al entierro ni mandar corona porque estaban en el campo.

Jean, la esposa del coronel, le mandó una tarjeta de pésame a Carmen.

El lunes volvieron a la ciudad y esa noche, mientras estaban comiendo,

Jean le dijo a su esposo que debían ir a la casa de Carmen después de comida a darle el pésame,

porque, aunque ya le habían mandado una tarjeta, debían también dárselo personalmente ya que Carmen era muy amiga de ellos.

40.18   DIECIOCHO

DIALOG 2

Jean, dígale a Bob que termine de comer pronto. Que Uds. tienen que ir a hacer una visita de pésame.

Bob, pregúntele que a quién.

Jean, contéstele que a Carmen del Valle. Que su abuelita murió el jueves y Uds. ni fueron al entierro ni mandaron corona.

Bob, dígale que cómo iban a ir si Uds. estaban en el campo. Pregúntele que si no le mandó una tarjeta.

Jean, dígale que sí, pero que deben darle el pésame personalmente también. Dígale que recuerde que ella es muy amiga de Uds.

Jean: Bob, termina de comer pronto. Tenemos que ir a hacer una visita de pésame.

Bob: ¿A quién?

Jean: A Carmen del Valle. Su abuelita murió el jueves y nosotros ni fuimos al entierro ni mandamos corona.

Bob: ¿Cómo íbamos a ir si estábamos en el campo? ¿No le mandaste una tarjeta?

Jean: Sí, pero debemos darle el pésame personalmente también. Recuerda que ella es muy amiga de nosotros.

NARRATIVE 3

1 When they finished eating, Bob told Jean that he was ready.

2 She told him that she wasn't, that she had to change her dress.

3 That seemed very strange to Bob because he thought that the dress she had on was nice.

4 Then she explained to him that in Surlandia one must wear mourning in order to go offer condolences.

5 And she told Bob that he also had to put on a black tie.

6 This seemed to him like a big nuisance, and he didn't understand why they had to be so strict in such things.

Cuando acabaron de comer, Bob le dijo a Jean que ya él estaba listo.

Ella le dijo que ella no, que tenía que cambiarse de vestido.

A Bob le extrañó mucho eso porque le pareció que el vestido que tenía estaba bonito.

Entonces ella le explicó que en Surlandia hay que ponerse luto para ir a dar un pésame.

Y le dijo a Bob que él también tenía que ponerse una corbata negra.

Esto le pareció a él una gran lata, y no entendía por qué tenían que ser tan rigurosos en tales cosas.

DIALOG 3

Bob, dígale a Jean que ya Ud. está listo.

Bob: Yo ya estoy listo.

Jean, dígale que Ud. tiene que cambiarse de vestido.

Jean: Yo tengo que cambiarme de vestido.

Bob, pregúntele que por qué no va como está. Que está bien así.

Bob: ¿Por qué no vas como estás? Estás bien así.

Jean, dígale a Bob que en este país hay que ponerse luto
para ir a dar un pésame; pregúntele si no sabía. Dígale
que él tiene que ponerse una corbata negra también.

Jean: Bob, en este país hay que ponerse luto para ir a dar un
pésame, ¿no sabías? Tú tienes que ponerte una corbata
negra también.

Bob, dígale que qué lata, que Ud. no entiende por qué tienen
que ser tan rigurosos para esas cosas aquí.

Bob: ¡Qué lata! No entiendo por qué tienen que ser tan rigurosos
para esas cosas aquí.

40.4   READINGS

40.41   Life in Surlandia

40.41.0   Vocabulary building

BASIC SENTENCES

the council
the organ, agency
provisional
the consultation
the Provisional Organ of Consultation

el consejo
el órgano
provisional
la consulta
el Organo Provisional de Consulta

The Council of the OAS constituted itself as the Provisional Organ of
Consultation,...

El Consejo de la OEA se constituyó en Organo Provisional de
Consulta,...

the mechanism
the session
extraordinary
the note

el mecanismo
la sesión
extraordinario
la nota

...a mechanism of peace which convoked an extraordinary session
on receiving the note from the government of Surlandia.

...mecanismo de paz que convocó a una sesión extraordinaria
al recibir la nota del gobierno de Surlandia.

40.20

VEINTE

to warm, arouse, inflame
to send
the telegram
juridical

acalorar
enviar
el telegrama
jurídico

It was a very heated session in which it was decided to send a telegram to both governments and to study the juridical aspects of the case.

Fue una sesión muy acalorada en la que se decidió enviar un telegrama a ambos gobiernos y estudiar los aspectos jurídicos del caso.

to name
the fact, deed, event
on the scene

nombrar
el hecho
en el terreno

Also it was decided to name a Commission to investigate the facts on the scene,...

También se decidió nombrar una Comisión para investigar los hechos en el terreno,...

to withdraw

retirar

...to ask Andivia to withdraw its troops from Surlandia,...

...pedir a Andivia retirar sus tropas de Surlandia,...

to reveal, declare
to conspire

manifestar
conspirar

...to make known to Surlandia that exiles should not conspire against another country,...

...manifestar a Surlandia que los exilados no debían conspirar contra otro país,...

the fulfillment, performance
the resolution

el cumplimiento
la resolución

...and to send military experts to assure the fulfillment of the resolutions adopted.

...y enviar expertos militares para asegurar el cumplimiento de las resoluciones adoptadas.

to subscribe to, agree to
the pact, agreement, covenant
the friendship

subscribir
el pacto
la amistad

Finally, Surlandia and Andivia decided to subscribe to a Pact of Friendship.

Finalmente, Surlandia y Andivia decidieron subscribir un Pacto de Amistad.

the soldier	el soldado
to parade	desfilar
On returning to Las Palmas, the soldiers paraded like heroes.	Al volver a Las Palmas, los soldados desfilaron como héroes.
the delight, satisfaction	la delicia
succulent, juicy	suculento
Julio and Alfredo Fuentes, after the pleasure of a bath and a succulent meal,...	Julio y Alfredo Fuentes, después de las delicias de un baño y de una suculenta comida,...
to throw oneself	echarse
to fatigue, tire out	rendir
instantaneous	instantáneo
...dropped exhausted on the bed, instantly falling sleep.	...se echaron rendidos a la cama, quedándose instantáneamente dormidos.

COGNATE LOAN WORDS

debatir	la simpatía
formal	la norma
el Ministro	civiliza-
la asistencia	moral
recíproco	la emoción
el prisionero	

40.41.1 Reading selection

Solución del Conflicto

En Washington, el mecanismo de paz de la OEA estaba en gran actividad. Temprano, al día siguiente de los primeros acontecimientos, el representante de Surlandia en la OEA presentó una nota al Presidente del Consejo de esta organización en la cual le informaba de la invasión al territorio de su país y le pedía en nombre de su gobierno, y debido a lo urgente del caso, convocar al Consejo de la OEA como Órgano Provisional de Consulta.

El Consejo convocó entonces a sus miembros a una reunión extraordinaria que empezó a las tres de la tarde y terminó a las once de la noche de ese mismo día. Fue una sesión muy acalorada durante la cual el representante de Surlandia hizo graves acusaciones al gobierno de Andivia; acusaciones que fueron rechazadas por el representante de este país diciendo que el único responsable del presente conflicto era el gobierno de Surlandia. Muy pronto, la discusión entre ambos representantes llegó a tomar un carácter personal. El Presidente del Consejo y otros miembros intervenían constantemente pidiendo mantener la calma.

Finalmente, el Consejo pudo debatir el asunto de un modo más formal.

Los resultados de esta primera sesión fueron las siguientes resoluciones aprobadas por el Consejo:

1. Estudiar urgentemente el problema, a base de informaciones responsables, para decidir si era o no necesario convocar al Organo de Consulta.

2. Convocar al Consejo de la Organización para otra sesión extraordinaria tres días más tarde.

3. Enviar un telegrama a los gobiernos de ambos países pidiéndoles su mayor cooperación y colaboración con el Consejo con el propósito de lograr una pronta y pacífica solución del conflicto.

En la reunión que tuvo lugar tres días después, el Consejo aprobó, después de un examen de los aspectos jurídicos del caso, las siguientes resoluciones:

1. Convocar el Organo de Consulta (Reunión de Ministros de Relaciones Exteriores de todos los países miembros de la OEA) para estudiar la situación creada entre Surlandia y Andivia. (La fecha de esa reunión quedó por decidirse después.)

2. Constituirse en Organo Provisional de Consulta según el Artículo 12 del Tratado Interamericano de Asistencia Recíproca.

3. Nombrar una Comisión para investigar en el terreno los hechos y las causas del conflicto.

4. Pedir al Gobierno de Andivia retirar sus tropas del territorio de Surlandia.

5. Pedir a todos los gobiernos americanos y al Secretario General de la Organización su cooperación en los trabajos de la Comisión.

Pocos días después de esta última reunión, la Comisión nombrada por el Consejo salió de Washington en un avión que el Gobierno de los Estados Unidos puso a su disposición y horas más tarde llegaba a la capital de Surlandia. En la noche de ese mismo día los miembros de esta Comisión fueron recibidos por el Presidente de la República y miembros del Gabinete quienes expresaron la posición de Surlandia en este caso.

De Las Palmas la Comisión fue a Miraflores, capital de Andivia, donde también cambiaron impresiones con los miembros de la Junta Militar.

Casi dos semanas estuvo la Comisión en ambos países, haciendo viajes de una capital a otra y a diferentes lugares de la frontera. Durante todo este tiempo, además de las muchas entrevistas que tuvieron con los dos gobiernos, conversaron con numerosas personas de un país y de otro: oficiales, soldados, prisioneros de guerra, campesinos, exilados políticos, etc. Al volver a Washington, después de haber estudiado y discutido las informaciones que traían, la Comisión preparó un largo y detallado informe para ser presentado al Organo Provisional de Consulta. El informe indicaba que ninguno de los dos países era el único responsable de los hechos. No era verdad, como acusaba el Gobierno de Andivia, que el ataque a Cuatro Vientos había sido provocado por una fuerza armada de exilados políticos que habían tratado de cruzar la frontera con la ayuda de las autoridades surlandesas. Sin embargo, sí era cierto que estos exilados habían contado con la ayuda, simpatía y facilidades oficiales para desarrollar programas y actividades cuyo propósito era, según los mismos exilados, el de llegar a derrocar algún día a la Junta Militar de Andivia.

El Consejo de la OEA, después de haber estudiado largamente el informe de la Comisión, resolvió:

1. Manifestar al Gobierno de Surlandia que, aún cuando considera que el asilo político está o debe estar dentro de las normas constitucionales de todo país civilizado, este asilo no debe extenderse a la ayuda material ni moral a actividades que, por parte de los exilados, puedan tener el propósito de conspirar contra la seguridad de otro país. Por lo tanto, el Gobierno de Surlandia debe tomar las medidas necesarias para poner fin a toda actividad o programa que, con tal propósito, puedan estar desarrollando los exilados de Andivia dentro de su territorio.

2. Manifestar al Gobierno de Andivia que, aún cuando el Consejo reconoce la existencia de tales actividades por parte de ciudadanos de ese país dentro del territorio de Surlandia, ese Gobierno pudo y debió haber enviado una comunicación a la Organización de Estados Americanos antes de lanzar un ataque armado a la República de Surlandia.

3. Pedir a ambos Gobiernos observar rigurosamente los principios y normas de no-intervención según los tratados internacionales.

4. Formar una Comisión Interamericana de Expertos Militares para ir a Surlandia y Andivia con el propósito de contribuir al cumplimiento de estas resoluciones.

Las resoluciones tomadas por el Consejo de la OEA, como Organo Provisional de Consulta, fueron inmediatamente aceptadas por los dos Gobiernos y, aunque todavía siguieron ocurriendo incidentes aislados, el conflicto entre las dos naciones llegó finalmente a una solución satisfactoria.

Un mes más tarde, después de largos estudios y conversaciones con los Gobiernos de Surlandia y Andivia, estas dos naciones declararon sus deseos de subscribir un Pacto de Amistad, pacto que fue firmado en Washington, D. C. por sus respectivos representantes ante la OEA. Este nuevo triunfo de la Organización de Estados Americanos constituyó una nueva demostración para el mundo entero de la eficiencia de su mecanismo.

Desaparecida la tensa situación, las tropas surlandesas se retiraron de la frontera y, al llegar, desfilaron como héroes por las calles de Las Palmas.

Esa noche, pasados los primeros momentos de emoción al reunirse con su familia, Alfredo y Julio Fuentes, después de las delicias de un baño y de una suculenta comida, se echaron rendidos a la cama, quedándose instantáneamente dormidos.

40.41.2   Response drill

    1   ¿Qué le pidió el representante de Surlandia a la OEA?
    2   ¿Cuándo se convocó la reunión del Consejo?
    3   ¿Cómo fue la sesión?
    4   ¿Cuáles fueron algunas de las resoluciones del Consejo?
    5   ¿Cuándo se celebró la siguiente reunión?
    6   ¿Qué resoluciones tomó el Consejo?
    7   ¿Cuándo salió de Washington la comisión nombrada por el Consejo?
    8   ¿A quiénes vieron los miembros de la comisión en Las Palmas?
    9   ¿A dónde fueron después?
   10   ¿Con quién tuvieron entrevistas allí?
   11   ¿Qué indicaba el informe de la comisión?
   12   ¿Aceptaron Surlandia y Andivia las resoluciones del Consejo de la OEA?
   13   ¿Qué clase de pacto firmaron Surlandia y Andivia?
   14   ¿Cuándo se retiraron de la frontera las tropas surlandesas?
   15   ¿Qué hicieron Alfredo y Julio Fuentes después de reunirse con su familia?

40.41.3   Discussion

    1   Describe the steps taken by the OEA to put an end to the dispute between Surlandia and Andivia.

    2   Discuss similar situations where an international organization has averted war between two adjacent nations.

40.42   Features

40.42.0   Vocabulary building

BASIC SENTENCES

the method   el método
the procedure   el procedimiento
to give rise to   dar lugar a
the consolidation   la consolidación

The methods and procedures which have given rise to the consolidation
of peace in this hemisphere,...

Los métodos y procedimientos que han dado lugar a la consolidación de la paz en este Hemisferio,...

the action   la acción
positive   positivo

...have resulted from the positive action taken in the course of
numerous inter-American conferences.

...se han debido a la acción positiva tomada en el curso de
numerosas conferencias interamericanas.

Holland   Holanda
the occupation   la ocupación
the axis   el eje

The entrance of German troops into France and Holland, and the
possible occupation of their colonies in America by Axis troops,...

La entrada de tropas alemanas en Francia y Holanda, y la posible
ocupación de sus colonias en América por tropas del Eje,...

the attack   el ataque
the Japanese   el japonés

...the attack of the Japanese on Pearl Harbor,...

...el ataque de los japoneses a Pearl Harbor,...

the communism   el comunismo
Korea   Corea

...and the communist aggression (the agression of communism) in Korea,...

...y la agresión del comunismo en Corea,...

to reinforce   reforzar
in the face of   frente a

...have reinforced the inter-American decision for defense in the face of external dangers.

...han reforzado la decisión interamericana de defensa frente a los peligros exteriores.

to implement
around

implementar
alrededor de

This decision is implemented by establishing a security zor around the hemisphere,...

Esta decisión se implementa estableciéndose una zona de seguridad alrededor del Hemisferio,...

the Inter-American Defense Board

la Junta Interamericana de Defensa

...by creating an Inter-American Defense Board,...

...creándose una Junta Interamericana de Defensa,...

the employment, use

el empleo

...and by permitting the use of military forces if necessary.

...y permitiéndose el empleo de fuerzas militares en caso necesario.

the step
the proof

el paso
la prueba

This step is one more proof of the cooperation among the nations of the New World.

Este paso es una prueba más de la cooperación entre las naciones del Nuevo Mundo.

COGNATE LOAN WORDS

Lima	la aviación
el acta	naval
Chapultepec	eliminar
Río de Janeiro	el agresor
la propaganda	coordinar
el sabotaje	San Francisco
el espionaje	la subversión
el Brasil	Nicaragua

40.42.1   Reading selection

La Organización de los Estados Americanos y la Paz y Seguridad del Continente

La aspiración de las repúblicas americanas de mantener la paz y la seguridad en este Hemisferio viene desde la época en que Simón Bolívar convocó el histórico Primer Congreso de Estados Americanos en la Ciudad de Panamá. Estos deseos se han visto realizados por la OEA en el curso de numerosas conferencias interamericanas. En estas conferencias se han ido creando los métodos necesarios para la defensa de América contra la agresión, y para la solución de los conflictos entre los países del Hemisferio por medios pacíficos. Todo esto ha dado lugar a una serie de tratados para poner en práctica tales procedimientos.

El más importante de estos acuerdos fue el adoptado por la Conferencia Interamericana de la Consolidación de la Paz, celebrada en Buenos Aires en 1936. En ésta se deja claramente establecido que cualquier acto que represente una amenaza contra la paz de un Estado americano constituye automáticamente una amenaza contra todos los demás, lo que es suficiente para convocar una reunión de consulta. La declaración de Lima, adoptada en 1938, reafirma los acuerdos anteriores y establece métodos de consulta en casos de emergencia. Sin embargo, no se crearon los métodos efectivos para la defensa común de las repúblicas americanas hasta 1945, cuando se celebró en México la Conferencia Interamericana sobre Problemas de la Guerra y la Paz, y 1947, fecha en que se firmó el Tratado Interamericano de Asistencia Recíproca, conocido como el Tratado de Río de Janeiro.

Fueron los acontecimientos de la Segunda Guerra Mundial los que hicieron ver lo necesario de estos últimos acuerdos. Inmediatamente después de comenzar la guerra en Europa en 1939, se convocó una Reunión de Consulta de Ministros de Relaciones Exteriores Americanos en la Ciudad de Panamá. En esta conferencia se decidió establecer una zona neutral de seguridad. La ocupación de Francia y Holanda por tropas de Alemania ocasionó una segunda consulta, que tuvo lugar en La Habana. En esta segunda reunión, las repúblicas del Hemisferio consideraron los problemas de una posible ocupación de las colonias europeas por los países del Eje, junto con la amenaza que esto significaba para la seguridad de las naciones del Nuevo Mundo.

Otro de los acuerdos de esta reunión de La Habana hablaba de la ayuda y cooperación recíprocas en caso de un ataque contra cualquiera de las repúblicas. Según este principio, cuando los japoneses atacaron Pearl Harbor, se inauguró una tercera Reunión de Consulta en Río de Janeiro para preparar los planes de defensa del Hemisferio, creándose para este efecto la Junta Interamericana de Defensa. Además, se tomaron medidas contra la propaganda enemiga, sus actividades subversivas y los actos de sabotaje y espionaje del enemigo dentro del Continente.

La cooperación de las repúblicas fue muy efectiva, tanto en el campo económico como militar. Las tropas del Brasil estuvieron en el frente italiano y los pilotos de la aviación de guerra mexicana, en el frente del Pacífico. Por otra parte, las bases aéreas, navales y de tierra de las repúblicas americanas constituyeron una ayuda de gran valor para el triunfo final, y sus fuerzas armadas mantuvieron efectivas patrullas en los mares y costas del Continente.

Los problemas que trajo el conflicto mundial, y que se discutieron en la Conferencia Interamericana sobre los Problemas de la Guerra y la Paz, culminando con el Acta de Chapultepec, dieron una nueva orientación al desarrollo del Sistema Interamericano. Como resultado, se adoptaron medidas de gran importancia, tales como la de asistencia recíproca y solidaridad americana. Los acuerdos respectivos fueron finalmente firmados en Río de Janeiro en 1947 y en Bogotá en 1948. Una de las resoluciones principales trata de la seguridad continental. Veamos esto en mayor detalle:

Según el Acta de Chapultepèc, queda establecido el principio de que un acto de agresión por parte de cualquier Estado contra un Estado americano constituye un acto de agresión contra todos. Además, se estableció por primera vez en las relaciones interamericanas la aplicación de ciertas medidas para eliminar amenazas o actos de agresión, incluyendo el empleo de fuerzas militares para evitar o rechazar tal agresión. Finalmente, se estableció el procedimiento de consulta entre los Estados americanos para adoptar las medidas necesarias del caso. Estos acuerdos, como hemos dicho, fueron convertidos en resoluciones permanentes en Río de Janeiro en 1947, tratado que fue considerado como 'el paso más serio y decisivo en el proceso de las relaciones de los Estados americanos.' Los siguientes son los puntos básicos de este tratado: (a) la obligación de los Estados miembros de tomar acción positiva frente a un ataque armado contra cualquier Estado americano; (b) el establecimiento de un procedimiento de consulta y los tipos de medidas necesarias, no sólo en caso de ataque armado sino cuando ocurran otros actos de agresión u otros hechos o situaciones que puedan poner en peligro la paz de América; (c) se establece el mecanismo y órganos de consulta que deben ser utilizados para tomar medidas colectivas en caso necesario; (d) se establece una zona especial de seguridad alrededor del Hemisferio; (e) se establecen las medidas políticas, económicas y militares que pueden tomarse en contra de un agresor; y (f) se coordina el mecanismo interamericano de paz con el de las Naciones Unidas, según la Carta de San Francisco.

Todos estos acuerdos fueron nuevamente reforzados en 1947, cuando se firmó el Tratado de Río de Janeiro. Ahora, especialmente ante el peligro que representa el comunismo internacional, que quedó en evidencia desde la agresión en Corea, las naciones del continente se encuentran estrechamente unidas para rechazar cualquier ataque exterior, como igualmente la subversión interna en cualquiera de las naciones del Hemisferio.

Finalmente, está el Tratado Americano de Soluciones Pacíficas, que implementa los procedimientos establecidos en el Acta de Chapultepec, y firmado en la misma reunión de Río de 1947. Los acuerdos contenidos en estos tratados sirvieron de base para poner fin al conflicto entre Costa Rica y Nicaragua. Varias han sido las oportunidades en que estos tratados han dado una solución pacífica a las diferencias internacionales entre países americanos, lo que es prueba de la cooperación cada vez mayor entre las naciones del Nuevo Mundo.

40.42.2   Response drill

    1 ¿Se han visto realizados los deseos de las repúblicas americanas?
    2 ¿En dónde se han creado los métodos necesarios para la defensa de América?
    3 ¿A qué han dado lugar las conferencias interamericanas?
    4 ¿Cuál fue el acuerdo más importante?
    5 ¿Dónde fue adoptado este tratado?
    6 ¿Qué métodos se establecieron en la Declaración de Lima?
    7 ¿En qué tratados se crearon métodos para la defensa común?
    8 Durante la Segunda Guerra Mundial, ¿qué reuniones se convocaron?
    9 ¿Fue efectiva la cooperación militar de las repúblicas americanas?
  10 ¿Para qué se estableció el procedimiento de consulta?
  11 ¿Cuáles son algunos de los puntos básicos del Tratado de Río?
  12 ¿Cuándo fue firmado?
  13 ¿En qué tratado se implementan los procedimientos establecidos en el Acta de Chapultepec?
  14 ¿Cuándo fue firmado?
  15 ¿A qué sirvieron de base estos tratados?

40.42.3   Discussion

    1 Describe the various Interamerican Conferences and Treaties.

    2 Discuss the implications of the Act of Chapultepec and the Rio Treaty for the maintenance of peace and security
       in the Americas.

41.1   BASIC SENTENCES.   A student strike.

    José Molina, from one of the Embassy balconies, calls Colonel Harris out to see the demonstration which is developing in the street below as a result of student and political agitation.

ENGLISH SPELLING	AID TO LISTENING	SPANISH SPELLING
to run	kòrrér↓	correr
the balcony	él-bálkón↓	el balcón
so that	párà-ké↓	para que

Molina
    Colonel! Quick! Come to the balcony and see!

kòrònél↓ korrá↓ beŋgalbalkóm|
párákébeá↓

Molina
    ¡Coronel, corra! Venga al balcón para que vea.

| to explode | éstà(l)yar↓ | estallar |
| the revolution | lá-rrébólúşyón↓ | la revolución |

Harris
    What's up? Has a revolution broken out?

kęáy ↓ éstà(l)yoųnarrebolusyon↑

Harris
    ¿Qué hay? ¿Estalló una revolución?

| the strike | lá-welgà↓ | la huelga |
| to fear [1] | témersé↓ | temerse |

Molina
    No. It's the student strike that I was afraid of.

nó ↓ ézláwelga|déstúdyantes|
kémétémiá↓

Molina
    No. Es la huelga de estudiantes que me temía.

to be due to   débérsę—á↓   deberse a

Harris
What's the cause of it? (2)   ¿ésô↓ débiđǫaké↓   *Harris*
                                                                  Y eso, ¿debido a qué?

the rule, regulation   èl—rréglámèntô↓   el reglamento

the examination   èl—éksamén↓   el examen

Molina
It's due to the new regulations for the   àlóznwébozrreglaméntos |pàràlòs   *Molina*
examinations.   éksaménès↓   A los nuevos reglamentos para
                                                                  los exámenes.

the placard, sign   èl—kàrtélón↓   el cartelón

to reach, overtake   àlkánşa'r↓   alcanzar

to succeed in   àlkánşar—á↓   alcanzar a

Harris
What does it say on that sign? I didn't   kéđişę |enęsekartelón |kenó   *Harris*
quite get it read. (3)   ạlkánşọaleér↓   ¿Qué dice en ese cartelón, que
                                                                  no alcanzo a leer?

the rector   èl—rréktór↓   el rector

Molina
    'Down with the rector!'

åbáhǫelrrektór↓

Molina
    ¡Abajo el Rector!

Harris
    What? Don't they like him?

ke↑ nólézgusta↑

Harris
    ¿Qué? ¿No les gusta?

            the dean

él–dékanó↓

            el decano

            the faculty

lá–fákúltad↓

            la facultad

            the law

él–dérechò↓

            el derecho

Molina
    No. They want the dean of the Faculty of
    Law. (4)

no´↓ kyerén|àldékano|délá

fákúltadederéchò↓

Molina
    No. Quieren al Decano de la
    Facultad de Derecho.

            the caricature

lá–kárikátúrá↓

            la caricatura

            it will be (to be)

séra´↓ se´r↓

            será (ser)

Harris
    Look at that caricature! I wonder who it's
    of. (5)

fíhesǫ|énésakárikatúrá↓

dékyénserá↓

Harris
    Fíjese en esa caricatura. ¿De
    quién será?

            the candidate

él–kándidató↓

            el candidato

            the election

lá–élèksyón↓

            la elección

Molina
It's of one of the candidates in the next
elections.

dėuno |đėlóskȧndiđatos |pȧrȧlȧs
proksimaseleksyónės↓

Molina
De uno de los candidatos para
las próximas elecciones.

just look, you ought to see

ay-ke-ḃér↓

hay que ver

to shout

gritár↓

gritar

the noise, uproar, racket

lȧ-búọyȧ↓

la bulla

Harris
Just look how they shout! What a racket!

aykeḃér |komogrítȧn↓ keḃúọyȧ↓

Harris
¡Hay que ver cómo gritan! ¡Qué
bulla!

the university

lȧ-únibȧrsiđȧđ↓

la universidad

before

ȧntéz-ȼé-kė↓

antes de que

to intervene

ȧntėrḃėnir↓

intervenir

the police

lȧ-pȯlişiȧ↓

la policía

Molina
I hope they get to the university, before the
police stop them.

ėspero |kẹ́ọyeȼen |ȧlạùnibȧrsiđȧđ |
ȧntez |đékẹinterḃeŋga |lapolişíȧ↓

Molina
Espero que lleguen a la Universidad antes de que intervenga la
policía.

provided that, if only

kȯn-tál-kė↓

con tal que

| that there may be (there to be) | ke̜—ayà↓ àbe̊r↓ | que haya (haber) |
| wounded, casualty (to wound) | éri̊d̊ó↓ éri̊r↓ | herido (herir) |

Harris
I hope there aren't any casualties! [6]   kóntalke̊ |no̜ay̜a̜e̊ri̊d̊ós↓

Harris
¡Con tal que no haya heridos!

the demonstration	là—mànifèstà̜şyón↓	la manifestación
to dissolve, disperse	disòlbe̊r↓	disolver
nothing flat, no time at all	dós—por—trés↓	dos por tres

Molina
No. That demonstration will break up in nothing flat.

nó ↓ ésàmanifèstà̜şyón |
sḛ̊diswelbe̜ |ḛnu̜ndosportrés↓

Molina
No. Esa manifestación se disuelve en un dos por tres.

41.10   Notes on the basic sentences

(1) This verb /temér/ is also non-reflexive, in the same meaning. If the reflexive element adds any discernible further component of meaning, it is merely intensification.

(2) Since /debído—a—ké↓/ *¿debido a qué?* literally means 'due to what?' the next sentences begins with /a—/ *a* 'to...', and proceeds to state what it's due to. The present sentence could be translated 'What's it due to?' and then the next sentence could begin 'To the...'; a close parallelism to the literal Spanish equivalent would then be achieved. Since 'What's it due to?' is less colloquial English than 'What's the cause of it?' the latter translation has been retained at the expense of literal phrase-for-phrase parallelism with Spanish.

(3) This Spanish construction, if translated literally, would suggest that the speaker is identifying the placard by referring to it as the one he can't read. This is not the intention of the Spanish sentence. The /ke—nó—alkánşo—a—leér↓/ 'que no alcanzo a leer' is a parenthetical comment implying that the placard has already passed, as the contextual English translation suggests. This sentence provides a con-

trast with another possible interpretation which can illustrate very graphically the part that intonation patterns play in determining or delimiting meaning. If there were a pitch drop on the last syllable of /kartelón/, that is, if the sentence read:

/kedişę |enesekartelón |kênoạlkanşçaleér↓/

the implication would be that the speaker is still unable to read the placard, i.e. that try as he might, he just can't read it, presumably because his eyesight is weak, he is inexperienced in reading hand lettering, the sign is being moved around too much, or some such reason.

(4) You will note that *Facultad de Derecho* is capitalized in the column of conventional spelling. *Facultad* suggests something more specific than the English equivalent. It is a professional grouping, somewhat like 'School of Law' in English, or 'College of Letters and Science.'

(5) This use of the future /será/ *será* is known as the 'future of probability.' It will be examined in detail in Unit 55. For the moment it suffices to know that 'Of whom will it be' means 'I wonder of whom it is,' which, rephrased in conversational English, becomes 'I wonder who it's of.'

(6) The phrase /kon‑tál‑ke/ *con tal que* is most understandable, from the English point of view, as a compound relator meaning 'provided that' introducing a subordinate clause that modifies a verb: 'He'll go, provided that you go too.' It may also be translated 'If only...': 'He'll go, if only you'll go too.' In English, both 'provided that' and 'if only' normally introduce subordinate clauses: the clause of which they are a part never stands alone as an independent complete utterance. The single exception occurs in a context where 'If only...' introduces a hope or wish that leaves a considerable element unexpressed: 'If only my son lives through the war...' with the implication that the speaker will then be grateful or express thanks or the like. But in Spanish the expression introduced by *con tal que* is felt as complete, in instances like this one, and the sentence therefore translates *con tal que* as 'I hope....'

41.2   DRILLS AND GRAMMAR

41.21   Pattern drills

41.21.1 Present subjunctive in verb modifying clauses - obligatory occurrence

   A. Presentation of pattern

ILLUSTRATIONS

_____   1 Espero que lleguen a la Universidad *antes de que intervenga* la policia.

_____   2 Venga al balcón *para que vea.*

Hurry up so we can get there on time.   3 Date prisa *para que lleguemos* a tiempo.

so that
a fin de que

Take the gentleman to the cashier's desk so he can cash his checks.

4 Lleve al señor a la caja *a fin de que pueda* cambiar sus cheques.

5 *Con tal que* no *haya* heridos.

Provided you pay attention to your mother, I'll take you to the movies tomorrow.

6 *Con tal que* le *hagas* caso a tu mamá, te llevo al cine mañana.

in the event that
en caso de que

Call me in the event they don't give you the visa.

7 Llámeme *en caso de que* no le *den* la visa.

without
sin que

She can't get in without my seeing her.

8 Ella no puede entrar *sin que* yo la *vea*.

unless
a menos que

I won't buy the car unless you guarantee it for me.

9 No compro el auto *a menos que* me lo *garantice*.

EXTRAPOLATION

'Obligatory' compound relator	Subjunctive in modifying clause

NOTES

a. Whenever certain (obligatory) compound relators introduce a dependent clause modifying a verb, the verb in the dependent clause will occur in a subjunctive form.

b. By 'obligatory' is meant that the subjunctive *must be used* after the relators so classified, if any verb form other than the infinitive occurs.

41.21.11 Substitution drill — construction substitution

       Problem:

           Luis viene para *ayudar*.
           _____ para que nosotros le _____.

       Answer:

           Luis viene para que nosotros le ayudemos.

           1 No puedo leer sin *traducir*.
              _____ sin que Ud. me _____ .   No puedo leer sin que Ud. me traduzca.

           2 Llámela antes de *salir*.
              _____ antes de que Juan _____ .   Llámela antes de que Juan salga.

           3 En caso de *encontrar* sirvienta llámame.
              En caso de que tú _____ .   En caso de que tú encuentres sirvienta llámame.

           4 Comemos temprano a fin de *poder* ir a la escuela.
              _____ a fin de que tú _____ .   Comemos temprano a fin de que tú puedas ir a la escuela.

           5 Juan siempre llama para *decir* algo.
              _____ para que nosotros le _____ .   Juan siempre llama para que nosotros le digamos algo.

           6 En caso de *ir* póngase el abrigo.
              En caso de que Uds. _____ .   En caso de que Uds. vayan pónganse el abrigo.

           7 Coma antes de *empezar* a trabajar.
              _____ antes de que ellos _____ .   Coma antes de que ellos empiecen a trabajar.

41.21.12 Translation drill — Paired sentences

           1 They're coming to study.   Ellos vienen para estudiar.
              They're coming so we can study.   Ellos vienen para que nosotros estudiemos.

           2 Call me before eating.   Llámeme antes de comer.
              Call me before the children eat.   Llámeme antes de que los niños coman.

3 Tell me in case of going (in case somebody goes) downtown.   Dígame en caso de ir al centro.
   Tell me in case they go downtown.   Dígame en caso de que ellos vayan al centro.

4 I'm saving to be able to buy a car.   Estoy ahorrando a fin de poder comprar un coche.
   I'm saving so my wife can buy a car.   Estoy ahorrando a fin de que mi esposa pueda comprar un coche.

5 In case of coming (in case somebody comes), write me.   En caso de venir, escríbame.
   In case you come, write me.   En caso de que Ud. venga, escríbame.

6 I'll smoke before arriving.   Fumo antes de llegar.
   I'll smoke before she arrives.   Fumo antes de que ella llegue.

7 They're coming to practice Spanish.   Ellos vienen para practicar el español.
   They're coming so we can practice Spanish.   Ellos vienen para que nosotros practiquemos el español.

Example sentences

1 I'll go provided you take me.   Yo voy con tal que Ud. me lleve.

2 We're going to eat early so you can go out tonight.   Vamos a comer temprano para que Uds. puedan salir esta noche.

3 I'm going to buy a car provided my wife saves a little.   Yo voy a comprar un coche con tal que mi esposa ahorre un poco.

4 Carlos can't fly unless the colonel gives him permission.   Carlos no puede volar a menos que el coronel le de permiso.

5 We get up very early so that Charles will be able to arrive at   Nos levantamos muy temprano a fin de que Carlos pueda llegar
   school at nine.   a la escuela a las nueve.

6 Maria can't go to the party unless her mother goes with her.   María no puede ir a la fiesta a menos que su mamá la acompañe.

7 They('ll) eat before we arrive.   Ellos comen antes de que nosotros lleguemos.

8 We're going to invite the Garcias so you all can practice (your)   Vamos a invitar a los García a fin de que Uds. puedan practicar
   Spanish.   el español.

9 We can't sing unless you play the guitar.   No podemos cantar a menos que Ud. toque la guitarra.

B.   Discussion of pattern

      A relator may be described as a word that establishes a connection or relationship between two elements in an utterance. *Coordinating relators* (often called 'conjunctions' or 'coordinating conjunctions') link two elements (words, phrases, clauses, etc.) of equal grammatical rank. Examples in Spanish and English are: /ı/ *y* 'and,' /o/ *o* 'or,' /péro/ *pero* 'but.'

      If the relator links two elements of unequal grammatical rank, it is referred to as a *subordinating relator*. Two important types of subordinating relators are *phrase relators* and *clause relators*. These have been called 'prepositions' and 'subordinating conjunctions, adverbial conjunctions,' etc. in other grammatical analyses, but the names *phrase relators* and *clause relators* are used in this discussion to point up with a common term the rather striking parallel that exists between their structural functions.

      Phrase relators and *clause* relators are discriminated because they introduce and form part of phrases and clauses respectively; *phrases* and *clauses* are the modifying elements, more than one word long, that occur in utterances. The terms *phrase* and *clause* must be defined more precisely. A *phrase* consists of a phrase relator plus a noun (or nominalized form) plus any accompanying modifiers. A *clause* (in this context a *subordinate clause*) consists of a clause relator plus a conjugated verb plus any associated noun or pronoun subjects or objects and any accompanying modifiers. Examples are given below.

Sentences with phrases:

    /byénen |en—la—maŋyána↓/   'They come *in the morning.*'

    /salyó |kon—mɪ—tía↓/   'He left *with my aunt.*'

    /entró |sɪn—ablár↓/   'He entered *without speaking.*'

Sentences with subordinate clauses:

    /byénen |kwándo—pwéden↓/   'They come *when they can.*'

    /nó—sé |dónde—bíbe—élla↓/   'I don't know *where she lives.*'

    /sábes |kómo—lo—áʂet/   'Do you know *how he does it?*'

      Note that a *non*-conjugated verb form may follow a phrase relator, as in the utterance /entró |sɪn—ablár ↓/ above. The correlation between the infinitive in Spanish and an '_ ing form' in English in this construction was drilled in section 12.21.3. See also 34.21.1 and 36.24 for other phrase relator correlations.

As mentioned above the 'prepositions' and 'adverbial conjunctions' of other analyses are combined here under the single term *relators* because of their parallel functions. Another reason for this terminological association is that many Spanish relators frequently function both as phrase relators and as clause relators. Compare the following examples:

/tyénen |ke—salír↓/	'They have to leave.'
/díşen |ke—sálen↓/	'They say they're leaving.'
/trabáha |kómo—un—lóko↓/	'He works like a crazy man.'
/trabáha |kómo—syémpre |á—trabahádc↓/	'He works like he's always worked.'
/éso—fwé |kwándo—la—rreboluşyón↓/	'That was at the time of the revolution.'
/éso—fwé |kwándo—bíno↓/	'That was when he came.'
/bámos |dónde—el—doktór↓/	'Let's go to the doctor's.'
/bámos |dónde—te—díhe↓/	'Let's go where I told you.'

The occurrence of /kwándo/ and /dónde/ as phrase relators is not as frequent as their occurrence as clause relators, but they are widely used.

In contrast with Spanish, English uses certain verb modifiers and relators in several different ways without any change in form (Spanish does this also to a limited extent, as illustrated above). Note the following typical examples:

/a—estádo—akí |ántes↑/	'Have you been here *before?*'
/bámos |ántes—de—la—komída↓/	'Let's go *before* dinner.'
/bámos |ántes—de—ke—él—bénga↓/	'Let's go *before* he comes.'

In the three English examples, 'before' first modifies a verb (or perhaps the whole preceding clause), then introduces a phrase, then introduces a clause. In the Spanish examples, /ántes/ modifies the preceding portion of the clause, /ántes—de/ introduces a phrase, and /ántes—de—ke/ introduces a clause. Thus a form like English 'before' (and many other similar words) must be translated according to its function, since in Spanish the functional equivalents are differently rendered.

This pattern suggests another analysis of the Spanish forms. It will be noted that the /de/ in the last example sentence cited is optional; it may or may not appear. If /de/ occurs, the analysis of the sentence will be as follows:

/bámos |ántes—de—ke—ⁿyégen ↓/   'Let's go before they arrive.'

The analysis proceeds by dividing the sentence into two parts, A and B, then analyzing each of the two parts further until the relationship of each word to the rest of the sentence is established. The first cut is between /bámos/ and the rest of the sentence, as the intonation-marking / |/ suggests. The next cut is after /ántes/, a verb modifier, which is itself then modified by a phrase. The next cut shows that the phrase is composed of the phrase relator /de/ and its nominalized object. The object which is nominalized is itself a clause, composed of the clause relator /ke/ plus the conjugated verb it introduces.

If the /de/ does not occur in the original sentence, the resulting difference is that the clause /ke—ⁿyégen/ modifies the verb-modifier /ántes/. All of these relationships are established by reason of their relative positions with each other, which is fixed, with the exception that the sentence partials separated by / | / can be inverted:

/ántes—de—ke—ⁿyégen |bámos ↓/   'Before they arrive, let's go.'

In this event, the analytical relationships are not changed.

The preceding somewhat complex analysis argues that combinations of forms such as /ántes—de—ke/ or /ántes—ke/ as clause relators and /ántes—de/ as phrase relators should actually be considered as constructions in which the /de/ and /ke/ are rightfully analyzed as accompanying the following item(s). Even though this is technically true, it is much more convenient to establish an analytical shortcut and consider these constructions as *compound relators*, as was done in the extrapolation for this grammar point. The point of the discussion up to here, then, has been to provide the analytical basis on which the entire conception of relator patterning is based.

The use of subjunctive forms in certain patterns after phrase relators has been illustrated in three previous units as well as in the present one. A full discussion was delayed until this point because until now the clause relator involved has been /ke/ . A clause relator is obligatory in almost all Spanish sentences which include a subordinate clause. The review drill in section 23.24 illustrates the obligatory use of /ke/ where in the equivalent English sentences the relator 'that' is optional. In drill sections 37.21.1 and 38.21.1 the patterns in which subjunctive verb forms appear in noun clauses were presented. In drill section 40.21.1 the pattern of subjunctive use in noun-modifying clauses was presented. In all of these patterns, the only clause relator involved was /ke/, and the correlations of other facts and items with subjunctive usage were drilled and discussed.

The use of the subjunctive in verb-modifying clauses (drilled in the present unit and in Unit 42) requires several clause relators, and compound clause relators, besides /ke/ to introduce the subordinate clauses. These are divided into two groups: those after which subjunctive verb forms *always* appear (drilled in the present unit); and those after which subjunctive or indicative verb forms *may* appear (drilled in Unit 42). In both groups the controlling concept which governs the occurrence of subjunctive forms seems to be *lack of fulfillment*. With the forms treated in this unit and listed below, a lack of fulfillment in the clause they introduce is suggested by the meaning of the clause relator itself.

The student should learn that these clause relators will *always* introduce clauses with a subjunctive verb form; no other justification for subjunctive in such clauses is necessary.

A list of the compound clause relators which appear in the obligatory pattern are:

ántes—(de)—ke	before
pára—ke	in order that, so that
a—fín—de—ke	so that, in order that
kon—tál—(de)—ke	provided that
en—káso—(de)—ke	in the event that
sín—ke	without
a—ménos—ke	unless

By comparing the translations in section 41.21.12, you will see that there is no simple equivalent in English for the Spanish subjunctive clauses. Often there will be no indication in English that a Spanish subjunctive is needed. Sometimes English 'can' or 'may' or 'will' will be expressed by the subjunctive verb in Spanish.

Although a change of subject in the main and subordinate clauses is not a requirement for the appearance of a subjunctive verb in the subordinate clause, when there *is* a change of subject, a choice which is otherwise available disappears. Notice this choice in the following two sentences:

/nó—pwédo—ír |sín—dárme |úna—dúcha↓/   *No puedo ir sin darme una ducha.*   'I can't go without taking a shower'.

/nó—pwédo—ír |sín—ke—me—dé |úna—dúcha↓/   *No puedo ir sin que me dé una ducha.*   'I can't go unless I take a shower.'

Both of these expressions are correct, and both express more or less the same thought. If, however, the context requires a different subject in the subordinate clause, *'I can't go unless my wife gives the boy a shower,'* the Spanish expression could only be:

/nó—pwédo—ír |sín—ke—mı—espósa |

le—dé—úna—dúcha |al—chıkíto↓/

No puedo ir sin que mi esposa le dé una ducha al chiquito.

41.22   Replacement drills

A   ¡Coronel! ¡Corra! Venga al balcón para que vea.

1 ¡Señores! ¡_____! _____.

¡Señores! ¡Corran! Vengan al balcón para que vean.

2 ¡_____! ¡_____! _____ ventana _____.

¡Señores¡ ¡Corran! Vengan a la ventana para que vean.

3 ¡Señora! ¡_____! _____.

¡Señora! ¡Corra! Venga a la ventana para que vea.

4 ¡_____! ¡_____! Vaya _____.

¡Señora! ¡Corra! Vaya a la ventana para que vea.

5 ¡_____! ¡_____! _____ veamos.

¡Señora! ¡Corra! Vamos a la ventana para que veamos.

6 ¡_____! ¡Dése prisa! _____.

¡Señora! ¡Dése prisa! Vamos a la ventana para que veamos.

7 ¡_____! ¡ _____! ____arriba_____.

¡Señora! ¡Dése prisa! Vamos arriba para que veamos.

B   ¿Qué hay? ¿Estalló una revolución?

1 ¿_____sucede? ¿_____?

¿Qué sucede? ¿Estalló una revolución?

2 ¿_____? ¿___otra_____?

¿Qué sucede? ¿Estalló otra revolución?

3 ¿_____? ¿_____ guerra?

¿Qué sucede? ¿Estalló otra guerra?

4 ¿_____? ¿Empezó_____?

¿Qué sucede? ¿Empezó otra guerra?

5 ¿_____? ¿_____ huelgas?   ¿Qué sucede? ¿Empezaron otras huelgas?

6 ¿_____ pasa? ¿_____?   ¿Qué pasa? ¿Empezaron otras huelgas?

7 ¿_____? ¿_____ manifestación?   ¿Qué pasa? ¿Empezó otra manifestación?

C   Es la huelga de estudiantes que me temía.

1 _____ nos _____.   Es la huelga de estudiantes que nos temíamos.

2 _____ manifestación _____.   Es la manifestación de estudiantes que nos temíamos.

3 Son _____.   Son las manifestaciones de estudiantes que nos temíamos.

4 _____ fiesta _____.   Es la fiesta de estudiantes que nos temíamos.

5 _____ te _____.   Es la fiesta de estudiantes que te temías.

6 ___ aquellas _____.   Son aquellas fiestas de estudiantes que te temías.

7 _____ casa _____.   Es aquella casa de estudiantes que te temías.

D   ¿Qué dice en ese cartelón que no alcanzo a leer?

1 ¿_____ cartelones _____?   ¿Qué dice en esos cartelones que no alcanzo a leer?

2 ¿_____ aquel _____?   ¿Qué dice en aquel cartelón que no alcanzo a leer?

3 ¿_____ puedo _____?   ¿Qué dice en aquel cartelón que no puedo leer?

4 ¿_____ entender?   ¿Qué dice en aquel cartelón que no puedo entender?

5 ¿_____ entrada _____?   ¿Qué dice en aquella entrada que no puedo entender?

6 ¿Cómo _____?   ¿Cómo dice en aquella entrada que no puedo entender?

7 ¿_____ anuncios _____?   ¿Cómo dice en aquellos anuncios que no puedo entender?

E   Fíjese en esa caricatura. ¿De quién será?

1 _____ huellas. ¿_____?   Fíjese en esas huellas. ¿De quién serán?

2 _____ esta_____ . ¿_____?   Fíjese en esta huella. ¿De quién será?

3 _____ retrato. ¿_____?   Fíjese en este retrato. ¿De quién será?

4 Mire _____ . ¿_____?   Mire este retrato. ¿De quién será?

5 _____ frutas. ¿_____?   Mire estas frutas. ¿De quién serán?

6 _____ . ¿Qué_____?   Mire estas frutas. ¿Qué serán?

7 _____ . ¿ _____ será?   Mire esta fruta. ¿Qué será?

F   Esa manifestación se disuelve en un dos por tres.

1 _____ acaba _____ .   Esa manifestación se acaba en un dos por tres.

2 ____ revolución_____ .   Esa revolución se acaba en un dos por tres.

3 _____ acaban _____ .   Esas revoluciones se acaban en un dos por tres.

4 Esta_____ .   Esta revolución se acaba en un dos por tres.

5 ____ problema _____ .   Este problema se acaba en un dos por tres.

6 _____ resuelven _____ .   Estos problemas se resuelven en un dos por tres.

7 ____ préstamo _____ .   Este préstamo se resuelve en un dos por tres.

41.23   Variation drills

    A   Y eso, ¿debido a qué?

       1 And this; what's it due to?   Y esto, ¿debido a qué?
       2 And that strike; what's it due to?   Y esa huelga, ¿debido a qué?
       3 And that problem; what's it due to?   Y ese problema, ¿debido a qué?
       4 And that headache; what's it due to?   Y ese dolor de cabeza, ¿debido a qué?
       5 And that agreement; what's behind it?   Y ese acuerdo, ¿debido a qué?
       6 And that excuse; what's behind it?   Y ese pretexto, ¿debido a qué?
       7 And that joke; what's behind it?   Y esa broma, ¿debido a qué?

    B   ¡Abajo el Rector!

       1 Down with the Dean!   ¡Abajo el Decano!
       2 Down with the Faculty!   ¡Abajo la Facultad!
       3 Down with the exams!   ¡Abajo los exámenes!
       4 Death to the Rector!   ¡Muera el Rector!
       5 Long live the strike!   ¡Viva la huelga!
       6 Long live the candidate!   ¡Viva el candidato!
       7 Long live the revolution!   ¡Viva la revolución!

    C   Quieren al Decano de la Facultad de Derecho.

       1 They want the Rector of the University.   Quieren al Rector de la Universidad.
       2 They want the Chief of the Consular Section.   Quieren al Jefe de la Sección Consular.
       3 They want the Chief of Police.   Quieren al Jefe de Policía.
       4 They want the Chief of the Engineers.   Quieren al Jefe de los Ingenieros.
       5 They want the captain of the team.   Quieren al capitán del equipo.
       6 They want the Agency Inspector.   Quieren al Inspector de la Agencia.
       7 They want the Traffic Inspector.   Quieren al Inspector de Tráfico.

D   ¡Hay que ver cómo gritan! ¡Qué bulla!

1 Just look how they shout! How terrible!   ¡Hay que ver cómo gritan! ¡Qué terrible!
2 Just look how they play! How magnificent!   ¡Hay que ver cómo juegan! ¡Qué magnífico!
3 Just look how he sings! How wonderful!   ¡Hay que ver cómo canta! ¡Qué estupendo!
4 Just look how he has fun! What a life!   ¡Hay que ver cómo se divierte! ¡Qué vida!
5 Just look how he defends himself! How valiant!   ¡Hay que ver cómo se defiende! ¡Qué valiente!
6 Just look how cold it is! How horrible!   ¡Hay que ver cómo hace frío! ¡Qué horrible!
7 Just look how hot it is! What bad luck!   ¡Hay que ver cómo hace calor! ¡Qué mala suerte!

E   Espero que lleguen a la Universidad antes de que intervenga la policía.

1 I hope they arrive at seven, before I leave.   Espero que lleguen a las siete, antes de que yo salga.
2 I hope they arrive early, before I leave.   Espero que lleguen temprano, antes de que yo salga.
3 I hope they come early, before I say goodbye.   Espero que vengan temprano, antes de que yo me despida.
4 I hope he hurries before the plane leaves him.   Espero que se dé prisa antes de que lo deje el avión.
5 I hope he wins before they leave him broke (clean).   Espero que gane antes de que lo dejen limpio.
6 I hope he goes before he sticks his foot in his mouth.   Espero que se vaya antes de que meta la pata.
7 I hope he gets used to it before he goes (drives himself) crazy.   Espero que se acostumbre antes de que se vuelva loco.

F   Con tal que no haya heridos.

1 How terrible! If only there aren't any casualties.   ¡Qué terrible! Con tal que no haya heridos.
2 How terrible! If only there's no revolution.   ¡Qué terrible! Con tal que no haya revolución.
3 How unfortunate (bad)! If only there's no strike.   ¡Qué malo! Con tal que no haya huelga.
4 How unfortunate (bad)! If only there's no bombardment.   ¡Qué malo! Con tal que no haya bombardeo.
5 Of course! Provided there are elections.   ¡Por supuesto! Con tal que haya elecciones.
6 Of course! Provided there's news.   ¡Por supuesto! Con tal que haya noticias.
7 Of course! Provided the weather's good.   ¡Por supuesto! Con tal que haya buen tiempo.

41.24   Review drills

41.24.1   Compound phrase relators

   1 We live near the mission.   Vivimos cerca de la misión.
   2 We left after nine.   Salimos después de las nueve.
   3 We began before one.   Empezamos antes de la una.
   4 He lives opposite the bull ring.   El vive enfrente de la plaza de toros.
   5 They live behind the embassy.   Ellos viven detrás de la embajada.
   6 I work near this building.   Trabajo cerca de este edificio.
   7 I arrived after four.   Llegué después de las cuatro.
   8 We study before eating.   Estudiamos antes de comer.
   9 The elevator's opposite the cashier's desk.   El ascensor está enfrente de la caja.
 10 My room's near the entrance.   Mi habitación está cerca de la entrada.
 11 They built another building behind the hotel. Construyeron otro edificio detrás del hotel.

41.24.2   Nominalization of possessives

    Problem:
        Ese es el *sombrero* mío.

        Ese es el _____ .

    Answer:
        Ese es el mío.

   1 Esa es la *blusa* tuya.
      Esa es la _____ .   Esa es la tuya.

   2 Esta es la *llave* suya.
      Esta es la _____ .   Esta es la suya.

   3 Aquélla es la *taza* mía.
      Aquélla es la _____ .   Aquélla es la mía.

4 Esta es la *tarjeta* suya.
Esta es la _____ .   Esta es la suya.

5 Este es el *periódico* mío.
Este es el _____ .   Este es el mío.

6 Este es el *cenicero* suyo.
Este es el _____ .   Este es el suyo.

7 Estas son las *camisas* mías.
Estas son las _____ .   Estas son las mías.

8 Estos son los *lápices* tuyos.
Estos son los _____ .   Estos son los tuyos.

9 Esos son los *zapatos* suyos.
Esos son los _____ .   Esos son los suyos.

10 Estos son los *retratos* míos.
Estos son los _____ .   Estos son los míos.

11 Aquéllos son los *platos* suyos.
Aquéllos son los _____ .   Aquéllos son los suyos.

41.3   CONVERSATION STIMULUS

NARRATIVE 1

1 The students of the School of Law are walking through
all the other schools of the University,

Los estudiantes de la Facultad de Derecho andan por todas
las otras escuelas de la universidad,

2 making a lot of racket and shouting 'Down with the new
regulations! We want a strike!' etc.

haciendo mucha bulla y gritando '¡Abajo los nuevos reglamentos!
¡Queremos huelga!' etc.

3 They are out asking the other schools to declare a strike.

Andan pidiéndoles a todas las otras escuelas que se declaren
en huelga.

4 The purpose of all this is to prevent (not permit) passing some
new very strict regulations for examinations.

El propósito de todo esto es no permitir que pasen unos nuevos
reglamentos muy rigurosos para los exámenes.

5 Patricia Phillips, an American girl who entered the university
a short time ago, is very surprised to see what is happening.

Patricia Phillips, una chica americana que entró a la universidad
hace poco, está muy sorprendida de ver lo que está pasando.

6 A friend of hers, Monica, is explaining what it's all about to her.

Una amiga de ella, Mónica, le está explicando de qué se trata.

DIALOG 1

Patricia, pregúntele a Mónica que qué es tanta bulla; que qué
hacen todos esos muchachos aquí con esos cartelones.

Patricia: ¿Qué es tanta bulla, Mónica? ¿Qué hacen todos
esos muchachos aquí con esos cartelones?

Mónica, contéstele que son los estudiantes de la Facultad
de Derecho.

Mónica: Son los estudiantes de la Facultad de Derecho.

Patricia, pregúntele que qué quieren, que por qué gritan tanto.

Patricia: ¿Qué quieren?, ¿por qué gritan tanto?

Mónica, explíquele que andan por toda la universidad pidiéndoles
a los estudiantes que se declaren en huelga.

Mónica: Andan por toda la universidad pidiéndoles a los
estudiantes que se declaren en huelga.

Patricia, pregúntele que con qué propósito.

Patricia: ¿Con qué propósito?

Mónica, dígale que para no permitir que pasen unos nuevos
reglamentos muy rigurosos para los exámenes.

Mónica: Para no permitir que pasen unos nuevos reglamentos
muy rigurosos para los exámenes.

NARRATIVE 2

1 It surprises her that students feel they have the right to
strike to solve problems of this kind.

A ella le extraña que los estudiantes se sientan con el derecho
de hacer huelgas para resolver problemas de esta clase.

2 In the universities in the United States these things
almost never happen.

En las universidades de los Estados Unidos estas cosas casi
nunca suceden.

3 In Latin American countries it does.

En los países latinoamericanos sí.

4 And a well organized student strike can be a very
great weapon (force).

Y una huelga de estudiantes bien organizada puede ser una
fuerza muy grande.

5 Monica tells Patricia that if they call the police to
  disperse this one,

6 it's possible that there may be casualties, because
  students aren't afraid of anybody.

Mónica le dice a Patricia que si llaman a la policía para que
  disuelva ésta,

es posible que haya heridos, porque los estudiantes no le
  temen a nadie.

DIALOG 2

Patricia, diga que qué horrible y pregunte que cómo pueden
  hacer eso. Que en los Estados Unidos los estudiantes
  no tienen derecho de hacer tales cosas.

Mónica, dígale que aquí sí, y que una huelga de estudiantes
  bien organizada puede ser una fuerza muy grande.

Patricia, pregúntele que qué pasa si llaman a la policía
  para disolver esta huelga.

Mónica, contéstele que si la policía interviene puede ser
  que haya heridos porque los estudiantes no le temen a
  nadie.

Patricia: ¡Qué horrible! ¿Cómo pueden hacer eso? En los
  Estados Unidos los estudiantes no tienen derecho
  de hacer tales cosas.

Mónica: Aquí sí, y una huelga de estudiantes bien organizada
  puede ser una fuerza muy grande.

Patricia: ¿Qué pasa si llaman a la policía para disolver esta
  huelga?

Mónica: Si la policía interviene puede ser que haya heridos
  porque los estudiantes no le temen a nadie.

NARRATIVE 3

1 Once they have assembled all the students and have
  organized themselves,

2 they're going to stage (make) a demonstration along
  the streets,

3 carrying signs and shouting, 'Long live the strike!
  Down with the Rector!', etc.

4 The girls who want to go can (go), but it's better for
  Patricia, being an American, not to (go).

Una vez que hayan reunido a todos los estudiantes y se hayan
  organizado,

van a hacer una manifestación por las calles,

llevando cartelones y gritando, '¡Viva la huelga! ¡Abajo el
  Rector!', etc.

Las muchachas que quieran ir pueden ir, pero es mejor que
  Patricia, siendo americana, no vaya.

DIALOG 3

Patricia, pregúntele que qué piensan hacer una vez que hayan reunido a todos los estudiantes.

Mónica, contéstele que van a hacer una manifestación por las calles llevando cartelones y gritando, '¡Viva la huelga! ¡Abajo el Rector!,' etc.

Patricia, dígale que Ud. espera que Uds. las mujeres no tengan que ir también.

Mónica, dígale que sólo las que quieran. Pero que es mejor que ella, siendo americana, no vaya.

Patricia: ¿Qué piensan hacer una vez que hayan reunido a todos los estudiantes?

Mónica: Van a hacer una manifestación por las calles llevando cartelones y gritando, '¡Viva la huelga! ¡Abajo el Rector!,' etc.

Patricia: Yo espero que nosotras las mujeres no tengamos que ir también.

Mónica: Sólo las que quieran. Pero es mejor que tú, siendo americana, no vayas.

41.4   READINGS

41.41   Life in Surlandia

41.41.0 Vocabulary building

BASIC SENTENCES

the robber, thief, burglar
to shake

el ladrón
sacudir

'Robbers,' said Virginia, as she shook Fred violently.

'Ladrones' —decía Virginia mientras sacudía fuertemente a Fred.

to jump
the lightning flash
the revolver

saltar
el relámpago
el revólver

Fred jumped out of bed like a flash and took his revolver. But he didn't find anybody.

Fred saltó de la cama como relámpago y tomó su revólver. Pero no encontró a nadie.

to rob, steal
the silverware

robar
el cubierto

fine, valued, precious	fino
to hang	colgar

Nevertheless, the very fine silverware and some clothing that was hanging in the patio had been stolen.

Sin embargo, se habían robado los cubiertos de plata finísimos y una ropa que tenía colgada en el patio.

the next day	al otro día
the detective	el detective
clinical	clínico
the practiced eye	el ojo clínico
to interrogate, question	interrogar
the cook	la cocinera

The next day two detectives, with the practiced eye that experience gave them, began to interrogate the cook...

Al otro día unos detectives, con el ojo clínico que les daba la experiencia, comenzaron a interrogar a la cocinera...

to suspect	sospechar
the question	la pregunta
evasive	evasivo

...and soon began to suspect when she responded to their questions in an evasive and nervous manner.

...y pronto empezaron a sospechar cuando ésta respondía a sus preguntas de manera evasiva y nerviosa.

the transaction	el trámite
without further ado	sin mayor trámite

One afternoon, the detectives, without further ado, took the cook away.

Una tarde, los detectives, sin mayor trámite, se llevaron a la cocinera.

the notification, summons	la notificación
to identify	identificar

The following day, Fred received a summons and went to identify the robbers and the stolen articles...

Al día siguiente, Fred recibió una notificación y fue a identificar a los ladrones y los artículos robados...

to pawn

...which the 'author' of the robbery, the cook's boy friend, had pawned.

empeñar

...que el autor del robo - el novio de la cocinera - había empeñado.

to inspire pity, to be pitiful
the devil
to swell
the spot
the face

dar lástima
el diablo
hinchar
la mancha
la cara

It was pitiful to see the poor devil, with his swollen eyes and with black and blue spots on his face.

Daba lástima ver al pobre diablo, con los ojos hinchados y con manchas moradas en la cara.

to reflect on, to ponder

reflexionar

Fred, who had seen him selling green vegetables, identified him and then left, pondering all these problems.

Fred, que lo había visto vendiendo verduras, lo identificó y luego se fue, reflexionando sobre todos estos problemas.

COGNATE LOAN WORDS

protestar   falsificar
el pandemonio   la rutina
sentimental   insultar
intrigar   la intención
la recomendación   estúpido

41.41.1 Reading selection

Un Robo

—Fred, despierta... ¡Freddie! Despierta, que estoy oyendo ruidos— le dijo Virginia a su marido, al mismo tiempo que lo sacudía fuertemente. Pero éste seguía durmiendo tranquilamente.

Fred era uno de esos pocos que, una vez que se acuestan, se duermen inmediatamente y después no hay ruido que los despierte. Su mujer era todo lo contrario: le costaba mucho dormirse y, al menor ruido, se despertaba; además, era bastante nerviosa y siempre estaba pensando en ladrones.

Durante los primeros meses de casados, Fred se levantaba cada noche a investigar esos 'ruidos', a traerle una aspirina, una taza de leche caliente, etc., etc. Sin embargo, como todo cambia en esta vida, Fred ahora lo hacía protestando, buscando pretextos para no levantarse: —¿Por qué no vas tú esta vez por tu aspirina?— o bien, —No te preocupes, mujer, y trata de dormir tranquila; es el viento— o simplemente hacía como que estaba dormido. Ya sabemos, claro, que así fue que una vez entraron unos ladrones y se robaron una televisión de trescientos dólares.

Esta era una de esas tantas noches en que Virginia trataba de despertar a su esposo. Eran casi las cuatro de la mañana... —Fred, por favor, despierta que no son ideas mías. Escucha... —Sin saber por qué, Fred prestó atención y, en realidad, se oían unos ruidos en el piso de abajo. Como un relámpago saltó de la cama, tomó un revólver viejo que tenía en el closet y salió al balcón de la casa, de donde él creía estar en posición de impedirle al ladrón escapar.

—¡Sal o te mato!— gritaba, con un acento inglés que, por lo nervioso que estaba, se le había puesto peor. —¡Sal o te mato!—repetía.

En la casa de enfrente - la casa de los Fuentes - Manuela, al oir gritar a Fred de esa manera, despertó a la otra criada: —¡Petronila! ¡Petronila! ¡Ese 'mister' de ahi enfrente, o se está volviendo loco o no sé lo que le pasa! Ahí está en el balcón de su casa gritando y gritando, pero no comprendo bien lo que dice. Parece que dice algo así como ¡sal o tomate! ¡sal o tomate! ¡Está loco ese hombre! Mejor ir a despertar a los señores— Manuela era la nueva cocinera de los Fuentes, quienes la habían traído del campo hacía poco. Como buena campesina, era muy madrugadora y, ya a las cuatro, siempre estaba levantada. Por eso había sido ella la primera en oir a Fred.

Cuando don Ricardo salió en pijamas a la puerta a ver qué pasaba, ya había otros vecinos afuera en la calle, todos preguntando qué sucedía. Fred, viendo que con aquella conmoción el ladrón no iba a salir nunca, dejó el balcón y bajó al primer piso. Con todo cuidado entró a la sala y luego fue de cuarto en cuarto...y nada. Don Ricardo y otros vecinos entraron entonces y se pusieron a ayudarle a buscar...pero nada; el ladrón no estaba por ninguna parte. Alguien vió que la ventana de la cocina estaba abierta; claro, eso era; el ladrón había escapado por la puerta de atrás. Todo el mundo comentaba y todos hablaban al mismo tiempo: aquello era un verdadero pandemonio.

Después que hubo algo más de calma, Fred y Virginia empezaron a revisar toda la casa para ver qué les habían robado. Muy pronto vieron que los cubiertos finísimos de plata no estaban en el lugar donde siempre los tenían. También se habían llevado toda la ropa que tenían colgada en el patio. A Virginia esto no le importó tanto como los cubiertos, no sólo porque eran muy finos, sino porque habían sido un regalo de bodas y tenían para ella un gran valor sentimental.

Alquien había llamado a la policía y pocos minutos después llegaba un carro de patrulla. Estuvieron ahí como una hora haciendo toda clase de preguntas y, después de haber tomado una taza de café que Virginia les había preparado, se fueron. Como a las siete de la mañana vinieron dos detectives, quienes inmediatamente empezaron a interrogar a todo el mundo y a tomar huellas digitales por toda la casa. Esto de las huellas digitales no sirvió para nada pues, aunque hasta en el techo las encontraron, todas eran diferentes, ya que los vecinos que habían estado ayudando no habían dejado lugar de la casa sin tocar.

Sin embargo, los detectives tenían otros medios, especialmente el ojo clínico que la experiencia les había dado. Inmediatamente después de hacerle las primeras preguntas a la cocinera de la casa, una mujer joven que no hacía mucho que había empezado a trabajar en la casa de los Robinson, comenzaron a sospechar de ella por su manera de contestar, evasiva y nerviosa. Desde ese día se pusieron a seguirla a todas partes, hasta que por fin, dos semanas más tarde, tenían al ladrón: el novio de la cocinera.

Fue una desagradable sorpresa para Virginia cuando una tarde llegaron dos detectives a la casa a arrestar a la sirvienta, que estaba tranquilamente preparando la comida para los niños. Sin mayor trámite, entraron a la cocina, la tomaron, la metieron en un auto y se la llevaron. Al otro día Fred recibió una notificación de la policía diciendo que tenía que ir a identificar los artículos robados. Estos, el ladrón los había empeñado y después había vendido los billetes. Fred los reconoció como suyos.

Intrigado por lo de la cocinera, Robinson le preguntó al Oficial que cómo era que ella también estaba comprometida, que ésta le había traído muy buenas recomendaciones. El Oficial le contestó diciéndole que las recomendaciones eran falsificadas y, que además, esta mujer era una ladrona muy conocida. El Oficial le dijo a Fred que, como algo de rutina, él tenía que identificar a la mujer y, si era posible, al ladrón, para establecer si alguna vez lo había visto con ella. Robinson esperó algunos minutos y luego, por una pequeña puerta, entre cuatro hombres armados, aparecieron la cocinera con su novio el ladrón.

Este venía con la cabeza baja y parecía estar un poco enfermo, con los ojos hinchados y unas manchas moradas en la cara, mientras que la cocinera, apenas entró, empezó a insultar a los oficiales, a Robinson y a todo el mundo.

--¡¡Silencio!! --gritó el Oficial; y volviéndose a Robinson le preguntó: --¿Es ésta su cocinera?-- Sí --contestó Robinson-- ésa es.

--Y a ese hombre, ¿lo reconoce?-- continuó el Oficial.

Fred lo miró un momento y luego exclamó: --¡Claro, ahora recuerdo! Es el mismo hombre que a veces venía a vender verduras a la casa y al que le di ropa más de una vez.

--Patrón-- dijo el hombre a Robinson, mirando al suelo --Uds. han sido muy buenos conmigo. Yo no tenía intenciones de robar nada. Fue ella la que decía que yo era un estúpido, que robarles a los ricos no era nada malo; y pensar que ella se gastó sola toda la plata después.

Y con voz que daba lástima siguió diciendo: --¡Ayúdeme, patroncito, le prometo que nunca más...!

--¡¡Ya, ya!! ¡¡Está bueno!! --gritó el Oficial, interrumpiéndolo. Y luego ordenó: ¡Llévenselos!

Pobres diablos, pensó Fred. Y despidiéndose del Oficial volvió a la oficina reflexionando sobre el serio problema de buscar una nueva cocinera.

41.41.2 Response drill

    1 ¿Cómo era Fred cuando dormía?
    2 ¿Qué le pasaba a Virginia con el menor ruido?
    3 Durante los primeros meses de casados, ¿a qué se levantaba Fred?
    4 ¿Qué pretextos buscaba ahora Fred para no levantarse?
    5 ¿Qué se oían en el piso de abajo?
    6 ¿Qué hizo Fred después de saltar de la cama?
    7 ¿Qué gritaba Fred?
    8 ¿Quiénes salieron a la calle?
    9 ¿Qué les habían robado a los Robinson esta noche?
    10 ¿Qué hicieron los detectives a la mañana siguiente?
    11 ¿De quién comenzaron a sospechar los detectives?
    12 Cuando arrestaron a la cocinera, ¿qué recibió Fred y para qué?
    13 ¿Quién era el ladrón?
    14 ¿Qué decía el ladrón?
    15 ¿Sobre qué problema se fue reflexionando Fred?

41.41.3 Discussion

    1 Describe the confusion that reigned in the neighborhood when the robbery was discovered.

    2 Discuss the implications of the statement that 'robarles a los ricos no es nada malo'.

41.42   Features

41.42.0   Vocabulary building

BASIC SENTENCES

the wave	la ola
the crime, criminality	la criminalidad
to proceed	proceder
the habitual criminal	el facineroso
the malefactor	el malhechor

In order to put an end to the present crime wave the police are proceeding to eliminate habitual criminals and malefactors,...

Para terminar con la presente ola de criminalidad la policía está procediendo a eliminar a facinerosos y malhechores,...

the swindler	el timador
the blackmailer	el chantajista
the assassin	el asesino
to infest	infestar

...swindlers, blackmailers, and assassins which lately have infested the city.

...a timadores, chantajistas y asesinos que últimamente han infestado a la ciudad.

the pest	la peste
the shame	la vergüenza
the contempt, scorn	el desprecio
the property	la propiedad
simple, plain	sencillo

This social pest, with an incredible lack of shame and an absolute contempt for life and property, as much of simple workers as of rich persons,...

Esta peste social con una increíble falta de vergüenza y un desprecio absoluto por la vida y la propiedad, tanto como de sencillos obreros como de personas ricas,...

to commit	cometer
criminal	criminal
to earn	ganar

to earn a living	ganarse la vida
honest	honrado

...has committed all kinds of criminal acts against those who earn their living honestly.

...ha cometido toda clase de hechos criminales contra quienes se ganan la vida honradamente.

the column	la columna
warm, enthusiastic	caluroso
the crusade	la cruzada

These columns warmly congratulate the police for their crusade for public security,...

Estas columnas felicitan calurosamente a la policía por su cruzada en favor de la seguridad pública,...

the evil, harm, disease	el mal
strict	estricto
severe	severo

...but we observe that, to eliminate the evil, stricter laws more severely applied are necessary.

...pero observamos que, para eliminar el mal, son necesarias leyes más estrictas y más severamente aplicadas.

the transcendence, importance	la transcendencia
the deliquency	la delincuencia
juvenile	juvenil

Another problem of even greater transcendence is juvenile delinquency.

Otro problema de aún mayor transcendencia es la delincuencia juvenil.

police	policial
the task, job	la tarea
the hearth, home	el hogar

Police action is not sufficient in this case; rather it is the job of the family, the home, and the community...

La acción policial no es suficiente en este caso, sino que es tarea de la familia, del hogar y de la comunidad...

the effort	el esfuerzo
the youth	la juventud

...to make an effort on behalf of youth, the men of tomorrow.

...hacer un esfuerzo en favor de la juventud, de los hombres del mañana. (1)

COGNATE LOAN WORDS

inmenso	el signo
la satisfacción	la desintegración
la indiferencia	profundo
la víctima	examinar
la indignación	rebelar
penalizar	confortable
reducir	la presuposición
incalculable	la responsabilidad
la crueldad	la conciencia

41.42.1 Reading selection

Policía Propónese Terminar con Criminales

(*La Prensa*, Noviembre 23)

La opinión pública, con razón alarmada por los crímenes cada vez más numerosos cometidos por la enorme cantidad de facinerosos que últimamente ha infestado a la ciudad, ha visto con inmensa satisfacción la presente campaña de la policía para terminar con la reciente ola de criminalidad.

Malhechores de todas clases, protegidos por la indiferencia de las autoridades, se habían hecho dueños de las calles de nuestra ciudad, constituyendo una grave amenaza para la vida y propiedad de sus habitantes. Ladrones especialistas, timadores, chantajistas y asesinos de

---

(1) Note that when the modifier *mañana* 'tomorrow' (not the noun *la mañana* 'the morning') is nominalized with the meaning of 'the future,' it takes masculine gender. This is normal in Spanish when modifiers are nominalized.

conocida historia criminal, procediendo con una increíble falta de vergüenza y un desprecio absoluto por todos quienes se ganan la vida honradamente, habían, en los últimos meses, extendido su campo de acción hacia los sectores más pobres de la ciudad. Ya no eran solamente los establecimientos comerciales del centro y las personas de dinero las víctimas de esta peste social. El más sencillo obrero no podía sentirse seguro
ni en su casa ni tampoco en las calles al volver del trabajo.

Estas columnas, regularmente, han sido órgano de expresión de la indignación pública frente a tan increíbles hechos. Junto con felicitar
calurosamente a las autoridades policiales por su cruzada en favor de la seguridad y moralidad públicas, queremos observar, sin embargo, que
sin leyes y reglamentos más estrictos que penalicen severamente a quienes cometan tales crímenes, la presente acción policial no puede tener
el resultado que todos deseamos, pasando a ser una simple campaña que de ninguna manera puede llegar a eliminar el mal en forma permanente.

Aunque es verdad que para reducir la criminalidad entre los adultos sólo necesitamos leyes más severas, esto no puede aplicarse en
igual forma a otro problema aún más grave: la delincuencia juvenil.

La criminalidad entre los jóvenes es un problema mucho más serio y de una transcendencia incalculable para el futuro. Día a día vemos
y oímos de hechos cometidos por muchachos, cuyos actos criminales y de crueldad no parecen tener otro fin que el de divertirse. Esta delincuencia, no sólo problema de Surlandia sino mundial, y signo de los tiempos en que vivimos, no puede ser otra cosa que el producto de la desinte-
gración de los valores morales, de la familia, del hogar y de las instituciones sociales.

La acción policial no es suficiente pues el mal, ya lo vemos, tiene orígenes más profundos. Es necesario examinar sus causas verdaderas
para explicarse de cómo la juventud de hoy se rebela en contra de la sociedad que ve en ellos a los ciudadanos del futuro. ¿O es que en realidad
no los vemos como tales, que no nos interesamos en sus problemas, y que actuamos bajo la confortable presuposición de que es tarea de ellos
ajustarse, y no de nosotros de ayudarles a hacerlo, a un mundo que cambia tan rápidamente?

La absoluta y total responsabilidad en la solución de este problema cae sobre nosotros, como padres, como maestros, como miembros de
una comunidad y de una nación. Dejemos a los criminales adultos a la policía y preocupémonos nosotros de los jóvenes. Hagamos un exámen
de nuestras conciencias y un esfuerzo colectivo en favor de nuestros hijos, los hombres del mañana.

41.42.2 Response drill

    1 ¿Por qué razón está alarmada la opinión pública?
    2 ¿Para qué y para quiénes constituyen los malhechores una amenaza?
    3 Las columnas de este periódico, ¿de qué han sido expresión?
    4 ¿En favor de qué es esa cruzada de la policía?
    5 ¿Qué se necesita para eliminar permanentemente el mal, según el periódico?
    6 ¿A qué clase de delincuencia no puede ser aplicada en igual forma la acción policial?
    7 ¿Qué vemos y oímos día a día?
    8 ¿Qué fin parecen tener los actos criminales de los jóvenes?
    9 ¿En qué otros países hay delincuencia juvenil?
   10 Según el periódico, la delincuencia juvenil es producto de qué y signo de qué.
   11 ¿Para qué es necesario examinar las causas de la criminalidad entre los jóvenes?
   12 ¿Qué preguntas se hace el periódico?
   13 ¿En quiénes cae la responsabilidad de una solución al problema de la delincuencia juvenil?
   14 ¿A quiénes debemos dejar a los criminales adultos y de quiénes debemos preocuparnos nosotros?
   15 ¿Qué nos pide el periódico que hagamos?

41.42.3 Discussion

    1 Describe crime in Surlandia, as well as what is being done and what should be done about it.

    2 Discuss juvenile delinquency in general terms.

42.1   BASIC SENTENCES.   At the barber shop.

John White goes to the barber shop to get his hair cut.

ENGLISH SPELLING	AID TO LISTENING	SPANISH SPELLING
to cut	kórtár↓	cortar
the hair	él→pélò↓	el pelo
Barber How do you want me to cut your hair? (1)	komokyére |kélékórtelpélò↓	*Barbero* ¿Cómo quiere que le corte el pelo?
short	kortó↓	corto
the side	él→ladò↓	el lado
behind	átrás↓	atrás
White Short on the sides and in back.	korto |álózlaḍos |ₐatrás↓	*White* Corto a los lados y atrás.
press down, tighten(to tighten)	ápryeté↓ áprétár↓	apriete (apretar)
the cloth	él→paŋyò↓	el paño
the collar	él→kweŷò↓	el cuello
Don't get the cloth so tight around my neck. (1)	nome̯apryéte |tánto |élpaŋyo̯alkweŷò↓	No me apriete tanto el paño al cuello.

the clippers   là—màkinilŷ à↓   la maquinilla

Barber   *Barbero*
Shall I use the clippers?   lėpasolamakinilŷ a↑   ¿Le paso la maquinilla?

the scissors   làs—tihèrás↓   las tijeras

to be sufficient   bàstàr↓   bastar

White   *White*
No. Just use the scissors. (2)   nó↓ kònlàstihèrazbástà↓   No. Con las tijeras basta.

the body , corps   èl—kwérpò↓   el cuerpo

diplomatic   diplómatikò↓   diplomático

Barber   *Barbero*
Are you in the diplomatic corps? ésuste |dèlkwérpòdiplómatikò↑   ¿Es usted del Cuerpo Diplomático?

White   *White*
More or less...   mas,ǒménòs↓   Más o menos...

the barbershop   là—pèlúkérià↓   la peluquería

foreign   éstrànherò↓   extranjero

Barber   *Barbero*
Many foreign clients come to *this* barber   àestapelukeria |byénènmuchòs | A esta peluquería vienen muchos
shop. (3)   klyéntès,éstrànhéròs↓   clientes extranjeros.

42.2   DOS

to give the hand, to shake hands	dár—là—máno↓	dar la mano

White
Who was that old fellow that shook hands
with me when I came in?

kyen |eraesebyeho |kẹméđyo
lamano |alentrár↓

White
¿Quién era ese viejo que me dió
la mano al entrar?

never	hàmás↓	jamás
I had never seen him (before). (4)	hàmaz |lọabiabístó↓	Jamás lo había visto.
to criticize	kritikár↓	criticar

Barber
Well,... It's not that I like to gossip...

bwénò↓ nọes |kẹàmimeguste |kritikár↓

Barbero
Bueno,... No es que a mí me guste
criticar...

the widower	èl—byúđò↓	el viudo
to become mentally unbalanced	chiflàrsè↓	chiflarse

But he's a sort of nutty old widower. (5)

pérọesumbyuđọ |ùmpókòchifladò↓

Pero es un viudo un poco chiflado.

nice, pleasant	simpàtikò↓	simpático

White
He seems to me to be very pleasant.

mépàreşe |múysimpàtikò↓

White
Me parece muy simpático.

the flea   lá–púlgá↓   la pulga

to be ill-tempered, in a bad humor   téner–málas–púlgás↓   tener malas pulgas

Barber   sí↓áwŋkě |ðếbêṣênkwàndo↑   *Barbero*
Yes, although from time to time he's rather   Sí. Aunque de vez en cuando
ill-tempered.   tyénémálaspúlgás↓   tiene malas pulgas.

hair oil, brilliantine   lá–briⓁyàntiná↓   la brillantina

Shall I put on some brilliantine?   lépòŋgobriⓁyàntína↑   ¿Le pongo brillantina?

to finish   términár↓   terminar

to comb one's hair   péynársé↓   peinarse

White   no↓ kwándòtérmíne |yómízmome   *White*
No. When you finish, I'll comb it myself.   No. Cuando termine, yo mismo
                                             péynő↓   me peino.

certain   ṣyertó↓   cierto

Barber   ústeđ |bínòkònêlséɲyórmólinạ | *Barbero*
You came here with Mr. Molina one time,   Usted vino con el señor Molina
didn't you?   únàbéṣ↓ noés(ṣ)yerto↑   una vez ¿no es cierto?

White   sí↓   *White*
Yes.   Sí.

as soon as	tâm‑pronto‑kómȯↆ	tan pronto como
to recognize	rrȧkȯnȯṣerↆ	reconocer

Barber						*Barbero*
As soon as I saw you, I recognized you.		tâmpronto\|komolobiↆlorrekȯnoṣíↆ		Tan pronto como lo vi, lo reconocí.

42.10   Notes on the basic sentences

(1)   You will recall (Unit 24) that with parts of the body, clothes and the like, possession is signalled by a clitic (here an indirect clitic) rather than by a possessive form.

(2)   You may have observed that Latin American men prefer their hair longer than men in this country. A haircut often therefore becomes just the trim that Americans might get for a special occasion. It is possible that White's preference for scissors here reflects unhappy experience (since he is, after all, an American) on previous occasions with a Latin barber who used the clippers horizontally to mark the hair‑line as sharply as though he had used a bowl — a practice that is reported once to have been frequent.

(3)   The inversion of word order in Spanish, 'To this barber shop come many foreign clients,' would be quite stilted if translated directly into English; the equivalent effect is achieved by intonational emphasis on *many* and *this*, as indicated by italics in the translation.

(4)   The English translation of this phrase that contains a past perfect construction (/abía‑bísto/) ('I've never seen him'), could also have been 'I've never seen him before,' correlating an English present perfect with a Spanish past perfect construction. In Spanish, the concept of 'before' is implicit in the past II form of /abér/.

(5)   The appearance of the word /chɪfládo/ 'nutty, odd' in a context with /byúdo/ 'widower' reinforces the Spanish cultural stereotype of a widower as elderly and somewhat peculiar.

42.2   DRILLS AND GRAMMAR

42.21   Pattern drills

42.21.1   Present subjunctive in verb modifying clauses — conditioned occurrence

   A. Presentation of pattern

ILLUSTRATIONS

As soon as I see him, I'm going to recognize him.

      as soon as

The strike broke up as soon as the police arrived.
The strike is going to break up as soon as the police arrive.

      so that

We came slowly so nobody got nervous.
We're going to come slowly so nobody gets nervous.

      whenever

Whenever Ann needs clothes, she makes them herself.
When Ann needs clothes, she'll make them herself.

      until

I don't eat until I learn (while I don't learn) my lessons.
I won't eat until I learn (while I don't learn) my lessons.

1 Tan pronto como lo ví, lo reconocí.
   Tan pronto como lo *vea*, lo voy a reconocer.

      en cuanto

2 La huelga se disolvió en cuanto llegó la policía.
   La huelga se va a disolver en cuanto *llegue* la policía.

      de modo que

3 Vinimos despacio de modo que nadie se puso nervioso.
   Vamos a venir despacio de modo que nadie se *ponga* nervioso.

      cuando

4 Cuando Ana necesita ropa, ella misma se la hace.
   Cuando Ana *necesite* ropa, ella misma se la hace.

      hasta que (1)

5 Yo no como hasta que no aprendo mis lecciones.
   Yo no como hasta que no *aprenda* mis lecciones.

_____

(1) The negative particle /nó/ after /ásta‑ke/ has a reinforcing, not a negating, function.

No, when you finish, I always tell him.

_____

Even though I don't dance, I have a good time.
Even though I don't dance, I'm going to have a good time.

Whenever I come in my car, I arrive early.
When I come in my car, I'm going to arrive early.

      so that

I play the guitar so all can sing.
I'm going to play the guitar so all can sing.

Let me know as soon as you're ready.

      after

Let's talk after we see the house.

Bring us some water after you bring (take) up the suitcases.

Give him the tip only if (when) he doesn't ask for it.

Don't commit yourself to anything until you are (as long as you are not) sure.

6 No, cuando termina, yo siempre le aviso.
    No, cuando *termine*, yo mismo me peino.

7 Aunque no bailo, me divierto mucho.
    Aunque no *baile*, me voy a divertir mucho.

8 Cuando vengo en mi auto, llego temprano.
    Cuando *venga* en mi auto, voy a llegar temprano.

      de manera que

9 Toco la guitarra de manera que todos pueden cantar.
    Voy a tocar la guitarra de manera que todos *puedan* cantar.

10 Avíseme en cuanto esté listo.

      después que

11 Conversemos después que veamos la casa.

12 Tráiganos agua después que suba las maletas.

13 Déle la propina cuando no se la pida.

14 No se comprometa a nada hasta que no esté seguro.

EXTRAPOLATION

	Verb form in modifying clause	
	If fulfilled	If unfulfilled
'Conditioned' Clause relator	Indicative	Subjunctive

NOTES

a. The clause relators drilled in this unit are described as *conditioned:* they may introduce a verb-modifying clause with subjunctive verb forms or with indicative verb forms.

b. The *condition* which determines whether subjunctive or indicative appears is that of *fulfillment:* if – from the point of view of the main clause – the statement of the modifying clause is unfulfilled (still anticipated, has not happened yet) the verb form is subjunctive; if the statement of the modifying clause is fulfilled (no longer pending, has already happened) the verb form is indicative.

c. Though there are exceptions, verb modifying clauses in this pattern are more often subjunctive after a main clause that indicates future time (periphrastic future or a present tense form implying future) or that expresses a command.

42.21.11 Substitution drill – construction substitution

Problem: Answer:
    Llamó en cuanto llegó.   Va a llamar en cuanto llegue.
    Va a llamar_____.

1 *Escribí* la carta tan pronto como pude.

   Voy a escribir la carta _____ .   Voy a escribir la carta tan pronto como pueda.

2 *Empezamos* a jugar después que llamamos.

   Vamos a empezar a jugar _____ .   Vamos a empezar a jugar después que llamemos.

3 No *salimos* hasta que no comimos.

   No vamos a salir _____ .   No vamos a salir hasta que no comamos.

4 *Salí* tan pronto como me vestí

   Voy a salir _____ .   Voy a salir tan pronto como me vista.

5 Lo *compró* aunque no le gustó.

   Lo va a comprar _____ .   Lo va a comprar aunque no le guste.

6 *Estudió* en cuanto llegó.

   Va a estudiar _____ .   Va a estudiar en cuanto llegue.

7 No la *reconocí* cuando la ví.

   No la voy a reconocer ____ .   No la voy a reconocer cuando la ves.

8 *Mandamos* la carta tan pronto como la escribimos.

   Vamos a mandar la carta _____ .   Vamos a mandar la carta tan pronto como la escribamos.

    9 *Leí la* carta aunque no la traduje.

      Voy a leer la carta _____ .   Voy a leer la carta aunque no la traduzca.

42.21.12 Translation drill

    1 I didn't eat until I shaved.   No comí hasta que no me afeité.

      I'm not going to eat until I shave.   No voy a comer hasta que no me afeite.

    2 We bought it although we didn't like it.   La compramos aunque no nos gustó.

      We're going to buy it although we may not like it.   La vamos a comprar aunque no nos guste.

    3 I wrote the letter as soon as I could.   Escribí la carta tan pronto como pude.

      I'm going to write the letter as soon as I can.   Voy a escribir la carta tan pronto como pueda.

    4 We ate lunch when we arrived.   Almorzamos cuando llegamos.

      We're going to eat lunch when we arrive.   Vamos a almorzar cuando lleguemos.

    5 They called after they received the letter.   Llamaron después que recibieron la carta.

      They're going to call after they receive the letter.   Van a llamar después que reciban la carta.

    6 He was confused when he read the document.   Se confundió cuando leyó el documento.

      He's going to be confused when he reads the document. Se va a confundir cuando lea el documento.

    7 They didn't wash until they swept.   Ellas no lavaron hasta que no barrieron.

      They're not going to wash until they sweep.   Ellas no van a lavar hasta que no barran.

8 We signed the document as soon as we received it. Firmamos el documento tan pronto como lo recibimos.
   We're going to sign the document as soon as we receive it. Vamos a firmar el documento tan pronto como lo recibamos.

9 She laughed when she saw it. Ella se rió cuando la vio.
   She's going to laugh when she sees it. Ella se va a reir cuando la vea.

10 We invite her even though we don't like her. La invitamos aunque no nos gusta.
   We('ll) invite her even though we may not like her. La invitamos aunque no nos guste.

11 We go out whenever they go out. Salimos cuando ellos salen.
   We('ll) go out when they go out. Salimos cuando ellos salgan.

12 I speak slowly so all can repeat. Hablo despacio de modo (manera) que todos pueden repetir.
   I'll speak slowly so all can repeat. Hablo despacio de modo (manera) que todos puedan repetir.

13 I study after I eat. Estudio después que como.
   I('ll) study after I eat. Estudio después que coma.

14 He stays until everybody goes. El se queda hasta que todos se van.
   He('ll) stay until everybody goes. El se queda hasta que todos se vayan.

15 When they go to the club, they play golf. Cuando van al club juegan golf.
   When they go to the club, they're going to play golf. Cuando vayan al club van a jugar golf.

16 She sews after the children go to bed.   Ella cose después que los niños se acuestan.

    She's going to sew after the children go to bed.   Ella va a coser después que los niños se acuesten.

17 Whenever I have a day off, I write.   Cuando yo tengo un día libre, escribo.

    When I have a day off, I'm going to write.   Cuando yo tenga un día libre voy a escribir.

18 I buy where they know me.   Compro donde me conocen.

    I'm going to buy where they know me.   Voy a comprar donde me conozcan.

19 Give the children some soup even if they don't want it.   Dele la sopa a los niños aunque no la quieran.

20 Come whenever you have a day off.   Vengan cuando tengan un día libre.

21 Don't call until you have the passports ready.   No llamen hasta que no tengan los pasaportes listos.

22 Pay me as soon as you can.   Págueme tan pronto como pueda.

23 Look for those documents until you find them.   Busque esos documentos hasta que los encuentre.

24 Call me as soon as they arrive.   Llámeme en cuanto lleguen.

25 Come some other day so I can take care of you.   Vengan otro día de modo (manera) que yo pueda atenderlos.

26 Put it any where you want.   Póngalo donde quiera.

27 Do it any way you want.   Hágalo como quiera.

28 Take it any time you want.   Lléveselo cuando quiera.

29 As you wish.   Como quiera.

B. Discussion of pattern

Verb-modifying clauses can be divided into three groups: those which always appear with a subjunctive verb form, those which always appear with an indicative verb form, and those which appear with either a subjunctive or an indicative verb form. A particular verb-modifying clause can be identified as belonging to one of these three groups by the clause relator that introduces the clause, since the classification can be correlated with specific clause relators.

The over-riding criterion of meaning which seems to determine whether a subjunctive or an indicative verb form appears is best described as 'fulfillment.' If from the point of view of the main clause the action in the modifying clause is *unfulfilled* (still anticipated, has not happened yet), the verb in that clause is subjunctive; if the action in the modifying clause is *fulfilled* (no longer pending, has already happened), the verb in that clause is indicative.

In Unit 41 clause relators that are always followed by subjunctive verb forms were discussed. The clause relators presented there always introduce clauses with subjunctive verb forms because, by reason of their meaning, they always meet the requirement of 'non-fulfillment;' that is, they imply that the completion of the action in the modifying clause is still pending at the time referred to by the verb in the main clause.

The group of clause relators which always introduce clauses with an indicative verb are not formally presented or discussed as a separate pattern. These, by reason of their meaning, always satisfy the criterion of 'fulfillment.' They can be referred to as 'excluded' from the pattern of subjunctive usage in this pattern. Illustrative examples are:

/yá‑ke‑ustéd‑no‑bá|yó‑tampóko‑bóy↓/   Since you're not going, I'm not either.

/pwésto‑ke‑me‑pregúntas|te‑lo‑dígo↓/   Since you're asking me, I'll tell you.

/aóra‑ke‑rrekwérdo|se‑lo‑dóy↓/   Now that I remember, I'll give it to you.

The pattern in which there is a choice, in which both subjunctive and indicative verb forms may appear, is drilled and discussed in the present unit. The condition of the choice is the same criterion of 'fulfillment', but the choice lies outside of the clause.

This choice is often indicated (though not determined) by the verb of the main clause. Since assertions made in the past tense more often tend to be completed or fulfilled, they more frequently occur with indicative verb forms in this pattern. By the same logic since commands and assertions made implying future time tend to be still pending (incomplete or 'non-fulfilled'), they more frequently occur with subjunctive verb forms. This correlation of subjunctive with future and indicative with past holds for a majority of occurrences, but is not determining, as subsequent discussion indicates.

The pattern of verb-modifying clauses is summarized in the following chart:

Clause relator	Verb in dependent clause	
	Statement of clause fulfilled	Statement of clause unfulfilled
'obligatory'	——————	subjunctive
'excluded'	indicative	——————
'conditioned'	indicative	subjunctive

A partial list of the clause relators which appear in the conditioned pattern are:

kwándo	when
kómo	as
dónde	where
áwnke	although
ásta—ke	until
despwés—ke	after
en—kwánto	as soon as
tam—prónto—kómo	as soon as
de—manéra—ke	in a way that [1]
de—módo—ke	in a way that [1]
syémpre—ke	whenever [2]

When /de—manéra—ke/ and /de—módo—ke/ [1] are used with the meaning 'in order that' (same as /pára—ke/) and when /syémpre—ke/ [2] is used with the meaning 'provided that' (same as /kon—tál—ke/) they participate in the subjunctive pattern. They cannot be said to definitively belong to the 'obligatory' list, however, since they also appear in the 'conditioned' list with the meanings indicated above.

Since 'fulfillment' or 'anticipation' can often be correlated with tense and time sequence, it is often observed that if the main clause refers to past time, the dependent clause will be indicative; if the main clause refers to future time, the dependent clause will be subjunctive. Note the following two sentences:

I told him when he came.

I'll tell him when he comes.

The verbs of the main clauses give the necessary clue: 'told' (in past tense) implies *fulfillment*; 'will tell' (in future) implies lack of fulfillment at the time of the statement. Thus in these sentences 'came' is translated with an indicative form and 'comes' with a subjunctive.

The choice is not always so simple, however. Even though the verb of the main clause is in the future, the verb of the dependent clause may still imply 'fulfillment'. Note the following contrasting sentences:

/la—bámos—a—komprár|áwnke—nó—nos—gústa↓/
/la—bámos—a—komprár|áwnke—nó—nos—gúste↓/

Here the expressive nature of subjunctive vs indicative patterns in Spanish is manifested: they *mean* something quite different, though the difference is not *necessarily* expressed in English. A translation that can serve for both sentences is: 'We're going to buy it even though we don't like it.' If the difference needs to be expressed in English, the translation of the second sentence is modified to '...even though we may not like it.' In the first sentence, the judgement of not liking it has already been made (the statement is fulfilled); in the second sentence, it has not yet been made (the statement is unfulfilled). It is the indicative or subjunctive verb form in the dependent clause that signals this difference.

Another example of subjunctive forms occuring in a dependent clause where the verb of the main clause was in past tense is in indirect commands, such as 'I told him to come when supper was over.' In this case, since there is anticipation of lack of fulfillment from the point of view of 'I told him to come...', '...when supper was over' would be expressed in a subjunctive clause. The verb form would be a 'past subjunctive' form (presented in Unit 49).

Correlations with future and past tense are helpful, but when the verb of the main clause is in the present tense, the expressive intent of the indicative or subjunctive verb form in the dependent clause is even more important:

/les—eskríbo|kwándo—ⓦyégan—las—kártas↓/
/les—eskríbo|kwándo—ⓦyégen—las—kártas↓/

The contrast here is '*customary*' vs '*future*' even though a present tense verb appears in the main clause of both sentences. The translations, then, are: 'I write them whenever their letters arrive' vs 'I'll write them when their letters arrive.'

One construction in which anticipation or lack of fulfillment may be implicit is a command. A request that something be done indicates that it is not yet done. Note the following sentence:

/déle |um‑báso‑de‑léche |kwándo‑bénga↓/   'Give him a glass of milk when he comes.'

The dependent clause expresses lack of fulfillment, and is therefore in the subjunctive.

Being in a command, however, does not mean that a subordinate clause *has* to express lack of fulfillment. Note the following contrast:

/ágalo |kómo‑él‑kyére↓/   Do it like he wants you to.

/ágalo |kómo‑él‑kyéra↓/   Do it however he may want you to.

As in other sentences, the concepts of fulfillment and nonfulfillment are expressed by indicative and subjunctive forms respectively. Nevertheless, nonfulfillment is a more frequent condition of commands.

Some normally dependent clauses may appear alone as independent utterances. They usually occur in a context where they are dependent on a previous utterance, possibly spoken by someone else. Note the following questions and answers:

/kwándo‑me‑bóy↓/	When shall I go?	/kwándo‑kyéra↓/	Whenever you want.
/dónde‑lo‑póngo↓/	Where shall I put it?	/dónde‑kyéra↓/	Wherever you want.
/kómo‑lo‑ágo↓/	How shall I do it?	/kómo‑kyéra↓/	However you want.

The answers could easily be expanded to:

/báyase |kwándo‑kyéra↓/   Go whenever you want.

/póngalo |dónde‑kyéra↓/   Put it wherever you want.

/ágalo |kómo‑kyéra↓/   Do it however you want.

In all cases, the subjunctive is used in dependent clauses where the decision of when, where, how, etc. is not yet made, i.e. where a lack of fulfillment is expressed or fulfillment is merely anticipated.

/nó/   One construction deserves a comment since it will inevitably draw attention of English speakers. It is the use of the negative particle /nó/ in certain dependent clauses. Note the following sentences:

/nó-komí|ásta-ke-nó-me-afeytéↆ/
/nó-komí|ásta-ke-me-afeytéↆ/

This first sentence is more common and more natural in Spanish when the verb in the main clause is also negative. If the difference were expressed in English, it would be translated 'I didn't eat as long as I hadn't shaved' vs 'I didn't eat until I shaved.' The student should make a mental note that he may occasionally hear or see a /nó/ that doesn't seem to fit easily in the English equivalent statement. Actually, this /nó/ in Spanish just reinforces the rest of the clause, rather than negating it.

42.22   Replacement drills

¿Es usted del cuerpo diplomático?

1 ¿_____ misión_____?	¿Es usted de la misión diplomática?
2 ¿Son_____?	¿Son ustedes de la misión diplomática?
3 ¿_____ aérea?	¿Son ustedes de la misión aérea?
4 ¿_____ fuerza_____?	¿Son ustedes de la fuerza aérea?
5 ¿Pertenecen_____?	¿Pertenecen ustedes a la fuerza aérea?
6 ¿_____ fuerzas_____?	¿Pertenecen ustedes a las fuerzas aéreas?
7 ¿___yo_____?	¿Pertenezco yo a las fuerzas aéreas?

B   A esta peluquería vienen muchos clientes extranjeros.

1 _____ personas _____ .   A esta peluquería vienen muchas personas extranjeras.

2 _____ país _____ .   A este país vienen muchas personas extranjeras.

3 _____ americanas.   A este país vienen muchas personas americanas.

4 _____ inmigrantes _____ .   A este país vienen muchos inmigrantes americanos.

5 _____ llegan _____ .   A este país llegan muchos inmigrantes americanos.

6 _____ españoles.   A este país llegan muchos inmigrantes españoles.

7 _____ toreros _____ .   A este país llegan muchos toreros españoles.

C   ¿Quién era ese viejo que me dio la mano al entrar?

1 ¿_____ chica _____ ?   ¿Quién era esa chica que me dio la mano al entrar?

2 ¿_____ nos _____ ?   ¿Quién era esa chica que nos dio la mano al entrar?

3 ¿_____ salir?   ¿Quién era esa chica que nos dio la mano al salir?

4 ¿_____ señores _____ ?   ¿Quiénes eran esos señores que nos dieron la mano al salir?

5 ¿_____ te _____ ?   ¿Quiénes eran esos señores que te dieron la mano al salir?

6 ¿_____ el _____ ?   ¿Quién era el señor que te dio la mano al salir?

7 ¿Cuáles _____ ?   ¿Cuáles eran los señores que te dieron la mano al salir?

D   No es que a mí me guste criticar.

1 _____ nos _____ .   No es que a nosotros nos guste criticar.

2 _____ a ellos _____ .   No es que a ellos les guste criticar.

3 _____ trabajar.   No es que a ellos les guste trabajar.

4 _____ importe _____ .   No es que a ellos les importe trabajar.

5 _____ a tí _____ .   No es que a tí te importe trabajar.

6 _____ acostarse.   No es que a usted le importe acostarse.

7 _____ a mí _____ .   No es que a mí me importe acostarme.

E   Pero es un viudo un poco chiflado.

1 _____ mujeres _____ .   Pero son unas mujeres un poco chifladas.

2 _____ locas.   Pero son unas mujeres un poco locas.

3 _____ gato _____ .   Pero es un gato un poco loco.

4 _____ cojos.   Pero son unos gatos un poco cojos.

5 _____ hombre _____ .   Pero es un hombre un poco cojo.

6 _____ bastante _____ .   Pero es un hombre bastante cojo.

7 _____ valientes.   Pero son unos hombres bastante valientes.

F   Ud. vino con el señor Molina una vez, ¿no es cierto?

1 Ustedes _____ , ¿ _____ ?   Ustedes vinieron con el señor Molina una vez, ¿no es cierto?

2 _____ dos___ , ¿ _____ ?   Ustedes vinieron con el señor Molina dos veces, ¿no es cierto?

3 _____ , ¿ ____verdad?   Ustedes vinieron con el señor Molina dos veces, ¿no es verdad?

4 ____vinimos _____ , ¿ _____ ?   Nosotros vinimos con el señor Molina dos veces, ¿no es verdad?

5 _____ señorita _____ , ¿ _____ ?   Nosotros vinimos con la señorita Molina dos veces, ¿no es verdad?

6 Ellos _____ , ¿ _____ ?   Ellos vinieron con la señorita Molina dos veces, ¿no es verdad?

7 _____ coronel _____ , ¿ _____ ?   Ellos vinieron con el coronel Molina dos veces, ¿no es verdad?

42.23   Variation drills

A   ¿Cómo quiere que le corte el pelo?
1 How do you want me to cut (it) in the back?   ¿Cómo quiere que le corte atrás?
2 How do you want me to cut (it) on the sides?   ¿Cómo quiere que le corte a los lados?
3 How do you want me to wash the sheets?   ¿Cómo quiere que le lave las sábanas?
4 How do you want me to wash the pillow cases?   ¿Cómo quiere que le lave las fundas de almohada?
5 How do you want me to sweep the room?   ¿Cómo quiere que le barra el cuarto?
6 How do you want me to cook this dish (plate)?   ¿Cómo quiere que le cocine este plato?
7 How do you want me to do this?   ¿Cómo quiere que le haga esto?

B   No me apriete tanto el paño al cuello.
1 Don't let the shoe squeeze my foot so much.   No me apriete tanto el zapato al pie.
2 Don't cut my hair on the sides so much.   No me corte tanto el pelo a los lados.
3 Don't serve so much soup to the little one.   No le sirva tanta sopa al chico.
4 Don't give so much money to that boy.   No le dé tanta plata a ese muchacho.
5 Don't give so much of a tip to the porter.   No le dé tanta propina al mozo.
6 Don't put so much salt on the lettuce.   No le ponga tanta sal a la lechuga.
7 Don't change the sheets on the bed.   No le cambie las sábanas a la cama.

42.20   VEINTE

C   Jamás lo había visto.
1 I had never looked at him before.   Jamás lo había mirado antes.
2 I had never heard him before.   Jamás lo había oído antes.
3 I had never eaten it before.   Jamás lo había comido antes.
4 I had never tried (tasted) it before.   Jamás lo había probado antes.
5 I had never wished for it before.   Jamás lo había deseado antes.
6 I had never touched it before.   Jamás lo había tocado antes.
7 I had never forgotten it before.   Jamás lo había olvidado antes.

D   Me parece muy simpático.
1 He seems very gentlemanly to me.   Me parece muy caballero.
2 He seems very valiant to me.   Me parece muy valiente.
3 He seems very cruel to me.   Me parece muy cruel.
4 He seems very strict to me.   Me parece muy riguroso.
5 He seems very nervous to me.   Me parece muy nervioso.
6 He seems very old to me.   Me parece muy viejo.
7 He seems very typical to me.   Me parece muy típico.

E   Sí, aunque de vez en cuando tiene malas pulgas.
1 Yes, although from time to time he has a bad disposition.   Sí, aunque de vez en cuando tiene mala disposición.
2 Yes, although from time to time he's a gossip (has a   Sí, aunque de vez en cuando tiene mala lengua.
     bad tongue).
3 Yes, although from time to time he has bad manners.   Sí, aunque de vez en cuando tiene malas maneras.
4 Yes, although from time to time he has bad luck.   Sí, aunque de vez en cuando tiene mala suerte.
5 Yes, although from time to time he has (a) bad appetite.   Sí, aunque de vez en cuando tiene mal apetito.
6 Yes, although he always has bad health.   Sí, aunque siempre tiene mala salud.
7 Yes, although he always has bad ideas.   Sí, aunque siempre tiene malas ideas.

F   Tan pronto como lo ví, lo reconocí.

1 As soon as I saw you, I recognized you.	Tan pronto como lo vi, lo recordé.
2 As soon as I saw him, I called him.	Tan pronto como lo vi, lo llamé.
3 As soon as I saw him, I congratulated him.	Tan pronto como lo vi, lo felicité.
4 As soon as I heard him, I followed him.	Tan pronto como lo oí, lo seguí.
5 As soon as I needed him, I called him.	Tan pronto como lo necesité, lo llamé.
6 As soon as I needed it, I looked for it.	Tan pronto como lo necesité, lo busqué.
7 As soon as I received it, I took care of it.	Tan pronto como lo recibí, lo atendí.

42.24   Review drills

42.24.1   Compound clause relators (relator plus /ke/) in Spanish vs. simple relators in English

1 Alice always goes out after her aunt arrives.	Alicia siempre sale después que su tía llega.
2 I'm going to take a shower before the others arrive.	Voy a darme una ducha antes que vengan los otros.
3 We always play until Louise calls us.	Siempre jugamos hasta que Luisa nos llama.
4 We're going to eat after they go.	Vamos a comer después que ellos se vayan.
5 We're going to pay before they do.	Vamos a pagar antes que ellos paguen.
6 We stayed until they told us.	Nos quedamos hasta que ellos nos dijeron.
7 We have to clean the house before they come.	Tenemos que limpiar la casa antes que ellos vengan.
8 She always goes to the market after I do.	Ella siempre va al mercado después que me voy.
9 We're going to stay until Jose plays the guitar.	Nos vamos a quedar hasta que José toque la guitarra.
10 Buy the car after you save a little more.	Compre el auto después que ahorre un poco más.
11 Let's study until they return.	Estudiemos hasta que ellos vuelvan.

42.24.2   Nominalization of descriptive adjectives

Problem:

El es un *señor viejo*.

Answer:

El es un viejo.

1 El es un *señor diplomático*.	El es un diplomático.
2 Ella es una *señora viuda*.	Ella es una viuda.
3 El es un *teniente chiflado*.	El es un chiflado.
4 El es un *hombre enfermo*.	El es un enfermo.
5 El es un *muchacho flaco*.	El es un flaco.
6 Ella es una *señorita gorda*.	Ella es una gorda.
7 El es un *teniente norteamericano*.	El es un norteamericano.
8 Ella es una *señora española*.	Ella es una española.
9 Ellos son unos *señores locos*.	Ellos son unos locos.
10 Ellas son unas *señoras enfermas*.	Ellas son unas enfermas.
11 Ellos son unos *muchachos flojos*.	Ellos son unos flojos.

42.3   CONVERSATION STIMULUS

NARRATIVE 1

1 Jose Maria Ortega, whom his friends call Pepe, goes to an agency to look for a job.	José María Ortega, a quien sus amigos le dicen Pepe, va a una agencia a buscar trabajo.
2 He is a chauffer who was working for a foreign gentleman of the diplomatic corps.	El es un chofer que trabajaba con un señor extranjero del cuerpo diplomático.
3 But that gentleman left a short time ago and Pepe was (has been) left without a job.	Pero ese señor se fue hace poco y Pepe se ha quedado sin trabajo.
4 Pepe is a widower with five children. That's why he needs another job right away.	Pepe es viudo y con cinco hijos. Por eso necesita encontrar otro trabajo en seguida.
5 After he gives the necessary information to the lady at the agency and shows her a letter from his ex-boss,	Después de darle la información necesaria a la señora de la agencia y de enseñarle una carta de su ex-jefe,
6 she sends him to the American Embassy to talk (so that he may talk) with Mr. Watson.	ella lo manda a la Embajada Americana para que hable con Mr. Watson.

DIALOG 1

Sra., dígale al señor que le de su nombre completo, por favor.

Sra.: Déme su nombre completo, por favor.

Pepe, dígale que se llama José María Ortega, pero que le dicen Pepe.

Pepe: Me llamo José María Ortega, pero me dicen Pepe.

Sra., pregúntele si él es casado o soltero.

Sra.: ¿Es Ud. casado o soltero?

Pepe, dígale a la señora que Ud. es viudo y con cinco hijos. Que por eso necesita encontrar trabajo en seguida. Que Ud. es chofer.

Pepe: Soy viudo, señora, y con cinco hijos. Por eso necesito encontrar trabajo en seguida. Soy chofer.

Sra., pregúntele que cuál fue su último trabajo.

Sra.: ¿Cuál fue su último trabajo?

Pepe, contéstele que con un señor extranjero del cuerpo diplomático. Pero que ese señor se fue hace poco.

Pepe: Con un señor extranjero del cuerpo diplomático. Pero ese señor se fue hace poco.

Sra., pregúntele si tiene sus certificados de salud y buena conducta.

Sra.: ¿Tiene sus certificados de salud y buena conducta?

Pepe, contéstele que aquí están y también esta carta de su ex-jefe. Dígale que tiene otras cartas de otros señores, que si desea verlas.

Pepe: Aquí están y también esta carta de mi ex-jefe. Tengo otras cartas de otros señores, ¿desea verlas?

Sra., contéstele que no, que con ésta basta, que está muy buena. Dígale que vaya a la Embajada Americana y hable con Mr. Watson.

Sra.: No, con ésta basta, está muy buena. Vaya a la Embajada Americana y hable con Mr. Watson.

Pepe, dígale que muchísimas gracias.

Pepe: Muchísimas gracias.

NARRATIVE 2

1 When Pepe is about to say goodbye, she suggests that before going to the Embassy, he put on cleaner clothes, get a shave,

Cuando Pepe está por despedirse, ella le sugiere que antes de ir a la Embajada se ponga una ropa más limpia, se afeite,

2 and go to have his hair cut because it's (he has it)   y que vaya a que le corten el pelo porque lo tiene demasiado
   too long.   largo.

3 Then she wishes him good luck and asks him to let   Después le desea buena suerte y le pide que le avise cómo
   her know how he made out.   le fue.

4 He says that as soon as he talks with Mr. Watson, he'll   El dice que tan pronto como hable con Mr. Watson le avisa.
   let her know.

DIALOG 2

Sra., dígale que Ud. va a sugerirle una cosa, si no   Sra.: Voy a sugerirle una cosa, si no le importa.
le importa.

Pepe, dígale que no, que claro que no.   Pepe: No, claro que no.

Sra., dígale que antes de ir a hablar con Mr. Watson, se   Sra.: Antes de ir a hablar con Mr. Watson, póngase una ropa
ponga una ropa más limpia, se afeite y vaya a que le   más limpia, aféitese y vaya a que le corten el pelo.
corten el pelo.

Pepe, dígale que tiene razón, que está muy sucio y tiene   Pepe: Tiene razón, estoy muy sucio y tengo el pelo demasiado
el pelo demasiado largo.   largo.

Sra., dígale al Sr. Ortega que buena suerte, y que le avise Sra.: Buena suerte, Sr. Ortega, y avíseme cómo le fue.
cómo le fue.

Pepe, contéstele que muchas gracias y que, cómo no, tan   Pepe: Muchas gracias. Cómo no, tan pronto como hable con
pronto como hable con Mr. Watson, le avisa.   Mr. Watson, le aviso.

NARRATIVE 3

1 On leaving his house and after having gone to the barbershop, Pepe meets Rita, a neighbor.

Al salir de su casa y después de haber ido a la peluquería, Pepe se encuentra con Rita, una vecina.

2 He looks so handsome that Rita almost didn't recognize him.

Está tan guapo que Rita casi no lo reconoció.

3 At the barbershop they put some brilliantine on his hair and Pepe smells very good.

En la peluquería le pusieron brillantina en el pelo y Pepe huele muy bien.

4 Rita asks him where he's going (looking) so neat.

Rita le pregunta que para dónde va tan arreglado.

5 He explains to her that he is going to the American Embassy where they called him to give him a job.

El le explica que va para la Embajada Americana de donde lo llamaron para darle un trabajo.

6 Rita shakes his hand and congratulates him because it isn't (just) anyone who can work at the American Embassy.

Rita le da la mano y lo felicita porque no es cualquiera el que puede trabajar en la Embajada Americana.

7 But he, wanting to look (make himself) important, says that he still isn't sure whether he's going to accept it or not.

Pero él, queriendo hacerse el importante, dice que todavía no está seguro si lo va a aceptar o no.

DIALOG 3

Pepe, dígale hola a Rita.

Pepe: Hola, Rita.

Rita, dígale 'hola' a Pepe y que 'Dios mío', que qué guapo está, que casi no lo reconoce. Que qué bien huele, que qué se puso.

Rita: Hola, Pepe. ¡Dios mío! ¡Qué guapo estás! Casi no te reconozco. ¡Y qué bien hueles! ¿Qué te pusiste?

Pepe, contéstele que es la brillantina que le pusieron en la peluquería.

Pepe: Es la brillantina que me pusieron en la peluquería.

Rita, pregúntele que para dónde va tan arreglado.

Rita: ¿Para dónde vas tan arreglado?

Pepe, contéstele que a la Embajada Americana. Que
lo llamaron para darle un trabajo.

Rita, dígale que ¡caramba!, que lo felicita, que le dé
la mano. Que no es cualquiera el que puede trabajar
en la Embajada Americana.

Pepe, dígale que todavía no está seguro si Ud. lo va a
aceptar o no.

Pepe: A la Embajada Americana. Me llamaron para darme
un trabajo.

Rita: ¡Caramba! Te felicito, dame la mano. No es cualquiera
el que puede trabajar en la Embajada Americana.

Pepe: Todavía no estoy seguro si lo voy a aceptar o no.

42.4   READINGS

42.41   Life in Surlandia

42.41.0   Vocabulary building

BASIC SENTENCES

strange, odd, rare
to distinguish

raro
distinguir

It was strange, but Jack, who was known for his punctuality,
arrived late at the office.

Era raro, pero Jack, que se distinguía por su puntualidad, llegó
tarde a la oficina.

the mess, tangle, row
the policeman, cop
the traffic, transit

el lío
el policía
el tránsito

He had tangled with a traffic cop.

Había tenido un lío con un policía del tránsito.

the limit
to gesticulate
the shrimp, river crab

el colmo
gesticular
el camarón

'This is the last straw,' said Jack to Phillip, as he was gesticulating
red as a crab.

'Es el colmo', decía Jack a Felipe, mientras gesticulaba,
rojo como un camarón.

to turn
cursed
to collide

doblar
maldito
chocar

'I turned right at that darned corner, I went against traffic, [1] and I almost ran into a car,' he continued.

'Doblé a la derecha en esa maldita esquina, me metí en contra del tráfico, y casi choqué con un auto', continuó.

the arrow
to fade

la flecha
desteñir

Although there was an arrow, somewhat faded to be sure, Jack couldn't have seen it...

Aunque había una flecha, algo desteñida por cierto, Jack no podía haberla visto...

the centimeter
the nose
the saying

el centímetro
la nariz
el dicho

...even if it had been half a centimeter from his nose, as the saying goes,...

...ni aún estando a medio centímetro de su nariz, como dice el dicho,...

the cyclist, bycyclist
the pedestrian

el ciclista
el peatón

...due to the cars, cyclists, and pedestrians that criss-crossed in front of him.

...debido a los coches, ciclistas y peatones que se le cruzaban enfrente.

the (auto) horn
the shout
brutish, stupid, moron

la bocina
el grito
bruto

With horns and shouting, he said, a stupid policeman arrived, and they began to argue.

Con las bocinas y gritos, decía, llegó un policía bruto y empezaron a discutir.

(1) In Spanish, this expression implies going the wrong way on a one-way street.

the arm	el brazo
to twist	torcer
to give in	dar el brazo a torcer
the fine	la multa

And since Jack didn't want to give in, now he had to pay a seventy peso fine.

Y como Jack no quiso dar su brazo a torcer, ahora tenía que pagar una multa de setenta pesos.

the relative	el pariente
intimate, close	íntimo

'Don't worry,' Phillip said to him, 'a close friend of mine is a relative of the Traffic Commissioner; I'll call him right now.'

'No te preocupes', le dijo Felipe, 'un íntimo amigo mío es pariente del Jefe del Tránsito; ahora mismo lo llamo por teléfono.'

the board	el tablero
the chess	el ajedrez
the angle	el ángulo
right	recto
at right angles	en ángulos rectos

Finally, Phillip and William explained to Jack that Las Palmas had been built like a chess board, with the streets at right angles,...

Finalmente, Felipe y Guillermo le explicaron a Jack que Las Palmas había sido construida como tablero de ajedrez, con las calles en ángulos rectos,...

intense	intenso
the vehicle	el vehículo
motorized	motorizado
to grow	crecer
overnight	de la noche a la mañana

...and that the intense motor vehicle traffic had grown overnight,...

...y que el intenso tránsito de vehículos motorizados había crecido de la noche a la mañana,...

the institute	el instituto

regulating   regulador
the master plan   el plan regulador

...but that with the Traffic Institute and the new master plan, these   ...pero que con el Instituto del Tránsito y el nuevo plan regulador,
problems were going to be resolved.   estos problemas iban a resolverse.

COGNATE LOAN WORDS

la furia   concluir
contener   inmoral
vituperar   la tracción
mover   transformar
el abuso   amplio
tranquilizar   diagonal
tremendo   descentralizar
filosófico   la expropiación
la tempestad   moderno
                                 residencial

42.41.1 Reading selection

Un Incidente de Tránsito

Eran cerca de las cuatro de la tarde y Jack Brown, ese joven y nuevo empleado en la Embajada de los Estados Unidos, aún no llegaba a la oficina. A sus otros compañeros esto les extrañaba mucho, puesto que Jack se distinguía por su puntualidad.

—¿Has visto a Jack?— preguntaba uno.

—Pues no, no lo he visto.

—¡Qué raro!— comentaba otro.

—¿Qué crees que puede haberle pasado?— decía un tercero.

Otro, como chiste decía que Jack había salido a almorzar con una rubia y que, claro, a quién no se le pasa el tiempo así.

De repente, se abrió la puerta de la oficina y apareció Jack con una cara como que iba a estallar. Se detuvo un momento y luego cerró la puerta violentamente. Con un gesto de furia fue hacia su escritorio, pero con tan mala suerte que, sin fijarse por donde iba, metió el pie quién sabe dónde y casi se cae al suelo. Esto ya era demasiado y, sin poderse contener, empezó a vituperar en contra de la policía.

Felipe y Guillermo, dos empleados surlandeses en la Embajada, no salían de su sorpresa y se miraban el uno al otro sin comprender lo que le pasaba al pobre Jack. —¿Qué te sucede?— le preguntó Felipe.—¿Te has vuelto loco?

—¿Loco yo? —gritó Jack, mientras gesticulaba moviendo los brazos en todas direcciones. —Los locos son la policía, sus reglamentos y todos Uds. que permiten tal sistema. Esto es el colmo, es un abuso. Yo...

—Calma, hombre—, interrumpió Guillermo, tratando de tranquilizar al furioso Jack. —Cuéntanos lo que te pasa.

—Acabo de tener un tremendo lío con esos...bueno, con la policía. Es que son muy brutos, pero muy brutos...

Y cuando Jack empezaba de nuevo a vituperar, Felipe le dijo: —No seas niño chico y cuenta por fin lo que te sucede.

Jack, después de tomarse un vaso de agua, hizo un esfuerzo por tranquilizarse y comenzó: —Volvía después de almuerzo tranquilamente en mi coche hacia la oficina y se me ocurrió venirme por el centro, lo que nunca hago...

—Pero, ¿qué tiene eso? —dijo Guillermo— Es el camino más corto.

—Eso es lo que creía yo —contestó Jack irritadamente— Pero espera, que lo bueno viene ahora. Al llegar a esa maldita esquina de la Estación Central, doblé a la derecha y me metí en contra del tránsito.

—Pero hombre, qué idiota, ¿que no sabes que esa calle es de una sola vía? —interrumpió Felipe.

—¿Y no viste la flecha? —dijo Guillermo.

—¿La flecha? ¿Qué flecha? —exclamó Jack con impaciencia. —Si es que había una, debe haber estado toda desteñida a unos veinte metros en una pared. Además, iba tan preocupado mirando a todos lados tratando de evitar a un pandemonio de ciclistas, coches y peatones que se cruzaban por todas partes, que no podía haber visto a esa maldita flecha ni aún estando a medio centímetro de mi nariz.

—Calma, calma— dijo Guillermo sonriendo, —no es nada serio.

—Nada serio, ¿eh? —contestó Jack con indignación. —No sólo casi choqué con un auto que venía como loco a 50 por hora, sino que se detuvo todo el tráfico. —Y Jack continuó sin detenerse: —Todavía oigo las bocinas y los gritos de éste, del otro y de quién sabe quién. Se formó un grupo de gente... unos gritaban, otros se reían... total, no pude dar la vuelta y llegó ese policía bruto que no me comprendía nada de lo que yo le decía.

—Tal vez tú no le comprendiste a él —dijo Felipe —Además, cuando te pones nervioso, tu español no es de lo mejor que digamos.

—Sea lo que sea —respondió Jack sin dar su brazo a torcer —Yo le dije lo que pensaba y...

—Mala política, Jack —dijo Guillermo filosóficamente. —Pero, ¿en qué terminó el lío?

—Que me llevaron a la estación de policía como a un criminal, hombre, como a un criminal. Me quitaron los documentos y me dijeron que tenía que pagar una multa de setenta pesos mañana. ¡Qué manera de hacer las cosas!

—No te preocupes —dijo Felipe con un tono que indicaba que la furia de Jack era una tempestad en un vaso de agua. —¿Conoces a Ernesto? ... ¿No? ... Bueno, él es íntimo amigo mío y también pariente del Jefe del Tránsito. Ahora mismo lo llamo por teléfono y todo queda arreglado —concluyó Felipe con satisfacción.

—Pero... pero eso es inmoral —exclamó Jack, ofendido.

—¿Inmoral? —repitió Felipe con sorpresa. —Tienes mucho que aprender todavía —dijo, extendiendo los brazos y moviendo la cabeza lentamente. —¿Para qué son los amigos, entonces? Además recuerda ese dicho que dice: 'Camarón que se duerme, se lo lleva la corriente'. (1)

Y así siguieron discutiendo como por media hora más, Felipe y Guillermo tratando de explicarle a Jack que la solución de los problemas del tránsito en una capital como Las Palmas no era cosa fácil. En primer lugar había que considerar que las ciudades en Latinoamérica habían sido construidas por los españoles siguiendo un plan cuyo propósito era el de concentrar la administración civil y militar alrededor de una plaza. Partiendo de ese punto central las casas de habitación fueron construidas a lo largo de calles que estaban en ángulos rectos, como en un tablero de ajedrez. Esto se debía más que todo a razones militares ya que así la defensa de las ciudades se hacía más fácil. También había que considerar que las calles habían sido hechas para un tráfico lento y poco intenso, a base de vehículos de tracción animal. Aunque las ciudades crecieron, el tipo de tráfico no cambió mucho hasta hace relativamente pocos años, cuando casi de la noche a la mañana, sin mayor transición, se transformó en tránsito motorizado.

Era natural, explicaba Guillermo, que las calles no sólo resultaban ser estrechas, sino que también era difícil adaptar las costumbres tradicionales a un sistema totalmente nuevo. Una de las dificultades, decía Felipe, y que tal vez no era muy diferente a lo que pasaba en los Estados Unidos con algunas ciudades que habían crecido muy rápidamente, era la de transformar el plan de la ciudad y construir amplias avenidas y diagonales, así como también descentralizar las actividades administrativas y comerciales. Aunque había un plan regulador, no era fácil hacer las expropiaciones necesarias, principalmente por el valor tan alto que habían alcanzado las propiedades. Era en los barrios nuevos donde había sido posible desarrollar planes mejor adaptados a las necesidades modernas del tránsito, como podía verse en el sector residencial de Bellavista.

—Y en cuanto a las costumbres— concluyó Guillermo, mientras Jack escuchaba en silencio, —a nosotros no nos molestan. Claro que a veces tenemos nuestros problemas y todos sabemos que es necesario ir cambiando el sistema, pero esto es cosa que toma tiempo, ¿no crees?

Y terminó explicando que se habían enviado varias personas del nuevo Instituto del Tránsito al extranjero, a estudiar sistemas y métodos modernos para adaptarlos a las condiciones locales.

---

(1) A popular saying in Spanish which translates literally: 'A crab that goes to sleep is carried away by the current.'

42.41.2   Response drill

    1 ¿Por qué se extrañaban mucho los compañeros de Jack Brown?
    2 ¿Qué había tenido Jack con la policía?
    3 ¿Qué hizo Jack en la esquina de la Estación Central?
    4 ¿De cuántas vías era la calle por donde se metió Jack?
    5 ¿Por qué no vio Jack la flecha?
    6 ¿Con qué casi chocó Jack y qué pasó con el tráfico?
    7 ¿Quién llegó al lugar del incidente?
    8 ¿A dónde llevó el policía a Jack y qué le pasó después?
    9 ¿Cómo quería Felipe arreglar lo de la multa?
  10 ¿Por qué se ofendió Jack y qué le contestó Felipe?
  11 ¿Cómo habían sido construidas las ciudades en Latinoamérica, y por qué así?
  12 ¿Para qué tipo de tránsito habían sido hechas las calles?
  13 ¿Qué era necesario para transformar el plan de la ciudad?
  14 ¿Por qué era difícil hacer las expropiaciones necesarias?
  15 ¿Para qué han ido personas del Instituto del Tránsito al extranjero?

42.41.3   Discussion

    1 Describe the sequence of events leading to Jack Brown's involvement with the police.

    2 Discuss some of the problems of an expanding urban center.

42.42   Features

42.42.0 Vocabulary building

BASIC SENTENCES

the magazine	la revista
to illustrate	ilustrar
the simplification	la simplificación

An illustrated magazine sarcastically tells us about the 'simplification' of modern traffic:

Una revista ilustrada nos habla con sarcasmo de la 'simplificación' del tránsito moderno:

the invention	la invención
the ox-cart, wagon	la carreta
to conceive	concebir
the dream	el sueño
to shorten	acortar
to save time	ganar tiempo
to rest	descansar

Since the invention of the ox-cart, man has conceived the dream of shortening distances, saving time, and resting his feet.

Desde la invención de la carreta, el hombre concibió el sueño de acortar distancias, ganar tiempo y descansar los pies.

marvellous	maravilloso
the perfection	la perfección

Nowadays, the perfection of our traffic is marvellous.

Hoy día, es maravillosa la perfección de nuestro tránsito.

vertigo, spiral, dizziness	el vértigo
the motorization	la motorización
orderly	ordenado
the automobile	el automóvil
the bus	el autobús

In the sweet vertigo of motorization, among orderly automobiles and busses,...

  the vendor, dealer
  ambulatory
  the street peddler
  the language

...street peddlers, and policemen with polite language,...

  agile
  delicate
  the filigree, minute design
  the round, circle
  the angel

...the agile pedestrians pass, making delicate filigree designs, like a circle of innocent angels (playing ring-around-the-rosy).

  the blessing
  the Heaven, sky
  the spectacle
  exciting
  the modernism

It's a blessing from Heaven this spectacle of exciting modernism.

  to appreciate
  the simplicity

It's the blond tourists with a foreign accent who do not appreciate the simplicity of our system,...

  to dare

...and who dare to interrupt the order and silence of our streets.

En el dulce vértigo de la motorización, entre ordenados automóviles y autobuses,...

  el vendedor
  ambulante
  el vendedor ambulante
  el lenguaje

...vendedores ambulantes, y policías de cuidado lenguaje,...

  ágil
  delicado
  la filigrana
  la ronda
  el ángel

...pasan los ágiles peatones haciendo delicadas filigranas como una ronda de inocentes ángeles.

  la bendición
  el cielo
  el espectáculo
  excitante
  el modernismo

Es una bendición del cielo este espectáculo de excitante modernismo.

  apreciar
  la simplicidad

Son los turistas rubios y de acento extranjero los que no aprecian la simplicidad de nuestro sistema,...

  atreverse

...y los que se atreven a interrumpir el orden y silencio de nuestras calles.

TREINTA Y CINCO

COGNATE LOAN WORDS

potencial	africano
la modernización	visible
melodioso	guiar
ondular	flagrante
gracioso	la violación
el pasajero	la pistola
sincronizar	

42.42.1 Reading selection

¡Oh, el Tránsito!

(De la revista ilustrada *Para Usted*, Diciembre 28...)

¿El tránsito? Sí, señor. Es un buen tema para hoy, Día de los Inocentes. [1]

¿Un problema serio? ¿Qué no le parece bien? ¡Qué va, señor! ¡El serio es Ud.! Pero, señor, no se ponga furioso; escuche:

Yo no sé por qué la gente pone tan mala cara cuando hablo de este inocente aunque profundo tema... No, no; no se vaya, señor; óigame: Desde la invención de la carreta el hombre concibió las delicias potenciales de la motorización. ¡Ah! Acortar distancias, ganar tiempo...y descansar los pies. ¡Qué sueños aquéllos! Y con el dulce vértigo de la modernización, vino la maravillosa simplificación del tránsito de nuestros días. Mire Ud.:

Automóviles que corren lenta y ordenadamente a 80 kilómetros por hora por las amplias y cómodas calles de nuestra ciudad,... con la seguridad que les dan sus melodiosas bocinas; ciclistas que ondulan graciosamente por entre los coches que pasan... como una ronda de inocentes ángeles; vendedores ambulantes, cuyas carretas se aparecen de repente en las esquinas de las calles; ágiles peatones que cruzan en medio de las calles haciendo delicadas filigranas entre los coches... como expertos toreros en una fantástica corrida de toros; autobuses que, después de detenerse con cuidado, toman y dejan pasajeros, mujeres y niños primero, es claro... ¿No es hermoso este imponente espectáculo de excitante modernismo?

Y las luces del tránsito, señor, rojas, amarillas y verdes, sincronizadas a la perfección... como un telégrafo transmitiendo en una lengua africana; y las visibles flechas y los signos 'Pare', 'Lento' y 'Zona de Silencio'... que han sido instalados para hacer más atractiva la vista de

---

(1) A holiday celebrated much as April Fool's day is in the United States.

nuestra ciudad; y los educados policías, de cuidado lenguaje, que guían sonriendo el ordenado tránsito de nuestras calles con el exótico movimiento de sus brazos... ¡Ah, señor! ¿No es todo esto una bendición del cielo?

Y es por esto, señor, que yo no comprendo cómo un joven rubio, de acento extranjero, se atrevió la otra tarde a interrumpir el orden y silencio de nuestras centrales calles, en flagrante violación de tan perfecto sistema. Son los turistas, señor, que no saben apreciar la simplicidad de nuestra vida moderna...

...Pero, señor, por favor... baje Ud. esa pistola....¡¡No!! ¡¡¡NOOOOO!!!

42.42.2   Response drill

1   ¿Qué clase de revista es *Para Usted?*
2   ¿De qué tema habla el artículo?
3   ¿Por qué, según el autor, el tránsito es un buen tema para el 28 de Diciembre?
4   Desde la invención de la carreta, ¿qué concibió el hombre?
5   ¿Qué resultados ha dado la modernización?
6   ¿Cómo y por dónde corren los automóviles?
7   ¿Cómo van los ciclistas?
8   ¿Por dónde se aparecen las carretas de los vendedores ambulantes?
9   ¿Qué hacen los peatones?
10   ¿Qué hacen los autobuses?
11   ¿Cómo están sincronizadas las luces del tránsito?
12   ¿Para qué han sido instaladas los signos de tránsito?
13   ¿Cómo son y qué hacen los policías?
14   ¿A qué se atrevió un joven rubio y de acento extranjero?
15   ¿Qué le pasó al autor de este artículo?

42.42.3   Discussion

1   Describe and exemplify the way in which the author, by implication, talks about traffic conditions in Las Palmas.

2   Estimate the relative effectiveness of this type of article in releasing nervous tensions in Latin America and in the United States.

43.1   BASIC SENTENCES.   At the gas station.

John White pulls up to a gas station.

ENGLISH SPELLING	AID TO LISTENING	SPANISH SPELLING
Employee What'll you have?	kédeséá↓	*Empleado* ¿Qué desea?
the liter (1)	èl—lítrò↓	el litro
the gasoline	lá—gàsòlíná↓	la gasolina
White Give me seven gallons of gasoline.	póngame│treyntalítroz│de gasolíná↓	*White* Póngame treinta litros de gasolína.
Employee Anything else?	álgúnạótrakosá↑	*Empleado* ¿Alguna otra cosa?
the tank	èl—táŋké↓	el tanque
White Say, I guess you'd better fill up the tank.	miré↓ méhorllyéneltáŋké↓	*White* Mire, mejor llene el tanque.
the oil	èl—àçeyté↓	el aceite

Employee
Shall I check the oil for you?

lérrébiso |eláṣeyte↑

Empleado
¿Le reviso el aceite?

the battery

lá—bàtériá↓

la batería

the radiator

èl—rrádyàdòr↓

el radiador

White
Yes. The battery, too —and put some
water in the radiator. (2)

si↓ támbyen |lábàtériá↓
ipóngaleagwa |alrradyadór↓

White
Sí. También la batería y
póngale agua al radiador.

the tire

lá—ḷyantá↓

la llanta

right

dèrechò↓

derecho

other

dèmás↓

demás

Employee
The right rear tire is lower than the rest.

láḷyantaderecha |deàtras |
èstámazbaha |kelazdemás↓

Empleado
La llanta derecha de atrás está
más baja que las demás.

the pressure

lá—prèsyón↓

la presión

the air

èl—ayrè↓

el aire

White
Check the air pressure, will you?

rrèbise |làprèsyondeláyrè↓kyere↑

White
Revise la presión del aire,
¿quiere?

the way, road, street	lā—bíá↓	la vía
Another thing. How do you get to the Gran Vía?	ótrakósá↓ kómoséba │ạlagrambíá↓	Otra cosa, ¿cómo se va a la Gran Vía?
the stop	lā—páraɗá↓	la parada
the bus	êl—àwtóbús↓	el autobús

Employee
See that bus stop?

besaparaɗa │ɗɛ̦awtobus↑

Empleado
¿Ve esa parada de autobús?

the line (of people), queue	lā—kólá↓	la cola

White
Which one? Where that line is?

kwál↓ dóndèstá│ɛ̦sakóla↑

White
¿Cuál? ¿Dónde está esa cola?

to turn	dóblár↓	doblar
straight ahead	dérechó↓	derecho
the block (3)	lā—kwáɗrá↓	la cuadra

Employee
Yes. Well, turn left there and go two blocks straight ahead.

sí↓ êntónşes │áɪɗoblɛ̦alạ
ışkyérdạ│isɪgaɗerecho│ɗos
kwáɗràs↓

Empleado
Sí. Entonces, ahí doble a la izquierda y siga derecho dos cuadras.

the direction, address (4)   là—dirékşyón↓   la dirección

complicated   kòmplikadò↓   complicado

White
Thanks. The way to get there is not as   graşyàs↓ làdìrèkşyón |ṇọes   Gracias. La dirección no es tan
complicated as I thought.   taŋkomplikada |kómòyokreíà↓   complicada como yo creía.

to find out about, hear about   èntèrar—sè↓   enterarse

the accident, collision   èl—chokè↓   el choque

Employee   *Empleado*
Did you hear about the accident last night?   sèntèrodelchóke |dęànochet   ¿Se enteró del choque de anoche?

the horror   là—bàrbàridàd↓   la barbaridad

dead (to die)   mwertò↓ mòrìr↓   muerto (morir)

White   *White*
Yes, it was awful! Two dead!   sì↓ kebarbaridàd↓ dozmwertòs↓   Sí. ¡Qué barbaridad! ¡Dos
                                                                                   muertos!

the speed   là—bèlóşidàd↓   la velocidad

drunk   bòrrachò↓   borracho

Employee
They were going at a fantastic speed,
   and drunk besides.

iban |aunábelóṣidad |fántastiká↓

ḷádémaz |bórrachós↓

Empleado
Iban a una velocidad fantástica
   y además, borrachos.

White
How much is it?

kwantǫés↓

White
¿Cuánto es?

Employee
Six-fifty, sir.

seys(ṣ)iṇkwéntá |séņyór↓

Empleado
Seis cincuenta, señor.

43.10   Notes on the basic sentences

(1)   A *liter* is just over one quart (1.1012 liters = 1 quart). Like all of Europe except England, most of Latin America uses the metric system of weights and measures. Since in English we do not ask for gasoline by the quart, our translation in the sentence below is an approximate conversion to gallons.

(2)   Note that the indirect clitic /le/ on /póngale/ anticipates /el—radyadór/ *the radiator* in this sentence.

(3)   The item /kwádra/ *cuadra* literally means 'one side of a city block' and is used in giving directions, e.g. 'go two blocks straight ahead.' The word /manṣána/ *manzana* refers to the full block, i.e. all four sides. In Spain *manzana* also refers to a full block but is used in giving directions the same way *cuadra* is used in Spanish America, though frequently 'streets' instead of 'blocks' will be counted: *Siga usted dos calles...* A second meaning of *cuadra* is large hall or room (such as a barracks or stable); this is the meaning normally given *cuadra* in Spain.

(4)   The meaning of /dɪrekṣyón/ *dirección* is 'address,' though in some contexts it can mean 'the way to get there': *Indícame la dirección para llegar a tu casa.* It is *not* normally used in the plural as in 'Give me directions for getting to your house,' which is the only way it appears in English in this sense.

43.2   DRILLS AND GRAMMAR

43.21   Pattern drills

43.21.1 Comparison of inequality

    A. Presentation of pattern

ILLUSTRATIONS

I have more than ten dollars.	1	Tengo *más* de *diez* dólares
I don't have *more* than ten dollars (maybe less, though).	2	No tengo *más* de *diez* dólares.
I didn't bring *more* than twenty pesos (maybe less, though).	3	No traje *más* de *veinte* pesos.
I lost more than one hundred pesos.	4	Perdí *más* de *cien* pesos.
They lost more than I thought (believed).	5	Perdieron *más* de *lo que yo creía.*
It's further than I thought.	6	Es *más* lejos de *lo que yo pensaba.*
I have more time than money.	7	Tengo más *tiempo* que *dinero.*
I have more money than John.	8	*Yo* tengo más plata que *Juan.*
————————	9	*La llanta de atrás está más baja que las demás.*
I'm more than furious.	10	Yo estoy *más* que *furioso.*
I lost more than one hundred pesos (health, reputation, etc.).	11	Perdí *más* que cien *pesos.*
I have only ten dollars.	12	No tengo *más* que *diez* dólares.
It's more green than blue.	13	Es más *verde* que *azul.*
————————	14	*Acá* toman más café que *en los Estados Unidos.*
I waited longer than yesterday.	15	Esperé *más* que *ayer.*
I have more than ever.	16	Tengo más que *nunca.*

EXTRAPOLATION

Different amounts of the same thing compared	
more less	than
más ménos	de

Different things compared	
more less	than
más ménos	ke

NOTES

a. In comparisons 'than' is translated /de/ when different specific amounts of the same thing are compared. When /lo/ modified by a clause is the second term of the comparison (what is compared to /más/ or /ménos/), the difference is usually conceived as one of amount, using /de/ . (Illustrations 5, 6)

b. When different things are compared, 'than' is translated /ke/ A difference mentioning a specific amount of something can still be a difference of kind if the amount itself is not what is being compared. (Illustration 11) This is particularly true in negative sentences, where a specific number may be considered entity rather than an amount on a scale. (Illustration 12)

43.21.11 Response drill

1 (Ahora él tiene veinte pesos con cincuenta céntimos)

    ¿Tiene él ahora más de veinte pesos?   Sí, él tiene ahora más de veinte pesos.

    ¿Tiene él ahora más de veinticinco pesos?   No, él no tiene ahora más de veinticinco pesos.

    ¿Tiene él menos de veinte pesos?   No, él no tiene menos de veinte pesos. El tiene más de
                                                          veinte pesos.

2 (Yo creía que tenía doce camisas, pero veo que tengo diez)

    ¿Tengo yo menos camisas de lo que yo creía?   Sí, Ud. tiene menos camisas de lo que Ud. creía.

    ¿Tengo yo más camisas de lo que yo creía?   No, Ud. no tiene más camisas de lo que Ud. creía.

3 (Juan tomó tres veces café y dos veces agua)

    ¿Tomó Juan más agua que café?   No, Juan tomó menos agua que café.

    ¿Tomó Juan más café que agua?   Sí, Juan tomó más café que agua.

    ¿Tomó Juan más agua que café?   No, Juan no tomó más agua que café. Juan tomó más
                                                           café que agua.

4 (Ayer trabajé ocho horas y hoy trabajé cinco)

    ¿Trabajé yo ayer más horas que hoy?   Sí, ayer trabajó más horas que hoy.

    ¿Trabajé hoy menos horas que ayer?   Sí, hoy trabajó menos horas que ayer.

    ¿Trabajé ayer menos horas que hoy?   No, ayer Ud. no trabajó menos horas que hoy. Ayer Ud.
                                                           trabajó menos horas que hoy.

5 (El estudiante tiene dos libros y el maestro uno)

    ¿Cuántos libros tiene Ud.?   Tengo dos.

    ¿Cuántos libros tengo yo?   Tiene uno.

    ¿Tengo yo más libros que Ud.?   No, Ud. no tiene más libros que yo, Ud. tiene menos libros que yo.

    ¿Tiene Ud. menos libros que yo?   No, yo no tengo menos libros que Ud., yo tengo más libros que Ud.

    ¿Tengo yo menos libros que Ud.?   Sí, Ud. tiene menos libros que yo.

6 (El maestro trabaja ocho horas, Juan trabaja seis, y José trabaja cinco)

¿Cuántas horas trabaja Juan?	Juan trabaja seis horas.
¿Cuántas trabaja José?	José trabaja cinco horas.
¿Cuántas horas trabajo yo?	Ud. trabaja ocho horas.
¿Trabajo yo menos horas que Juan?	No, Ud. no trabaja menos horas que Juan, Ud. trabaja más horas que Juan.
¿Trabaja José más horas que yo?	No, José no trabaja más horas que Ud., José trabaja menos horas que Ud.
¿Trabajo yo más horas que él?	Sí, Ud. trabaja más horas que él.
¿Trabaja José menos horas que Juan?	Sí, José trabaja menos horas que Juan.

7 (El estudiante tiene un libro grande, el maestro tiene uno pequeño)

¿Tengo yo un libro pequeño?	Sí, Ud. tiene un libro pequeño.
¿Tiene Ud. un libro grande?	Sí, yo tengo un libro grande.
¿Es mi libro más pequeño que el suyo?	Sí, su libro es más pequeño que el mío.
¿Es su libro más grande que el mío?	Sí, mi libro es más grande que el suyo.
¿Es mi libro menos grande que el suyo?	Sí, su libro es menos grande que el mío.

43.21.12 Translation drill

1 I have more than ten dollars.	Tengo más de diez dólares.
2 I'm paying more than a hundred pesos.	Pago más de cien pesos.
3 I sang more than three songs.	Canté más de tres canciones.
4 I saw more than five signs.	Ví más de cinco cartelones.
5 There are less than five showers.	Hay menos de cinco duchas.
6 I organized fewer than nine groups.	Organicé menos de nueve grupos.
7 I eat more than three times a day.	Como más de tres veces al día.
8 More than a hundred people die each week.	Mueren más de cien personas por semana.
9 I call less than five times a month.	Llamo menos de cinco veces por mes.

10 I write more than six letters a year.   Escribo más de seis cartas por año.

11 I got fatter than I wanted.   Engordé más de lo que quería.
12 I learned more than I thought.   Aprendí más de lo que pensaba.
13 I bet more than I could (afford).   Aposté más de lo que podía.
14 She is sadder than I thought.   Ella está más triste de lo que yo pensaba.
15 She is lazier than I believed.   Ella es más floja de lo que yo creía.
16 He is less cruel than I expected.   El es menos cruel de lo que yo esperaba.
17 He has more money than I thought.   El tiene más dinero de lo que yo pensaba.
18 There are more students than I expected.   Hay más estudiantes de lo que yo esperaba.

19 I have more money than John.   Tengo más dinero que Juan.
20 I got more letters than Joe did.   Recibí más cartas que José.
21 I learned more lessons than Rose did.   Aprendí más lecciones que Rosa.
22 I saw more things than they did.   Ví más cosas que ellos.

23 We have more than Richard has.   Tenemos más que Ricardo.
24 We brought more than Mr. Fuentes did.   Trajimos más que el Sr. Fuentes.
25 We're taking less than Virginia is.   Llevamos menos que Virginia.
26 I'm giving less than John is.   Doy menos que Juan.

27 I walk more than Anthony does.   Ando más que Antonio.
28 I get more confused than they do.   Me confundo más que ellos.
29 I ate less lunch than Julius did.   Almorcé menos que Julio.

30 Mary is prettier than Ann.   María es más bonita que Ana.
31 Joe is fatter than John.   José es más gordo que Juan.
32 Carmen is sadder than Alice.   Carmen está más triste que Alicia.
33 I'm older than you are.   Yo estoy más viejo que Ud.
34 I'm not selling cheaper than Mr. Garcia is.   No vendo más barato que el Sr. García
35 Your are no less demanding than I am.   Ud. no es menos riguroso que yo.
36 That clothing is more expensive than this is.   Esa ropa es más cara que ésta.
37 That shirt is cheaper than this one.   Esa camisa es más barata que ésta.

38 Your car is prettier than mine.   Su coche es más bonito que el mío.
39 I work more hours than you.   Yo trabajo más horas que Ud.
40 This table is larger than yours.   Esta mesa es más grande que la suya.
41 I have fewer books than Julius.   Yo tengo menos libros que Julio.

42 I don't speak slower than Alfred.   No hablo más despacio que Alfredo.
43 I live closer than you.   Vivo más cerca que Ud.
44 I get up earlier than Mario.   Me levanto más temprano que Mario.

45 He drank more milk than water.   Bebió más leche que agua.
46 He played more golf than tennis.   Jugó más golf que tennis.
47 She ate more vegetables than ham.   Comió más verduras que jamón.
48 He inherited more furniture than money.   Heredó más muebles que dinero.
49 He has more pens than pencils.   Tiene más plumas que lápices.
50 She buys more sheets than pillow cases.   Compra más sábanas que fundas de almohada.
51 There are fewer divorced men than bachelors.   Hay menos divorciados que solteros.
52 I studied less there than here.   Estudié menos allá que aquí.
53 I worked less today than yesterday.   Trabajé menos hoy que ayer.
54 There are fewer people above than below.   Hay menos gente arriba que abajo.

55 She is more interesting than she is pretty.   Ella es más interesante que bonita.
56 This is greener than it is blue.   Esto es más verde que azul.
57 This is more orange than it is red.   Esto es más anaranjado que rojo.
58 This is grayer than it is white.   Esto es más gris que blanco.

59 I wrote more than ever.   Escribí más que nunca.
60 They ate less than last night.   Comieron menos que anoche.
61 He studies more than before.   El estudia más que antes.

B. Discussion of pattern

In English comparatives are made in two ways, as shown by the examples 'pretty ~ prettier' but 'beautiful ~ more beautiful.' Spanish always uses a construction similar to the second English example above: *bonito ~ más bonito* and *hermoso ~ más hermoso.* If one term of the comparison is 'less' than the other, the construction is like English: 'less beautiful' *menos hermoso.*

Though virtually all comparatives in Spanish are formed with *más* or *menos*, there are four exceptions, which have a single-word comparative form ending in /—ór/.

bwéno, byén	mehór
málo, mál	peór
gránde, byého	mayór
pekéɲyo, hóben	menór

The regular constructions also appear, as in *más bueno que el pan,* an almost proverbial expression of approbation. The constructions *más viejo* and *más joven*, usually implying 'really old' and 'really young,' are used as well as *mayor* and *menor. Más* and *menos* are, of course, never used with the /—ór/ comparatives.

In formal English, comparisons vary according to how many items are compared, though in colloquial English this difference may not always be observed.

	An item is compared with	
	one other item	two or more other items
pretty beautiful	prettier, less pretty more beautiful, less beautiful	prettiest, least pretty most beautiful, least beautiful

That is, we have different forms to distinguish the 'newer' of two cars, but the 'newest' of three. In Spanish this distinction does not exist, one says *el coche más nuevo* when referring to two, three, or more cars. The context normally clarifies the distinction (for people used to speaking English) by indicating how many things are being compared. This coverage by a single meaning area in Spanish of a range that is divided into two areas in English is analagous to the distinction English makes in the expressions 'between the two of us' but 'among the three of us,' where Spanish *entre* translates both 'between' and 'among.'

The real problem an English speaker has in using Spanish comparative constructions is in making the choice of *de* or *que* for 'than.'
Actually the Spanish constructions retain much of their literal meanings: *más de* implies 'more of, upwards from' and *más que* implies 'more
than = other than' Thus, when two different amounts of the same thing are being compared, *más de* is used, but when two different things are
being compared, *más que* is used. In general, if a specific amount is mentioned in the comparison, *más de* will appear; or if *más* is compared
with *lo*, which is itself modified by a clause, the conception is one of different amounts of the same thing:

/perdyó—más—de—dyéṣ—pésos↓/   He lost more than 10 pesos (an amount up from 10 pesos)

/perdyó—más—de—lo—ke—yó—kreía↓/   He lost more than I thought (an amount larger than the
                                                           amount I thought he lost).

If the conceptualization is clearly a difference of amount, *más de* is used, even though no explicit reference to amount is made. Note
the following utterance:

/él—bebyó|más—de—la—kwénta↓/   He drank more than the socially permitted allowance.

In this example a quantitative standard (even though not specified and by nature relative) is implied, and *más de* appears.

The appearance of a number in the comparison, however, is not a guarantee that *más de* will be used. If 'more than' means 'other
than,' *más que* is used in spite of a specific amount of money being mentioned. Thus:

/pérdyó—mas|kě—dyeṣ—pésós↓/   He lost *more* than 10 pesos (something in addition,
                                                           like his health or reputation).

It is normal in this construction that *más* occurs on pitch level /3/, a reflection of the emphasis which implies 'other than.' By way of clari-
fication note the terms of comparison in these two contrasting sentences:

/perdyó—más—de—dyéṣ—pésos↓/

/perdyó—más—ke—dyéṣ—pésos↓/

In the first sentence *más* is compared with *diez*, a comparison of amount, and *de* appears only because these are the items being compared. In
the second sentence, *más* which is nominalized with a meaning 'something else,' is compared to *pesos*. The appearance of *diez* is an inciden-
tal reference to an amount of *pesos*, and can be ommitted with no loss to the essential comparison, in which case only *que* could appear.

In the example cited above, *Perdió más de lo que yo creía, más que* is also used by many speakers, to indicate a difference in kind rather than amount, though *lo*-plus-clause is more usually conceptualized as amount. It is interesting to note that *más* is almost always nominalized (i.e. does not appear with a noun, adjective, or other modifier) in a comparison of quantity. This means that *más de* will appear together in the utterance. The only exception is when *más* and *lo* are compared, when there may be other items intervening:

/bíno—más—rrápido|de—lo—ke—yó—kreía↓/   He came faster than I thought.

/tyéne—más—dinéro|de—lo—ke—yó—kreía↓/   He has more money than I thought.

In the following sentence it might seem that a difference in amount is involved:

/yó—téngo—más—dinéro—ke—hwán↓/   I have more money than John.

The difference of kind and amount can be seen somewhat more clearly in negative comparisons:

/nó—téngo|más—de—séys↓/   I don't have more than six (six is an upper limit; implying the possibility of less).

/nó—téngo|más—ke—séys↓/   I don't have any amount other than six (I have exactly six and I have only six).

In the first sentence *seis* is considered an amount, in the second an entity. The usual translation of the 'no...más que' is 'only'.

43.21.2 The position of /nó/ in expressing contradictions and reservations

A. Presentation of pattern

ILLUSTRATIONS

'Do you want to go tomorrow?'	1— ¿Quieres ir mañana?
'Not tomorrow.'	— *Mañana no.*
'Let's serve ham.'	2— Sirvamos jamón.
'No, not ham.'	—No, *jamón no.*

'Do you want to go?   3 —¿Quieres ir?
'Yes, but not tomorrow.'   —Sí, pero *no mañana*.

'Let's serve dessert.'   4 —Sirvamos postre.
'OK, but not pie.'   —Muy bien, pero *no pasteles*.

EXTRAPOLATION

Stimulus	X	
Contradiction	X	nó

Stimulus		X
Reservation	nó	X

NOTES

a. To repeat and contradict something, /nó/ is placed after it.

b. To provisionally accept with reservations /nó/ is placed before the reserved condition.

43.21.21 Translation drill

1 'Do you want to go this week?'   —¿Quieres ir esta semana?
   'Not this week.'   —Esta semana no.

2 'Should I buy ice?'   —¿Debo comprar hielo?
   'Not ice.'   —Hielo no.

3 'Are you going to call the dressmaker?'   —¿Vas a llamar a la modista?
   'Not the dressmaker.'   —A la modista no.

4 'Do you want to fix the shower now?'   —¿Quieres arreglar la ducha ahora?
   'No, not now.'   —No, ahora no.

5 'Let's drink water.'   —Bebamos agua.
   'No, not water.   —No, agua no.

6 'Let's sit in the living room.'   —Sentémonos en la sala.
   'No, not in the living room.'   —No, en la sala no.

7 'Are you divorced?'   —¿Eres divorciado?
   'Not divorced. Widowed.'   —Divorciado no. Viudo.

8 'Shall I buy neckties?'   —¿Compro corbatas?
   'No, not neckties. Buy shirts.'   —No, corbatas no. Compre camisas.

9 'Shall I bring matches?'   —¿Traigo fósforos?
   'No, not matches. Bring cigarettes.'   —No, fósforos no. Traiga cigarrillos.

10 'Shall I sell the house?'   —¿Vendo la casa?
   'No, not the house. Sell the car.'   —No, la casa no. Venda el auto.

11 'Do you want to go with me?'   —¿Quieres ir conmigo?
   'Yes, but not to the Ministry.'   —Sí, pero no al Ministerio.

12 'Shall we sing something?'   —¿Cantamos algo?
   'Yes, but not *La Paloma*.'   —Sí, pero no *La Paloma*.

13 'Are the bombers going to land?'   —¿Van a aterrizar los aviones de bombardeo?
   'Yes, but not the fighters.'   —Sí, pero no los de caza.

14 'Let's go to the cleaner's, then.'   —Vamos a la tintorería, entonces.
    'OK, but not to the market.'   —Muy bien, pero no al mercado.

15 'Let's talk with the rector, then.'   —Hablemos con el Rector, entonces.
    'OK, but not with the dean.'   —Muy bien, pero no con el Decano.

16 'Let's go to the mass, then.'   —Vamos a la misa, entonces.
    'OK, but not to the burial.'   —Muy bien, pero no al entierro.

B.   Discussion of pattern

End position is the emphatic position in a sentence. Thus an item repeated for the purpose of negating or contradicting will be followed by /nó/, since the negative particle is the emphatic point in the context.

If, however, a different item is introduced into the context for the purpose of rejecting it, the new item is given more emphasis and /nó/ precedes it.

The sequence *Jamón no* shows that *jamón* has already been mentioned. *No jamón* puts extra emphasis on *jamón*, implying 'Ham won't do at all,' or 'Maybe some other kind of meat, but not ham.'

43.22   Replacement drills

A   ¿Alguna otra cosa?

    1 ¿_____día?   ¿Algún otro día?

    2 ¿Ningún_____ ?   ¿Ningún otro día?

    3 ¿_____ información?   ¿Ninguna otra información?

    4 ¿Esa_____ ?   ¿Esa otra información?

    5 ¿_____oportunidades?   ¿Esas otras oportunidades?

    6 ¿____gran_____ ?   ¿Esa gran oportunidad?

    7 ¿_____placeres?   ¿Esos grandes placeres?

B   ¿Le reviso el aceite?

1 ¿_____ llantas ?   ¿Le reviso las llantas?

2 ¿_____ esta _____?   ¿Le reviso esta llanta?

3 ¿___cambio_____?   ¿Le cambio esta llanta?

4 ¿_____ la _____?   ¿Le cambio la llanta?

5 ¿_____ agua?   ¿Le cambio el agua?

6 ¿___reviso_____?   ¿Le reviso el agua?

7 ¿_____luces?   ¿Le reviso las luces?

C   ¿Cómo se va a la Gran Vía?

1 ¿_____ sector comercial?   ¿Cómo se va al sector comercial?

2 ¿_____vamos _____ ?   ¿Cómo nos vamos al sector comercial?

3 ¿_____plaza de toros?   ¿Cómo nos vamos a la plaza de toros?

4 ¿_____llega_____?   ¿Cómo se llega a la plaza de toros?

5 ¿_____ esa _____?   ¿Cómo se llega a esa plaza de toros?

6 ¿_____ departamento?   ¿Cómo se llega a ese departamento?

7 ¿_____ va _____?   ¿Cómo se va a ese departamento?

D   ¿Ve esa parada de autobús?

1 ¿___esas_____ ?   ¿Ve esas paradas de autobús?

2 ¿_____autobuses?   ¿Ve esas paradas de autobuses?

3 ¿_____cola_____?   ¿Ve esa cola de autobuses?
4 ¿_____ gente?   ¿Ve esa cola de gente?
5 ¿_____conjunto _____?   ¿Ve ese conjunto de gente?
6 ¿_____ flores?   ¿Ve ese conjunto de flores?
7 ¿___ aquellos_____?   ¿Ve aquellos conjuntos de flores?

D   La dirección no es tan complicada como yo creía.

1 ___ direcciones _____.   Las direcciones no son tan complicadas como yo creía.
2 _____nosotros___.   Las direcciones no son tan complicadas como nosotros creíamos.
3 ___juegos _____.   Los juegos no son tan complicados como nosotros creíamos.
4 _____difíciles_____.   Los juegos no son tan difíciles como nosotros creíamos.
5 _____como él_____.   Los juegos no son tan difíciles como él creía.
6 ___toreo_____.   El toreo no es tan difícil como él creía.
7 _____pensaban.   El toreo no es tan difícil como ellos pensaban.

E   ¿Se enteró del choque de anoche?

1 ¿___enteraron _____?   ¿Se enteraron del choque de anoche?
2 ¿_____fiesta_____?   ¿Se enteraron de la fiesta de anoche?
3 ¿_____ ayer?   ¿Se enteraron de la fiesta de ayer?
4 ¿___quejaron_____?   ¿Se quejaron de la fiesta de ayer?
5 ¿_____exámenes_____?   ¿Se quejaron de los exámenes de ayer?
6 ¿_____esta mañana?   ¿Se quejaron de los exámenes de esta mañana?
7 ¿_____manifestación___?   ¿Se quejaron de la manifestación de esta mañana?

43.23   Variation drills

A   Póngame treinta litros de gasolina.

1 Give me a quart of oil.   Póngame un litro de aceite.
2 Give me a little water.   Póngame un poco de agua.
3 Check the air in the tires for me.   Revíseme la presión del aire.
4 Check the battery for me.   Revíseme la batería.
5 Check the tires for me.   Revíseme las llantas.
6 Fill 'er up.   Lléneme el tanque.
7 Fill up the radiator for me.   Lléneme el radiador.

B   También la batería y póngale agua al radiador.

1 The battery, too-and put some air in the tires.   También la batería y póngale aire a las llantas.
2 The tires, too-and put some water in the radiator.   También las llantas y póngale agua al radiador.
3 The radiator, too-and put some water in the battery.   También el radiador y póngale agua a la batería.
4 The radiator, too-and check the air in the tires.   También el radiador y revísele la presión a las llantas.
5 The air pressure, too-and check the water in the radiator. También la presión y revísele el agua al radiador.
6 The air pressure, too-and check the oil.   También la presión y revísele el aceite al motor.
7 The motor, too-and fill up the tank.   También el motor y llénele el tanque.

C   La llanta derecha de atrás está más baja que las demás.

1 The left rear tire is lower than the rest.   La llanta izquierda de atrás está más baja que las demás.
2 The left front tire is lower than the rest.   La llanta izquierda de adelante está más baja que las demás.
3 The left front tire is lower than the others.   La llanta izquierda de adelante está más baja que las otras.
4 The left front tire is lower than the right.   La llanta izquierda de adelante está más baja que la derecha.
5 The two front tires are lower then the rear ones.   Las dos llantas de adelante están más bajas que las de atrás.
6 One tire is lower than the others.   Una llanta está más baja que las otras.
7 One tire is lower (has less pressure) than the others.   Una llanta tiene menos presión que las otras.

D   Entonces, doble a la izquierda y siga derecho.

1 Well, turn to the right and go straight ahead.   Entonces, doble a la derecha y siga derecho.
2 Well, turn at the corner and (keep) go to the right.   Entonces, doble en la esquina y siga a la derecha.
3 Well, turn here and (keep) go to the left.   Entonces, doble aquí y siga a la izquierda.
4 Well, go through here and keep straight ahead.   Entonces, vaya por aquí y siga derecho.
5 Well, go down this street and turn at the corner.   Entonces, vaya por esta calle y doble en la esquina.
6 Then keep straight on and turn at the next corner.   Después, siga derecho y doble en la otra esquina.
7 Then go two blocks and there you are.   Después, siga dos cuadras y ahí está.

E   ¡Qué barbaridad! ¡Dos muertos!

1 It was awful! Two wounded!   ¡Qué barbaridad! ¡Dos heridos!
2 It was awful! So many wounded!   ¡Qué barbaridad! ¡Tantos heridos!
3 It was awful! So many dead!   ¡Qué barbaridad! ¡Tantos muertos!
4 It was terrible! So many wrecks!   ¡Qué terrible! ¡Tantos choques!
5 It was terrible! So many drunks!   ¡Qué terrible! ¡Tantos borrachos!
6 It was horrible! Such traffic!   ¡Qué horrible! ¡Tanto tráfico!
7 It was horrible! So many holes in the road!   ¡Qué horrible! ¡Tantos hoyos!

F   Iban a una velocidad fantástica y además, borrachos.

1 They were going at a terrible speed, and drunk besides.   Iban a una velocidad terrible y además, borrachos.
2 They were going at a horrible speed, and drunk besides.   Iban a una velocidad horrible y además, borrachos.
3 They were going at an insane speed, and drunk besides.   Iban a una velocidad loca y además, borrachos.
4 They were going at a fantastic speed, and besides that,   Iban a una velocidad fantástica y además, sin frenos
    they didn't have any brakes.
5 They were going like mad, and besides that, they didn't   Iban como locos y además, sin frenos.
    have any brakes.
6 They were going like drunks, and besides that, they   Iban como borrachos y además, sin frenos.
    didn't have any brakes.
7 They were going without permission, and besides that,   Iban sin permiso y además, sin luces.
    without lights.

43.24   Review drills

43.24.1   English verb + relator: Spanish verb

1 We asked for fish.	Pedimos pescado.
2 I asked for meat.	Pedí carne.
3 He asked for a dozen eggs.	Pidió una docena de huevos.
4 They asked for the vaccination record.	Pidieron el certificado de vacuna.
5 We paid for the house.	Pagamos la casa.
6 They paid for the light.	Pagaron la luz.
7 He paid for the gas.	Pagó el gas.
8 Last night we waited for the doctor for two hours.	Anoche esperamos dos horas al médico.
9 I'm waiting for my wife.	Estoy esperando a mi esposa.
10 We're waiting for the maid.	Estamos esperando a la criada.
11 I'm looking for my health certificate.	Estoy buscando mi certificado de salud.
12 What are you looking for?	¿Qué busca Ud.?
13 Look at the people.	Mire la gente.
14 Look at the police.	Mire la policía.
15 Look at that girl.	Mire a esa muchacha.

43.24.2   Nominalization of definite articles

Problem:

    Esa es la *señora* que estaba aquí.

Answer:

    Esa es la que estaba aquí.

1 Esa es la *señora* que canta.	Esa es la que canta.
2 Ese es el *señor* de la peluquería.	Ese es el de la peluquería.
3 Esa es la *muchacha* que baila.	Esa es la que baila.

4 Ese es el *señor* de la caricatura.   Ese es el de la caricatura.

5 Ella es la *señorita* que ahorra mucho.   Ella es la que ahorra mucho.

6 Esos son los *muchachos* de la manifestación.   Esos son los de la manifestación.

7 Esos son los *señores* de las elecciones.   Esos son los de las elecciones.

8 Esas son las *muchachas* que trabajan ahí.   Esas son las que trabajan ahí.

9 Esos son los *señores* de la oficina.   Esos son los de la oficina.

43.3   CONVERSATION STIMULUS

NARRATIVE 1

1 Mr. Watson asks Pepe, his driver, to take him to   Mr. Watson le pide a Pepe, su chofer, que lo lleve a la casa
   Mr. Robinson's house this morning.   de Mr. Robinson esta mañana.

2 It doesn't have to be right away, whenever Pepe can,   No tiene que ser ahora mismo, cuando Pepe pueda, con tal
   provided it'll be before twelve.   que sea antes de las doce.

3 Pepe would like to take the car first to have them change Pepe quisiera llevar el coche antes para que le cambien el
   the oil, check the battery,   aceite, le revisen la batería,

4 and put (some) air in the tires which are somewhat down. y le pongan aire a las llantas que están un poco bajas.

5 Mr. Watson tells him it's all right, there's no hurry.   Mr. Watson le dice que está bien, que no hay prisa.

6 and that if the car looks very dirty, to have them wash it, too. y que si el coche está muy sucio, que lo laven también.

DIALOG 1

Mr. Watson, dígale a Pepe que quiere que lo lleve a la casa   Watson: Pepe, quiero que me lleve a la casa de Mr. Robinson
de Mr. Robinson esta mañana.   esta mañana.

Pepe, contéstele a Mr. Watson que muy bien y pregúntele   Pepe: Muy bien, Mr. Watson, ¿ahora mismo?
si ahora mismo.

Mr. Watson, dígale que cuando él pueda, con tal que sea antes de las doce. Pregúntele que por qué, si tiene algo que hacer ahora.

Pepe, dígale que Ud. quisiera llevar el coche antes para que le cambien el aceite, le revisen la batería y le pongan aire a las llantas que están un poco bajas.

Mr. Watson, dígale que está bien, que no hay prisa, y que si está muy sucio, que lo laven también.

Watson: Cuando Ud. pueda, con tal que sea antes de las doce. ¿Por qué?, ¿tiene algo que hacer ahora?

Pepe: Quisiera llevar el coche antes para que le cambien el aceite, le revisen la batería y le pongan aire a las llantas que están un poco bajas.

Watson: Está bien, no hay prisa, y si está muy sucio, que lo laven también.

NARRATIVE 2

1 A while later Pepe returns with the car ready and asks Mr. Watson for Mr. Robinson's address.

2 Mr. Robinson lives on the corner of Tenth Street and Columbus Avenue.

3 The way to get there (address) is rather complicated; Mr. Watson had a hard time getting there the other day.

4 But this time he doesn't have to worry because Pepe says that he knows this city of Las Palmas like the palm of his hands.

Un rato después vuelve Pepe con el coche ya listo y le pide a Mr. Watson la dirección de Mr. Robinson.

Mr. Robinson vive en la esquina de la Calle Diez y la Avenida Colón.

La dirección es bastante complicada; a Mr. Watson le costó mucho llegar allá el otro día.

Pero esta vez él no tiene que preocuparse porque Pepe dice que él conoce esta ciudad de Las Palmas como la palma de sus manos.

DIALOG 2

Pepe, dígale a Mr. Watson que ya el coche está listo. Pregúntele que cuál es la dirección de Mr. Robinson.

Mr. Watson, dígale que él vive en la esquina de la Calle Diez y la Avenida Colón. Pregúntele si sabe dónde es eso.

Pepe, contéstele que claro, que Ud. conoce esta ciudad de Las Palmas como la palma de sus manos.

Mr. Watson, dígale que se alegra mucho porque a Ud. le costó mucho llegar allá el otro día.

Pepe: Ya el coche está listo, Mr. Watson. ¿Cuál es la dirección de Mr. Robinson?

Watson: El vive en la esquina de la Calle Diez y la Avenida Colón. ¿Sabe dónde es eso?

Pepe: Claro, yo conozco esta ciudad de Las Palmas como la palma de mis manos.

Watson: Me alegro mucho porque a mí me costó mucho llegar allá el otro día.

NARRATIVE 3

1 Something has happened to Pepe because after more
  than an hour,

Algo le ha pasado a Pepe porque después de más de una hora,

2 they're still going around looking for Mr. Robinson's house.

todavía están dando vueltas buscando la casa de Mr. Robinson.

3 The poor fellow is lost, but he tells Mr. Watson not to worry,

El pobre está perdido, pero él le dice a Mr. Watson que no se
  preocupe,

4 that his name is not José María Ortega if he doesn't find
  that address.

que no se llama José María Ortega si no encuentra esa dirección.

5 He sees that it's getting late and so he starts driving at a
  great speed.

El ve que se está haciendo tarde y entonces empieza a manejar
  a gran velocidad.

6 His boss tells him not to go so fast, that it doesn't matter that
  they get there late so long as they don't have an accident,

Su jefe le dice que no vaya tan rápido, que no importa que
  lleguen tarde con tal que no tengan un choque,

7 and suggests to him that they'd better ask somebody.

y le sugiere que mejor le pregunten a alguien.

8 Pepe doesn't want to and says that at last he knows how
  to get there:

Pepe no quiere y dice que ya por fin sabe cómo se llega allá:

9 he'll enter that street, keep going straight ahead some ten
  blocks, and then he'll turn right.

entra por aquella calle, sigue derecho unas diez cuadras y
  luego dobla a la derecha.

10 Hope he isn't mistaken because Mr. Watson is already
  getting tired of going around so much.

Ojalá no esté equivocado porque ya Mr. Watson se está cansando
  de dar tantas vueltas.

11 Oh, darn it! Can't enter that street, it's one way only.

¡Ah, caramba! No se puede entrar por esa calle, es de una sola vía.

12 The truth is that they'd better ask. Poor Pepe, he's going
  to have to change his name.

La verdad es que mejor pregunten. Pobre Pepe, va a tener que
  cambiarse de nombre.

DIALOG 3

Mr. Watson, pregúntele a Pepe que qué pasa, que dónde
  están. Que hace más de una hora están dando vueltas.

Watson: ¿Qué pasa, Pepe?, ¿dónde estamos? Hace más de
  una hora estamos dando vueltas.

Pepe, dígale que está un poco perdido. Pero que no se
  llama José María Ortega si no encuentra esa dirección.

Pepe: Estoy un poco perdido. Pero no se preocupe, no me
  llamo José María Ortega si no encuentro esa dirección.

Mr. Watson, dígale que no vaya tan rápido.

Pepe, explíquele que es que se está haciendo tarde.

Mr. Watson, dígale que no importa que lleguen tarde con
tal que no tengan un choque. Pero que mejor le pregunten
a alguien.

Pepe, dígale a Mr. Watson que no, que no es necesario, que
ya Ud. sabe cómo se llega allá.

Mr. Watson, pregúntele que cómo.

Pepe, explíquele que entra por aquella calle, sigue derecho
unas diez cuadras y luego dobla a la derecha.

Mr. Watson, dígale que está bien, pero ojalá no esté equivocado
porque ya Ud. se está cansando de dar tantas vueltas.

Pepe, diga '¡ah, caramba!', que no se puede entrar por esa calle.

Mr. Watson, pregúntele que por qué.

Pepe, dígale que es de una sola vía.

Mr. Watson, dígale que mejor pregunten.

Watson: No vaya tan rápido.

Pepe: Es que se está haciendo tarde.

Watson: No importa que lleguemos tarde con tal que no tengamos
un choque. Pero mejor preguntémosle a alguien.

Pepe: No, Mr. Watson, no es necesario, ya yo sé cómo se
llega allá.

Watson: ¿Cómo?

Pepe: Entro por aquella calle, sigo derecho unas diez cuadras
y luego doblo a la derecha.

Watson: Está bien, pero ojalá no esté equivocado porque ya yo
me estoy cansando de dar tantas vueltas.

Pepe: ¡Ah, caramba! No se puede entrar por esa calle.

Watson: ¿Por qué?

Pepe: Es de una sola vía.

Watson: Mejor preguntemos.

43.4   READINGS

43.41   Life in Surlandia

43.41.0 Vocabulary building

BASIC SENTENCES

the mumps
obstinate, stubborn

Don Manuel had come to the point of desperation: Luisito had the
mumps and his wife was calling him stubborn for not wanting to
buy a car.

las paperas
porfiado

Don Manuel había llegado a la desesperación: Luisito estaba
con paperas y su esposa lo trataba de porfiado por no querer
comprar un automóvil.

to resist, refuse	resistir
the handkerchief	el pañuelo
subtle	sutil
indirect, devious	indirecto

Every time he refused (to discuss the matter), she would raise her handkerchief to her nose... Ah, these women and their subtle and devious tactics!

Cada vez que él se resistía, ella se llevaba el pañuelo a la nariz... ¡Ah, las mujeres y sus sutiles e indirectos medios...!

uncomfortable, embarrassing	incómodo
to resign oneself, give in	resignarse

This was very embarrassing, but finally he resigned himself to buying one.

Esto era bastante incómodo, pero por fin Don Manuel se resignó a comprar uno.

the garage	el garage
the overalls	el overol

Early one Saturday Don Manuel went to Robinson's house, and found him in the garage in dirty overalls.

Un sábado temprano Don Manuel llegó a la casa de Robinson y lo encontró en el garage con un overol sucio.

to depart, start	partir
to start up	hacer partir
to wear out	gastar
the bearing	el cojinete
the connecting rod	la biela

Starting up his car that morning, he had thought he had worn connecting rod bearings, but actually it was nothing serious.

Al hacer partir su coche esa mañana, había creído que tenía gastados los cojinetes de una biela, pero en realidad no era nada serio.

private	particular

Fred and Don Manuel first went to a private house where they looked at a car.

Fred y Don Manuel fueron primero a una casa particular, donde vieron un coche.

the hood, cover, cap

Fred raised the hood and examined the motor.

to loosen, release
to step on the starter, turn on the ignition
to drown, suffocate, smother

Then he got in the car, released the brake, stepped on the starter and after a muffled noise in the motor, the car started.

the block
to slope, incline
the maneuver

Instead of going around the block, Fred went to a hill, where he started a series of maneuvers.

to accelerate
to decrease, slow down
to brake, restrain
the steering wheel

He speeded up, slowed down, put on the brakes, let go of the steering wheel...

the clutch
the march, running operation
in reverse

...stepped on the clutch, and put the gears in low, in second, in high, and in reverse.

the spare part, replacement part
the dent
the fender
the body

la tapa

Fred levantó la tapa y examinó el motor.

soltar
dar contacto
ahogar

Luego subió al auto, soltó el freno, dio contacto y, después de un ruido ahogado del motor, el auto partió.

la manzana
inclinar
la maniobra

En vez de dar una vuelta por la manzana, Fred fue a una calle inclinada donde empezó a hacer una serie de maniobras.

acelerar
disminuir
frenar
el volante

Aceleraba, disminuía, frenaba, soltaba el volante...

el embrague
la marcha
en marcha atrás

...apretaba el embrague y ponía el cambio en primera, en segunda, en tercera y en marcha atrás.

el repuesto
la abolladura
el guardafangos
la carrocería

But this and other cars they saw all needed new parts or something; they had dents in the fenders or in the body,...

Pero éste y otros coches que vieron, todos necesitaban nuevos repuestos o algo, porque tenían abolladuras en los guardafangos o en la carrocería,...

the windshield	el parabrisas
the carburation	la carburación
the transmission	la transmisión
the generator	el generador

...windshield loose, carburation, transmission, or generator faulty.

...el parabrisas suelto, la carburación, la transmisión o el generador malos.

COGNATE LOAN WORDS

burocrático	el Ford
complementar	el Chrysler
la adquisición	zigzaguear
la culminación	¿aló?
el horror	el, la compatriota
la complicación	la ignorancia
el objeto	la presencia
mecánico	el instrumento
reaccionar	la circunstancia
la ambición	hidráulico
el símbolo	conceder
el Chevrolet	el Pontiac

43.41.1 Reading selection

Comprando un Automóvil

—Manuel—le decía Rosa Gormáz a su esposo, mientras éste, sentado en su cama, trataba una vez más de concentrarse en un libro que estaba leyendo. —Yo no sé por qué eres tan porfiado y no ves la realidad de las cosas. Todos nuestros amigos tienen auto; tus empleados, las Srtas. Martínez...

Doña Rosa, siempre preocupada de aumentar el prestigio social de la familia, desde hacía tiempo había decidido convencer a Don Manuel de que su importancia en el mundo burocrático debía complementarse con la adquisición de ciertos bienes materiales. La culminación de las aspiraciones de Doña Rosa, el sueño de su vida, era un automóvil.

Don Manuel, hombre exageradamente tranquilo y conservador, veía con horror las complicaciones que tal objeto mecánico le iba a traer a su vida. Por meses había podido resistir la presión constante de su esposa en este sentido. Esa noche, sin embargo, Doña Rosa, habiendo agotado los sutiles e indirectos medios característicos a toda mujer, consideró que las defensas de su esposo ya no eran tan fuertes como al principio y estimó que había llegado el momento de dar el golpe decisivo.

Al oir el nombre de las Srtas. Martínez, de sus empleados, y que su esposa lo trataba de porfiado, Don Manuel reaccionó en la forma esperada por Doña Rosa. Cerró el libro, lo dejó en la mesita de noche y miró a su mujer con decisión.

—¿Yo? ¿Porfiado?— le dijo con sorpresa. —Dime de una sola vez en que yo no he hecho lo que tú has querido.

—Tú sabes muy bien que ésa no fue mi intención, Manuel—contestó Doña Rosa, mirando hacia otro lado y llevándose un pañuelo pequeñito a la nariz. —Pero es que las Srtas. Martínez...

—Esas viejas... Pero bueno, Rosita, cálmate. Les vamos a hacer ver que los Gormáz no son menos que ellas— dijo Don Manuel suavemente.

Y fue así que Don Manuel se levantó al día siguiente decidido a comprar un automóvil. Es verdad que tenía algún dinero, producto de largos años de trabajo... y de algo que le había dejado una tía soltera al morir. Pero unos meses atrás había hecho unas inversiones y había gastado bastante en arreglar la casa como resultado de las ambiciones sociales de su mujer. Un carro nuevo, ni pensarlo, a lo menos por el momento. Después de todo, lo importante era tener un auto; nuevo o viejo era lo mismo en Surlandia, especialmente después de la Segunda Guerra Mundial, cuando el gobierno había impuesto tantas restricciones a la entrada de automóviles que aún el auto más viejo, además de valer una fortuna, era símbolo suficiente de prestigio y modernismo.

Don Manuel, mientras iba esa mañana en el autobús a su oficina, empezó a mirar los anuncios del periódico: 'Chevrolet 1936, en perfecto estado; un solo dueño; vendo esta tarde'; 'Ford 1947, dos puertas, regalo hoy'; 'Chrysler 1955, vendo o cambio por casa, verlo mañana en Calle Córdoba 112 o llamar al 2025'; etc., etc., etc.

La mayoría de los anuncios eran de personas particulares y Don Manuel sabía muy bien que muchas de ellas ganaban mucho comprando un carro, esperando unos meses y, cuando el precio subía, lo vendían otra vez. Uno de los empleados de su oficina, por ejemplo, hacía esto por lo menos tres veces al año. Don Manuel, que no entendía nada de automóviles, cerró el periódico, cansado de ver tantos anuncios. De repente, pensó en Don Ricardo Fuentes, ese empleado suyo amigo de unos norteamericanos... Rollington... Remington... Robertson... qué nombres tan difíciles tenían estos extranjeros. Le voy a pedir a Don Ricardo que me presente a ese señor de los Estados Unidos, pensó. Don Manuel Gormáz, que debido a su carácter no tenía grandes simpatías por los norteamericanos ni por los extranjeros en general, sí creía que todos, pero absolutamente todos los norteamericanos sabían mucho de automóviles.

Muy contento con su brillante idea, Don Manuel se dedicó tranquilamente a mirar hacia la calle, mientras que el autobús, a gran velocidad, zigzagueaba por entre coches y peatones. Poco después de llegar a la oficina, tomó el teléfono y llamó a Don Ricardo, que trabajaba en el piso de abajo:

—¿Aló? ¿Con Don Ricardo?

—Sí, con él.

—Hola, qué tal, mi amigo. Habla con Manuel Gormáz.

—Ah, Don Manuel, ¿cómo está? ¿Qué tal la familia?

—Bien, gracias, aunque hemos tenido a Luisito con paperas. Pero no es nada serio, a Dios gracias.

—Cuánto lo siento... ¿En qué puedo servirlo, Don Manuel?

Y Don Manuel le explicó a Fuentes que quería comprarse un carro y le pidió si podía presentarle a ese señor Rosenson (Robinson— dijo Don Ricardo, ofreciendo diplomáticamente una corrección) para ayudarle a buscar. A Fuentes, que conocía muy bien el carácter del Sr. Gormáz, no le gustó mucho la idea; pero qué hacer, después de todo él era su jefe. Y le contestó que con muchísimo gusto. Esa tarde Don Ricardo Fuentes habló con Fred Robinson y le explicó su problema. Robinson, que era una persona muy amable, especialmente cuando se trataba de automóviles, lo que era uno de sus 'hobbies', aceptó encantado y le dijo a Don Ricardo que podía acompañar al Sr. Gormáz a ver coches el sábado. Fuentes quedó feliz por haber salido tan fácilmente de esta dificultad, y agradeció a Fred repetidas veces.

Ese sábado, Don Manuel llegó a la casa de Robinson acompañado por Fuentes. Era temprano, poco después del desayuno. Fred, como siempre, estaba en el garage, con un overol sucio y las manos llenas de aceite y con la cabeza metida en el motor de su carro.

—Hola—saludó Robinson alegremente, mientras se acercaba a recibirlos.

—Buenos días, Fred—respondió Fuentes. —Le presento al Sr. Manuel Gormáz. Don Manuel, —dijo en seguida— el Sr. Robinson.

—Mucho gusto—dijo Fred. —Perdóneme por recibirlo en esta forma y no ofrecerle la mano. Mire como las tengo, llenas de aceite. Es que esta mañana, al hacer partir el motor, me pareció que tenía un ruido raro. Creía que eran los cojinetes de una biela gastada y...

—Tanto gusto—respondió Don Manuel, sintiéndose un poco incómodo. Y, aunque quedó sorprendido de oir a un norteamericano hablar español, se extrañó bastante de ver a una persona como Robinson, culta y decente, vestida de esa manera y haciendo un trabajo que él estimaba que correspondía a gente de baja clase. Y se convenció que los norteamericanos, como él siempre había creído, eran personas muy difíciles de comprender. Pero, al mismo tiempo, Don Manuel era buen diplomático. Además, no quería dar la impresión de que no sabía nada, pero absolutamente nada de motores. Por eso, después de decir 'tanto gusto', continuó, dándose importancia:

—No se preocupe, Sr. Remington.— Y se acercó a examinar el motor del coche. —Tal vez no es nada serio—dijo.

Después de cambiarse de ropa, Robinson bajó a la sala donde lo esperaban Don Manuel y Fuentes. Este último, después de quedarse un momento más, mientras Don Manuel le enseñaba a Fred algunos anuncios que había seleccionado, se despidió y se fue. Gormáz y Robinson continuaron conversando y pronto salieron en el carro de Fred. Después de unos minutos, llegaban a una casa particular. Llamaron a la puerta y apareció un señor gordo de bigotes.

—¿Vienen por el anuncio? —preguntó el señor.

—Sí, señor—contestó Don Manuel— ¿Podemos ver su coche?

—Sí, cómo no. Es ése que está ahí en la calle—respondió el dueño—Es un Ford 1938; está como nuevo. Le he cambiado la batería... y mire los asientos, están nuevecitos. —Y, mirando a Fred, el señor gordo le dijo a Don Manuel: —El, ¿viene con Ud.?

—Sí, pensamos comprar un coche entre los dos— contestó Gormáz rápidamente. Don Manuel que no sabía nada de autos, sí comprendía bastante la psicología de sus compatriotas. De este modo, el señor de los bigotes no podía sospechar de su ignorancia y así tenía también que aceptar la presencia de Robinson. Fred, al oir esto, miró a Don Manuel con cierta sorpresa, pero luego se dio cuenta de su intención.

—¿Podemos manejarlo? —dijo Fred, después de mirar el motor y bajar la tapa.

—Si Uds. gustan... —dijo el dueño, no muy contento con la idea.

Entraron todos al coche y Fred, después de soltar el freno de emergencia, que estaba un poco largo, dio el contacto... y nada. Sólo un ruido ahogado del motor.

—Permítame—dijo el señor gordo. Y explicó: —Es que la mañana está un poco fría, Ud. sabe.

Y cambiándose con Robinson, tomó el volante e hizo una serie de maniobras misteriosas con los instrumentos del tablero. El motor partió inmediatamente. Fred, sorprendido, se sentó nuevamente en el asiento del chofer.

—Con dar una vuelta a la manzana es suficiente... —empezó a decir el dueño. Pero Robinson siguió derecho hacia una calle inclinada. Aceleraba, disminuía, frenaba, soltaba el volante, apretaba el embrague, ponía el cambio en primera, en segunda, en tercera, en marcha atrás. Don Manuel iba en silencio, haciendo un esfuerzo por comprender el significado de tal_s maniobras... Y ponía una cara de inteligencia, haciendo gestos estudiados o moviendo la cabeza según las circunstancias. Por fin, volvieron.

—Bueno, ¿qué les parece? Magnífico, ¿verdad? —dijo el dueño del carro.

—Sí, no está mal... —empezó a decir Gormáz, para darle tiempo a Fred o por decir algo.

—Mire, señor— dijo Robinson— ¿cuánto pide por el coche?

—Cinco mil pesos. Cuatro mil ahora y el resto a sesenta días... Perdónenme, ahí parece que vienen otras personas a ver el carro—dijo, al ver a unos señores que llamaban a la puerta de la casa. Y fue a recibirlos.

—Este auto— le dijo Fred a Don Manuel, cuando estuvieron solos— para ser tan viejo no está tan mal. Se ve que tiene los frenos gastados y que el sistema eléctrico y la carburación no están muy bien. Es mejor que veamos otros coches; tal vez vamos a poder encontrar algo mejor. Para arreglar estos defectos tiene que gastar mucho dinero— continuó Fred— —Ud. sabe lo que cuestan los repuestos y las reparaciones aquí en Surlandia.

Después de decirle al señor gordo que iban a volver, Fred y Don Manuel se fueron a ver otros carros. Pero, o éstos eran muy caros o los que costaban un poco menos tenían toda clase de defectos: abolladuras en los guardafangos o en la carrocería, la tapicería gastada, las llantas viejas, el parabrisas suelto, la transmisión o el generador malos, el sistema hidráulico o el radiador en malísimas condiciones, etc., etc., etc. Y en todas partes, ni un centavo menos, decían los dueños. En realidad, éstos no tenían necesidad de rebajar el precio. En Surlandia, todo coche, nuevo o viejo, se vendía inmediatamente. Don Manuel, a quien en muchos casos le había gustado uno u otro carro, se sentía cada vez más cansado y desilusionado. Aunque él confiaba en la capacidad técnica de Robinson, que era lo único que Don Manuel les concedía a los norteamericanos, le parecía que Fred se fijaba mucho en pequeños detalles. Por fin, le pidió a Fred que mejor era seguir viendo coches otro día.

Robinson, que aunque honradamente creía que los carros que habían visto no servían para nada, tenía sin embargo, una razón especial para convencer de esto a Don Manuel. Poco después de ver el segundo o tercer coche se le había ocurrido una idea y éste era el momento de ponerla en práctica.

—Mire, Sr. Gormáz— le dijo Fred a Don Manuel— yo creo que lo mejor que Ud. puede hacer, es esperarse unos tres meses hasta que me llegue el carro nuevo que acabo de comprar en los Estados Unidos. Yo le vendo éste que tengo ahora. Como Ud. ve, es un Pontiac del año pasado y está en muy buenas condiciones. Podemos arreglar lo del precio en forma satisfactoria para los dos y el pago de la aduana lo hace Ud.

—Bueno, pero... —dijo Don Manuel, a quién la idea le produjo gran entusiasmo—eso es mucho dinero para mí. Yo nunca he pensado en un coche tan caro.

—En realidad, si Ud. mira bien las cosas, no es tanto como Ud. cree —respondió Fred— los autos viejos gastan mucho más, como ya le dije antes. Con éste, Ud. ahorra dinero.

—Sí, claro. Ud. tiene razón —dijo Don Manuel— Pero, dígame otra cosa, eso de la aduana no lo entiendo.

—Como soy diplomático, mi coche entra al país libremente. Pero, si lo vendo aquí, alguien tiene que pagarle a la aduana, ¿verdad? —dijo Fred sonriendo.

Y así fue que Don Manuel se decidió a comprar el coche de Robinson. Conversando de precios, llegaron a la casa, mientras Don Manuel pensaba en las combinaciones monetarias que debía hacer: vender una propiedad, etc., etc. Y, lo que era más importante, pensaba en cómo decirle a su mujer que tenía que resignarse a esperar otros tres largos meses...

43.41.2 Response drill

   1 ¿De qué se preocupaba siempre Doña Rosa?
   2 ¿Qué clase de hombre era Don Manuel?
   3 ¿Por qué consideró Doña Rosa que había llegado el momento de dar el golpe decisivo?
   4 ¿Por qué no pensaba Don Manuel comprar un auto nuevo?
   5 ¿Qué sabía Don Manuel de la mayoría de las personas particulares que ponían anuncios de carros en el periódico?
   6 ¿Qué creía Don Manuel de todos los norteamericanos?
   7 ¿Por qué llamó Don Manuel a Don Ricardo Fuentes?
   8 ¿Cómo estaba Fred Robinson cuando Don Ricardo y Don Manuel llegaron a su casa?
   9 ¿Por qué se extrañó Don Manuel de ver a una persona como Fred Robinson vestida de esa manera?
  10 ¿Por qué le dijo Don Manuel al señor gordo de bigotes que él y Robinson querían comprar el coche entre los dos?
  11 ¿Qué hizo Fred para ver si el carro estaba en buenas condiciones?
  12 ¿Qué defectos tenían los otros carros que Don Manuel y Fred vieron?
  13 ¿Por qué quería convencer Fred a Don Manuel que los carros que vendían no servían para nada?
  14 ¿Cómo arreglaron el pago del Pontiac?
  15 ¿Cuándo tenía Fred que pagar derechos de aduana a pesar de ser él diplomático?

43.41.3 Discussion

   1 Compare American with Latin American attitudes towards the ownership of a car.

   2 Describe what you would do to check a used car before buying it.

43.42   Features

43.42.0   Vocabulary building

BASIC SENTENCES

the map
the obstacle
the barrier

el mapa
el obstáculo
la barrera

The map of Latin America gives us an idea of the obstacles
which the natural barriers of terrain and climate...

El mapa de Latinoamérica nos da una idea de los obstáculos
que las barreras naturales del terreno y del clima...

the technician
to plan
adequate
the highway
ferrous
the railroad line

el técnico
planear
adecuado
la carretera
férreo
la línea férrea

...present to the technicians in planning adequate highways
and railroad lines.

...presentan a los técnicos para planear adecuadas carreteras y
líneas férreas.

the mountain range
the Andes
formidable
the ramification, branch
the torrent, rapids

la cordillera
los Andes
formidable
la ramificación
el torrente

We have, for example, the imposing range of the Andes, with
its formidable branches and deep valleys, numerous rapids
and great rivers,...

Tenemos, por ejemplo, la imponente cordillera de los Andes, con
sus formidables ramificaciones y profundos valles, numerosos
torrentes y grandes ríos,...

to disconnect, take apart
the net
the railroad
terrestrial, land

desarticular
la red
el ferrocarril
terrestre

...which in many countries makes for a disconnected network of
railroads and other surface routes.

        soft, gentle
        rolling
        the plain, pampa

Few are the regions like the gentle, rolling terrain of Uruguay
and the Argentine pampa.

        Honduras
        Colombia
        Ecuador
        the high Bolivian plateau
        Bolivia

More typical are cases such as Honduras, Colombia, Ecuador,
and the high Bolivian Plateau.

        torrential
        to undermine
        the basis, foundation, roadbed

Moreover, in many places the torrential rains undermine the
roadbeds for the roads and the railroad lines...

        to inundate, flood
        the access
        impassable

...and flood the more important access points making land
communication routes impassable.

        evident
        to tend, have a tendency
        to overcome

...lo que en muchos países obliga a una desarticulada red de
ferrocarriles y otras vías terrestres.

        suave
        ondulante
        la pampa

Son pocas las regiones como el suave y ondulante terreno del
Uruguay y las pampas de la Argentina.

        Honduras
        Colombia
        Ecuador
        el altiplano
        Bolivia

Más típicos son los casos como Honduras, Colombia, Ecuador
y el altiplano de Bolivia.

        torrencial
        socavar
        la base

Además, en muchos lugares las lluvias torrenciales socavan las
bases de caminos y líneas férreas...

        inundar
        el acceso
        intransitable

...e inundan los puntos de acceso más importantes haciendo
intransitables las vías de comunicaciones por tierra.

        evidente
        tender
        superar

All in all, the progress which is evident today tends to overcome these difficulties.

        heavy
        the load, freight
        the back (animal's)
        the mule
        by mule

Heavy transportation in freight and passenger traffic which previously was carried on the backs of mules...

        the route
        the path
        indigenous, Indian, native

...along native and colonial routes and paths...

        to pave
        passable

...today is carried in motor vehicles along all-weather, paved roads...

        cover
        to unify
        the scale
        functional

...which cover and unify the various regions in a progressively more functional scale.

Con todo, el evidente progreso de hoy tiende a superar estas dificultades.

        pesado
        la carga
        el lomo
        la mula
        a lomo de mula

El transporte pesado de carga y personas que antes se hacía a lomo de mula...

        la ruta
        el sendero
        indígena

...por rutas y senderos indígenas y coloniales...

        pavimentar
        transitable

...hoy se hace en vehículos motorizados por caminos pavimentados transitables todo el año...

        cubrir
        unificar
        la escala
        funcional

...que cubren y unifican regiones en una escala progresiva funcional.

COGNATE LOAN WORDS

ininterrumpido	Inca
Sudamérica	Cuzco
reconquistar	sólido
sudamericano	la conclusión
separar	marítimo
Cauca	gubernamental
Magdalena	municipal
la navegación	la tendencia
Barranquilla	ambicioso
similar	Juárez
peruano	Centroamérica
ecuatoriano	turístico
centroamericano	Guatemala
articular	El Salvador
colonizador	Venezuela
moderar	Paraguay
coincidir	la llama
la preferencia	generar
topográfico	inaccesible
contentar	incorporar

43.42.1 Reading selection

Los Problemas del Transporte en Latinoamérica: Caminos

Un simple examen del mapa físico de Latinoamérica puede darnos una buena idea de los serios obstáculos naturales que se oponen al desarrollo de adecuados medios de transporte que vayan en favor del progreso económico de esta enorme área geográfica.

Lo primero que nos llama la atención es la barrera formidable constituida por una cadena casi ininterrumpida de montañas que va desde el norte de México hasta el extremo sur de Sudamérica, con ramificaciones que en muchas regiones dan formación a profundos valles interiores. Los obstáculos que estas características físicas imponen a las comunicaciones se ven multiplicados por otros sistemas de montañas a lo largo

de las costas, que hacen difícil el acceso desde el mar hacia el interior. Con esto, más las dificultades características a las tierras bajas, con
sus selvas tropicales que están siempre tratando de reconquistar el terreno perdido al esfuerzo del hombre, con sus lluvias torrenciales que socavan constantemente a caminos y líneas férreas, y los numerosos ríos y torrentes que con frecuencia inundan los puntos de acceso más importantes,
podemos formarnos una buena idea de los esfuerzos y gastos desproporcionados de dinero que han debido y deben hacerse para mantener las
comunicaciones, aún entre puntos separados apenas por una distancia de pocos kilómetros.

Tal vez sea Colombia el caso más típico en este sentido. Tenemos en este país sudamericano tres altas cordilleras que son parte del
sistema de los Andes, y que separan, de norte a sur, dos valles por donde corren dos grandes ríos, el Cauca y el Magdalena. Estas montañas no
sólo impiden el acceso entre las ciudades más importantes del país, sino que los ríos mismos no se prestan para la navegación en toda su extensión. Además, con excepción de Barranquilla, ninguna de las ciudades principales de Colombia se encuentra al lado de estos grandes ríos. Por
lo tanto, las comunicaciones entre las ciudades de estos valles, o entre éstas y las ciudades de la costa, son sólo posibles por medio de una
desarticulada combinación de caminos y ferrocarriles locales, y de éstos con algunos sectores de esos ríos en que es posible la navegación. Una
situación similar existe en las sierras peruanas y ecuatorianas y en el altiplano de Bolivia, como igualmente en algunos países centroamericanos
de los que Honduras es un ejemplo extremo.

Hay, sin embargo, algunas pocas excepciones constituidas por regiones que presentan condiciones favorables para el desarrollo de vías
terrestres de comunicación. Un buen ejemplo son las pampas de la Argentina, el valle central de Chile, el suave y ondulante terreno del Uruguay
y las mesetas del Brasil. Es así que estos países están entre aquéllos que tienen el mayor porcentaje de líneas férreas y de sistema de caminos
más articulados.

La particular distribución de los centros de población en Latinoamérica es un factor de tanta importancia como las dificultades naturales
de la región. Los colonizadores españoles establecieron sus ciudades en aquellos lugares en que la elevación del terreno, y por lo tanto el clima
y la vegetación, era moderada. Como sabemos, estos lugares se encuentran casi siempre en los valles interiores de cordillera y en las mesetas
del continente. Además, los españoles buscaban los puntos de mayor concentración de la población indígena para así dominar política y económicamente a las zonas ocupadas. Estos puntos geográficos casi siempre coincidían con las preferencias topográficas de los colonizadores.

Es también importante observar que el transporte de personas y de productos en la época de la colonia se hacía principalmente a lomo de
mula, lo que impuso características especiales al sistema de caminos de aquellos años. Los españoles se contentaban con utilizar los senderos
y caminos que usaban los indígenas y, aunque abrieron nuevas rutas, ninguna de ellas superó al famoso Camino de los Incas, que unía a la capital
Inca del Cuzco con puntos en el Ecuador, Bolivia y Chile.

Todo esto significó que el período de la colonia no dio a las jóvenes repúblicas una base sólida para el desarrollo de sus rutas de transporte: ellas se vieron frente al enorme problema de tener que planear totalmente de nuevo la construcción de sus líneas de comunicaciones.

Lo anterior nos lleva a una conclusión de tipo general: la gente, geográfica y económicamente tiende característicamente en Latinoamérica a concentrarse en sectores de mucha población, separados unos de otros por áreas casi sin habitantes. Como resultado, las rutas terrestres
de transporte existen para el servicio exclusivo de cada sector por separado, quedando así grandes regiones sin caminos y sin ferrocarriles: esto,
a diferencia de lo que sucede en los Estados Unidos, donde los caminos y ferrocarriles cubren al país en una red funcional que va de norte a sur
y de este a oeste.

Hoy podemos apreciar, sin embargo, el evidente progreso efectuado en Latinoamérica en lo que se refiere a vías terrestres de comunicación, teniendo en consideración los serios problemas geográficos y de capital. Sin poder entrar a considerar este progreso en forma detallada, veamos cuál es la situación presente con respecto a caminos, para en otra oportunidad ver la situación en que se encuentran los ferrocarriles y el transporte marítimo y aéreo.

Hablando en forma general, no ha sido sino hasta hace poco antes del principio de la Segunda Guerra Mundial que los países latinoamericanos dieron un nuevo impulso a la construcción de caminos adecuados al nuevo tipo de economía, resultado de una acelerada industrialización.

Las necesidades de transporte pesado entre las regiones que producen y las que consumen crecieron rápidamente con este proceso de cambio económico y los ferrocarriles que existían no fueron suficientes para satisfacer esas necesidades. Era lógico, entonces, pensar en la construcción de nuevos caminos antes que de nuevos ferrocarriles, ya que para éstos se necesitaban capitales mucho mayores. Además, junto con la mayor demanda de productos para los cada vez mayores centros industriales y de salida para los productos de éstos, empezaron a formarse numerosas compañías de transporte particular, de carga y pasajeros. Estas compañías, como igualmente los dueños y vendedores de automóviles y camiones, cada vez más numerosos, efectuaron fuerte presión ante los gobiernos para mejorar y construir nuevos caminos. Es así que en muchos países se crearon agencias gubernamentales y municipales para planear y ejecutar las obras necesarias, coordinando y unificando las redes de caminos. Naturalmente, este progreso no ha sido igual en todos los países, pero en cada uno de ellos podemos observar manifestaciones evidentes de esta nueva tendencia.

Tal vez el proyecto más ambicioso, de escala internacional, es la vía que se conoce con el nombre de Carretera Panamericana. Este proyecto, que en un principio se concibió como un ferrocarril interamericano, fue complementado en varias de las conferencias interamericanas. Sin embargo, no fue hasta el período entre 1930 y 1940 que se empezó a construir esta gran carretera. En 1936 se terminó el sector entre Ciudad Juárez y la ciudad de México y, al terminar el año 1940, la ruta entre México y Centroamérica estaba terminada en un 80 por ciento. Por esta época, había unos 8.000 kilómetros transitables en toda estación en los sectores de Colombia, Ecuador, Chile y la Argentina, o sea, un 87 por ciento del total. Después de la Segunda Guerra Mundial, se crearon comisiones interamericanas permanentes para el estudio de los problemas técnicos, legales, internacionales y turísticos de la carretera. Los países que han participado en este programa han contribuido con técnicos y con dinero para dar fin a los trabajos. En 1957, la situación era la siguiente: (1)

(1) Ver El Sistema Panamericano de Carreteras, Informe de la Secretaría Permanente, Séptimo Congreso Panamericano de Carreteras, 1957, p. 63; Unión Panamericana, Washington, D. C., 1957.

País	Total	Pavimentado		No-pavimentado	
		Pavimentado	Transitable todo el año	Transitable tiempo seco	Intransitable
	Km	Km.	Km.	Km.	Km.
México	2.572	2.482	90	———	———
Guatemala	511	134	347	———	30
El Salvador	314	314	———	———	———
Honduras	243	25	218	———	———
Nicaragua	383	212	171	———	———
Costa Rica	663	97	348	———	218
Panamá	870	157	389	———	324
Venezuela	928	928	———	———	———
Colombia	3.438	1.108	1.972	———	358
Ecuador	1.148	———	1.056	92	———
Perú	3.063	2.366	697	———	———
Chile	2.315	611	1.663	41	———
Bolivia	2.861	144	2.315	161	241
Argentina	4.693	2.686	820	1.187	———
Paraguay	695	77	278	140	200
Uruguay	758	345	318	95	———
Brasil	4.751	707	3.064	975	5
Total	30.206	12.393	13.746	2.691	1.376

No es posible terminar este breve resumen sobre caminos en Latinoamérica sin colocar a la Carretera Panamericana dentro de su correspondiente perspectiva: en verdad, esta carretera es sólo una de las tantas manifestaciones del reciente y rápido proceso de cambio político, social y económico de esta área geográfica. Político porque es una demostración del deseo de resolver de conjunto problemas que son comunes a todas y a cada una de las repúblicas americanas; social y económico porque el desarrollo de buenos caminos hace posible el crecimiento económico esencial para alcanzar mejores niveles de vida. Desde que cada país ha terminado la construcción de uno u otro sector de la Carretera, se han producido enormes cambios: de la noche a la mañana, los camiones han tomado el lugar de la carreta, del burro y de la llama; el impulso generado ha obligado a la construcción de caminos de acceso a la Carretera Panamericana, lo que ha abierto zonas agrícolas y de minería hasta entonces inaccesibles a la producción. Todo esto ha hecho posible el desarrollo de un mayor comercio, abriendo nuevos mercados, creando nuevos negocios y oportunidades de trabajo e incorporando grandes zonas a las economías nacionales, como igualmente creando nuevas posibilidades a la industria turística latinoamericana.

43.42.2 Response drill

1 ¿Cuáles son los serios obstáculos naturales que se oponen al desarrollo de adecuados medios de transporte en Latinoamérica?
2 ¿Por qué es Colombia un caso típico del problema de transporte en Latinoamérica?
3 ¿Qué regiones en Latinoamérica presentan condiciones favorables para el desarrollo de vías terrestres?
4 ¿Por qué buscaron los españoles los puntos de mayor concentración indígena?
5 ¿Cómo se hacía el transporte por tierra en tiempo de los españoles?
6 ¿Por qué han tenido las repúblicas latinoamericanas que planear de nuevo sus líneas de comunicaciones?
7 ¿Cómo se concentra la población en Latinoamérica?
8 ¿Cuándo dieron los países latinoamericanos nuevo impulso a la construcción de caminos?
9 ¿Qué creció con el proceso de cambio económico?
10 ¿Qué clase de compañías se formaron y por qué?
11 ¿Qué proyecto internacional se concibió con respecto a caminos?
12 ¿Cuántos kilómetros transitables todo el año tenía la Carretera Panamericana en 1957?
13 ¿De qué es manifestación la Carretera Panamericana?
14 ¿Por qué es la Carretera Panamericana una manifestación de cambio político?
15 ¿Por qué es la Carretera Panamericana una manifestación de cambio social y económico?

43.42.3 Discussion

1 Compare U. S. and Latin American topography and its effects on road and railroad building.

2 Discuss the effects of highways on economic development, both on the national and on the local levels.

44.1   BASIC SENTENCES.   At the beach.

    John White, a girl friend, Jose, and Carmen are at the beach.

ENGLISH SPELLING   AID TO LISTENING   SPANISH SPELLING

        I had (to have)   ábiá↓ ábér↓   había (haber)

        returned (to return)   bweltó↓ bólbér↓   vuelto (volver)

        the beach   lá↲playà↓   la playa

        the summer   él↲béranó↓   el verano

Molina   *Molina*
    I haven't been back to this beach since   yonǫabiabweltǫ |áęstáplaya |dézdél   Yo no había vuelto a esta
    last summer. (1)   playa desde el verano
                                              béranopasádó↓   pasado.

        the sand   lạ↲árenà↓   la arena

Carmen   *Carmen*
    The sand here is very clean.   lárenaki |ézmuylimpyà↓   La arena aquí es muy limpia.

        the sea, ocean   él↲már↓   el mar

        pretty, beautiful, delightful   préşyosó↓   precioso

Amiga   *Amiga*
    The ocean is a beautiful blue today.   oytyénelmár |ún.ąşúl |préşyosó↓   Hoy tiene el mar un azul
                                                                                        precioso.

to go into

méters̀è↓

meterse

it will be (to be)

èstàrá↓ èstár↓

estará (estar)

Molina
Shall we go in now? I wonder how the
water is. (2)

nòzmétemozya↑ koṃǫestaraȩlágwà↓

Molina
¿Nos metemos ya? ¿Cómo estará
el agua?

luke warm

tíby̌ò↓

tibio

Carmen
It's been pretty hot. It should be nice and
warm.

àechómúchokalór↓ debestartíbyà↓

Carmen
Ha hecho mucho calor   Debe estar
tibia.

before anything, first

ántes—ke—nádà↓

antes que nada

to put oneself into

pónersè↓

ponerse

so I can (3)

parà↓

para

to take a picture

rrètràtár↓

retratar

White
But first of all, get in a group so I can
take your picture.

pérǫanteskenada↑pongansengrupo|

pàrárrètràtarlòs↓

White
Pero antes que nada, pónganse en
grupo para retratarlos.

said (to say, tell)

díchò↓ dès̱ír↓

dicho (decir)

(you) had said

àbiaz—díchò↓

habías dicho

Amiga
But you didn't tell me you were going to
take pictures. (4)

péró |noméabíazdíchó |kéíbás.àtòmár

fótòs↓

the pastime

él-pàsàtyémpò↓

White
It's my favorite pastime. Didn't you know?

èzmípàsàtyémpo |fàbòritò↓ nólò

sàbias↑

the roll

èl-rroꬉyò↓

I brought two rolls of black and white.

tráhédozrroꬉyos |èmblànkoinégrò↓

the bathing suit

èl-tráhe-de-bà꬇yò↓

to have one's picture taken

rrètrátar-sè↓

Amiga
I don't want my picture taken in a bathing
suit. (5)

yó |èntráhédéba꬇yo |nomerrétrátò↓

foolish, silly

tontò↓

Carmen
Don't be silly; come here.

nóseastóntạ |íben.aká↓

Amiga
¡Pero no me habías dicho que
ibas a tomar fotos!

el pasatiempo

White
Es mi pasatiempo favorito. ¿No
lo sabías?

el rollo

Traje dos rollos en blanco y negro.

el traje de baño

retratarse

Amiga
Yo en traje de baño no me retrato.

tonto

Carmen
No seas tonta y ven acá.

(After the picture has been taken.)

to develop   rrébélár↓   revelar

Amiga
Where do you send them (for developing) to be   dondelazmandạs |arrebelár↓   *Amiga*
developed?   ¿Dónde las mandas a revelar?

White   *White*
I do it myself.   yómızmolọágò↓   Yo mismo lo hago.

the camera   lá‒kamárà↓   la cámara

the towel   lá‒tọańyà↓   la toalla

the shade   lá‒sombrà↓   la sombra

to swim   nádár↓   nadar

Put the camera and the towels in the shade   ponlakamara |kònlàstọańyas |alà   Pon la cámara con las toallas a
and let's swim a while.   sómbrạ↓ ibamos |ánádarunrrátó↓   la sombra y vamos a nadar un
                                                                          rato.

the tide   lá‒máreà↓   la marea

strong   fwerté↓   fuerte

the wave   lá‒olà↓   la ola

Carmen   *Carmen*
Just how do you think we can! The tide's too   komokreẹs |kebamos.apodér↓ lảmảreạ | ¡Cómo crees que vamos a poder!
strong. Don't you see those waves?   éstámuyfwerté↓ nóbeskẹolas↑   La marea está muy fuerte. ¿No
                                                                          ves qué olas?

to realize, become aware of	dár—se—kwéntå↓	darse cuenta
cowardly	kôbardê↓	cobarde

Molina
You see what a coward Carmen is?.

sê dan.ustedeskwénta │dèlôkôbarde │
késkarmen↑

Molina
¿Se dan Uds. cuenta de lo
cobarde que es Carmen?

Carmen
Me a coward? Everybody in the water.

kôbardeyo↑ ålagwatôdòs↓

Carmen
¿Cobarde yo? Al agua todos.

44.10   Notes on the basic sentences

(1) Spanish employs the past tense of the perfect construction on occasions where English uses the present tense of the perfect. That is, the Spanish here literally reports, 'I *hadn't* been back to this beach since last summer.' The implication would seem to be that 'I hadn't been back... before I came today,' whereas the English implies. 'I haven't been back... but here I am.'

(2) These two sentences exactly reverse English tense relationships. The question /nos—metémos—yá↑/ employs a simple present tense, where English uses the form *shall*. On the other hand, /kômo—estará—el—ågwa↓/ employs a future form of the verb, literally 'How will the water be?' This is known as the future of probability or conjecture (to be discussed in Unit 55). That is, the occurrence of the future form in an utterance where the speaker obviously is not asking literally for a prediction about the future event is taken as a conjecture about the future: 'I wonder...'

(3) /pára/ is of course familiar in the meaning 'for' and 'in order to.' Its meaning is in no way different here, but this kind of context occurs so frequently, and translates so conveniently in the sense of 'so I can,' that a separate entry in this meaning is supplied here.

(4) Here the Spanish past tense in a perfect construction /abías—dícho/ corresponds with a simple past tense in English. The perfect occurs more frequently and more widely in Spanish than in English.

(5) Notice that though both the English and the Spanish are quite emphatic, the emphasis is achieved in very different ways: in English by the intonational peak on *my*, in Spanish by shifting the word order so as to place the subject early and the verb late (the first and last positions in the sentence being the most emphatic).

44.2   DRILLS AND GRAMMAR

44.21   Pattern drills

44.21.1   Comparison of equality

   A. Presentation of pattern

ILLUSTRATIONS

She has as much money as I.	1 Ella tiene *tanta* plata *como* yo.
I have as many suitcases as trunks.	2 Yo tengo *tantas* maletas *como* baúles.
Money? I earn as much as he (does).	3 ¿Dinero? Gano *tanto como* él.
Clothing? She bought as much as ever.	4 ¿Ropa? Compró *tanta como* siempre.
Today I worked as much as yesterday.	5 Hoy trabajé *tanto como* ayer.
She didn't talk as much as I thought (she would).	6 Ella no habló *tanto como* yo creía.
This base is not as modern as the one we visited yesterday.	7 Esta base no es *tan* moderna *como* la que visitamos ayer.
	8 La dirección no es *tan* complicada *como* yo creía.
You don't live as far away as I, do you?	9 Ud. no vive *tan* lejos *como* yo, ¿verdad?
Now I don't get up as early as I used to (as previously).	10 Ya no me levanto *tan* temprano *como* antes.

EXTRAPOLATION

as much, many as much as	Noun ~ ∅ Verb Modifier	as
tánto(s) —a(s) tánto tán	Noun ~ ∅ Verb Modifier	kómo

NOTES

a. Comparisons of equality use /tánto(s) —a(s)/ with nouns or when nominalized, /tánto/ with verbs, /tán/ with modifiers.

b. The second term of the comparison is always introduced by /kómo/.

44.21.11 Response drill

1 (El estudiante tiene dos lápices y el maestro también tiene dos) [1]

¿Cuántos lápices tiene Ud.?   Tengo dos.
¿Cuántos lápices tengo yo?   Tiene dos.
¿Tengo yo más lápices que Ud.?   No, Ud. no tiene más lápices que yo, Ud. tiene tantos
                                               lápices como yo.
¿Tiene Ud. menos lápices que yo?   No, yo no tengo menos lápices que Ud. yo tengo tantos
                                               lápices como Ud.
¿Tengo yo tantos lápices como Ud.?   Sí, Ud. tiene tantos lápices como yo.

───────────
[1] Repita este ejercicio con plumas, libros, monedas.

2 (Un estudiante tiene tres dólares y otro también tiene tres)

¿Cuántos dólares tiene Ud.?   Tengo tres.
¿Cuántos dólares tiene él?   Tiene tres también.
¿Tiene Ud. más plata que él?   No, yo no tengo más plata que él, yo tengo tanta plata como él.
¿Tiene él menos plata que Ud.?   No, él no tiene menos plata que yo, él tiene tanta plata como yo.

3 (El estudiante tiene un libro grande y el maestro tiene otro igual)

¿Tiene Ud. un libro grande?   Sí, tengo un libro grande.
¿Tengo yo un libro grande?   Sí, Ud. también tiene un libro grande.
¿Es su libro más grande que el mío?   No, mi libro no es más grande que el suyo, mi libro es tan
                                                       grande como el suyo.
¿Es mi libro más grande que el suyo?   No, su libro no es más grande que el mío, su libro es tan
                                                       grande como el mío.
¿Es su libro tan grande como el mío?   Sí, mi libro es tan grande como el suyo.

44.21.12 Translation drill

1 He's as old as I (am).   El es tan viejo como yo.
2 I have as many children as you (do).   Yo tengo tantos hijos como Ud.
3 Juan works as many hours as Jose (does).   Juan trabaja tantas horas como José.
4 His country is as big as mine.   Su país es tan grande como el mío.
5 My car is as small as yours.   Mi carro es tan pequeño como el suyo.
6 This street is as narrow as Twentieth street.   Esta calle es tan estrecha como la calle veinte.
7 This table is as long as that (one).   Esta mesa es tan larga como ésa.
8 This book is as good as that (one).   Este libro es tan bueno como ése.
9 My pen is as bad as yours.   Mi pluma es tan mala como la suya.
10 Alice has as many clothes as Louise.   Alicia tiene tanta ropa como Luisa.
11 My house has as many rooms as yours.   Mi casa tiene tantos cuartos como la suya.

B. Discussion of pattern

Comparisons of equality, like those of inequality, are made in constructions which include a quantifier and a relator. In comparisons of inequality the quantifier *más* (or *menos*) was a constant in the construction, but the relator might be either *de* or *que*. In comparisons of equality the quantifier may be either *tanto(s) —a(s), tanto* or *tan*, but the relator is always *como*.

The choice of quantifier is a fairly simple one: *tanto* appears with an appropriate gender and number ending when modifying a noun or when nominalized, *tanto* is invariable when modifying a verb, *tan* is used with another modifier. This pattern is very close to English: *tanto —a* translates 'as much,' *tantos —as* 'as many,' and *tan* 'as.' The second 'as' is, of course, always *como*.

There is an interesting pattern parallel between *tanto* and another set of quantifiers, not used in comparisons: *mucho*. Note the following correlations:

Noun modifier Inflected	Verb modifier Uninflected	Modifier modifier Uninflected
tánto(s) —a(s) múcho(s) —a(s)	tánto múcho	tán múy
más		

As the chart indicates, the single uninflectable form *más* is used in all of these functions.

44.21.2   Exclamatory expressions

A. Presentation of pattern

———————————————
What a terrific bullfight!

1 ¡Qué corrida tan fenomenal!
2 ¡Qué corrida más fenomenal!

What a long hall!   3 ¡Qué pasillo tan largo!
What beautiful cloth!   4 ¡Qué tela más linda!

EXTRAPOLATION

/ké/	Noun	/tán/ /más/	Adjective

NOTES

    a. The comparative of either inequality or equality may be used to heighten the adjective in an exclamatory expression.

44.21.21 Substitution drill – Construction substitution

    Problem:
        Una foto buena.

    Answer:
        ¡Qué foto tan buena!
        ¡Qué foto más buena!

      1 Una casa cómoda.   ¡Qué casa tan cómoda!
                                              ¡Qué casa más cómoda!

      2 Una muchacha linda.   ¡Qué muchacha tan linda!
                                              ¡Qué muchacha más linda!

3 Un día bonito.   ¡Qué día tan bonito!
                                              ¡Qué día más bonito!

4 Una maleta grande.   ¡Qué maleta tan grande!
                                              ¡Qué maleta más grande!

5 Una calle estrecha.   ¡Qué calle tan estrecha!
                                              ¡Qué calle más estrecha!

6 Una secretaria competente.   ¡Qué secretaria tan competente!
                                              ¡Qué secretaria más competente!

7 Una noticia mala.   ¡Qué noticia tan mala!
                                              ¡Qué noticia más mala!

8 Un especialista bueno.   ¡Qué especialista tan bueno!
                                              ¡Qué especialista más bueno!

9 Una pista larga.   ¡Qué pista tan larga!
                                              ¡Qué pista más larga!

44.21.22 Translation drill

1 What a pretty chair!   ¡Qué silla tan bonita!

2 What tasty (good) 'pastelitos'!   ¡Qué pastelitos tan buenos!

3 What an interesting brunette!   ¡Qué morena tan interesante!

4 What a lovely garden!   ¡Qué jardín tan lindo!

5 What a big ship!   ¡Qué barco tan grande!

6 What a small desk!   ¡Qué escritorio tan pequeño!

7 What a difficult lesson!   ¡Qué lección tan difícil!

8 What a poor (bad) dressmaker!   ¡Qué modista más mala!

9 What a pretty park!   ¡Qué parque más bonito!

10 What a competent servant!   ¡Qué sirvienta más competente!

11 What an old house!   ¡Qué casa más vieja!

B. Discussion of pattern

In the exclamatory expressions drilled above, *que* is the equivalent to English 'what' (with mass nouns like 'coffee', *café*) or 'what a' (with count nouns, like 'meal' *comida*):

What good coffee!   /ké—bwén—kafé↓/

What a good meal!   /ké—bwéna—komída↓/

Though these sentences show *buen* and *buena* preceding the nouns they modify, it is more common for adjectives to follow, in which case they are usually modified by a quantifier, *tan* or *más*. These forms are not translated in equivalent English expressions, but they perform a function similar to the emphasis or sentence stress that may be placed on the English adjective.

It is interesting to note that quantifiers from either comparisons of inequality or comparisons of equality are used with substantially the same meaning in this construction.

Occasionally English expressions with 'what a' sound somewhat effeminate or juvenile ('What a nice party!'), though not necessarily always ('What a beautiful girl!' sounds natural enough for an adult male). The equivalent Spanish expression does not have these overtones of effeminateness or immaturity and therefore a better translation is often 'It sure was a nice party!, This sure is good coffee!, etc., when the English situation does not call for a real display of emotion, but only a more or less mild expression of opinion.

44.21.3 Irregular /—do/ forms

A. Presentation of pattern

ILLUSTRATIONS

Two men have died there.   1 Han *muerto* dos señores ahí.

    put, placed (to put)   puesto (poner)

Where have you put my cigarettes?   2 ¿Dónde has *puesto* mis cigarillos?

    supposed (to suppose)   supuesto (suponer)

How could you have thought (supposed) such a thing?   3 ¿Cómo te has *supuesto* tal cosa?

I haven't returned to that beach.   4 Yo no he *vuelto* a esa playa.

dissolved (to dissolve)

The police have broken up the demonstration.

      written (to write)

Haven't you written to your mother?

      broken (to break)

Someone has broken my glasses.

We've never seen such a thing.

      opened (to open)

Haven't they opened the customs office yet?

_____

You haven't told me that you're going to take pictures.

      disuelto (disolver)

5 La policía ha *disuelto* la manifestación.

      escrito (escribir)

6 ¿No le has *escrito* a tu mamá?

      roto (romper)

7 Alguien ha *roto* mis gafas.

8 Nunca hemos *visto* tal cosa.

      abierto (abrir)

9 ¿No han *abierto* la aduana todavía?

10 Ha *hecho* mucho calor.

11 No me has *dicho* que vas a tomar fotos.

EXTRAPOLATION

Infinitive	Irregular /—do/ Form
mor—ír	mwér—to
pon—ér	pwés—to
supon—ér	supwés—to
bolb—ér	bwél—to
dısolb—ér	dıswél—to
eskrıb—ír	eskrí—to
rromp—ér	rró—to
b—ér	bís—to
abr—ír	abyér—to
aş—ér	éch—o
deş—ír	dích—o

NOTES

a. Listed above are the more common irregular /—do/ forms so far presented.

b. The theme vowel before the ending is dropped, and the irregular ending is /—to/ except in the case of *hacer* and *decir*, when it is /—o/

44.21.31 Substitution drills — Person—number substitution

1 *Ana* no ha dicho nada.

   Ellos _____ .   No han dicho nada.
   Carlos y yo_____ .   No hemos dicho nada.
   Yo _____ .   No he dicho nada.
   Tú _____ .   No has dicho nada.

2 *Nosotros* hemos abierto una tienda de ropa.

   Yo _____ .   He abierto una tienda de ropa.
   Ana y Carmen _____ .   Han abierto una tienda de ropa.
   Ellos _____ .   Han abierto una tienda de ropa.
   Carlos _____ .   Ha abierto una tienda de ropa.

3 *Yo* no he vuelto al aeropuerto.

   Luisa _____ .   No ha vuelto al aeropuerto.
   Marta y yo _____ .   No hemos vuelto al aeropuerto.
   Ellos _____ .   No han vuelto al aeropuerto.
   Ud. _____ .   Ud. no ha vuelto al aeropuerto.

4 *Alicia* ha visto esa película antes.

   Yo _____ .   He visto esa película antes.
   Tú _____ .   Has visto esa película antes.
   Ana y Carmen _____ .   Han visto esa película antes.
   Ud. _____ .   Ha visto esa película antes.

5 *Tú* has hecho algo bueno.

   Ellos _____ .   Han hecho algo bueno.
   María y yo _____ .   Hemos hecho algo bueno.
   El teniente _____ .   Ha hecho algo bueno.
   Yo _____ .   He hecho algo bueno.

6 *Yo* he puesto las guitarras ahí.

    Los oficiales _____.   Han puesto las guitarras ahí.
    Carlos _____.   Ha puesto las guitarras ahí.
    Nosotros _____.   Hemos puesto las guitarras ahí.
    José y Juan _____.   Han puesto las guitarras ahí.

7 *Yo* no he escrito nada hoy.

    Ana y Carmen _____.   No han escrito nada hoy.
    Alicia y yo _____.   No hemos escrito nada hoy.
    Tú _____.   No has escrito nada hoy
    Uds. _____.   No han escrito nada hoy.

8 *Alicia* no ha roto más tazas.

    Yo _____.   No he roto más tazas.
    Juan _____.   No ha roto más tazas.
    Nosotros _____.   No hemos roto más tazas
    Ellos _____.   No han roto más tazas.

9 *Alicia* no ha vuelto al cine.

    Yo _____.   No he vuelto al cine.
    Ellos _____.   No han vuelto al cine.
    Ana y yo _____.   No hemos vuelto al cine.
    Tú _____.   No has vuelto al cine.

Construction substitution

Problem:

    Alicia *hace* todo.

Answer:

    Alicia ha hecho todo.

1 El *dice* eso también.	El ha dicho eso también.
2 Nosotros *abrimos* los libros.	Nosotros hemos abierto los libros.
3 Yo *vuelvo* temprano.	Yo he vuelto temprano.
4 Ud. nunca *ve* eso.	Ud. nunca ha visto eso.
5 Alicia *hace* el arroz.	Alicia ha hecho el arroz.
6 Los oficiales *ponen* sus cosas ahí.	Los oficiales han puesto sus cosas ahí.
7 Los estudiantes *escriben* mucho.	Los estudiantes han escrito mucho.
8 Ahí *muere* mucha gente.	Ahí ha muerto mucha gente.
9 Yo *digo* que no.	Yo he dicho que no.
10 Las muchachas *abren* las ventanas.	Las muchachas han abierto las ventanas.
11 El teniente no *vuelve* a fumar.	El teniente no ha vuelto a fumar.
12 Ellos *ven* pocas películas.	Ellos han visto pocas películas.
13 Mi hermana *hace* la comida.	Mi hermana ha hecho la comida.
14 La sirvienta *pone* todo en la cocina.	La sirvienta ha puesto todo en la cocina.
15 Tú *escribes* demasiado.	Tú has escrito demasiado.
16 Ana *rompe* todo.	Ana ha roto todo.
17 Ellos no *rompen* nada.	Ellos no han roto nada.

44.21.32 Response drill

	1	¿Ellos han puesto el libro en la mesa o lo han abierto?	Lo han abierto.
	2	¿El ha puesto el libro sobre la mesa o lo ha abierto?	Lo ha puesto en la mesa.
(cartas)	3	¿Qué ha escrito Ud. hoy?	He escrito cartas.
(dos)	4	¿Cuántas cartas ha escrito él?	Ha escrito dos.
(los estudiantes)	5	¿Quiénes han abierto los libros?	Los estudiantes los han abierto.
(Juan)	6	¿Quién ha dicho eso?	Juan lo ha dicho.

(María)	7 ¿Quién ha hecho eso?	María lo ha hecho.
(en inglés)	8 ¿Ha escrito Ud. en español?	No, he escrito en inglés.
(pocas)	9 ¿Ha roto la sirvienta muchas cosas?	No, ha roto pocas.
	10 ¿Han dicho ellos eso?	Sí, ellos lo han dicho.
	11 ¿Han escrito Uds. mucho?	Sí, hemos escrito mucho.
	12 ¿Han vuelto Uds. al centro?	Sí, sí hemos vuelto.
	13 ¿Has visto tú al jefe?	Sí, sí lo he visto.

44.21.33 Translation drill

1	We've always written everything in Spanish.	Siempre hemos escrito todo en español.
2	Where have you put the newspaper?	¿Dónde ha puesto Ud. el periódico?
3	What have you done today?	¿Qué ha hecho Ud. hoy?
4	I haven't seen Mary this week.	No he visto a María esta semana.
5	What has she broken today?	¿Qué ha roto ella hoy?
6	Who has opened that window?	¿Quién ha abierto esa ventana?
7	We haven't said anything.	Nosotros no hemos dicho nada.
8	Many people have died there.	Ha muerto mucha gente allí.
9	Who has said that before?	¿Quién ha dicho eso antes?
10	We haven't opened the books today.	No hemos abierto los libros hoy.
11	You haven't danced again.	No han vuelto Uds. a bailar.
12	How many times have you seen that film?	¿Cuántas veces ha visto esa película?
13	We've done a million things.	Hemos hecho un millón de cosas.
14	Where has he put the matches?	¿Dónde ha puesto los fósforos?

15 Hasn't he written the letter yet?	¿No ha escrito la carta todavía?
16 The police haven't broken up the demonstration yet.	La policía no ha disuelto la manifestación todavía.
17 You have supposed the same thing (I have).	Uds. se han supuesto lo mismo que yo.

B. Discussion of pattern

Irregular /-do/ forms always have irregularities both in the stem and in the ending, and in all cases the theme vowel is dropped. Irregular formations are found in certain /-ér/ and /-ír/ verbs; /-ár/ verbs are always regular.

Usually the ending is /-to/, though in the case of a few irregular stems which end in /-ch/, the ending is /-o/.

In regular /-do/ forms the strong stress is on the theme vowel of the ending /abl-ádo, kom-ído, bıb-ído/. In the irregular forms, where the theme vowel doesn't appear, the strong stress is on the stem /mwér-to, bís-to/, etc.

The stems are modified in a number of ways: by changing the vowel or/and final consonant /mor-, pon-, supon-, aş-, deş-/ become /mwér-, pwés-, supwés-, éch-, dích-/; by shortening /escrib-, rromp-/ become /eskrí-, rró-/; by changing a vowel and shortening /bolb-, dısolb-/ become /bwél-, dıswél/; or by lengthening /b-, abr-/ become /bís-, abyér-/.

The irregular /-do/ forms are not numerous, and students are advised to learn them as new lexical items.

44.22   Replacement drills

A   Yo no había vuelto a esta playa desde el verano pasado.

1 _____ he _____ .	Yo no he vuelto a esta playa desde el verano pasado.
2 Ellos _____ .	Ellos no han vuelto a esta playa desde el verano pasado.
3 _____ semana ____ .	Ellos no han vuelto a esta playa desde la semana pasada.
4 _____ barrio _____ .	Ellos no han vuelto a este barrio desde la semana pasada.
5 _____ venido _____ .	Ellos no han venido a este barrio desde la semana pasada.
6 _____ hemos _____ .	Nosotros no hemos venido a este barrio desde la semana pasada.
7 _____ sectores _____ .	Nosotros no hemos venido a estos sectores desde la semana pasada.

B   La arena aquí es muy limpia.

1 ____ agua _____ .   El agua aquí es muy limpia.

2 _____ fría.   El agua aquí es muy fría.

3 ____ días _____ .   Los días aquí son muy fríos.

4 _____ bastante__ .   Los días aquí son bastante fríos.

5 ____ tiempo_____ .   El tiempo aquí es bastante frío.

6 _____ caliente .   El tiempo aquí es bastante caliente.

7 _____ bien _____ .   El tiempo aquí es bien caliente.

C   Hoy tiene el mar un azul precioso.

1 _____ color _____ .   Hoy tiene el mar un color precioso.

2 _____ campo _____ .   Hoy tiene el campo un color precioso.

3 _____ colores _____ .   Hoy tiene el campo unos colores preciosos.

4 _____ niña _____ .   Hoy tiene la niña unos colores preciosos.

5 _____ traje _____ .   Hoy tiene la niña un traje precioso.

6 _____ blanco.   Hoy tiene la niña un traje blanco.

7 _____ zapatos _____ .   Hoy tiene la niña unos zapatos blancos.

D   Yo en traje de baño no me retrato.

   1 Nosotros _____ .   Nosotros en traje de baño no nos retratamos.

   2 _____ de noche _____ .   Nosotros en traje de noche no nos retratamos.

   3 Ella _____ .   Ella en traje de noche no se retrata.

   4 _____ sí _____ .   Ella en traje de noche sí se retrata.

   5 Ellas _____ .   Ellas en traje de noche sí se retratan.

   6 _____ retratamos.   Nosotras en traje de noche sí nos retratamos.

   7 _____ de baño _____ .   Nosotras en traje de baño sí nos retratamos.

E   Pon la cámara con las toallas a la sombra.

   1 _____ zapatos _____ .   Pon los zapatos con las toallas a la sombra.

   2 _____ sol.   Pon los zapatos con las toallas al sol.

   3 Deja _____ .   Deja los zapatos con las toallas al sol.

   4 _____ con esta _____ .   Deja los zapatos con esta toalla al sol.

   5 _____ viento.   Deja los zapatos con esta toalla al viento.

   6 ____ estos _____ .   Deja estos zapatos con esta toalla al viento.

   7 _____ ropa _____ .   Deja esta ropa con esta toalla al viento.

F   ¿Se dan cuenta ustedes de lo cobarde que es Carmen?

1 ¿ _____ usted _____ ?   ¿Se da cuenta usted de lo cobarde que es Carmen?

2 ¿ _____ valiente _____ ?   ¿Se da cuenta usted de lo valiente que es Carmen?

3 ¿ _____ Carmen y yo ?   ¿Se da cuenta usted de lo valientes que somos Carmen y yo?

4 ¿ _____ él _____ ?   ¿Se da cuenta él de lo valientes que somos Carmen y yo?

5 ¿ _____ usted y José?   ¿Se da cuenta él de lo valientes que son usted y José?

6 ¿ _____ fuertes _____ ?   ¿Se da cuenta él de lo fuertes que son usted y José?

7 ¿ _____ ellos _____ ?   ¿Se dan cuenta ellos de lo fuertes que son usted y José?

44.23   Variation drills

A   ¿Nos metemos ya? ¿Cómo estará el agua?

1 Shall we go bathing (swimming) now? I wonder how the water is.   ¿Nos bañamos ya? ¿Cómo estará el agua?
2 Shall we go now? I wonder how the weather is.   ¿Nos vamos ya? ¿Cómo estará el tiempo?
3 Shall we go now? I wonder how the party will be.   ¿Nos vamos ya? ¿Cómo estará la fiesta?
4 Shall we serve ourselves now? I wonder how the soup is.   ¿Nos servimos ya? ¿Cómo estará la sopa?
5 Shall we stay here? I wonder how this beach will be.   ¿Nos quedamos aquí? ¿Cómo estará esta playa?
6 Shall we take our pictures now? How will this be?   ¿Nos retratamos ya? ¿Cómo estará así?
7 Shall we go see him? I wonder how he is feeling.   ¿Nos vamos a verlo? ¿Cómo estará él?

B   Ha hecho mucho calor. Debe estar tibia.

1 Its very hot. It must be horrible.   Hace mucho calor. Debe estar horrible.
2 Its very cold. It must be horrible.   Hace mucho frío. Debe estar horrible.
3 It's not very warm. It must be terrific.   Hace poco calor. Debe estar estupendo.
4 There's little wind. It must be pleasant.   Hay poco viento. Debe estar agradable.
5 There's little sun. It must be cloudy.   Hay poco sol. Debe estar nublado.
6 There's a lot of activity. It must be very good.   Hay mucha animación. Debe estar buenísima.
7 There's a lot of work. He must be very busy.   Hay mucho trabajo. Debe estar ocupadísimo.

C   Pero antes que nada, pónganse en grupo para retratarlos.

   1 But first of all, get like this so I can take your picture.   Pero antes que nada, pónganse así para retratarlos.
   2 But first of all, get right here so I can take your picture.   Pero antes que nada, pónganse aquí para retratarlos.
   3 But first of all, get in the light so I can take your picture.   Pero antes que nada, pónganse a la luz para retratarlos.
   4 First of all, put on your bathing suit so I can take your picture.   Antes que nada, póngase el traje de baño para retratarla.
   5 First of all, bring in the document so I can sign it.   Antes que nada, traiga el documento para firmarlo.
   6 First of all, declare your things so I can inspect them.   Antes que nada, declare sus cosas para revisarlas.
   7 First of all present an application so I can resolve your problem.   Antes que nada, presente una solicitud para resolver su problema.

D   Traje dos rollos en blanco y negro.

   1 I brought two rolls in color(s).   Traje dos rollos en colores.
   2 We brought plenty of rolls.   Trajimos bastantes rollos.
   3 We brought several things.   Trajimos varias cosas.
   4 He only brought one pair.   Trajo sólo un par.
   5 He didn't bring any.   No trajo ninguno.
   6 He didn't bring anything.   No trajo nada.
   7 He didn't bring anyone.   No trajo a nadie.

E   No seas tonta y ven acá.

   1 Don't be lazy; come here.   No seas floja y ven acá.
   2 Don't be lazy; study more.   No seas floja y estudia más.
   3 Don't be so lazy; get up.   No seas tan floja y levántate.
   4 Don't be like that; behave yourself.   No seas así y pórtate bien.
   5 Don't be such an early riser; sleep more.   No sea tan madrugadora y duerma más.
   5 Don't (you all) be foolish; cheer up (be in a good mood).   No sean tontos y estén de humor.
   7 Don't (you all) be fresh; stop joking.   No sean frescos y déjense de bromas.

F   Pon la cámara con las toallas a la sombra.

1 Put that in the shade.   Pon eso a la sombra.
2 Put on a clean shirt.   Ponte una camisa limpia.
3 Put (some) more salt on it now.   Ponle más sal ahora.
4 Put it here now.   Ponlo aquí ahora.
5 Have it ready for tomorrow.   Tenlo listo para mañana.
6 Hold (have) this for me please.   Tenme esto, por favor.
7 Hold the camera for me, will you?   Tenme la cámara, ¿quieres?

44.24   Review drills

44.24.1 English verb-relator-verb equivalent to Spanish verb-verb

1 I ought to go to mass.   Debo ir a misa.
2 I want to go to bed early.   Quiero acostarme temprano.
3 I wish to cash this check.   Deseo cambiar este cheque.
4 I plan to send the suits there.   Pienso mandar los trajes ahí.
5 I hope to leave at eight.   Espero salir a las ocho.
6 We ought to take care of the car.   Debemos cuidar el auto.
7 We want to spend less.   Queremos gastar menos.
8 We want to eat chicken and rice.   Deseamos comer arroz con pollo.
9 We plan to leave this afternoon.   Pensamos salir esta tarde.
10 We hope to receive something.   Esperamos recibir algo.
11 We want to sing also.   Queremos cantar también.

44.24.2 Stress pattern contrast in singular regular and irregular past I forms

1 He called but said nothing.   Llamó pero no dijo nada.
2 He arrived but did nothing   Llegó pero no hizo nada.
3 He signed but found out nothing.   Firmó pero no supo nada.
4 He called but didn't come here.   Llamó pero no vino aquí.
5 He worked but had to leave early.   Trabajó pero tuvo que salir temprano.

6 He bought the book and put it there.
7 He bought the suit but it didn't fit in the suitcase.

8 I called but didn't say anything.
9 I arrived but didn't do anything.
10 I signed but didn't find out anything.
11 I bought the book and put it there.
12 I called but didn't come.
13 I worked but had to leave early.

Compró el libro y lo puso ahí.
Compró el traje pero no cupo en la maleta.

Llamé pero no dije nada.
Llegué pero no hice nada.
Firmé pero no supe nada.
Compré el libro y lo puse ahí.
Llamé pero no vine.
Trabajé pero tuve que salir temprano.

44.3   CONVERSATION STIMULUS

NARRATIVE 1

1 Carlos and Maria, his wife, have been at the beach for over a month already and have gotten so brown (black),

2 that when Manuel, a friend of theirs, sees them, he hardly recognizes them.

3 Apparently Manuel has just arrived because he looks whiter than a sheet.

4 It's true —he arrived last night but his wife and children have been (are) here since Sunday.

5 It surprises him that Carlos and Maria haven't seen his family.

6 Maria explains to him that they haven't been back to the beach since Sunday because the weather hasn't been good:

7 It's been raining and it's been somewhat cold.

8 But the weather has changed already.

9 The sun has come out, and it's hot.

Ya hace más de un mes que Carlos y María, su esposa, están en la playa y se han puesto tan negros,

que cuando Manuel, un amigo de ellos, los ve, casi no los reconoce.

Por lo visto Manuel acaba de llegar pues está más blanco que una sábana.

Es verdad —él llegó anoche pero su mujer y los niños están aquí desde el domingo.

A él le extraña que Carlos y María no hayan visto a su familia.

María le explica que ellos no han vuelto a la playa desde el domingo porque no ha hecho buen tiempo.

Ha estado lloviendo y ha hecho algo de frío.

Pero ya el tiempo ha cambiado.

Ha salido el sol y hace calor.

DIALOG 1

Manuel, dígales a María y a Carlos 'hola, ¿qué tal?'
y que ¡caramba! que qué negros están, que Ud.
casi no los reconoce.

Manuel: ¡Hola, María y Carlos! ¿Qué tal? ¡Caramba, ¡Qué
negros están! Casi no los reconozco.

María, dígale que es que hace más de un mes que Uds.
están aquí.

María: Es que hace más de un mes que estamos aquí.

Carlos, dígale a Manuel que por lo visto él acaba de
llegar; que está más blanco que una sábana. Pregúntele
si vino toda la familia.

Carlos: Por lo visto tú acabas de llegar; estás más blanco
que una sábana. ¿Vino toda la familia?

Manuel, contéstele que sí, pero que ellos están aquí desde
el domingo; que le extraña que no los hayan visto. Que
Ud. llegó anoche.

Manuel: Sí, pero ellos están aquí desde el domingo; me extraña
que no los hayan visto. Yo llegué anoche.

María, explíquele que Uds. no han vuelto a la playa desde
el domingo porque no ha hecho buen tiempo: que ha
estado lloviendo y ha hecho algo de frío.

María: Nosotros no hemos vuelto a la playa desde el domingo
porque no ha hecho buen tiempo; ha estado lloviendo
y ha hecho algo de frío.

Manuel, dígale que eso es lo que su mujer le ha dicho,
pero que se alegra que ya haya cambiado el tiempo. Diga
que qué bueno está este sol.

Manuel: Eso es lo que mi mujer me ha dicho, pero me alegro
que ya haya cambiado el tiempo. ¡Qué bueno está
este sol!

NARRATIVE 2

1 Ines, Manuel's wife, went into (went to go into) the
water with the children.

Inés, la esposa de Manuel, fue a meterse al agua con los niños.

2 Manuel didn't want to go because he wanted to
take a good sun bath first.

Manuel no quiso ir porque tenía ganas de tomar un buen baño
de sol primero.

3 Carlos suggests that he not stay too long in the sun
because it can make him sick (may do him harm).

Carlos le sugiere que no se quede mucho tiempo al sol porque
le puede hacer daño.

4 Manuel hadn't realized that he was already turning red all over,

Manuel no se había dado cuenta de que ya se estaba poniendo todo rojo,

5 and so, he decides (it'd be) better to go in the shade a while.

y entonces decide mejor irse un rato a la sombra.

6 María gives him some (a little) oil (for him) to put on his body.

María le da un poco de aceite para que se ponga en el cuerpo.

DIALOG 2

María, pregúntele a Manuel que dónde están Inés y los niños. Dígale que quiere verlos.

María: ¿Dónde están Inés y los niños? Quiero verlos.

Manuel, contéstele que fueron a meterse al agua.

Manuel: Fueron a meterse al agua.

Carlos, pregúntele que por qué no se mete él también.

Carlos: ¿Por qué no te metes tú también?

Manuel, contéstele que más tarde, que primero quiere tomar un buen baño de sol.

Manuel: Más tarde, primero quiero tomar un buen baño de sol.

Carlos, dígale que no se quede mucho rato al sol porque le puede hacer daño. Que ya se está poniendo rojo.

Carlos: No te quedes mucho rato al sol porque te puede hacer daño. Ya te estás poniendo rojo.

Manuel, dígale que tiene razón, que no se había dado cuenta. Que mejor se va a la sombra un rato.

Manuel: Tienes razón, no me había dado cuenta. Mejor me voy a la sombra un rato.

María, pregúntele si no se ha puesto nada en el cuerpo. Dígale que Ud. tiene aceite, que si quiere.

María: ¿No te has puesto nada en el cuerpo? Yo tengo aceite, ¿quieres?

Manuel, contéstele que bueno, que muchas gracias.

Manuel: Bueno, muchas gracias.

NARRATIVE 3

1 The sand is very hot and Carlos and María decide to go swimming before the tide goes down; there are some big waves.

2 They tell Manuel to come in with them but he doesn't want to yet.

3 So, they leave their camera with Manuel and tell him they'll be back later to take pictures of everybody.

4 Manuel doubts that Inés will let herself be photographed in a bathing suit because she says she's too fat.

La arena está muy caliente y Carlos y María deciden ir a nadar antes que la marea baje; hay unas olas muy grandes.

Le dicen a Manuel que se meta con ellos, pero él no quiere todavía.

Entonces dejan la cámara de ellos con Manuel y le dicen que después vuelven para tomarles fotos a todos.

Manuel duda que Inés se deje retratar en traje de baño porque dice que está demasiado gorda.

DIALOG 3

Carlos, dígale a María que esta arena está demasiado caliente; que vayan a nadar antes que baje la marea.

María, dígale a Manuel que se meta con Uds., que vea qué olas tan grandes.

Manuel, contéstele que no, que mejor todavía no; que vayan ellos.

Carlos, dígale a Manuel que Uds. van a dejar esta cámara con él y después vuelven para tomarles unas fotos a todos.

Manuel, dígale que Ud. duda que Inés se deje retratar en traje de baño.

María, pregúntele que por qué.

Manuel, dígale que Inés dice que está demasiado gorda.

Carlos: Esta arena está demasiado caliente; vamos a nadar antes que baje la marea.

María: Métete con nosotros, Manuel. Ve qué olas tan grandes.

Manuel: No, mejor todavía no; vayan ustedes.

Carlos: Vamos a dejar esta cámara contigo y después volvemos para tomarles unas fotos a todos.

Manuel: Dudo que Inés se deje retratar en traje de baño.

María: ¿Por qué?

Manuel: Inés dice que está demasiado gorda.

44.4   READINGS

44.41   Life in Surlandia

44.41.0 Vocabulary building

BASIC SENTENCES

to excite
the multitude

One of the sports that excite crowds the most in Latin America
is the international car races.

to glue, fasten, stick
the wave
to mass, cluster
the billiard(s)
the pool hall

Glued to short wave radios, crowded into pool halls, in bars, in
public squares, and in their homes...

the route, run
the driver, car races, pilot
the step, segment, section, prescribed day's run
the departure
the arrival
the goal line

...everybody follows the progress of the drivers in each day's run,
from the starting line to their arrival at the final goal,...

the (radio) announcer
the neck
at the top of one's voice
the racer

---

exitar
la multitud

Uno de los deportes que más excita a las multitudes en Latinoamérica son las carreras internacionales de automóviles.

pegar
la onda
aglomerar
el billar
el salón de billar

Pegados a las radios de onda corta, aglomerados en los salones
de billar, en los bares, plazas y en sus hogares...

el recorrido
el piloto
la etapa
la partida
la llegada
la meta

...todos siguen el recorrido de los pilotos en cada etapa, desde
la línea de partida hasta su llegada a la meta final,...

el locutor
el cuello
a voz en cuello
el corredor

...while the announcers, shouting excitedly, report the progress of the racers.

> the mass
> roaring
> the meteor, fireball
> the bridge
> the manliness, bravery, courage, valiance
> the risk

Roaring blurs go by like meteors, over bridges, along roads, through towns, competing bravely, without fear of the risks of the route,...

> the ingredient
> indispensable
> fatal

...which is the indispensable ingredient of this type of race, with fatal accidents not uncommon...

> to burst, blow out
> the steering
> to run over
> fateful
> the precipice

...as a tire blows out, the steering fails, running over animals or falling over fateful precipices.

> culminating, climactic
> the group
> fanatic
> the pin

Hours before the climactic moment of the arrival, enormous groups of enthusiasts, packed so tight there's not even room for a pin,...

VEINTINUEVE

...mientras los locutores, gritando a voz en cuello, anuncian el progreso de los corredores.

> la masa
> rugiente
> el bólido
> el puente
> la hombría
> el riesgo

Masas rugientes pasan como bólidos, por puentes, caminos y pueblos, compitiendo con hombría y sin temor a los riesgos de la ruta,...

> el ingrediente
> indispensable
> fatal

...que son ingrediente indispensable a este tipo de carrera, no faltando los accidentes fatales...

> reventar
> la dirección
> atropellar
> fatídico
> el precipicio

...al reventarse una llanta, fallar la dirección, atropellando animales o cayendo en fatídicos precipicios.

> culminante
> el grupo
> fanático
> el alfiler

Horas antes del momento culminante de la llegada, enormes grupos de fanáticos, en que no cabe ni un alfiler,...

the rival
the tribune, reviewing stand
the arch

...wait for the rivals in the grandstands and in the streets, facing
the triumphal arches,...

the background
the straightaway
the homestretch
the cloud
the dust

...looking down the homestretch, hoping to see the cloud of dust
that would announce the first car,...

unfailing, ever present
to make a kill, to take full advantage

...while the inevitable refreshment venders never had it so good,...

the spark plug
the head cold

...and the loudspeakers repeat ads for automobile spark plugs,
cold remedies, etc.,...

the participant
the complaint, protest
the prize
the expectation, anticipation

...and give details about the participants, the cars, their positions,
their protests, the prizes that await them, and the anticipation of
the crowd.

el rival
la tribuna
el arco

...esperan a los rivales en las tribunas, en las calles, frente a
los arcos de triunfo,...

el fondo
la recta
la recta final
la nube
el polvo

...mirando hacia el fondo de la recta final esperando ver la nube
de polvo que anuncia al primer coche,...

infaltable
hacer su agosto

...mientras los infaltables vendedores de refrescos hacen su
agosto...

la bujía
el resfrío

...y los altoparlantes pasan anuncios de bujías para automóviles,
medicinas para el resfrío, etc.,...

el participante
el reclamo
el premio
la expectación

...y dan detalles referentes a los participantes, sus coches, sus
posiciones, sus reclamos, los premios que les esperan y a la
expectación del público.

COGNATE LOAN WORDS

la recriminación	el mérito
descalificar	el co-piloto
autorizar	la subvención
la federación	penúltimo
el veterano	la precaución
el ídolo	el ocupante
aclamar	asaltar
la subscripción	el autógrafo
familiarizarse	la alarma
tabular	luminoso
visual	desesperado
persistente	computar
la estática	recuperar
pilotear	

44.41.1   Reading selection

Una Carrera Panamericana de Automóviles

Si hay un deporte —después del fútbol— que despierte el entusiasmo de todos los latinoamericanos sin distinción, son las carreras internacionales de automóviles. Pegados a las radios, a la televisión, aglomerados en los bares y salones de billar, en las casas y en las plazas públicas, hombres, mujeres, jóvenes y viejos siguen paso a paso el desarrollo emocionante de las carreras. Gritos de entusiasmo cuando un compatriota gana una etapa; aplausos de la multitud cuando éste pasa a gran velocidad por un pueblo; recriminaciones cuando se queda atrás o se le descalifica.

Es de imaginarse, entonces, la expectación de la gente en Las Palmas cuando el Congreso Nacional aprobó una ley especial que autorizaba el gasto de varios millones de pesos para hacer de Surlandia el país que iba a organizar las próximas Carreras Panamericanas de Automóviles y, de Las Palmas, por primera vez, la meta final de tan gran evento deportivo. Correspondía, como siempre, al Automóvil Club del país que organizaba la carrera ponerse en contacto con los clubes similares de los otros países participantes por medio de la Federación Interamericana de Automóvil Clubs, para establecer los reglamentos, fechas y recorridos. Esta vez, el circuito iba a pasar por seis o siete países, utilizando en parte los sectores terminados de la Carretera Panamericana.

Los participantes eran numerosos y de Surlandia iban seis pilotos, dos de ellos veteranos de muchas carreras similares. Ellos eran Benito Pugnacci y Juan Vicentini, que en pasadas ocasiones habían competido con hombría y honor contra ídolos como Juan Manuel Fangio y Domingo Marimón de Argentina, Arnaldo Alvarado de Perú y Lorenzo Varoli de Chile.

Dos meses antes de la carrera, el Departamento de Caminos del Ministerio de Obras Públicas de Surlandia había ordenado efectuar una serie de reparaciones en los caminos del país por donde iban a pasar los corredores: se pavimentaron de nuevo algunos sectores del camino, se reforzaron puentes, se llenaron hoyos en las curvas peligrosas, se instalaron nuevos signos en la ruta, etc., etc.

Mientras esto sucedía, los pilotos surlandeses trabajaban en sus coches y probaban sus máquinas en el Circuito del Parque Forestal frente a un constante y numeroso público que los aclamaba. Los dos veteranos, Pugnacci y Vicentini, por subscripción popular, hicieron viajes por el territorio de algunos de los países participantes para recorrer los sectores más difíciles y así familiarizarse con las dificultades del terreno.

Llegó el día tan esperado de la partida, a miles de kilómetros de Las Palmas. Desde temprano ese día domingo se había reunido en la casa de los Fuentes un grupo de amigos. Además de los dueños de casa, estaban Don Manuel Gormáz (ahora un verdadero fanático por todo lo que se refería a automóviles), Fred Robinson y Ralph Phillips. Ahí estaban también Alfredo y Julio Fuentes y Alberto Valenzuela, Patricia Phillips y otras personas. Don Ricardo, que tenía una buena radio de onda corta, se había levantado muy temprano. Y, por supuesto, Manuela, la cocinera, tan madrugadora como siempre, estaba lista con abundante café y pastelitos para todos. Alfredo y Julio habían cortado una parte del periódico en que estaban tabulados los participantes, etapas, fechas, recorridos y toda clase de informaciones para así poder llevar un detalle completo de la carrera. Hasta tenían un mapa especial que habían comprado en un puesto de revistas en el que se podían poner alfileres de varios colores y así seguir visualmente el progreso de los favoritos.

Cuando llegaron todos, ya la radio daba las primeras noticias en la voz excitada de los locutores:

— ¡¡Ya han llegado casi todos los pilotos...y con esta enorme multitud es difícil ver las posiciones que ellos están ocupando...!! ... ¡¡¡Aquí, sobre la hermosa capital de esta Rrrepública, cae una persistente lluvia que no disminuye el calor de los aplausos con que el público...juí juí...rrrpst...boing boing...acercándose en estos momentos!!! EN ESTOS MOMENTOS, SEÑORAS Y SEÑORES, RRRRIGOBERTO PARRAVICINI, GRAN PILOTO, ÍDOLO FAVORITO DE...uí úaúa aaa uíp... ...Parravicini, por favor, unas palabras para nuestros... juí juí... boing boing...

—Un saludo especial para mi viejecita, para mi esposa y... boing boing... juí juí... uí aaaa...

—¿Y cómo se siente para este evento, Parravicini?

—En gran condición. Es una carrera difícil, pero estoy seguro del triunfo...

La transmisión, algo interrumpida por la estática, daba, sin embargo, una buena idea del entusiasmo de la gente en la línea de partida. Y, por fin, el momento culminante:

—¡¡¡EN ESTOS MOMENTOS ACABA DE TERMINAR LA CONSULTA DEL COMITE OFICIAL...!!!...

Y con una voz más suave y profunda:

—...ya en cualquier momento va a partir el primer coche, y mientras esperamos, siga Ud. este consejo: 'Para dolores de cabeza, Doloral, para resfríos, Doloral. Doloral, siempre Doloral'... Los coches están listos y son varias las cuadras de coches en línea; van a salir uno cada minuto... Escuchen Uds. el ruido de sus motores en marcha:...¡¡¡RRRRRRRRRRRRRRRRR!!! ... El número 1 ha correspondido al coche de José Almarza de Andivia, el número 2 al de Rodrigo Carranza de Chile... el número 24 al de Benito Pugnacci de Surlandia... el número 25 al de Ismael Veloso del Uruguay... el número 50 al de Juan Vicentini de Surlandia... ¡¡¡PARTIOOOO... PARTIO EL PRIMER COCHE... SEÑORAS Y SEÑORES... PARTIO EL PRIMER COCHE!!!...

Y entre el ruido de motores y los gritos de un público fanático se oía en la radio al locutor que gritaba a voz en cuello:

—...¡¡¡HA PARTIDO EL PRIMER COCHE... A GRAN VELOCIDAD YA HA DESAPARECIDO... LA POLICIA ESTA TRATANDO DE QUE ESTA GRAN MULTITUD SE RETIRE DE LA PISTA Y QUE SE... ¡¡¡DIERON LA PARTIDA AL SEGUNDO COCHE... !!!

Y así continuaron escuchando hasta que partieron todos los coches piloteados por los surlandeses, una hora y media después, mientras cambiaban impresiones sobre los méritos de un piloto u otro, de sus carros, de sus posibilidades.

Patricia, que había visto una vez una carrera en Indianápolis, no se imaginaba cómo podían esos pilotos correr día tras día por caminos abiertos, a veces muy malos, pasando de país en país, en esos coches tan pequeños. Hasta que le explicaron que esos carros no eran de ese tipo, sino que automóviles corrientes de pasajeros, aunque reforzados, con motores especialmente preparados y muchas veces con dos volantes: así el piloto y el co-piloto podían cambiarse sin perder tiempo, etc.

—Ah, claro—dijo Patricia—es parecido a las que llamamos 'stock car races' en los Estados Unidos, sólo que allá se hacen en circuito cerrado.

Otra cosa que le intrigaba a Patricia era cómo podían correr a tan grandes velocidades por caminos públicos. Y le explicaron que estos se cerraban a todo tráfico dentro de las horas límites de reglamento en que iban a pasar los corredores por un sector determinado y que así no había peligro para nadie, que para el cumplimiento de estas y otras disposiciones había patrullas policiales en las carreteras, etc. También Patricia preguntó que de dónde salía el dinero para los gastos y le contestaron que esto se hacía por diversos medios: subvenciones de los gobiernos, de los Automóvil Clubs, y de las compañías de gasolina, de llantas, de carros, de bujías y otras firmas comerciales que vendían medicinas para los dolores de cabeza (Doloral, por ejemplo), etc. Lo único que los corredores tenían que hacer era llevar la propaganda en anuncios en las carrocerías de sus coches.

Durante siete días no se comentaba en Las Palmas otra cosa que de las carreras. Las tres primeras etapas las había ganado un piloto de Andivia, lo que había herido profundamente el sentido patriótico de los fanáticos surlandeses; pero Benito Pugnacci, aunque iba bastante atrás, poco a poco iba reconquistando terreno. Ya se indicaban apenas dos horas de diferencia entre estos rivales. Otras dos etapas habían sido ganadas por un argentino y las cuatro penúltimas por corredores de varios otros países.

A pesar de todas las precauciones no faltaron accidentes, algunos de ellos fatales. Un piloto, que corría a gran velocidad por un camino muy estrecho en unas montañas, cayó a un precipicio al reventársele una llanta. A otro, en una curva muy cerrada cerca de un pueblo en Chile, le falló la dirección y el carro se fue en contra una sólida barrera de piedra muriendo ambos ocupantes instantáneamente. Otro, en la noche del tercer día, que iba bastante atrasado y que corría como un loco para llegar al final de esa etapa antes de la hora límite, chocó contra una vaca que estaba tranquilamente en el centro del camino, dando el carro tres vueltas en el aire, matándose el co-piloto y quedando el piloto gravemente herido. Pero, éstos eran los riesgos y, aunque todos lamentaban la suerte desgraciada de hombres tan valientes, ello era un ingrediente indispensable que hacía de las carreras algo tan emocionante. De pueblo en pueblo, de capital en capital, de país en país, se aglomeraban las gentes para ver pasar a los corredores. Y quien no sentía esa tremenda emoción cuando se oía el grito de '¡¡¡COCHE A LA VISTA!!!'

Al final de cada etapa, los corredores eran recibidos por las autoridades con discursos, fiestas y regalos y eran asaltados por muchachas que les pedían sus autógrafos. Y así, cansados aún, partían al día siguiente en otro esfuerzo por alcanzar la meta final.

Llegó el octavo día, el de la última etapa. Se esperaba al primer corredor a eso de las 5.30 de la tarde. Algunas horas antes, se tuvieron noticias que el primer coche había cruzado la frontera sur de Surlandia. Era el número 131, de un piloto de Andivia.

—No puede ser— decía un señor que discutía con otro en un grupo frente a la puerta de un café.

—¿No oíste lo que dijo la radio?— decía otro con indignación —Dicen que a Pugnacci le hicieron sabotaje al auto anoche, para que así gane el 131. Estos andivianos siempre han jugado sucio.

—Y así, entre rumores que iban y venían, aumentaba la expectación de la gente en Las Palmas. Los altoparlantes en las calles y plazas anunciaban los detalles de la carrera minuto a minuto y la gente, que había salido temprano del trabajo, se iba aglomerando en la línea de llegada en las afueras de la capital, alrededor de un gran arco de triunfo y frente a la tribuna oficial.

A las cuatro de la tarde, ya no había lugar ni para poner un alfiler. Los Fuentes, los Phillips, Los Gormáz, los Robinson, los Valenzuela, estaban todos sentados en la tribuna oficial. A las cinco, la policía apenas podía dominar a la multitud que, en su deseo por ver mejor, trataba de ocupar el camino mismo por donde iban a pasar los corredores. Todos miraban hacia el fondo de la gran recta final por donde luego iba a aparecer el primer coche. De pronto, alguien gritó: ¡¡¡Coche a la vistaaaa!!! Y todos invadieron el camino. En realidad, a la distancia se veía un puntito negro y una nube de polvo. Pero nada. Tal vez era un carro de la policía, o algo, porque pronto desapareció. Hubo varias falsas alarmas y momento a momento crecía la expectación. Hacía calor y los infaltables vendedores de refrescos y otras cosas hacían su agosto. Eran cerca de las seis y ya empezaba a hacerse de noche.

¡¡¡COCHE A LA VISTAAAAA!!! gritaron cientos de personas a la vez. En el fondo del camino apareció una mancha negra con dos puntos luminosos que crecía rápidamente. No había duda: era el primer coche. Y, de repente, en menos de tres segundos, otro gran grito: ¡¡¡OTRO COCHEEE!!! Efectivamente, otro carro avanzaba, corriendo ahora casi paralelo al primero.

Y dos rugientes masas cruzaron la meta como un bólido.

Un grito inmenso salió de la multitud, que corría hacia los héroes del día.

Con segundos de diferencia, otros coches empezaron a llegar, acelerando en un esfuerzo final desesperado. A las diez de la noche, hora límite, todavía llegaban coches.

Toda esa noche trabajaron los comités oficiales computando los tiempos de cada corredor. A la mañana siguiente, los periódicos de toda Latinoamérica anunciaban a grandes títulos quién era el que había ganado la carrera, con numerosas fotos y muchísimos detalles de la última etapa, los premios, las recepciones oficiales y las declaraciones y reclamos de algunos pilotos.

—¡Qué mala suerte!— comentaba Alfredo y Julio en la oficina esa mañana —Tenía que suceder. A última hora, rompérsele un eje a Pugnacci, cuando había recuperado bastante tiempo y pasado al primer lugar...

—En fin— decía un compañero —para las próximas carreras no le gana nadie. Con esa experiencia...

Y tal vez así pudo haber sido... Sólo que algunos meses más tarde el pobre Pugnacci moría atropellado por un automóvil en esa fatídica esquina de la Estación Central...

44.41.2   Response drill

1 ¿Qué deporte, después del fútbol despierta el entusiasmo de los latinoamericanos?
2 ¿Cómo sigue la gente el desarrollo de las carreras?
3 ¿Qué aprobó el Congreso Nacional de Surlandia?
4 ¿Qué había ordenado el Departamento de Caminos y para qué?
5 ¿Para qué se habían reunido todos en la casa de los Fuentes un día domingo?
6 ¿Qué tenían Alfredo y Julio para seguir mejor los detalles de la carrera?
7 ¿Cómo estaba la transmisión de radio?
8 ¿Qué detalles anunciaba el locutor?
9 ¿Qué no podía imaginarse y qué le intrigaba a Patricia?
10 ¿Quiénes pagaban los gastos de la carrera?
11 ¿Qué clase de accidentes hubo en la carrera?
12 ¿Cómo estaba la multitud en la línea de llegada?
13 ¿Qué y por qué gritaron cientos de personas a la vez?
14 ¿Qué anunciaron los periódicos de Latinoamérica?
15 ¿Qué le pasó al corredor, ídolo de los surlandeses?

44.41.3   Discussion

1 Describe public enthusiasm in car racing in Latin America.
2 Discuss car racing in relation to other sports in the U. S.

44.42   Features

44.42.0   Vocabulary building

BASIC SENTENCES

the pattern
productive
dense

el patrón
productivo
denso

The pattern of a railroad network in Latin America is one which serves productive areas of dense population in isolation from each other,...

El patrón que sigue la red de ferrocarriles en Latinoamérica es el de servir a áreas productivas y de densa población, aisladamente unas de otras,...

to connect
terminal
the satellite

conectar
terminal
el satélite

...and in other cases to connect port terminals with satellite cities in the interior.

...y, en otros casos, de conectar los puertos terminales con sus ciudades satélites del interior.

to operate
the feeling

operar
el sentimiento

Many of these railroads are operated by the state as a result of nationalistic economic feelings.

Muchos de estos ferrocarriles son operados por el Estado como resultado de los sentimientos económicos nacionalistas.

the half
the century
appreciable

la mitad
el siglo
apreciable

In Latin America, they started building railroads during the second half of the nineteenth century; although later, construction dropped off appreciably.

En Latinoamérica, los ferrocarriles se empezaron a construir durante la segunda mitad del siglo XIX; aunque después, ello disminuyó apreciablemente.

present
to inhabit

actual
habitar

Nevertheless the new present day interest in constructing new
rail lines is due to the desire to control the sparsely populated
regions of the border...

    to transport
    diverse
    the combustible, fuel

...and transport the diverse products and fuels which exist in
these isolated regions.

    the utilization
    the coastal traffic, trade
    notable

With respect to maritime transportation, the utilization of ships
for international and coastal service has played a vital role in
the development of commerce,...

    to cause
    the fleet
    merchant
    to possess
    to expand, extend

...which has caused some of the Latin American countries to
develop important merchant fleets, especially those which
possess extensive coast lines.

    the present time
    the tonnage
    thick, gross
    the register, registry
    the flag
    to liberalize
    the tax

Sin embargo, el nuevo interés actual por construir nuevas líneas
férreas se debe al deseo de controlar las regiones poco habitadas
de la frontera...

    transportar
    diverso
    el combustible

...y transportar los diversos productos y combustibles que existen
en esas regiones aisladas.

    la utilización
    el cabotaje
    notable

Con respecto al transporte marítimo, la utilización de barcos
para el servicio internacional y de cabotaje ha jugado un notable
papel en el desarrollo del comercio,...

    llevar a
    la flota
    mercante
    poseer
    dilatar

...lo que ha llevado a algunos de los países latinoamericanos a
desarrollar importantes flotas mercantes, especialmente en
aquellos que poseen dilatadas costas.

    la actualidad
    el tonelaje
    grueso
    el registro
    la bandera
    liberalizar
    el impuesto

At the present time, these nations are trying to increase the gross
maritime tonnage under their own registry and flag, by liberalizing
taxes, etc.,...

        the crew

...and in addition are trying to use a greater proportion of nationals
in their crews.

        the importer
        the tariff
        the shipping rates

Nevertheless, the importer and the consumer are affected by
the high tariffs and shipping rates...

        to replace
        to wear out

...which result from the lack of capital to replace obsolete ships
and facilities.

        the advent
        to date from
        the repercussion
        surprising, significant
        complex

Furthermore, the advent of commercial aviation, which dates
from 1919, has had significant repercussions on this complex
problem of transportation.

        outside of
        the mile

Both within and beyond (the borders of) the Latin American
countries, the air lines cover thousands of air miles,...

En la actualidad, estas naciones tratan de aumentar el tonelaje
grueso marítimo bajo su registro y bandera, liberalizando los
impuestos, etc.,...

        la tripulación

...y además tratan de usar una mayor tripulación nacional.

        el importador
        la tarifa
        el flete

Sin embargo, el importador y el consumidor están afectados por
las altas tarifas y fletes...

        reemplazar
        desgastar

...que resultan de la falta de capital para reemplazar los barcos
y facilidades desgastados.

        el advenimiento
        datar de
        la repercusión
        sorprendente
        complejo

Por su parte, el advenimiento de la aviación comercial, que data
de 1919, ha tenido repercusiones sorprendentes para este complejo
problema del transporte.

        fuera de
        la milla

Dentro y fuera de los países latinoamericanos, las líneas de
aviación cubren miles de millas aéreas,...

to provide, furnish	habilitar
to affiliate	afiliar
subsidiary	subsidiario
the mileage	el millaje

...providing a rapid and economical means of transportation, with their affiliated and subsidiary companies, which cover a considerable total mileage.

...habilitando un medio de transporte rápido y barato con sus compañías afiliadas y subsidiarias que cubren un millaje total considerable.

COGNATE LOAN WORDS

Guayaquil	Santos
Quito	Atlántico
Callao	el volumen
la República Dominicana	atribuir
Haití	eficiente
el déficit	esencial
proyectar	la eliminación
Trasandino	la restricción
Valparaíso	la consecuencia
Santiago	analizar
chileno	innumerable
brasilero	la mención

44.42.1   Reading selection

Los Problemas del Transporte en Latinoamérica:
Transporte Marítimo y Líneas Aéreas

Ferrocarriles. La red de ferrocarriles en Latinoamérica sigue el mismo patrón que la de los caminos, o sea, que la mayor parte de ellos han sido construídos independientemente para el servicio exclusivo de cada área productiva y de densa población. Existen, además, líneas férreas aisladas que van desde los puertos hacia sus ciudades satélites más importantes en el interior. Tenemos como ejemplo la red de las pampas argentinas, que conecta esta región con el terminal de Buenos Aires. Entre las líneas aisladas desde algunos puertos hacia el interior, está la que une el puerto ecuatoriano de Guayaquil con Quito, la capital de ese país, y la que va desde el puerto del Callao en el Perú a la región rica en minerales en la Cordillera de los Andes.

Hasta el año 1940, Latinoamérica poseía unos 14.000 kilómetros de vías férreas. De esta cantidad, Argentina, Brasil y México tenían a esa fecha un 74 por ciento del total; seguían Chile, Cuba, Colombia, Perú, Bolivia y Uruguay con un 19.5 por ciento, mientras que la República Dominicana, Paraguay, Venezuela, Guatemala, Ecuador, Honduras, Costa Rica, Panamá, El Salvador, Nicaragua y Haití sólo tenían un 6.5 por ciento del total.

Aunque la construcción de ferrocarriles se inició en Latinoamérica durante la segunda mitad del siglo XIX y continuó hasta los primeros años de la industrialización de esta región, ella ha disminuido apreciablemente en la actualidad. En parte esto se ha debido al desarrollo de los caminos y de la aviación comercial. Además, el hecho de que muchos de estos ferrocarriles fueron construidos por capital y compañías extranjeras con intereses económicos en esta área, su operación se ha visto afectada por los sentimientos económicos nacionalistas en algunos países, lo que ha dado lugar a expropiaciones y al control de los ferrocarriles por el Estado. Resumiendo, la construcción de vías férreas en Latinoamérica no es, por lo general, una actividad comercial atractiva para el capital privado extranjero, viéndose con frecuencia los gobiernos ante el problema de tener que operar los ferrocarriles con un déficit casi permanente.

En la actualidad existe un nuevo interés por la construcción de líneas férreas, principalmente por aquéllas que, atravesando áreas de poca población, conecten los centros de población más densa. Hay dos razones principales para lo anterior: un interés político ya que se trata con ello de obtener un control más efectivo de las zonas poco habitadas de la frontera; y un interés económico en relación a las demandas cada vez mayores de combustibles y materias primas que existen en esas regiones aisladas.

Como parte de este proceso de crecimiento económico tenemos a los ferrocarriles internacionales y a las proyectadas expansiones de los mismos. El más conocido de estos ferrocarriles es el Trasandino, que conecta, en Chile, al puerto de Valparaíso y la capital, Santiago, con Buenos Aires en la República Argentina. Sin embargo, la más larga de estas líneas internacionales, ya completada en casi toda su extensión, es el ferrocarril que va desde el puerto chileno de Arica hasta el puerto brasilero de Santos y que da salida a Bolivia hacia el Pacífico y el Atlántico respectivamente.

Transporte marítimo. El transporte de carga y pasajeros por medio de barcos, tanto en el servicio de cabotaje como en el internacional, ha jugado un papel de gran importancia en el comercio interno y exterior, principalmente en aquellos países latinoamericanos que poseen dilatadas costas. Argentina, Brasil y Chile han desarrollado con los años flotas mercantes de importancia, mientras que Colombia, Venezuela y Ecuador han recientemente combinado sus esfuerzos para dar creación a la llamada Flota Mercante Gran Colombiana. Por otra parte, México, Venezuela y Perú tienen buenas flotas de cabotaje para el transporte de productos y pasajeros a lo largo de las costas nacionales.

Un rápido examen de las estadísticas nos da una idea de la importancia de este medio de transporte en el desarrollo económico de Latinoamérica. Así por ejemplo, más del 90 por ciento del comercio exterior de la América Latina se hace por medio de barcos. Con respecto al comercio marítimo entre esta región y los Estados Unidos, tenemos que, en 1953, el volumen del tonelaje había crecido a unos 63 millones de toneladas gruesas por productos transportados desde Latinoamérica hacia los Estados Unidos en barcos de diversas nacionalidades; con respecto al volumen de productos transportados desde los Estados Unidos hacia Latinoamérica, éste había disminuido a unos 10 millones de toneladas gruesas. La tendencia actual indica que, mientras la utilización de barcos norteamericanos para el transporte de estos volúmenes ha disminuido, el número de barcos latinoamericanos y su tonelaje ha aumentado considerablemente.

Este cambio puede atribuirse a factores políticos y económicos: no sólo el mayor desarrollo de las flotas mercantes es interpretado en Latinoamérica como un factor de prestigio nacional, sino que la eficiente operación de estas flotas produce una considerable entrada en dólares para estos países. Además, después de la experiencia de dos guerras mundiales, los países de la América Latina han querido, mediante el crecimiento de sus flotas mercantes, que no se repita la escasez de medios de transporte para los productos esenciales que ellos deben importar y exportar.

El progreso actual se ha conseguido aplicando una serie de medidas. Entre ellas están los sistemas de protección impuestos por algunos países respecto al porcentaje del tonelaje y tripulación nacional utilizados en el transporte de productos desde y hacia el país, como igualmente la eliminación de impuestos por un largo período de tiempo a las compañías de navegación comercial nacionales. También, en algunos casos, se han liberalizado las restricciones para poder así aumentar el registro de barcos extranjeros bajo banderas nacionales.

Una de las mayores dificultades para el desarrollo de esta política ha sido la falta de puertos y de facilidades en los mismos. Las costas de Latinoamérica no tienen, por lo general, puertos naturales, siendo la costa este de Sudamérica una excepción en este sentido. En consecuencia se han gastado grandes cantidades de dinero para habilitar y mantener las facilidades en los puntos más favorables. Además, el volumen de productos como resultado de un mayor comercio exterior aumentó tanto que la capacidad de los puertos ha disminuido mucho en relación a las necesidades actuales. Todo lo anterior, más las dificultades para reemplazar las facilidades desgastadas por este tráfico tan intenso, nos da una buena idea de lo complejo del problema. Estos factores y muchos otros que no podemos aquí analizar, han dado como resultado el fuerte aumento de las tarifas y fletes que tanto los importadores como los consumidores deben pagar.

Finalmente, con respecto al transporte de pasajeros dentro y fuera de las fronteras nacionales, las flotas de barcos latinoamericanos han perdido un considerable mercado debido a que las cada vez más numerosas líneas de aviación comercial pueden ofrecer un servicio más rápido y más barato.

Líneas aéreas. El advenimiento de la aviación como medio de transporte tuvo incalculables repercusiones en Latinoamérica, principalmente debido a que constituía la solución ideal para los problemas que presentaban las características geográficas de la zona. No es sorprendente, entonces, el notable desarrollo de la aviación comercial en la América Latina. Ella abrió por primera vez al mundo exterior regiones hasta esa época aisladas y conectó centros que habían permanecido sin comunicaciones directas y regulares.

El crecimiento de la aviación comercial en la América Latina ha sido el resultado del esfuerzo de personas y de capitales tanto extranjeros como nacionales. Notable es el caso de Colombia, cuya línea aérea más antigua, y segunda en el mundo, data de 1919, organizada y operada por alemanes hasta 1939. Las grandes compañías extranjeras de aviación, tales como la Lufthansa, la Pan American, la Braniff, la Air France, y más recientemente la BOAC y la KLM, como igualmente la aviación militar de los países latinoamericanos han contribuido mucho a este desarrollo, conectando a los países de la América Latina y a éstos con otras partes del mundo, y creando una conciencia aérea cuyo resultado se ha manifestado, entre otras cosas, en los innumerables clubes civiles de aviación. Con respecto a este gran desarrollo aéreo hay que hacer especial mención de la Pan American Airways la que, con la ayuda del servicio de sus líneas afiliadas y subsidiarias, completa el circuito alrededor de Sudamérica, operando además servicios domésticos en varios países de la región y alcanzando un total de unas 37.000 millas aéreas. Esto constituye casi la mitad del millaje aéreo total de la región.

       Finalmente, tenemos en los últimos años el desarrollo de numerosas líneas aéreas nacionales tanto para el servicio de pasajeros como para el transporte de carga en el terreno doméstico e internacional. Aunque en muchos de estos casos ello se ha debido al interés cada vez mayor de los gobiernos por controlar y operar las vías aéreas, algunas de estas nuevas compañías se han formado a base de la inversión de capitales privados latinoamericanos. Sea como sea, el desarrollo de la aviación comercial en la América Latina es enorme y las perspectivas parecen no tener límites. El proceso de expansión, puede decirse, apenas ha comenzado y el desarrollo es tal que es casi imposible dar estadísticas adecuadas debido a lo rápido del crecimiento de este nuevo medio de transporte.

44.42.2   Response drill

    1 ¿Por qué decimos que la red de ferrocarriles en Latinoamérica sigue el mismo patrón que la red de caminos?
    2 ¿Cómo puede dividirse el porcentaje en kilómetros de líneas férreas en Latinoamérica?
    3 ¿Por qué razones ha disminuído la construcción de ferrocarriles en Latinoamérica?
    4 ¿Por qué razones hay un nuevo interés por construir líneas férreas en América Latina?
    5 ¿Cuál es la línea férrea internacional más larga en Latinoamérica?
    6 ¿Qué papel ha jugado el transporte marítimo en Latinoamérica y en qué países en especial?
    7 ¿En qué sentido ha cambiado el porcentaje en el volumen de carga marítimo con respecto al intercambio comercial entre los
         Estados Unidos y Latinoamérica?
    8 ¿A qué puede atribuirse el hecho que haya disminuído la utilización de barcos norteamericanos en el comercio con Latinoamérica?
    9 ¿Cómo han conseguido los países latinoamericanos el progreso actual con respecto a sus flotas mercantes?
   10 ¿Qué dificultades tienen los países latinoamericanos para el desarrollo de su política marítima comercial?
   11 ¿Por qué no es sorprendente el enorme desarrollo de las líneas aéreas en Latinoamérica?
   12 ¿De qué y de quiénes ha sido resultado el crecimiento de la aviación comercial en la América Latina?
   13 ¿A qué han contribuido las grandes líneas aéreas y la aviación militar?
   14 ¿Por qué hay que hacer mención de la Pan American Airways?
   15 ¿Qué interés tienen muchos gobiernos latinoamericanos con respecto a las líneas aéreas nacionales?

44.42.3   Discussion
    1 Compare the relative position of railroads and other means of communication in the U.S. and Latin America.
    3 Discuss the significance of better transportation systems for the economic and social growth of Latin America.

45.1   BASIC SENTENCES.   A baptism.

John White and Jose Molina are having a conversation in the office.

ENGLISH SPELLING   AID TO LISTENING   SPANISH SPELLING

White
Jose. You don't know what I got myself into.   hôsé↓ nôsábes |ênlâkêmemetíd̂ô↓   **White**
Jose. No sabes en la que me he
metido.

the trouble, difficulty, scrape, mess   êl—lîô↓   el lío

Jose
Some trouble?   álgúnlîo↑   **José**
¿Algún lío?

the typist   lâ—mêkânográfâ↓   la mecanógrafa

the godfather (1)   êl—pâdrinô↓   el padrino

White
No, man. A typist at the office has asked me   nó |ómbrê↓ ûnâmêkânografa |dêlâ   **White**
to be the godfather of her child.   ôfîŝina |mêâpêdidokeseâ |êlpâdrino   No, hombre. Una mecanógrafa
                                            desyíhô↓   de la oficina me ha pedido que
                                                                               sea el padrino de su hijo.

the baptism   êl—bâwtîŝô↓   el bautizo

Jose
Oh, how nice. When is the baptism?   á |kébyén↓ kwándoes.elbawtíŝô↓   **José**
Ah, qué bien. ¿Cuándo es el
bautizo?

unfortunately   dêzgráŝyadáméntê↓   desgraciadamente

UNO   45.1

White
Saturday afternoon, unfortunately.

èlsàbàdoporlatárdè |dèzgrâşyádàméntè↓

White
El sábado por la tarde, desgraciadamente.

Jose
Why? Do you have something else to do?

pórké↓tyénès·ótràkosa |kęaşer↑

José
¿Por qué? ¿Tienes otra cosa
que hacer?

the matter, business

èl—àsúntó↓

el asunto

the date, appointment

là—şìtà↓

la cita

White
Yes. The fact is I have a date for that
afternoon.

sì↓ èlàsúntǫ |èskétèngǫ |unàşìtà |
pàrąésàtárdè↓

White
Sí. El asunto es que tengo una
cita para esa tarde.

Jose
Since the baptism is early, you'll have
time for everything. (2)

syéndǫelbawtìşotemprano↑ tyénès
tyémpo |párâtodó↓

José
Siendo el bautizo temprano, tienes
tiempo para todo.

the priest

èl—kurá↓

el cura

White
Do I have to pay the priest? (3)

tèngokèpagàrlę |alkúra↑

White
¿Tengo que pagarle al cura?

to give a gift, to present

rrégàlár↓

regalar

Jose
Yes, and give something to the child besides.

sì |̧àdèmáz |rregalárlȩalgǫ |àlnìŋyò↓

José
Sí, y además regalarle algo al
niño.

White
What do you think I should give him? (4)

kekrées |kélépweçoŷebár↓

the chain

lâ—káçenâ↓

the gold

êl—orô↓

the medal

lâ—mêçaŷâ↓

Jose
A gold chain with a medal is a good gift...(5)

ûnâkáçénáçęoró |kòn⹁ûnâméçaŷa |
ês⹁úmbwenrregaló | (6)

the toy

êl—húgeté↓

White
I had thought of a toy. (7)

yó |téníápènsaçǫ |ûŋhúgeté↓

nevertheless, notwithstanding

sîn—êmbargô↓

But, I'll think about what you say. (8)

sin⹁êmbargo |boyabér |lôkétuçíşès↓

the godmother

lâ—mâçrinâ↓

Jose
Who is the godmother?

kyen⹁ezlamaçrínâ↓

White
¿Qué crees que le puedo llevar?

la cadena

el oro

la medalla

José
Una cadena de oro con una medalla
es un buen regalo....

el juguete

White
Yo tenía pensado un juguete.

sin embargo

Sin embargo, voy a ver lo que tú
dices.

la madrina

José
¿Quién es la madrina?

TRES   45.3

the sister-in-law   lá—kùŋyaɗà↓   la cuñada

White   *White*
A sister-in-law of hers. (9)   únàkùŋyaɗ aɗéŷà↓   Una cuñada de ella.

to name him   pònèrle—nómbrè↓   ponerle nombre

Jose   *José*
What are they going to name him?   kenómbre│lèbàn·aponér↓   ¿Qué nombre le van a poner?

White   *White*
Alvaro, or something like that. I don't   àlbárò│ǫalgǫasí↓ nòrrekwérɗò↓   Alvaro, o algo así. No recuerdo.
remember.

Jose   *José*
Well, pal. Hope everything turns out OK   bwenò│chíkò↓ kètèsàlgatoɗobyén↓   Bueno, chico. Que te salga todo
for you.   bien.

to feel   sèntirsè↓   sentirse

to fish, to catch   pèskàr↓   pescar

the cold   èl—rrésfryaɗò↓   el resfriado

I'm going now. I don't feel well. Seems   yòẏameboy↓ nòmésyéntobyén↓   Yo ya me voy. No me siento
like I caught a cold.   pàreşe│kèpèskeụnrresfryáɗò↓   bien. Parece que pesqué un
                                                                           resfriado.

45.10   Notes on the basic sentences

(1) The institution of god-parenthood, though it no longer has all of its historical functions, is still very much alive in the Hispanic world. Historically, the nominal purpose of godparents was to care for the child in the event that the parents became unable to. Functionally, the more important purpose that the institution served was to bring two more people, preferably people of consequence, into the family (*compadres*, co-parents), thereby enlarging and strengthening the circle of family influence. Generally speaking, *compadres* were (and are) selected from within the parents' own social class - or if possible, from above it. With the coming of industrialization and a growing middle class, close family ties became weaker (children moved away to get jobs, cheap transportation increased mobility). The god-parent system then came to be used frequently to strengthen blood ties by selecting compadres from among blood relatives or in-laws. Though the institution is, then, still more functional and important in Latin American than in the United States, its role is much less than historically was the case: in more and more instances, it has become a mere formula.

(2) The Spanish here literally says, 'The baptism being early, you have time for everything.' But the present form /tyénes/ here demands a future in the English equivalent, and the present participle /syéndo/   cries out for specification of the relationship between the subordinate introduction and the main clause.

(3) As this and the next utterance suggest, the obligations of godparenthood in urban Latin American society are becoming formalities: pay the priest, present the child with a memento of the occasion, and (if conscientious) remember him with a token present thereafter on birthdays or other special holidays.

(4) Literally, 'What do you think I can take him?'

(5) A medal, that is, of the Virgin, of Christ, or of some favorite saint.

(6) Take special note of this intonation pattern, which you will hear rather more often in real conversation than our dialogs have indicated.

(7) You have learned that Spanish splits the functions of English *have*, such that the function of English *have* in forming compound (perfect) tense constructions (*have been, have been doing, had done, etc.*) is carried in Spanish by the forms of /abér/   *haber*, but the function of *have* as an independent form taking objects (*have a book*) is carried in Spanish by /tenér/   *tener*. Here, however, where you might expect something like /abía-pensádo/   *había pensado* 'had thought about', you find /tenía-pensádo/   *tenía pensado*. The justification for this departure from the pattern you have been led to expect is that this construction is not a 'perfect tense' at all: it is, rather, 'I had (in mind) /tenía/, (already) thought (out) /pensádo/ a toy.'

(8) /bóy-a-bér/   *Voy a ver*, literally, 'I'm going to see (about)'. (Vamos) *a ver* is used generally to mean 'Let's see,' 'Let's give it some thought, and it here used in that sense rather than literally.

(9) It is worth observing that English uses a special form of the personal pronoun possessive whenever it is followed by a noun: *this is her book, this is hers*, which then also appears as object of the preposition (*a sister of hers*). In Spanish the direction is quite otherwise, with the subject form of third person pronouns appearing as objects of prepositions.

45.2   DRILLS AND GRAMMAR

45.21   Pattern drills

45.21.1 The past perfect construction

    A. Presentation of pattern

ILLUSTRATIONS

_____	1 Yo no *había vuelto* a esa playa desde el verano pa ː
_____	2 Jamas lo *había visto* (yo).
_____	3 Pero no me *habías dicho* que ibas a tomar fotos.
You had never been here?	4 ¿Tú nunca *habías estado* aquí?
_____	5 ¿No *había estado* aquí antes, Molina?
_____	6 Se me *había olvidado*.
We had never seen him before.	7 Jamás lo *habíamos visto* antes.
We had already gone to the immigration office.	8 Ya *habíamos ido* a la oficina de inmigración.
You'd never tried a roast veal?	9 ¿Ustedes nunca *habían probado* un asado de ternera?
They never had studied Spanish.	10 Ellos nunca *habían estudiado* español.

EXTRAPOLATION

	abér	—do form	
		—ár	—ér—ír
1—2—3 sg	abía		
2 fam sg	abías		kom—ído
		abl—ádo	
1 pl	abíamos		bıb—ído
2—3 pl	abían		

NOTES

a. The past perfect construction consists of a past II form of the verb /abér/ plus a /—do/ form.

45.21.11 Substitution drills — person-number substitution

1 *José* nunca había estado allí.

Marta y yo_____.	Nunca habíamos estado allí.
Yo_____.	Nunca había estado allí.
Ellos _____.	Nunca habían estado allí.
El jefe_____.	Nunca había estado allí.

2 *Ellos* no habían enseñado antes.

Yo _____.	No había enseñado antes.
Alicia y yo _____.	No habíamos enseñado antes.
Carmen y Ana _____.	No habían enseñado antes.
Antonio _____.	No había enseñado antes.

3 *Yo* no había comido eso antes.

María y Juan _____.	No habían comido eso antes.
Ellos _____.	No habían comido eso antes.
Juan y yo _____.	No habíamos comido eso antes.
Tú _____.	No habías comido eso antes.

4 Ya *Marta* había escrito la carta.

____ José y Carmen _____.	Ya habían escrito la carta.
____ la secretaria _____.	Ya había escrito la carta.
____ nosotros _____.	Ya habíamos escrito la carta.
____ yo _____.	Ya había escrito la carta.

5 *Nosotros* no habíamos dicho nada.

Mi hermana _____.	No había dicho nada.
Los muchachos _____.	No habían dicho nada.
Yo _____.	No había dicho nada.
Luis y Carmen _____.	No habían dicho nada.

Construction substitution

Problem:
　　　　Yo nunca *cocino*.
Answer:
　　　　Yo nunca había cocinado.

1 Nosotros no *salimos* con ellos.   Nosotros no habíamos salido con ellos.
2 Yo *pago* la cuenta.   Yo había pagado la cuenta.
3 Ana nunca *baila*.   Ana nunca había bailado.
4 Nosotros *estudiamos* español.   Nosotros habíamos estudiado español.
5 Tú no *vienes* aquí.   Tú no habías venido aquí.

45.21.12 Translation drill

1 I had never studied Spanish.   Yo nunca había estudiado español.
2 Had you all been here before?   ¿Habían estado Uds. antes aquí?
3 Had you seen this?   ¿Había visto Ud. esto?
4 Why hadn't they called?   ¿Por qué no habían llamado?
5 Why hadn't you told me that before?   ¿Por qué no me había dicho eso antes?
6 I had never bet on horse races.   Yo nunca había apostado en las carreras de caballo.
7 Luisa had gotten nervous.   Luisa se había puesto nerviosa.
8 We hadn't played golf before.   Nosotros no habíamos jugado golf antes.
9 Antonio and Marta had never had lunch together.   Antonio y Marta nunca habían almorzado juntos.
10 Alicia hadn't been (a) godmother before.   Alicia no había sido madrina antes.
11 We hadn't had time for that.   No habíamos tenido tiempo para eso.

B. Discussion of pattern

Perfect constructions always consist of some form of the verb *haber* plus the ─do form of another verb. The past perfect construction uses the past II form of *haber*.

The past perfect refers to an action or event that took place or ended prior to a point of time (stated or understood) in the past. Equivalent constructions in English are: 'I *hadn't eaten* when you called.' '*Had* you already *finished* before eight o'clock?'

There is a possible construction in Spanish of past I of *haber* plus ─do forms; this construction, however is not frequent in conversational style. When used, it indicates that the prior action or event immediately preceded the point of time in the past: *Tan pronto como hubo llegado, empezó la fiesta*, 'As soon as he had arrived, the party started.' In conversational Spanish, a substitute construction is usually used, such as *Tan pronto como llegó...*, or *Apenas llegó...*, 'As soon as he arrived..., He barely got there when...'

45.21.2   The shortening of certain adjectives

  A. Presentation of pattern

ILLUSTRATIONS

————————————
————————————
Here's number one.

1 ¿Tiene *un* lápiz?
   En *una* escuela de lenguas.
   Aquí está el número *uno*.

————————————
There's *no* man can do this.

2 ¿Quiere dejar *algún* recado?
   ¿Tiene *alguna* persona que responda por usted?
   No hay hombre *alguno* que pueda hacer esto.

————————
None is any good.

3 Eso no es *ningún* problema.
   Aquí no hay *ninguna* señora Harris.
   Ninguno sirve.

————————
It's a good business.

4 ¿Hay un *buen* restorán cerca de aquí?
   El jefe era muy *buena* persona.
   Es un negocio *bueno*.

Pablo is a bad player.
He's a bad person.
He has a bad serve.

5 Pablo es un *mal* jugador.
   Es muy *mala* persona.
   Tiene un saque *malo*.

What's your first name?
————————
We're in the first book.

6 ¿Cuál es su *primer* nombre?
   Es la *primera* vez que yo visito una.
   Estamos en el libro *primero*.

I live on the third floor.
It's my third week here.
Did you bring the third book?

7 Yo vivo en el *tercer* piso.
   Es mi *tercera* semana aquí.
   ¿Trajo el libro *tercero*?

It is a great pleasure for me to have met you.
————————————
————————————

8 Para mí es un *gran* placer haberla conocido.
   Nos está prestando una *gran* ayuda.
   Una sala *grande*, cocina y cuarto de baño.

————————
————————
Where are my shoes?

9 Este es *mi* auto.
   Es *mi* novia.
   ¿Dónde están *mis* zapatos?

Where did you put my ties?   ¿Dónde pusieron *mis* corbatas?
_____   ¿Por qué no vemos a un amigo *mío*?
_____   Una hermana *mía* casada vive allí.
They are some friends of mine.   Son unos amigos *míos*.
Those are not my orders.   Esas no son órdenes *mías*.
_____
_____   10 ¿Puede dármelo *cualquier* médico?
                                                      Cualquier cosa que necesite, avíseme.
She's just a common woman.   Es una mujer *cualquiera*.

EXTRAPOLATION

	Full form	Shortened form
Shortened before:		
masc. sg. nouns	úno algúno ningúno bwéno málo priméro terṣéro	ún algún ningún bwén mál primér terṣér
masc. or fem. sg. nouns	gránde	grán
before any nouns, masc. or fem. sg. or pl.	mío(s), mía(s) túyo(s), túya(s) súyo(s), súya(s) kwal(es)kyéra	mi(s) tu(s) su(s) kwal(es)kyér

NOTES

a. Some adjectives in Spanish appear in a shortened form when they occur before nouns.

b. There are three groups: those which shorten before masculine singular nouns, those which shorten before any singular noun, and those which shorten before singular or plural nouns.

45.21.21 Substitution drill — item substitution

1 Estoy en una buena habitación.
   _____cuarto.   Estoy en un buen cuarto.
   _____ oficina.   Estoy en una buena oficina.

2 Vivo en el tercer piso.
   _____casa.   Vivo en la tercera casa.
   _____cuarto.   Vivo en el tercer cuarto.

3 Sólo tengo un libro.
   _____camisa.   Sólo tengo una camisa.
   _____baúl.   Sólo tengo un baúl.

4 Es un mal hombre.
   _____mujer.   Es una mala mujer.
   _____ chofer.   Es un mal chofer.

5 No tengo ningún libro.
   _____lección.   No tengo ninguna lección.
   _____documento.   No tengo ningún documento.

6 ¿Tiene algún libro en inglés?
   ¿_____ carta_____?   ¿Tiene alguna carta en inglés?
   ¿_____ documento ____?   ¿Tiene algún documento en inglés?

7 Es un gran amigo.
   _____amiga.   Es una gran amiga.
   _____muchacho.   Es un gran muchacho.

8 Déme cualquier cosa.
   _____libro.   Déme cualquier libro.
   _____ modelo.   Déme cualquier modelo.

Construction substitution

Problem:
Compré un *vestido bueno.*

Answer:
Compré un buen vestido.

1 El es un *ingeniero malo.*   El es un mal ingeniero.
2 El es un *chofer bueno.*   El es un buen chofer.
3 Vive en el *piso tercero.*   Vive en el tercer piso.
4 Trabaja en el *piso primero.*   Trabaja en el primer piso.

5 El es un *médico grande.*   El es un gran médico.
6 Es una *mujer grande.*   Es una gran mujer.

Number substitution

Problem:
Compré unos buenos vestidos.
_____vestido.

Answer:
Compré un buen vestido.

1 ¿Se perdieron algunos documentos?
¿ _____ documento?   ¿Se perdió algún documento?

2 Déme los primeros libros.
_____ libro.   Déme el primer libro.

3 Eran malos estudiantes.
_____ estudiante.   Era mal estudiante.

4 Allí tengo unos amigos.
_____ amigo.   Allí tengo un amigo.

5 Son unos malos ingenieros.
_____ ingeniero.   Es un mal ingeniero.

45.21.22 Translation drill

1 He only has one overcoat.
  He only has one suitcase.

Sólo tiene un abrigo.
Sólo tiene una maleta.

2 Do you know some engineer here?
  Do you know some dressmaker here?

¿Conoce algún ingeniero aquí?
¿Conoce alguna modista aquí?

3 It's a good company.
  It's a good building.

Es una buena compañía.
Es un buen edificio.

4 They live on the first floor.
  They live in the first house.

Viven en el primer piso.
Viven en la primera casa.

5 She only bought one hat.
  She only bought one blouse.

Sólo compró un sombrero.
Sólo compró una blusa.

6 We translated the third lesson.
  We translated the third joke.

Tradujimos la tercera lección.
Tradujimos el tercer chiste.

7 Juan is a great friend.
  Carmen is a great friend.

Juan es un gran amigo.
Carmen es una gran amiga.

8 Jose didn't bring any baggage.
  Jose didn't bring any meat.

José no trajo ningún equipaje.
José no trajo ninguna carne.

9 Antonio is not a bad man.
  Antonio is not a bad person.

Antonio no es un mal hombre.
Antonio no es una mala persona.

10 They brought some books.
   They brought some book (or other).

Ellos trajeron algunos libros.
Ellos trajeron algún libro.

11 I bought some good books.
   I bought a good book.

Compré unos buenos libros.
Compré un buen libro.

12 There are some bad specialists there.
   There is a bad specialist there.

Hay unos malos especialistas ahí.
Hay un mal especialista ahí.

13 I have some pencils there.
   I have a pencil there.

Tengo unos lápices allí.
Tengo un lápiz allí.

B. Discussion of pattern

There are a few adjectives in Spanish which are shortened in some constructions, usually before nouns. These fall into three groups: (1) those which shorten before masculine singular nouns, (2) those which shorten before any singular noun, and (3) those which shorten before singular and plural nouns. Some of these adjectives have already been presented and drilled. The indefinite article /ún/ 'a, one' (3.21.1) is an example from group one; /ún/ is the shortened form which appears before masculine singular nouns (the position the indefinite article normally occupies). In counting, the full form /úno/ is used.

Examples of the group three pattern are the possessives. Shortened forms (11.21.1) precede nouns of either gender (with the short forms pluralized before plural nouns). The full forms are used when the possessives follow the noun (9.21.2, 20.24), follow the verb *ser* (9.21.2, 16.24), or are nominalized (13.21.3, 27.24).

Other adjectives from group one, which shorten before masculine singular nouns are *bueno, malo, alguno, primero, tercero*. Adjectives from group two, which shorten before any singular noun, masculine or feminine, include *grande*. *Cualquiera* is a group three adjective, but it rarely appears in the plural in conversational Spanish; when it does, it has an interior plural: kwal(es)kyér (before nouns), kwal(es) kyéra (elsewhere). *Ciento*, when not used with a multiple and when no smaller number follows it, is shortened before masculine and feminine nouns: *cien hombres, cien mujeres*; (but *doscientos hombres, doscientas mujeres, ciento diez hombres, ciento diez mujeres*). *Santo* meaning 'saint,' when used as a title is shortened before masculine singular names, except those beginning with /to—, do—/: *San Francisco, San Diego*, but *Santo Tomás, Santo Domingo*.

The pattern for shortening is to reduce the length of the adjective by one syllable. If the full form ends in two vowels, the last one is dropped, if in a final consonant plus vowel, the vowel is dropped, though if the consonant is /—y—/ it too is dropped. If the adjective ends in two consonants and a vowel, the vowel and last consonant are dropped. In the following chart C = consonant, V = vowel, Y = /y/. Elements which drop are in parentheses:

Patterns	Examples	
___ C(CV)	gránde	grán
___ VC(V)	bwéno	bwén
___ V(yV)	súyo	su
___ V(V)	mío	mı

If the shortened form ends in a vowel, shortening occurs before singular and plural forms, with shortened forms pluralized by the addition of a regular plural ending /—s/. Of the shortened forms which end in a consonant, some occur before both masculine and feminine singular nouns, most only before masculine singular. This difference cannot be predicted from any characteristic of the forms, but must be learned for each affected adjective.

Usually there is no significant change of meaning when one of the above adjectives is used before or after a noun. However, in the following pairs an important difference is noted:

gran hombre	'great man'
hombre grande	'big man'
cualquier libro	'any book whatsoever'
(un) libro cualquiera	'just any old book'
un cuarto	'a room, one room'
cuarto uno	'room one'

45.21.3 The /—do/ forms for postures

   A. Presentation of pattern

ILLUSTRATIONS

She's sitting to the right of the entrance.	1 Ella está *sentada* a la derecha de la entrada.
Really, is he sleeping?	2 ¿De veras, está *dormido?*
Yes, he's lying on the sofa.	3 Sí, está *acostado* en el sofá.
to hang (up)	colgar
Why are there so many clothes hanging in the bathroom?	4 ¿Por qué hay tanta ropa *colgada* en el baño?
to hide	esconder
Where're you hiding, Charlie?	5 ¿Dónde estás *escondido*, Carlitos?

English	Spanish
'—ing' form	/—do/ form

   a. The English '—ing' form correlates with the Spanish /—do/ form with certain verbs which indicate postures.

45.21.31 Translation drill

1 Antonio and Luisa are sitting in the garden.	Antonio y Luisa están sentados en el jardín.
2 Ana is sitting in her favorite chair.	Ana está sentada en su silla favorita.
3 They (f.) are sitting in the entrance.	Elias están sentadas en la entrada.
4 The girl is sleeping in the living room.	La niña está dormida en la sala.
5 Mr. García is sitting on the balcony.	El señor García está sentado en el balcón.
6 The boys and girls are lying on the grass.	Los muchachos están acostados en el césped.
7 He's lying on the sofa-bed.	Está acostado en el sofá cama.
8 The clothes are hanging in the patio.	La ropa está colgada en el patio.
9 The shirts are hanging in the bathroom.	Las camisas están colgadas en el baño.
10 The girls are hiding upstairs.	Las chicas están escondidas arriba.
11 He's hiding in the bedroom.	El está escondido en el dormitorio.

B. Discussion of pattern

English usually prefers an '–ing' form for postures, representing the person or thing as 'doing something': standing, sitting, leaning, crouching, lying down, sleeping, hiding, etc. Spanish, however, uses not the usually equivalent /–ndo/ form, but the /–do/ form, picturing the action as completed and the person or thing as remaining in the posture assumed. Both views can be seen in the English pair 'they are sitting' and 'they are seated.'

45.22   Replacement drills

A   José, no sabes en la que me he metido.

1 _____ , _____ te _____ .	José, no sabes en la que te has metido.
2 Señores, _____ .	Señores, no saben en la que se han metido.
3 _____ , _____ hemos__ .	Señores, no saben en la que nos hemos metido.
4 _____ , _____lo que _____ .	Señores, no saben en lo que nos hemos metido.
5 _____ , sabe _____ .	Señor, no sabe en lo que nos hemos metido.
6 _____ , _____ se _____ .	Señor, no sabe en lo que se ha metido.
7 _____ , ni _____ .	Señor, ni sabe en lo que se ha metido.

B   ¿Tienes otra cosa qué hacer?

1 ¿ _____ problemas ____?   ¿Tienes otros problemas que hacer?
2 ¿ _____ resolver?   ¿Tienes otros problemas que resolver?
3 ¿Tenemos _____?   ¿Tenemos otros problemas que resolver?
4 ¿ _____ algún _____?   ¿Tenemos algún problema que resolver?
5 ¿ _____ asunto_____?   ¿Tenemos algún asunto que resolver?
6 ¿ _____ decidir?   ¿Tenemos algún asunto que decidir?
7 ¿ _____ cosas_____?   ¿Tenemos algunas cosas que decidir?

C   El asunto es que tengo una cita para esta tarde.

1 _____ otra _____.   El asunto es que tengo otra cita para esta tarde.
2 _____ juego _____.   El asunto es que tengo otro juego para esta tarde.
3 ____ problema_____.   El problema es que tengo otro juego para esta tarde.
4 _____ tenemos _____ .   El problema es que tenemos otro juego para esta tarde.
5 _____ semana.   El problema es que tenemos otro juego para esta semana.
6 _____ muchos _____.   El problema es que tenemos muchos juegos para esta semana.
7 _____ bodas_____.   El problema es que tenemos muchas bodas para esta semana.

D   ¿Tengo que pagarle al cura?

1 ¿Tiene _____?   ¿Tiene que pagarle al cura?
2 ¿ _____ nosotros?   ¿Tiene que pagarnos a nosotros?
3 ¿ _____ darme_____?   ¿Tiene que darme a mí?
4 ¿ _____ madrina?   ¿Tiene que darle a la madrina?
5 ¿ _____ servirle_____?   ¿Tiene que servirle a la madrina?
6 ¿ _____ ellos?   ¿Tiene que servirles a ellos?
7 ¿Hay_____?   ¿Hay que servirles a ellos?

E   ¿Quién es la madrina?

1 ¿ _____padrinos?   ¿Quiénes son los padrinos?
2 ¿_____ es _____?   ¿Quién es el padrino?
3 ¿_____ mecanógrafas?   ¿Quiénes son las mecanógrafas?
4 ¿Cuál_____?   ¿Cuál es la mecanógrafa?
5 ¿ _____ problemas?   ¿Cuáles son los problemas?
6 ¿_____su_____?   ¿Cuál es su problema?
7 ¿Dónde _____?   ¿Dónde está su problema?

F   Yo ya me voy, no me siento bien.

1 Ellos_____, _____.   Ellos ya se van, no se sienten bien.
2 _____vamos, _____.   Nosotros ya nos vamos, no nos sentimos bien.
3 _____, _____contentos.   Nosotros ya nos vamos, no nos sentimos contentos.
4 Carmen _____,_____.   Carmen ya se va, no se siente contenta.
5 _____fue, _____.   Carmen ya se fue, no se sentía contenta.
6 Todos_____, _____.   Todos ya se fueron, no se sentían contentos.
7 _____, _____contentas.   Todas ya se fueron, no se sentían contentas.

45.23   Variation drills

A   Me ha pedido que sea el padrino de su hijo.

1 She has asked me not to be so strict.   Me ha pedido que no sea tan riguroso.
2 She has told me not to come tomorrow.   Me ha dicho que no venga mañana.
3 She has told him to be (here) at six.   Le ha dicho que esté a las seis.
4 We have told them not to pay any attention to him.   Les hemos dicho que no le hagan caso.
5 They have asked us to go with them.   Nos han pedido que vayamos con ellos.
6 It has bothered him that she isn't punctual. Le ha molestado que no sea puntual.
7 It has pleased them that she arrives on time. Les ha gustado que llegue a tiempo.

B   El sábado por la tarde, desgraciadamente.

   1 Saturday morning, unfortunately.   El sábado por la mañana, desgraciadamente.
   2 Saturday night, unfortunately.   El sábado por la noche, desgraciadamente.
   3 Saturday after dinner.   El sábado después de comida.
   4 Sunday after mass.   El domingo después de misa.
   5 Sunday after eating lunch.   El domingo después de almorzar.
   6 Tonight after eating.   Esta noche después de comer.
   7 Tomorrow after (the) work.   Mañana después del trabajo.

C   Siendo el bautizo temprano, tienes tiempo para todo.

   1 Since that is early, you'll have time for everything.   Siendo eso temprano, tienes tiempo para todo.
   2 Since you're coming early, you'll have time for everything.   Viniendo temprano, tienes tiempo para todo.
   3 Since you're going early, you'll have time.   Yéndote temprano, tienes tiempo.
   4 Since you're leaving late, you won't have time.   Saliendo tarde, no tienes tiempo.
   5 Since you're saving money, you'll have (enough) for a car.   Ahorrando dinero, tienes para un auto.
   6 Since you're spending so much, you won't have (enough) for anything.   Gastando tanto, no tienes para nada.
   7 Since you're giving it all, you won't have anything left.   Dándolo todo, no quedas con nada.

D   Una cadena de oro con una medalla es un buen regalo.

   1 A gold chain is a good gift.   Una cadena de oro es un buen regalo.
   2 A silver chain is a good gift.   Una cadena de plata es un buen regalo.
   3 A silver medal is a good gift.   Una medalla de plata es un buen regalo.
   4 A gold medal is a nice (pretty) gift.   Una medalla de oro es un bonito regalo.
   5 A picture of yours is a nice gift.   Un retrato tuyo es un bonito regalo.
   6 Something artistic (a thing of art) is a magnificent gift.   Una cosa de arte es un magnífico regalo.
   7 Something old (antique) is a magnificent gift.   Algo antiguo es un magnífico regalo.

E   Sin embargo, voy a ver lo que tú dices.

   1 Nevertheless, I'm going to buy what you say.   Sin embargo, voy a comprar lo que tú dices.
   2 Nevertheless, I'm going to follow what you say.   Sin embargo, voy a seguir lo que tú dices.
   3 So then, I'm going to eat what you say.   Entonces, voy a comer lo que tú dices.
   4 Then, we're going to eat what you say.   Entonces, vamos a comer lo que tú dices.
   5 Then, we're going to move where you say.   Entonces, vamos a mudarnos donde tú dices.
   6 Apparently, we're going to have lunch where you say.   Por lo visto, vamos a almorzar donde tú dices.
   7 Apparently, he's going to act (behave himself) like you say.   Por lo visto, va a portarse como tú dices.

F   Bueno, chico. Que te salga todo bien.

   1 Well, boy. Hope it goes well for you.   Bueno, chico. Que te vaya bien.
   2 Well, boy. Hope they receive you well.   Bueno, chico. Que te reciban bien.
   3 Well, boy. Hope they give you that.   Bueno, chico. Que te den eso.
   4 Well boy. Hope you get married soon.   Bueno, chico. Que te cases pronto.
   5 Well, boy. Hope your mother-in-law gets convinced.   Bueno, chico. Que se convenza tu suegra.
   6 Well girls. Hope you have a good time.   Bueno, chicas. Que se diviertan.
   7 Well girls. Hope you have good luck.   Bueno, chicas. Que tengan buena suerte.

45.24   Review drills

45.24.1   English verb-adjective-'to'-verb; Spanish verb-adjective-verb

   1 It's necessary to arrive early.   Es necesario llegar temprano.
   2 It's important to look for an apartment.   Es importante buscar un apartamento.
   3 It's good to leave at four.   Es bueno salir a las cuatro.
   4 It's necessary to pronounce well.   Es preciso pronunciar bien.
   5 It's difficult to find an apartment.   Es difícil encontrar un apartamento.
   6 It's easy to forget that.   Es fácil olvidarse de eso.
   7 It's better to work here.   Es mejor trabajar aquí.
   8 It's necessary to do that.   Es preciso hacer eso.
   9 It's good to eat there.   Es bueno comer allí.

45.24.2 Theme class in present subjunctive forms

1 Let him study and write.Que estudie y que escriba.
2 Let him clean and sweep.Que limpie y que barra.
3 Let him call and decide.Que llame y que decida.
4 Let him teach and learn.Que enseñe y que aprenda.
5 Let him work and eat.Que trabaje y que coma.
6 Let him go down and up.Que baje y que suba.
7 Let him dance and enjoy himself.Que baile y que se divierta.
8 Let him think and decide.Que piense y que decida.
9 Let him play and lose.Que juegue y que pierda.

45.3   CONVERSATION STIMULUS

NARRATIVE 1

1 Two friends, Jorge and Alvaro, had agreed to go play tennis this coming Sunday.

Dos amigos, Jorge y Alvaro, habían quedado en ir a jugar tenis el domingo que viene.

2 But, unfortunately, they are going to have to put it off to the following Sunday.

Pero, desgraciadamente, van a tener que dejarlo para el domingo siguiente.

3 Jorge is going to be the godfather of the son of Margarita, his sister-in-law, and the baptism is this Sunday.

Jorge va a ser el padrino del hijo de Margarita, su cuñada, y el bautizo es este domingo.

4 Alvaro was very surprised to learn that Margaret,

Alvaro se sorprendió mucho al enterarse de que Margarita,

5 who had been one of his girl friends before (her) going to the United States.

quien había sido una de sus novias antes de irse para los Estados Unidos,

6 was already married and had a child.

estaba ya casada y tenía un hijo.

7 He didn't know that she had returned from the United States either.

Tampoco sabía él que ya ella había vuelto de los Estados Unidos.

8 Jorge had forgotten to tell him.

A Jorge se le había olvidado contarle.

DIALOG 1

Alvaro, pregúntele a Jorge si Uds. no habían quedado en que iban a jugar tenis este domingo.

Alvaro: ¿No habíamos quedado en que íbamos a jugar tenis este domingo?

Jorge, contéstele que ya lo sabe, pero desgraciadamente no puede. Que Margarita, su cuñada, quiere que Ud. sea el padrino de su hijo, y el bautizo es este domingo.

Jorge: Ya lo sé, pero desgraciadamente no puedo. Margarita, mi cuñada, quiere que yo sea el padrino de su hijo, y el bautizo es este domingo.

Alvaro, dígale que Ud. no sabía que Margarita estaba casada y tenía ya un hijo, ni que ya había vuelto de los Estados Unidos.

Alvaro: Yo no sabía que Margarita estaba casada y ya tenía un hijo, ni que ya había vuelto de los Estados Unidos.

Jorge, dígale que a Ud. se le había olvidado contarle; que Ud. pensaba que él sabía.

Jorge: Se me había olvidado contarte; yo pensaba que tú sabías.

NARRATIVE 2

1 The husband is an American by the name of Morgan.

El marido es un americano de apellido Morgan.

2 He is a very rich man and belongs to one of the best families of New York.

Es un hombre riquísimo y pertenece a una de las mejores familias de Nueva York.

3 But he isn't from the Wall Street J. P. Morgan family.

Pero él no es de la familia de J. P. Morgan de Wall Street.

4 This one is from some other Morgans that have a big second-hand car business.

Este es de otros Morgan que tienen un gran negocio de carros de segunda mano.

5 How awful! How time flies!

¡Qué barbaridad! ¡Cómo vuela el tiempo!

6 It seems only yesterday that Alvaro and Margarita went out together for the last time.

Parece que fue ayer que Alvaro y Margarita salieron juntos por última vez.

7 And to think that it's been more than three years since then (from that).

Y pensar que ya hace más de tres años de eso.

DIALOG 2

Jorge, cuéntele a Alvaro que el marido es un americano
de appellido Morgan, riquísimo y que pertenece a una
de las mejores familias de Nueva York.

Alvaro, dígale que tal vez sea de la familia de J. P.
Morgan de Wall Street.

Jorge, explíquele que no, que éste es de otros Morgan
que tienen un gran negocio de carros de segunda mano.

Alvaro, dígale que qué barbaridad, que cómo vuela el tiempo,
que parece que fue ayer que Margarita y Ud. salieron juntos
por última vez.

Jorge, dígale que sí, y que pensar que ya hace más de tres
años de eso.

Jorge: El marido es un americano de apellido Morgan, riquísimo,
y pertenece a una de las mejores familias de Nueva York.

Alvaro: Tal vez sea de la familia de J. P. Morgan de Wall Street.

Jorge: No, éste es de otros Morgan que tienen un gran negocio
de carros de segunda mano.

Alvaro: ¡Qué barbaridad! ¡Cómo vuela el tiempo! Parece que
fue ayer que Margarita y yo salimos juntos por
última vez.

Jorge: Sí, y pensar que ya hace más de tres años de eso.

NARRATIVE 3

1 It's five o'clock and they close the stores at five-thirty.

2 Jorge hadn't realized that it was so late.

3 He has to buy a gift for the child.

4 As he doesn't know what to buy him, he asks Alvaro
to suggest something.

5 Alvaro suggests that he give him a tennis racket.

6 Jorge tells him to stop joking.

7 He can't give him toys either because he is too small to
play; he is scarcely two months old.

8 Then Alvaro suggests that he ask the godmother of the
child.

Son las cinco y las tiendas las cierran a las cinco y media.

Jorge no se había dado cuenta de que era tan tarde.

Tiene que ir a comprarle un regalo al niño.

Como no sabe qué comprarle, le pide a Alvaro que le sugiera
algo.

Alvaro le sugiere que le regale una raqueta de tenis.

Jorge le dice que se deje de bromas.

Tampoco puede regalarle juguetes porque está demasiado
pequeño para jugar; tiene apenas dos meses.

Entonces Alvaro le sugiere que le pregunte a la madrina
del niño,

9 This seems like a good idea to Jorge.   Esto le parece una buena idea a Jorge.

10 That way he can be sure that he is not going to give   Así puede estar seguro de que no le va a regalar la misma
    him the same thing as the godmother.   cosa que la madrina.

DIALOG 3

Jorge, pregúntele a Alvaro que qué hora es.   Jorge: ¿Qué hora es, Alvaro?

Alvaro, contéstele que son las cinco.   Alvaro: Son las cinco.

Jorge, pregúntele que a qué hora cierran las tiendas.   Jorge: ¿A qué hora cierran las tiendas?

Alvaro, contéstele que a las cinco y media, que por qué.   Alvaro: A las cinco y media, ¿por qué?

Jorge, dígale que tiene que ir a comprarle un regalo al   Jorge: Tengo que ir a comprarle un regalo al niño. No sé
    niño. Que no sabe qué regalarle. Pregúntele que   qué regalarle. ¿Qué me sugieres?
    qué le sugiere.

Alvaro, dígale que una raqueta de tenis.   Alvaro: Una raqueta de tenis.

Jorge, dígale que se deje de bromas.   Jorge: Déjate de bromas.

Alvaro, dígale que le regale algún juguete.   Alvaro: Regálale algún juguete.

Jorge, dígale que no, hombre, que el niño está demasiado   Jorge: No, hombre, el niño está demasiado pequeño para
    pequeño para jugar. Que tiene apenas dos meses.   jugar. Tiene apenas dos meses.

Alvaro, dígale que Ud. no sabe entonces. Que mejor le   Alvaro: No sé, entonces. Mejor pregúntele a la madrina;
    pregunte a la madrina; que ella le puede sugerir algo.   ella te puede sugerir algo.

Jorge, dígale que le parece muy buena idea. Que así   Jorge: Me parece muy buena idea. Así también puedo estar
    también puede estar seguro Ud. de que no le va a   seguro yo de que no le voy a regalar la misma cosa
    regalar la misma cosa que la madrina.   que la madrina.

45.4   READINGS

45.41   Life in Surlandia

45.41.0 Vocabulary building

BASIC SENTENCES

the resume, summary	el resumen
referring to	referente a
the enterprise	la empresa

When Phillips was busier than ever, examining a summary of a report referring to the operation of the enterprise,...

Cuando Phillips estaba más ocupado que nunca, revisando un resumen de un informe referente a la marcha de la empresa,...

loyal	leal
working	trabajador
hard-working, industrious	muy trabajador
to fulfill, carry out	desempeñar
the function, duty	la función

...Juan Perez, a loyal and hard-working employee who had always carried out his duties extremely well,...

...Juan Pérez, un empleado leal y muy trabajador que siempre se había desempeñado magníficamente en sus funciones,...

to show oneself, to appear; to peep, peer into (out of, through)	asomarse
embarrassing	embarazoso
to swallow	tragar
the saliva	la saliva
to commence, begin	comenzar
to relate, narrate	relatar
the story	la historia

...timidly appeared at Ralph's office and, after a moment of embarrassing silence, gulping, began to relate a complicated story.

...se asomó tímidamente a la oficina de Ralph y, después de un momento de embarazoso silencio, tragando saliva, comenzó a relatar una complicada historia.

the widow
the debt
to get into debt

la viuda
la deuda
meterse en deudas

That his widowed sister who had three little kids had died, that
he had gotten into debt with the godfather of his oldest son,...

Que se había muerto una hermana viuda que tenía tres chiquitos,
que él se había metido en deudas con el padrino de su hijo
mayor,...

the father or godfather (with respect to each other)
the hospital
to alarm, to startle

el compadre
el hospital
sobresaltar

...that this *compadre* of his was now sick in a hospital, and that
because of all this he was very alarmed,...

...que este compadre suyo ahora estaba enfermo en un hospital
y que por todo esto estaba muy sobresaltado,...

to anticipate, advance
a month's advance
the quota, installment
monthly

anticipar
un mes anticipado
la cuota
mensual

...in sum, that if Phillips could authorize a month's advance in his
salary so as to pay it (back) in a few monthly installments.

...total, que si Phillips le podía autorizar un mes anticipado de
su salario para pagarlo en algunas cuotas mensuales.

to accede, agree
the petition
the accountant
the weight, load
on top
the relief
profuse

acceder
la petición
el contador
el peso
encima
el alivio
profuso

Phillips agreed to this petition and called the chief accountant,
while Juan Perez, who had a great load taken off his shoulders,
looking greatly relieved, thanked him profusely.

Phillips accedió a esta petición y llamó al Contador Jefe, mientras Juan Pérez, a quien se le había quitado un gran peso de
encima, con cara de gran alivio le agradecía profusamente.

a measure of length: 2.8 feet
to bite off more than one can chew

la vara
meterse en camisa de once varas

a confidence
to confide in, to trust in
extreme, unusual

Biting off more than one can chew and confiding personal matters
with the boss to solve a problem, was not an unusual case,...

to justify
to have to do

...since in Surlandia that was something justified, and had a lot to
do with the pattern of authority:...

the confidence, trust
to win the confidence
in exchange for

...the supervisors could win the confidence and loyalty of their
employees in exchange for certain personal favors.

una confidencia
hacer confidencias
extremado

Meterse en camisa de once varas y hacer confidencias de tipo
personal al jefe para solucionar un problema, no era un caso
extremado,...

justificar
tener que ver

...ya que en Surlandia eso era algo justificado y tenía mucho que
ver con el patrón de autoridad:...

la confianza
ganarse la confianza
a cambio de

...los jefes podían ganarse la confianza y la lealtad de sus
empleados a cambio de cierta clase de favores personales.

COGNATE LOAN WORDS

espléndido	inadvertidamente
la objetividad	la sensibilidad
la inteligencia	descontar
	malicioso

45.41.1   Reading selection

Los Pequeños Problemas de los Phillips

Ralph Phillips, jefe de la United Appliances en Surlandia, había llegado a establecer espléndidas relaciones personales con los empleados y obreros de la planta. Esto había sido posible debido a la objetividad con que Phillips analizaba las costumbres locales, como igualmente a la inteligencia con que podía dar solución a los problemas de sus empleados sin disminuir por eso la eficiencia de las operaciones de la empresa.

Un día en la mañana, cuando Phillips estaba más ocupado que nunca, su secretaria, que tenía una oficina al lado de la suya, entró para decirle que Juan Pérez quería hablar con él.

——Dígale que si puede volver mañana; estoy muy ocupado en este momento—— dijo Phillips sin levantar la vista de los papeles que tenía sobre el escritorio. En verdad, desde hacía algunos días preparaba su segundo informe respecto a la marcha de la planta y ese día estaba revisando un resumen del mismo para enviar todo al día siguiente a Chicago.

——Perdone, señor Phillips—— dijo la secretaria ——pero es que él dice que es muy urgente.

——Bueno, entonces. Dígale que pase—— respondió Ralph, pensando que sería algo referente a cosas del trabajo.

Juan Pérez, empleado leal y muy trabajador, había entrado a la planta cuando hacía poco tiempo que ésta comenzaba sus operaciones y, hasta ahora, se había desempeñado magníficamente en sus funciones. Pérez abrió la puerta y, tímidamente, asomó la cabeza en la oficina de Phillips.

——Pase, Juan—— dijo Ralph, haciéndole una seña con la mano ——¿Qué ocurre?
——Sr. Fili, yo...este... ——comenzó Pérez.

——Vaya, hombre, qué hay, dígame—— dijo Phillips intrigado por el tono confundido de Juan.

——No sé cómo empezar—— dijo Pérez, cuya cara se ponía cada vez más roja ——pero...este...Ud. sabe Don Raúl (así interpretaba él el nombre de Ralph), yo he estado aquí hace ya bastante tiempo y siempre he tratado de hacer mi trabajo en la mejor forma posible y también...

——Nosotros estamos muy contentos con su trabajo aquí—— interrumpió Phillips—— ¿Le ha ocurrido algo aquí? preguntó Ralph, pensando que tal vez inadvertidamente él u otra persona podía haber herido su extremada sensibilidad en alguna ocasión.

——No, no es eso, Sr. Fili, al contrario; estoy muy agradecido por todo aquí, especialmente con Ud. —— contestó Juan Pérez, más confundido que nunca. Y, haciendo un esfuerzo y tragando saliva, empezó a relatar el propósito de su visita.

——Lo que pasa es que, como Ud. sabe, Don Raúl, hace dos meses se murió mi hermana viuda, y mi mujer y yo tuvimos que quedarnos con los tres chiquitos. Hemos tenido muy mala suerte, Don Raúl, porque esto nos vino cuando yo ya me había metido en unas deudas para comenzar a construir una casita. Lo peor es que... y perdone que lo moleste con estas cosas personales... como necesitaba dinero, le pedí algo de plata a mi compadre, el padrino de Albertito, mi hijo mayor, y ahora él está enfermo en el hospital y necesita la plata. Total, señor——continuó Juan, bajando la cabeza——una cosa después de otra...

——Créamelo que lo siento mucho—— dijo Phillips, comenzando a darse cuenta del propósito de tales confidencias.

Después de un momento de embarazoso silencio, Juan se decidió a dar el paso final:

——Lo que me obliga a molestarlo, Don Raúl, es que venía a pedirle si podía autorizarme un mes anticipado de mi salario.

Ralph no estaba acostumbrado a esto de anticipar dinero a los empleados, pero nada podía hacer ya que esa era la costumbre. Además, había razones económicas que obligaban a la gente a tener que hacer esto. Y, por último, era buena política acceder a peticiones de esta clase cuando el caso era justificado, por lo menos desde el punto de vista local. Y fue así que Ralph le contestó:

——Muy bien, Juan. Ya que Ud. es un buen empleado, está perfectamente bien.

——No sabe cuánto se lo agradezco, Don Raúl. Me ha quitado un tremendo peso de encima—— contestó Pérez en un tono que indicaba gran alivio.

Phillips tomó el teléfono y una vez que se comunicó con el Contador Jefe le dijo:

——Mire, Gonzalo, déle a Juan Pérez un mes de salario anticipado y descuénteselo en ocho cuotas mensuales. Sí...sí... El va para allá en seguida. Gracias. Hasta luego.

Juan se despidió agradeciendo a Ralph profusamente. Phillips se quedó pensando en este asunto y decidió que tal vez era una buena idea crear algo así como un 'credit union' para obreros y empleados de la planta.

Esa noche, cuando Phillips llegó a su casa, su esposa lo esperaba preocupada.

——Ralph—— le dijo en cuanto terminó de saludarlo con un apresurado beso de rutina—— Fíjate que no sé qué hacer con Juana, la cocinera. Dice que su hermana viene a la capital desde el campo a visitarla y que trae a sus dos chiquitos y me pregunta si pueden quedarse aquí en la casa por tres días... ——terminó diciendo la Sra. de Phillips con voz desmayada.

Ralph no pudo menos que sonreírse.

——¿De qué te ríes?—— le dijo ella ——No tiene nada de divertido.

——Es que esta mañana me pasó algo muy similar en la oficina—— respondió Ralph. Y le contó a su mujer lo de Juan Pérez y sus dificultades.

——Yo no comprendo a esta gente—— dijo Catalina, la esposa de Ralph—— ¿Qué tienes que ver tú con que ese empleado tuyo se haya metido en camisa de once varas? Y tampoco veo por qué tenemos nosotros que preocuparnos de la familia de Juana.

——Tómalo con calma, Catalina. Recuerda que aquí no estamos en los Estados Unidos—— dijo Phillips filosóficamente.

——Eso no tiene nada que ver—— empezó a decir ella.

——Tiene mucho que ver—— interrumpió Ralph —— porque aquí la gente depende mucho de su familia para todo y, aunque la situación económica de una persona no sea muy buena, cada uno trata de ayudar a sus parientes lo más posible—— dijo Phillips.

——Es que todavía no veo por qué nosotros tenemos que... comenzó de nuevo Catalina.

——Porque ese es el precio que nosotros, los 'ricos', como dicen ellos, tenemos que pagar a cambio de nuestra tremenda autoridad y posición social con respecto a ellos, los 'pobres'—— explicó Ralph.

——Qué psicología más rara—— dijo Catalina, poco convencida.

——Rara o no, no hay nada que hacerle—— contestó Phillips ——Aquí, para ser buen patrón, creo yo, y para ganarse la confianza y lealtad de esta gente, hay que tratar dentro de lo posible de resolverles muchos de sus problemas personales.

——Bueno, pero ¿qué hacemos con la cocinera?—— dijo Catalina, más preocupada aún por este problema inmediato que por cualquier otra cosa.

——No sé lo que pienses tú—— contestó Ralph —— pero a mí me parece que ya que Juana es tan buena empleada, más vale concederle lo que quiere. El salario no es todo; tú sabes, una cosa por otra.

——Bueno; entonces, cuando llegue la hermana con sus chiquitos los ponemos en el garage—— dijo Catalina, encontrando así una solución.

——Sí, pero ¿qué hago con mi auto?—— protestó Ralph sobresaltado.

——¡Ah!—— respondió su mujer sonriendo maliciosamente y con gran satisfacción—— Una cosa por otra, querido, una cosa por otra.

45.41.2 Response drill

1 ¿Por qué había podido establecer Phillips espléndidas relaciones con sus obreros y empleados?

2 ¿Para qué entró su secretaria a su oficina una mañana?

3 ¿Qué trabajo importante estaba haciendo Phillips?

4 ¿Quién y cómo era Juan Pérez?

5 ¿Por qué pensó Phillips que tal vez Pérez estaba herido en su sensibilidad?

6 ¿Cuál era la historia triste de Juan Pérez?
7 ¿A qué no estaba acostumbrado Phillips?
8 ¿A quién y para qué llamó Phillips por teléfono y qué instrucciones le dio?
9 ¿Cómo se despidió Juan de Phillips?
10 ¿Qué le dijo Catalina a Ralph cuando éste llegó a su casa?
11 ¿Por qué se sonrió Phillips al oir a su mujer?
12 ¿Qué no creía Catalina que tenía mucho que ver?
13 ¿Qué pensaba Phillips que era necesario para ser un buen patrón?
14 ¿De quién depende mucho y a quién siempre trata de ayudar la gente en Surlandia?
15 ¿Qué solución encontró Catalina para el problema de su cocinera?

45.41.3 Discussion

1 Compare the relative importance of family relationships in Latin America and the U. S.
2 Discuss the patterns of authority both in the U. S. and Latin America.

45.42   Features

45.42.0 Vocabulary building

BASIC SENTENCES

the manager	el gerente
the anonymous corporation	la sociedad anónima
Inc. (Incorporated)	S. A. (Sociedad Anónima)

The letter from the Manager of the United Appliances, Inc., in Surlandia, said:

La carta del Gerente en Surlandia de la United Appliances, S. A., decía:

to esteem	estimar
dear sir	estimado Sr.
to acknowledge	acusar
the receipt	el recibo
attentive [letter]	atta. (atenta [carta])
present [month]	pte. (presente [mes])

45.32   TREINTA Y DOS

to remit, to refer
to expound, state
last (month)

'Dear sir: I have received your letter of 14 October and, with
reference to my letter of last September,...

to enclose
about, on
in this [city]

... I am enclosing the report on the present state of our operations
in this city.

attentively
affectionate
the servant
dependable servant

Sincerely yours, Ralph Phillips.'

the copy
the observation
the chart
the projection
the personnel

The copy of the report contained general observations and
projection charts concerning the personnel,...

the rise, increase
the benefit
the allowance
family (pertaining to the...)
the family allowance
the contribution
employers'

remitir
exponer
próximo pasado

'Estimado Sr.: Acuso recibo de su atta. del 14 del pte. y, remitiéndome a lo expuesto en mi carta de Septiembre próximo
pasado,...

adjuntar
sobre
en ésta [ciudad]

... le adjunto el informe sobre el estado actual de nuestras
operaciones en ésta.

atte. (atentamente)
afmo. (afectísimo)
el servidor
s. s. (seguro servidor)

Saluda atte. a Ud. su afmo. y s. s., Ralph Phillips.'

la copia
la observación
el cuadro
la proyección
el personal

La copia del informe contenía observaciones generales y cuadros
de proyección respecto al personal,...

el alza
el beneficio
la bonificación
familiar
la bonificación familiar
el aporte
patronal

the employer contribution   el aporte patronal
the fund   el fondo
the security   el seguro

... the increase of legal (fringe) benefits such as family allowances and employer contribution to the Social Security Fund,...

...al alza de los beneficios legales tales como bonificaciones familiares y aporte patronal al Fondo de Seguro Social,...

the expense, debit   el egreso
the reinvestment   la reinversión
the negotiation   la tramitación
the cost   el costo
the fabrication, manufacturing   la fabricación

... expenses, reinvestments, negotiations of new agreements, manufacturing costs,...

... a egresos, reinversiones, tramitación de nuevos acuerdos, costos de fabricación,...

the wing   el ala
the foreman   el capataz
the team   el equipo
the team work   el trabajo en equipo

... construction of a second wing for the plant, courses for foremen, development of team work habits, and many other details.

... construcción de una segunda ala para la planta, cursos para capataces, creación de hábitos de trabajo en equipo y muchos otros detalles.

COGNATE LOAN WORDS

semi	conveniente
modificar	el estímulo
el memorándum	especializado
facilitar	instituir
el apéndice	la legislación
especializar	el tubo
higiénico	electrónico
financiar	expandir
funcionar	la totalidad
contratar	accesorio
la categoría	hidroeléctrico
la descripción	

45.42.1   Reading selection

Un Informe Semi—Anual

UNITED APPLIANCES, S. A.

Gerente General: Ralph Phillips
Dirección: Avenida Laneros 531, Las Palmas
Teléfono: 24-55-62

Sr.   Octubre 22, 19__
John L. Perry
Jefe de Operaciones para Latinoamérica
United Appliances, Inc.
Chicago 26, Illinois

Estados Unidos de N.A.

        Estimado Sr. Perry:

                Tengo el agrado de acusar recibo de su
atta. del 14 del pte. y, remitiéndome a lo expuesto en mi anterior de
septiembre próximo pasado, me apresuro en adjuntar el informe sobre el
estado actual de nuestra agencia en ésta.

                            Sin otro particular, saluda a Ud. atte.

su afmo. y s.s.,
                                        Ralph Phillips
                                Gerente General para Surlandia

---

Resumen de un informe sobre las actividades de la United Appliances, S. A., en Surlandia

Corresponden las siguientes observaciones respecto a la marcha de esta Agencia en sus negocios en este país en los últimos seis meses. El presente informe cubre: (a) estado actual de los acuerdos con el Gobierno, (b) edificios y maquinarias, (c) personal, (d) salarios y beneficios sociales, (e) producción, precios y mercados y (f) proyecciones futuras.

(a) Acuerdos con el Gobierno de Surlandia. El acuerdo general con el Gobierno de Surlandia, por medio del cual han sido posible la creación de esta Agencia y la instalación de una planta en Las Palmas, ha sido modificado en forma favorable a nuestros intereses, especialmente con respecto a las tarifas de aduana por materiales y artículos no terminados y por maquinaria para nuestra planta. (Ver Memorándum No. 10 y copia adjunta del nuevo Acuerdo originado en el Ministerio'de Economía). Estas negociaciones han facilitado una mayor reinversión de las ganancias dentro del país y han mejorado nuestra situación respecto a los impuestos en dólares a dichas ganancias, todo lo cual forma parte del plan que llevó a modificar los acuerdos originales. (Ver Apéndice I y documentos adjuntos).

Descontando el lento proceso en la tramitación de las licencias de importación, ambas partes han dado cumplimiento satisfactorio a dichos acuerdos. Al presente, esta Agencia está negociando con el Ministerio de Economía, según instrucciones recibidas de la Compañía en Chicago, un cambio en el Artículo No. 15 del Acuerdo referente al porcentaje del personal nacional para que así se nos permita traer tres especialistas de los Estados Unidos, procediéndose sobre la base de que esta Agencia va a enviar a tres técnicos nacionales a especializarse en nuestras plantas en Chicago. Esperamos completar los últimos detalles de esta negociación dentro de tres semanas.

(b) Edificios y Maquinarias. La reparación y modernización del edificio que ocupa la planta actual se completó hace un mes y ya se ha comenzado la construcción de una segunda ala para permitir la mejor instalación de la nueva maquinaria que va a recibirse. Es también importante que la Compañía resuelva pronto sobre el proyecto presentado hace algún tiempo por esta Agencia respecto de la adquisición de un terreno adyacente a la planta y cuyo propósito es el de construir una comunidad de casas higiénicas y baratas para los obreros y empleados de nuestra planta (Ver Memorándum No. 25 sobre la manera de financiar este proyecto).

Las maquinarias enviadas desde los Estados Unidos en estos últimos seis meses han llegado en buenas condiciones y están funcionando sin dificultad, especialmente aquellas que corresponden a nuestro pedido especial No. 12, adaptadas a las condiciones locales.

(c) Personal. El personal contratado localmente está dividido en tres categorías: Obreros y capataces, técnicos, y empleados de oficina (Ver Apéndice II). El esfuerzo principal en cada una de estas categorías ha sido y sigue siendo el crear hábitos de trabajo en equipo. La simple descripción del tipo de trabajo que cada individuo debe efectuar no es suficiente para identificar a la persona con una organización en la que todos trabajan en diferentes actividades aunque con un propósito común. Es conveniente, en este sentido, explorar las posibilidades de crear cursos especiales para capataces como manera de estímulo para el obrero y como método de mejorar y aumentar nuestra producción (Ver Memorándum No. 20 sobre la falta de personal técnico y obrero especializado).

(d) Salarios y Beneficios Sociales. De acuerdo con el Memorándum No. 18, ha sido necesario aumentar los salarios en un 2 por ciento debido al mayor costo de la vida en los últimos meses. Además, la Ley 2144 del mes pasado ha instituido una bonificación familiar, aumentando al mismo tiempo el aporte patronal al Fondo del Seguro Social del Estado para obreros y empleados (Ver Cuadro adjunto sobre los mayores egresos que resultan de esta legislación).

(e) Producción, Precios y Mercados. La producción de artículos eléctricos ha subido de acuerdo con la curva que se indica (Ver Cuadro adjunto). Esto se ha debido a las ventajas que representa, para el público que consume, la adquisición de productos cuyos precios compiten favorablemente con artículos totalmente terminados en el extranjero, como también al mayor consumo de energía eléctrica en la actualidad. En este sentido, el alza en el precio de ciertos artículos en los Estados Unidos, tales como tubos electrónicos, y que en la actualidad estamos obligados a importar, nos presenta la oportunidad de considerar su fabricación en el país, no sólo para su consumo en Surlandia sino que para su exportación a otros países latinoamericanos donde estos artículos no se producen y con los cuales Surlandia tiene tratados comerciales favorables (Ver Memorándum No. 32).

Como consecuencia de los mayores egresos por aumentos legales de salarios y otros beneficios, nuestros precios para el mercado local han subido en el porcentaje que se indica en el Cuadro adjunto. Lo anterior no afecta, sin embargo, la posición de nuestros productos en el mercado local en relación a artículos similares importados.

Estamos al presente efectuando estudios de mercados en nuevas zonas del país con el objeto de expandir nuestra producción. Además, acabamos de firmar con el Ministerio de Salud Pública un acuerdo para la instalación de casi la totalidad de los artículos eléctricos en el nuevo Hospital Regional del Oeste. Igualmente, la Compañía Surlandesa de Electricidad nos ha pedido que efectuemos ciertas instalaciones accesorias para la planta hidroeléctrica del Río Chico (Ver Memorándum No. 36).

(f) Proyecciones. Las perspectivas futuras que implican las secciones anteriores indican claramente la progresiva extensión de nuestras actividades en Surlandia. Esto significa no sólo el crecimiento físico de nuestra planta, y por lo tanto de su personal, y la posibilidad de abrir agencias regionales, tanto en Surlandia como en otros países latinoamericanos, sino que significa también un aumento futuro considerable en el volumen de nuestras ventas.

Como ejemplo de lo anterior está el proyecto de una Agencia en el puerto de Punta Blanca. En un principio ella va a facilitar grandemente la entrada de los artículos que importamos, la venta de nuestros productos en la zona de la costa y la instalación y servicio para el Hospital Regional del Oeste; en el futuro ella puede expandirse si nuestros artículos llegan a tener un mercado internacional en Latinoamérica.

Finalmente, el éxito de nuestras operaciones nos hace recomendar la continuación y expansión de la política de manufacturar productos en Surlandia en vez de exportarlos hacia este país. Las condiciones actuales son muy favorables para esta política y no parece que un cambio de gobierno vaya a afectar esta situación.

45.42.2   Response drill

    1 ¿De qué tiene agrado de acusar recibo Phillips?
    2 ¿Qué adjunta Phillips a su carta?
    3 ¿Qué puntos principales cubre el informe?
    4 ¿En qué forma ha sido modificado el Acuerdo original con el Gobierno?
    5 ¿Qué han facilitado estas negociaciones?
    6 ¿Qué está negociando la Agencia con el Ministerio de Salud Pública y con la Compañía Surlandesa de Electricidad?
    7 ¿Qué nuevas construcciones se han comenzado para la planta en Las Palmas?
    8 ¿Cuáles son las categorías en que está dividido el personal de la planta?
    9 ¿Para qué piensa Phillips crear cursos para capataces?
    10 ¿Cuáles son las razones por las cuales ha sido necesario aumentar los salarios del personal?
    11 ¿Por qué ha subido la curva de producción?
    12 ¿Qué estudios está haciendo la Agencia en Las Palmas y para qué?
    13 ¿Qué indican claramente las perspectivas futuras de la Agencia en Surlandia?
    14 ¿Qué objetivos tiene el proyecto de una Agencia en Punta Blanca?
    15 ¿Qué política recomienda Phillips continuar y por qué?

45.42.3   Discussion

    1 Discuss the kinds of problems Phillips has had to solve during this reporting period.

    2 Discuss the relative impact of the Company's branch in Surlandia on the local economy, and their mutual interdependence.

AIII   Appendix III

AIII.1   Vocabulary

Units 31—45

The following vocabulary list includes all words presented in Units 31—45. The format of presentation is the same as in the two preceding volumes except for the fact that the entries are made in standard Spanish spelling instead of the respelling system.

<u>a</u>

a

	a cambio de	in exchange for	45.41		abierto	opened	44.2
	a fin de	in order to, so that	37.41 41.2		abrupto, -a	abrupt	36.41
					absolutamente	absolutely	34.42
	al lado de	by the side of	35.41	la	abuela	grandmother	38.1
	al mando de	in command of	39.41		abundante, -∅	abundant	33.42
	a lomo de mula	by mule	43.42	el	abuso	abuse	42.41
	a los tres días	on the third day	39.1		acalorar	to warm, arouse, inflame	40.41
	al otro día	the next day	41.41				
	a menos que	unless	41.2		acceder	to accede, agree	45.41
	a pesar de	in spite of	37.41		accesible, -∅	accesible	31.42
	a todo lo largo	all along	38.41	el	acceso	access	43.42
	abierto, (see abrir)				accesorio, -a	accessory	45.42
	abolir	to abolish	38.42	el	accidente	accident	34.41
la	abolladura	dent	43.41	la	acción	action	40.42
	abril	April	32.2	el	aceite	oil	43.1
	abrir			la	aceituna	olive	37.1

	acelerar	to accelerate	43.41		adherir	to adhere	38.42
	acercar				adjuntar	to enclose	45.42
	acercarse	to approach	36.41	la	administración	administration	32.41
	aclamar	to acclaim	44.41		administrativo, -a	administrative	37.42
	acondicionado, -a	conditioned	34.41	la	admiración	admiration	33.41
	aire acondicionado	air conditioning	34.41		admirar	to admire	35.41
el	acontecimiento	event	38.42		adoptar	to adopt	35.42
	acortar	to shorten	42.42		adorar	to adore	34.41
el	acta	act	40.42	la	adquisición	acquisition	43.41
la	actividad	activity	31.41	el	adulto	adult	37.41
	activo, -a	active	39.41	el	advenimiento	advent	44.42
el	acto	act	32.42		adyacente, -∅	adjacent	37.42
	actual, -∅	present	44.42		afectar	to affect	37.42
la	actualidad	present time	44.42		afectísimo, -a	affectionate	45.42
el	acuerdo	accord	32.41		afmo.	affectionate	45.42
		agreement	35.41		afiliar	to affiliate	44.42
	de acuerdo	agreed, okay	35.1		afmo. (see afectísimo)		
la	acusación	accusation	32.41		africano, -a	African	42.42
	acusar	to accuse	38.41		aftoso, -a	aphthous	39.42
		to acknowledge	45.42		fiebre aftosa	hoof and mouth disease	39.42
la	adaptación	adaptation	35.42		afuera	outside	38.41
	adecuado, -a	adequate	43.42		ágil, -∅	agile	42.42
el	adelanto	progress, advancement	35.42		agitar	to agitate, excite	39.41

	aglomerar	to mass, cluster	44.41
	agosto	August	32.2
	hacer su agosto	to make a kill, to take full advantage	44.41
	agotar	to drain off, exhaust	38.42
el	agrado	pleasure	32.41
la	agresión	agression	39.41
el	agresor	aggresor	40.42
	agrícola, -∅	agricultural	36.41
la	agricultura	agriculture	34.1
	ahogar	to drown, suffocate, smother	43.41
	ahorrar	to save	38.1
el	aire	air	34.41 43.1
	aire acondicionado	air conditioning	34.41
	aislado, -a	isolated	37.41
el	aislamiento	isolation	37.41
el	ajedrez	chess	42.41
	ajustar	to adjust	35.42
el	ala (f)	wing	45.42
la	alarma	alarm	44.41
	alarmante, -∅	alarming	34.42
	alcanzar	to reach, overtake	41.1
	alcanzar a	to succeed in	41.1

	alegre, -∅	gay	35.41
	alemán, -a	German	31.41
	Alemania	Germany	31.41
el	alfiler	pin	44.41
el	alimento	food (stuff)	31.42
el	alivio	relief	45.41
	¿aló?	hello?	43.41
el	alquiler	rent	34.42
	alrededor de	around	40.42
el	altiplano	high Bolivian plateau	43.42
	alto, -a	high, lofty	38.42
el	altoparlante	loudspeaker	35.41
el	alza	rise, increase	45.42
	amarillo, -a	yellow	34.2
la	ambición	ambition	43.41
	ambicioso, -a	ambitious	43.42
el	ambiente	atmosphere	37.41
	ambos, as	both	38.41
	ambulante, -∅	ambulatory	42.42
	vendedor ambulante	street peddler	42.42
la	amenaza	threat	38.42
la	amiguita	little friend	38.41
la	amistad	frienship	40.41

	amplio, -a	ample	42.41
el	analfabetismo	illiteracy	39.42
	analizar	to analyze	44.42
	anaranjado, -a	orange	34.2
la	anarquía	anarchy	37.41
los	Andes	Andes	43.42
el	ángel	angel	42.42
el	ángulo	angle	42.41
	en ángulos rectos	at right angles	42.41
el	animal	animal	36.41
el	aniversario	anniversary	37.41
	anónimo, -a	anonymous	45.42
	S. A. (Sociedad Anónima)	Inc. (Incorporated)	45.42
	ansioso, -a	anxious	39.41
	antagónico, -a	antagonistic	38.42
	ante	before	33.41
	anterior, -∅	previous	38.41
	antes		
	antes de que	before	41.1
	antes que nada	before anything	44.1
	anticipar	to anticipate	34.42
		to advance	45.41

	un mes anticipado	a month's advance	45.41
	anual, -∅	annual	36.42
	anunciar	to announce	35.41
	aparecer	to appear	33.41
	aparentemente	apparently	35.41
	aparte	apart	36.41
el	apéndice	appendix	45.42
el	apetito	appetite	31.1
el	aplauso	applause	32.42
	aplicar	to apply	35.42
el	aporte	contribution	45.42
	aporte patronal	employer contribution	45.42
	apreciable, -∅	appreciable	44.42
	apreciar	to appreciate	42.42
	apresurar	to hurry, hasten	36.41
	apretar	to tighten	42.1
	apriete	press down, tighten	42.1
	apriete (see apretar)		
	aprisionar	to imprison	37.41
	aprobar	to approve	32.41
	aprovechar	to take advantage of, to make use of	39.41
el	arbitraje	arbitration	38.42

el	arco	arch	44.41
el	archivo	archive, file	34.42
el	área (f)	area	31.41
la	arena	sand	44.1
(la)	Argentina	Argentina	36.41
	argentino, -a	Argentine	36.41
	armar	to assemble	32.41
la	armonía	harmony	38.41
el	aroma	aroma ·	36.41
	articular	to articulate	43.42
el	artículo	appliance	31.41
	arrepentirse	to repent	36.41
	arrestar	to arrest	37.42
el	arroz	rice	31.1
el	asado	roast	35.1
	asaltar	to assault	44.41
el	asesino	assassin	41.42
el	asiento	seat	35.41
la	asistencia	assistance	40.41
	asistir	to attend	37.41
la	asociación	association	35.42
	asomarse	to show oneself, to appear, to peep, peer into, (out, of, through)	45.41

la	aspiración	aspiration	31.42
	astuto, -a	astute	36.41
el	asunto	matter, business	45.1
	atacar	to attack	39.41
el	ataque	attack	40.42
la	atención	attention	32.1
	llamar la atención	to strike the attention	32.1
	atentamente	attentively	45.42
	atte.	atteatively	45.42
	atento, -a	attentive	45.42
	atta. (carta)	attentive (letter)	45.42
(el)	Atlántico	Atlantic	44.42
	atractivo, -a	attractive	32.1
	atrás	behind	42.1
	en marcha atrás	in reverse	43.41
	atrasar	to delay	34.41
	atravesar		
	atravesarse	to cross (get in one's way)	36.41
	atreverse	to dare	42.42
	atribuir	to atribute	44.42
	atropellar	to run over	44.41
	atta. (see atento)		

	atte. (see atentamente)		
el	aumento	increase	36.41
el	autobús	bus	42.42
			43.1
	autocrático, -a	autocratic	37.42
el	autógrafo	autograph	44.41
el	automático, -a	automatic	39.1
el	automóvil	automobile	42.42
el	author	author	36.41
la	autoridad	authority	31.41
	autorizar	to authorize	44.41
	avanzar	to advance	33.41
la	aviación	aviation	40.42
el	azúcar	sugar	33.42
	azul, -ø	blue	34.2

b

el	bachiller	bachelor	35.41
la	baja	casualty	39.41
	bajo, -a	low	32.41
el	balance	balance	36.42
el	balcón	balcony	41.1
el	banano	banana	33.42

la	bandera	flag	44.42
el	banquete	banquet	32.42
el	baño		
	traje de baño	bathing suit	44.1
el	bar	bar	36.1
la	barbaridad	horror	43.1
la	barbarie	barbarism	36.41
el	barbero	barber	42.1
	Barranquilla	Barranquilla	43.42
la	barrera	barrier	43.42
	basar	to base	37.42
la	base	basis, foundation, roadbed	43.42
	básico, -a	basic	35.41
	bastar	to be sufficient	42.1
la	batalla	battle	37.41
la	batería	battery	43.1
el	bautizo	baptism	45.1
la	bendición	blessing	42.42
el	beneficio	benefit	45.42
el	beso	kiss	34.41
la	biblioteca	library	39.42
la	biela	connecting rod	43.41
los	bienes	goods	31.42

el	**bigote**	mustache	35.41
el	**billar**	billiard(s)	44.41
	el salón de billar	the pool hall	44.41
	blanco, -a	white	33.41
			34.2
la	**bocina**	(auto) horn	42.41
el	**boletín**	bulletin	36.42
el	**bólido**	meteor, fireball	44.41
	Bolivia	Bolivia	43.42
la	**bonificación**	allowance	45.42
	bonificación familiar	family allowance	45.42
	borracho, -a	drunk	43.1
el	**Brasil**	Brazil	40.42
	brasilero, -a	Brazilian	44.42
el	**brazo**	arm	42.41
	dar el brazo a torcer	to give in	42.41
	brillante, -∅	brilliant	32.42
la	**brillantina**	hair oil, brilliantine	42.1
la	**broma**		
	en broma	in jest, jokingly	31.1
	bruto, -a	brutish, stupid, moron	42.41
	Buenos Aires	Buenos Aires	38.42
la	**bujía**	spark plug	44.41

la	**bulla**	noise, uproar, racket	41.1
la	**burocracia**	bureaucracy	34.42
	burocrático, -a	bureaucratic	43.41
el	**burro**	donkey, jackass	35.1
		c	
el	**cable**	cable	32.41
el	**cabotaje**	coastal traffic, trade	44.42
el	**cacao**	cacao	33.42
	cada, -∅		
	cada vez más	more and more	31.42
la	**cadena**	chain	33.42
			45.1
la	**calma**	calm, tranquility	35.1
	caluroso, -a	warm, enthusiastic	41.42
	Callao	Callao	44.42
la	**cámara**	camera	35.41
			44.1
el	**camarón**	shrimp, river crab	42.41
	cambiar		
	cambiar de tema	to change the subject	32.1
el	**cambio**	gears, transmission	39.1
	a cambio de	in exchange for	45.41
el	**camión**	truck	39.41

la	camioneta	panel truck	32.41
la	camisa		
	meterse en camisa de once varas	to bite off more than one can chew	45.41
la	campaña	campaign	37.41
el	campeón	champion	33.41
el	campesino	countryman, farmer, peasant	36.41
el	Canadá	Canada	31.42
la	canción	song	35.1
la	candidata	candidate	37.41
el	candidato	candidate	41.1
la	capacidad	capacity	33.41
el	capataz	foreman	45.42
el	capital	capital	31.42
el	capitán	captain	37.1
la	capitanía	captaincy	37.42
el	capitolio	capitol	34.41
la	cara	face	41.41
el	carácter	disposition	33.41
	característico, -a	characteristic	36.41
	caracterizar	to characterize	37.42

la	carburación	carburation	43.41
la	carga	load, freight	43.42
el	cargo	charge, responsibility	34.1
	tener a cargo	to be in charge of	34.1
la	caricatura	caricature	41.1
el	cariño	affection	34.41 35.1
el	carnaval	carnival	37.41
	caro, -a		
	carísimo, -a	very expensive	39.1
la	carrera	career	35.41
la	carreta	cart, ox-cart wagon	42.42
la	carretera	highway	43.42
la	carrocería	body	43.41
el	cartelón	placard, sign	41.1
el	caso		
	en caso de que	in the event that	41.2
	hacer caso	to pay attention	31.1
el	castellano	Castilian, Spanish	35.41
la	catástrofe	catastrophe	39.42
la	categoría	category	45.42
(el)	Cauca	Cauca (river)	43.42

el	caudillo	leader (local, often self appointed, military commander)	37.41
	causar	to cause	33.42
	celebrar	to celebrate	37.41
el	censo	census	36.42
	centígrado, -a	centigrade	33.42
el	centímetro	centimeter	42.41
el	céntimo	cent	39.1
	central, -ß	central	32.42
	Centroamérica	Central America	43.42
	centroamericano, -a	Central American	43.42
	cero, -ß	zero	32.2
el	ciclista	cyclist, bicyclist	42.41
el	cielo	heaven, sky	42.42
	cien, -ß	(one) hundred	32.2
la	ciencia	science	35.41
	científico, -a	scientific	35.42
	ciento		
	por ciento	per cent	31.42
	cierto, -a	certain	35.41
			42.1
el	cigarrillo	cigarette	38.1
	cincuenta, -ß	fifty	32.2

el	cine	movie	38.1
el	circuito	circuit	34.41
el	círculo	circle	35.42
la	circunstancia	circumstance	43.41
la	cita	date, appointment	45.1
el	ciudadano	citizen	39.41
	cívico, -a	civic	35.41
	civil, -ß	civil	37.42
la	civilización	civilization	36.41
	civilizar	to civilize	40.41
	claramente	clearly	37.42
la	clase	class, kind, type	34.1
el	clasicismo	classicism	35.42
la	clausura	closing session	38.42
	clínico, -a	clinical	41.41
	el ojo clínico	the practiced eye	41.41
el	closet	closet	34.41
	cobarde, -ß	cowardly	44.1
el	cobre	copper	33.42
	cocinar	to cook	31.1
la	cocinera	cook	41.41
el	coctel	cocktail	36.1
la	coincidencia	coincidence	36.1

	coincidir	to coincide	43.42
el	cojinete	bearing	43.41
	cojo, -a	lame, crippled	36.1
la	cola	line (of people), queue	43.1
la	colaboración	collaboration	38.41
el	colegio	elementary (secondary) school	35.41
	colgar	to hang	41.41
		to hang (up)	45.2
la	colina	hill	39.41
el	colmo	limit	42.41
	Colombia	Colombia	43.42
	colonial, -∅	colonial	32.1
la	colonización	colonization	35.42
el	colonizador	colonizer	43.42
el	color	color	39.1
la	columna	column	41.42
la	combinación	combination	35.41
el	combustible	combustible, fuel	44.42
	comenzar	to commence, begin	45.41
el	comercio	commerce	31.41
			34.1
	cometer	to commit	41.42

la	comisión	commission	38.41
el	comité	committee	37.41
	como		
	tan pronto como	as soon as	42.1
el	compadre	father or god father (with respect to each other)	45.41
el	compañero	companion, friend	35.41
el, la	compatriota	compatriot	43.41
	complacer	to please, humor, accomodate	37.1
	complejo, -a	complex	44.42
	complementar	to complement	43.41
	completar	to complete	32.41
la	complicación	complication	43.41
	complicado, -a	complicated	34.41
			43.1
el	compromiso	commitment	33.1
	computar	to compute	44.41
	común, -∅	common	38.41
la	comunicación	communication	36.42
la	comunidad	community	39.42
el	comunismo	Communism	40.42
	con		

	con ganas de	with desires of, wanting to	31.1
	con tal que	provided that, if only	41.1
	concebir	to conceive	42.42
	conceder	to concede	43.41
la	concentración	concentration	39.41
	concentrar	to concentrate	33.42
el	concepto	concept	35.42
la	conciencia	conscience	41.42
la	conciliación	conciliation	38.42
	concluir	to conclude	42.41
la	conclusión	conclusion	43.42
	conectar	to connect	44.42
la	conexión	connection	34.41
la	confederación	confederation	38.42
la	conferencia	conference	38.42
	confesar	to confess	34.41
la	confianza	confidence, trust	45.41
	ganarse la confianza	to win the confidence	45.41
	confiar	to entrust, confide	38.42
la	confidencia	a confidence	45.41
	hacer confidencias	to confide in, to trust in	45.41

la	confitería	confectionery, candy-shop	36.1
el	conflicto	conflict	37.42
	confortable, -ø	comfortable	41.42
la	confusión	confusion	36.41
el	congreso	congress	38.42
el	conjunto	combination, aggregate	32.1
el	conocimiento	understanding, knowledge	35.42
la	conquista	conquest	35.42
la	consecuencia	consequence	44.42
	conseguir	to obtain, get	34.41
el	consejo	council	40.41
	conservador, -a	conservative	33.41
	considerable, -ø	considerable	37.42
	considerablemente	considerably	31.42
la	consideración	consideration	34.42
	considerar	to consider	31.41
	consistir	to consist	35.42
la	consolidación	consolidation	40.42
	conspirar	to conspire	40.41
	constantemente	constantly	38.41
la	constitución	constitution	37.41

	constitucional, -∅	constitutional	38.41
	constituir	to constitute	35.42
la	construcción	construction	31.41
	construir	to construct	32.1
el	consulado	consulate	31.41
la	consulta	consultation	40.41
	consumir	to consume	31.42
el	consumo	consumption	36.41
el	contacto	contact	31.41
	dar contacto	to step on the starter, turn on the ignition	43.41
el	contador	accountant	45.41
	contagioso, -a	contagious	39.41
	contar	to tell	35.1
	cuente	tell	35.1
	contener	to contain	42.41
	contentar	to (be) contented	43.42
el	continente	continent	39.42
	continuar	to continue	34.41
	contratar	to contract	45.42
el	contrato	contract	34.41
	contribuir	to contribute	38.42
	controlar	to control	39.42

la	controversia	controversy	35.42
	conveniente, -∅	convenient	45.42
	convertir		
	convirtió	(it) converted	31.42
	convertirse	to convert	31.42
	convirtió (see convertir)		
	convocar	to call, convoke	38.42
el	convoy	convoy	39.41
la	cooperación	cooperation	39.42
	cooperativo, -a	cooperative	39.42
	coordinar	to coordinate	40.42
la	copia	copy	45.42
el	co-piloto	co-pilot	44.41
la	cordillera	mountain range	43.42
	Corea	Korea	40.42
la	corona	wreath, crown	40.1
	cortar	to cut	42.1
la	corte	court	37.41
la	Corte Permanente de Arbitraje	Permanent Court of Arbitration	38.42
la	cortina	curtain	34.41
	corto, -a	short	35.41 42.1
la	corrección	correction	35.41

el	corredor	racer	44.41	la	crueldad	cruelty	41.42

el	corredor	racer	44.41
	correr	to run	35.41
			41.1
	corresponder	to correspond	35.42
	correspondiente, -Ø	corresponding	38.41
la	corriente	current	33.42
la	costa	coast	33.42
	Costa Rica	Costa Rica	39.42
el	costo	cost	45.42
la	costumbre	custom	35.41
la	creación	creation, establish-ment	35.42
	crear	to create	35.42
	crecer	to grow	42.41
el	crecimiento	growth	36.41
	criminal, -Ø	criminal	41.42
la	criminalidad	crime, criminality	41.42
	criollo, -a	creole	37.41
la	crisis	crisis	31.42
	cristalizar	to crystallize	38.42
el	criterio	criterion	35.42
	criticar	to criticize	42.1
	crudo, -a	raw	35.1

la	crueldad	cruelty	41.42
la	cruzada	crusade	41.42
	cruzar	to cross	33.42
la	cuadra	block	43.1
	cuadrado, -a	square	31.41
el	cuadro	chart	45.42
	cuando	whenever	42.2
	cuanto		
	en cuanto	as soon as	42.2
el	Cuartel General	headquarters	39.41
	cuatrocientos, -as	four hundred	32.2
	Cuba	Cuba	39.42
el	cubierto	silverware	41.41
	cubrir	to cover	43.42
el	cuello	collar	42.1
		neck	44.41
	a voz en cuello	at the top of one's voice	44.41
la	cuenta		
	darse cuenta	to realize	44.1
	cuente (see contar)		
el	cuerpo	body, corps	42.1
la	cuesta	hill	36.41

el	cuidado				Chapultepec	Chapultepec	40.42
	tener cuidado	to have care, to be careful	33.1	el	Chevrolet	Chevrolet	43.41
la	culminación	culmination	43.41		chiflar		
	culminante, -ø	culminating, climactic	44.41		chiflarse	to become mentally unbalanced	42.1
	culminar	to culminate	37.41		Chile	Chile	36.41
el	cultivo	cultivation	39.42		chileno, -a	Chilean	44.42
	culto, -a	cultured, educated	35.42	el	chiste	joke	35.1
la	cultura	culture	35.41		chocar	to collide	42.41
	cultural, -ø	cultural	37.42	el	choque	accident, collision	43.1
el	cumplimiento	fulfillment, performance	40.41	el	Chrysler	Chrysler	43.41
	cumulativo, -a	cumulative	34.42				

<u>d</u>

la	cuñada	sister-in-law	45.1
la	cuota	quota, installment	45.41
el	cura	priest	45.1
	curativo, -a	curative	34.41
el	curso	course	35.41
la	curva	curve	36.41
	cuyo, -a	whose	32.41
	Cuzco	Cuzco	43.42

<u>ch</u>

el	chantagista	blackmailer	41.42

dar	to offer, to show (a movie)	38.1
dar contacto	to step on the starter, turn on ignition	43.41
darse cuenta	to realize	44.1
dar el brazo a torcer	to give in	42.41
dar la mano	to give the hand, to shake hands	42.1
dar lástima	to inspire pity, to be pitiful	41.41
dar lugar a	to give rise to	40.42

	datar			
	datar de	to date from	44.42	
	de			
	de acuerdo	agreed, okay	35.1	
	de manera que	so that	42.2	
	de modo que	so that	42.2	
	de nuevo	again	37.1	
	de parte de	in the name of	36.1	
	de repente	suddenly	36.41	
	de segunda mano	at second hand	38.1	
	de veras	really	38.1	
	más de	more than	31.1	
	debatir	to debate	40.41	
	deber	must, probably	32.1	
	deberse a	to be due to	31.41 41.1	
el	deber	duty, obligation	39.42	
el	decano	dean	41.1	
	decidir			
	decidirse	to decide	36.1	
	décimo, -a	tenth	33.2	
	decir			
	dicho	said	44.1	
	decisivo, -a	decisive	37.42	

la	declaración	declaration	38.42
la	dedicación	dedication	38.42
el	déficit	deficit	44.42
la	delegación	delegation	34.41
	deliberar	to deliberate	38.42
	delicado, -a	delicate	42.42
la	delicia	delight, satisfaction	40.41
la	delincuencia	delinquency	41.42
la	demanda	demand	31.42
	demás, -á	other	43.1
	democrático, -a	democratic	37.41
la	demostración	demonstration	39.42
	denso, -a	dense	44.41
	dentro de	within	34.41
	deportivo, -a	sporting	37.41
	derecho	straight ahead	43.1
el	derecho	right	39.42
		law	41.1
	derecho, -a	right	43.1
	de repente	suddenly	36.41
	derivar	to derive	35.42
	derrocar	to overthrow	38.41
	derrotar	to defeat	37.41

	desagradable, -d	disagreeable	37.41
	desarrollar	to develop	34.1
el	desarrollo	development	31.41
	desarticular	to disconnect, take apart	43.42
el	desastre	disaster	39.42
	descalificar	to disqualify	44.41
	descalzo, -a	barefoot, unshod	36.41
	descansar	to rest	42.42
	descentralizar	to decentralize	42.41
la	desconfianza	distrust, lack of confidence	38.42
	descontar	to discount	45.41
la	descripción	description	45.42
	desde		
	desde luego	of course	38.1
	desempeñar	to fulfill, carry out	45.41
el	deseo	desire, wish	35.42
	desértico, -a	desert-like	33.42
	desesperado, -a	desperate	44.41
	desfilar	to parade	40.41
	desganado, -a	indifferent, not hungry	31.1
	desgastar	to wear out	44.42

	desgraciadamente	unfortunately	35.41 45.1
	desilusionar	to disillusion	35.41
la	desintegración	disintegration	41.42
la	desorganización	disorganization	34.42
	despacio	slow	33.1
	despertar	to awaken	38.41
el	déspota	despot	37.41
el	desprecio	contempt, scorn	41.42
	desproporcionado, -a	disproportionate	34.42
	después		
	después de	afterwards of, after	36.1
	después que	after	42.2
	desteñir	to fade	42.41
el	destino	destiny	32.42
	destructivo, -a	destructive	38.42
	destruir	to destroy	33.42
	detallar	to detail	31.41
el	detective	detective	41.41
	detener	to detain	37.42
la	deuda	debt	45.41
	meterse en deudas	to get into debt	45.41
	devastar	to devastate	39.42

el	**día**		
	a los tres días	on the third day	39.41
	al otro día	the next day	41.41
	el día de fiesta	holiday	34.41
	el día libre	the day off	40.1
	en su día	in his day	33.41
el	**diablo**	devil	41.41
	diagonal, -ø	diagonal	42.41
	diciembre	December	32.2
la	**dictadura**	dictatorship	38.41
	dictatorial, -ø	dictatorial	37.42
	dicha		
	por dicha	fortunately	37.41
el	**dicho**	saying	42.41
	dicho (see decir)		
la	**diferencia**	difference	34.41
	digerir	to digest	37.41
	dilatar	to expand, extend	44.41
el	**dios**	God	36.1
	diplomático, -a	diplomatic	42.1
la	**dirección**	direction	35.41
		direction, address	43.1
		steering	44.41

el	**director**	director	31.41
	disculpar	to excuse	36.1
el	**discurso**	discourse, speech	32.41
la	**discusión**	discussion	35.42
la	**disertación**	dissertation	36.41
	disimuladamente	furtively, unobtrusively	35.41
	disminuir	to decrease, slow down	43.41
	disolver	to dissolve, disperse	41.1
	disuelto	dissolved	44.2
	disparar	to shoot	39.41
el	**disparo**	shot	39.41
la	**disputa**	dispute	37.42
la	**distinción**	distinction	36.41
	distinguir	to distinguish	42.41
la	**distracción**	distraction	37.41
	distraídamente	absent-mindedly, distractedly	35.41
la	**distribución**	distribution	34.42
	distribuir	to distribute	32.41
	disuelto (see disolver)		
	diverso, -a	diverse	44.42
	dividir	to divide	32.2
	doblar	to turn	42.41
			43.1

	doméstico, -a	domestic	36.41		económicamente	economically	37.42
	dominar	to dominate	31.41		económico, -a	economic	31.41
(la)	República Dominicana	Dominican Republic	44.42	el-la	economista	economist	36.42
	doña	Miss or Mrs.	33.41		Ecuador	Ecuador	43.42
	dos				ecuatoriano, -a	Ecuadorian	43.42
	dos por tres	nothing flat, no time at all	41.1	la	edad	age	38.41
	doscientos, -as	two hundred	32.2		editorial	editorial	34.42
	dudar	to doubt	34.41		educacional, -∮	educational	35.42
	duele (see doler)		36.1	el	educador	educator	36.41
el	dueño	owner	34.41		efectivo, -a	effective	37.42
			39.1	el	efecto	effect	34.42
	dulce, -∮	sweet	33.41		efectuar	to effect, carry out	39.42
la	duración	duration	37.42	la	eficiencia	efficiency	33.41
					eficiente, -∮	efficient	44.42
				el	egreso	expense, debit	45.42
	e			el	eje	axis	40.42
	echar				ejecutar	to execute, carry out	38.41
	echar de menos	to miss	37.41	el	ejército	army	37.41
	echarse	to throw oneself	40.41		El Salvador	El Salvador	43.42
la	economía	economy	31.42	la	elección	election	37.41
			34.1				41.1

la	electricidad	electricity	32.42
	eléctrico, -a	electric	31.41
la	electrificación	electrification	31.41
	electrónico, -a	electronic	45.42
	elegir	to select, to choose	35.41
el	elemento	element	37.42
la	elevación	elevation	33.42
la	eliminación	elimination	44.42
	eliminar	to eliminate	40.42
el	embajador	ambassador	36.1
	embarazoso, -a	embarrassing	45.41
	embargo		
	sin embargo	however, nevertheless	34.41 45.1
el	embrague	clutch	43.41
la	emergencia	emergency	39.42
la	emoción	emotion	40.41
	empeñar	to pawn	41.41
	empeorar	to worsen, deteriorate	38.41
el	empleo	employment, use	40.42
la	empresa	enterprise	45.41
	en		

	en broma	in jest, jokingly	31.1
	en caso de que	in the event that	41.2
	en cuanto	as soon as	42.2
	en el terreno	on the scene	40.41
	encima	on top	45.41
la	encomienda	encomienda	37.41
el	enemigo	enemy	39.41
la	energía	energy	33.41
	enero	January	32.2
la	enfermedad	sickness	34.41
la	enfermera	nurse	39.42
	enfermo, -a	sick	38.1
	enterar		
	enterarse	to find out about, hear about	43.1
el	entierro	burial	40.1
la	entrada	income	31.42
	entre	among, between	31.41
	entregar	to deliver, to hand over	32.42
la	entrevista	interview	32.41
	enviar	to send	40.41
	envidiar	to envy	35.41

la	epidemia	epidemic	39.42		especializar	to specialize	45.42
el	equipo	team	45.42		especialmente	specially	37.41
	el trabajo en equipo	teamwork	45.42	el	espectáculo	spectacle	42.42
	equivalente, -∅	equivalent	35.41	el	espionaje	espionage	40.42
	equivocar	to mistake	36.1		espiritual, -∅	spiritual	32.42
la	era	era	32.42		espléndido, -a	splendid	45.41
la	escala	scale	43.42	la	estabilidad	stability	37.42
	escapar	to escape	35.42		establecer	to establish	32.41
la	escasez	scarcity	34.41	el	establecimiento	establishment	31.41
	esconder	to hide	45.2	la	estación	season	33.42
	escribir					station	39.41
	escrito	written	44.2	la	estadística	statistics	31.42
	escrito (see escribir)				estadístico, -a	statistical	36.42
	escuchar	to listen	36.41	el	estado	condition, state	39.1
la	escuela				golpe de estado	coup d'etat	37.41
	escuela normal	normal school, teachers college	39.42		estallar	to explode	41.1
	esencial, -∅	essential	44.42		estar		
el	esfuerzo	effort	41.42		estar de luto	to be in mourning	40.1
	España	Spain	35.42	la	estática	static	44.41
el	especialista	specialist	34.1	el	este	east	33.42
la	especialización	specialization	32.41	el	estilo	style	32.1
	especializado, -a	specialized	45.42		estimar	to esteem	45.42
					estimado Sr.	dear Sir	45.42

el	estímulo	stimulus	45.42
el	estómago	stomach	34.41
	estrenar	to inaugurate, to show for the first time	36.1
	estricto, -a	strict	41.42
la	estructura	structure	38.42
	estúpido, -a	stupid	41.41
la	etapa	step, segment, section, prescribed day's run	44.41
	eternamente	eternally	34.42
	Europa	Europe	31.42
	europeo, -a	European	31.42
	evasivo, -a	evasive	41.41
el	evento	event	37.41
	evidente, -∅	evident	43.42
	evitar	to avoid, prevent	34.41
la	evolución	evolution	38.42
	exagerar	to exaggerate	36.41
el	exámen	examination	35.41 41.1
	presentarse a un exámen	to take an examination	35.41
	examinar	to examine	41.42
	excitante, -∅	exciting	42.42

	excitar	to excite	44.41
el	exilado	exile	38.41
el	éxito	success	35.42
	exorbitante, -∅	exorbitant	34.42
	expandir	to expand	45.42
la	expansión	expansion	31.41
la	expectación	expectation, anticipation	44.41
	experimental, -∅	experimental	35.42
el	experimento	experiment	35.42
	explorar	to explore	37.42
la	explotación	exploitation	33.42
	explotar	to exploit	36.41
	exponer	to expound, state	45.42
la	exportación	exports, exportation	31.41
	exportar	to export	31.42
la	expropiación	expropiation	42.41
la	extensión	extension	38.42
	extra, -∅	extra	39.41
el	extranjero	foreign (land), abroad	31.42
	extranjero, -a	foreign	42.1
	extrañar	to wonder at	32.1
	extraordinario, -a	extraordinary	40.41

| | extremado, -a | extreme, unusual | 45.41 |
| | extremo, -a | extreme | 38.41 |

f

la	fabricación	fabrication, manufac-turing	45.42
la	facilidad	facility	33.41
	facilitar	to facilitate	45.42
el	facineroso	habitual criminal	41.42
el	factor	factor	31.42
la	facultad	faculty	41.1
	falsificar	to falsify	41.41
	falso, -a	false	32.41
la	falta		
	hacer falta	to miss	34.41
	fallar	to fail	39.1
	familiar, -∅	family (pertaining to the...)	45.42
	bonificación familiar	family allowance	45.42
	familiarizarse	to familiarize oneself, to become familiar	44.41
	famoso, -a	famous	36.41
	fanático, -a	fanatic	44.41
	fatal, -∅	fatal	44.41

	fatídico, -a	fateful	44.41
	favorable, -∅	favorable	31.41
la	fe	faith	32.42
	febrero	February	32.2
la	federación	federation	44.41
	federal, -∅	federal	37.42
	feliz, -∅	happy	35.41
	felizmente	happily	34.41
	férreo, -a	ferrous	43.42
	la línea férrea	the railroad line	43.42
el	ferrocarril	railroad	43.42
	fértil, -∅	fertile	33.42
la	fiebre	fever	39.42
	fiebre aftosa	hoof and mouth disease	39.42
la	figura	figure	33.41
la	filigrana	filigree, minute design	42.42
la	filosofía	philosophy	35.41
	filosófico, -a	philosophical	42.41
el	fin		
	a fin de	in order to, so that	37.41 41.2
	fin de semana	weekend	38.41
	finalmente	finally	34.41

	financiar	to finance	45.42
la	finca	farm, ranch	36.41
	fino, -a	fine, valued, precious	41.41
la	firma	firm	31.41
la	física	physics	35.41
	flaco, -a	thin, skinny, feeble	35.1
	flagrante, -∅	flagrant	42.42
la	flecha	arrow	42.41
el	flete	shipping rates	44.42
la	flor	flower	36.1
la	flota	fleet	44.42
el	foco	focal point, center	39.41
el	fondo	background	44.41
		fund	45.42
el	Ford	Ford	43.41
	forestal, -∅	(pertaining to the) forest	39.42
la	formación	formation	33.42
	formal, -∅	formal	40.41
	formalizar	to formalize	38.41
	formalmente	formally	37.41
	formidable, -∅	formidable	43.42
la	fortuna	fortune	36.41

el	fósforo	match	38.1
el	francés	French	35.41
	Francia	France	34.41
	frenar	to brake, restrain	43.41
el	freno	brake	39.1
el	frente	front	39.41
	frente a	in the face	40.42
	hacer frente	to face up to	39.41
la	frontera	frontier	33.42
el	fruto	fruit	38.42
el	fuego	fire	36.41
	fuera de	outside of	44.42
	fuerte, -∅	strong	31.42 44.1
	fumar	to smoke	38.1
la	función	function, duty	45.41
	funcional, -∅	functional	43.42
	funcionar	to function	45.42
la	furia	fury	42.41

g

el	gabinete	cabinet	32.42
la	gallina	hen	36.41

la	gana	desire	31.1
	con ganas de	with desires of, wanting to	31.1
la	ganadería	cattle raising	36.41
la	ganancia	earning, profit	36.41
	ganar	to earn	41.42
	ganarse la confianza	to win the confidence	45.41
	ganarse la vida	to earn a living	41.42
	ganar tiempo	to save time	42.42
el	garage	garage	43.41
	garantizar	to guarantee	39.1
la	gasolina	gasoline	43.1
	gastar	to spend	34.1
		to wear out	43.41
el	gasto	expense	34.1
el	gato	cat	36.1
el	generador	generator	43.41
	generar	to generate	43.42
la	geografía	geography	33.42
	geográfico, -a	geographic	33.42
el	gerente	manager	45.42
	gesticular	to gesticulate	42.41
la	gloria	glory	38.42

el	gobernador	governor	37.42
el	golpe		
	golpe de estado	coup d'etat	37.41
la	gotera	leak	34.41
	gracioso, -a	gracious	42.42
el	grado	degree	33.42
la	gramática	grammar	35.41
el	grano	grain	36.41
	grave, -∅	grave, serious	34.42
	gratis	gratis	34.41
	gremio	trade union	37.41
	gris, -∅	gray	34.2
	gritar	to shout	39.41
			41.1
el	grito	shout	42.41
	grueso, -a	thick, gross	44.42
el	grupo	group	44.41
	guapo, -a	handsome	35.41
			37.1
el	guardafangos	fender	43.41
	Guatemala	Guatemala	43.42
	Guayaquil	Guayaquil	44.42
	gubernamental, -∅	governmental	43.42

	guiar	to guide	42.42
la	guitarra	guitar	35.1

h

	haber		
	haya	there may be	41.1
	hay que	you ought to	41.1
	hábilmente	skillfully	36.41
	habilitar	to provide, furnish	44.42
el	habitante	inhabitant	31.41
	habitar	to inhabit	44.42
el	hábito	habit	34.41
el	hacendado	rancher, property owner	36.42
	hacer		
	hacer caso	to pay attention	31.1
	hacer confidencias	to confide in, to trust in	45.41
	hacer falta	to miss	34.41
	hacer frente	to face up to	39.41
	hacer partir	to start up	43.41
	hacer su agosto	to make a kill, to take full advantage	44.41
	mandar a hacer	to order done, order made, to have made	40.1

	trato hecho	sold!	39.1
	hacia	toward	33.41
	Haiti	Haiti	44.42
la	hamaca	hammock	38.41
	hasta		
	hasta que	until	42.2
	haya (see haber)		
	Haya (La)	The Hague	38.42
el	hecho	fact, deed, event	40.41
el	hemisferio	hemisphere	35.42
	heredar	to inherit	32.1
	herido, -a	wounded	41.1
	herir	to wound	39.41 41.1
el	héroe	hero	37.42
	hidráulico, -a	hydraulic	43.41
	hidroeléctrico, -a	hydroelectric	45.42
el	hierro	iron (raw)	33.42
	higiénico, -a	hygienic	45.42
	hinchar	to swell	41.41
la	historia	history	32.42
		story	45.41
	histórico, -a	historical	35.42
el	hobby	hobby	43.41

el	hogar	hearth, home	41.42
	Holanda	Holland	40.42
la	hombría	manliness, bravery, courage, valiance	44.41
	Honduras	Honduras	43.42
	honesto, -a	honest	37.42
el	honor	honor	32.42
	honrado, -a	honest	41.42
el	horror	horror	43.41
el	hospital	hospital	45.41
	huele (see oler)		
la	huelga	strike	41.1
las	humanidades	humanities	35.41
	humanístico, -a	humanistic	35.42
	humano, -a	human	34.41
la	humedad	humidity	34.41
	húmedo, -a	humid	33.42
el	humor	humor	36.1

i

	ideal, -∅	ideal	35.42
	identificar	to identify	41.41

la	ideología	ideology	38.41
el	idiota	idiot	37.41
el	ídolo	idol	44.41
	ignominiosamente	ignominiously	37.41
la	ignorancia	ignorance	43.41
la	ilustración	illustrations	31.42
	ilustrar	to illustrate	42.42
	imaginar		
	imaginarse	to imagine	37.41
	imbécil	imbecile	39.41
	impedir	to impede	38.41
	implementar	to implement	40.42
	implicar	to implicate	35.42
	imponente, -∅	imposing	32.42
	imponer	to impose	36.42
	impuesto	imposed	36.42
la	importación	importation	31.41
el	importador	importer	44.42
	importante, -∅	important	38.2
	imposible, -∅	impossible	34.42
la	impresión	impression	35.41
	impuesto (see imponer)		
el	impuesto	tax	44.42

el	impulso	impulse	35.42
	inaccesible, -∅	inaccessible	43.42
	inactivo, -a	inactive	34.41
	inadvertidamente	inadvertently	45.41
la	inauguración	inauguration	32.42
	inaugurar	to inaugurate	32.42
el	Inca	Inca	43.42
	incalculable, -∅	incalculable	41.42
el	incidente	incident	37.42
la	inclinación	inclination	35.42
	inclinar	to slope, incline	43.41
	inclusive, -∅	inclusive	34.41
	incómodo, -a	uncomfortable, embarrassing	43.41
	incorporar	to incorporate	43.42
	increíble, -∅	incredible	34.41
la	independencia	independence	35.42
	independiente, -∅	independent	37.42
la	indiferencia	indifference	41.42
	indígena, -∅	indigenous, Indian, native	43.42
la	indignación	indignation	41.42
el	indio	indian	37.41

	indirecto, -a	indirect, devious	43.41
	indispensable, -∅	indispensable	44.41
la	industria	industry	34.1
	industrial, -∅	industrial	31.42
	inestable, -∅	unstable	38.42
	inexplorado, -a	unexplored	33.42
	infaltable, -∅	unfailing, ever present	44.41
la	infancia	infancy	39.42
	la protección a la infancia	child welfare	39.42
	infestar	to infest	41.42
la	inflación	inflation	36.42
la	influencia	influence	37.42
	influenciar	to influence	37.42
	informar	to inform	32.41
el	informe	report	31.41
el	ingrediente	ingredient	44.41
la	iniciación	initiation	34.41
	iniciar	to initiate	37.42
	ininterrumpido, -a	uninterrupted	43.42
	inmenso, -a	immense	41.42
	inmoral, -∅	immoral	42.41
	innumerable, -∅	innumerable	44.42

	inspirar	to inspire	37.42
la	instalación	installation	32.41
	instalar	to install	32.41
	instantáneo, -a	instantaneous	40.41
la	institución	institution	35.41
	instituir	to institute	45.42
el	instituto	institute	42.41
la	instrucción	instruction	35.42
el	instrumento	instrument	43.41
	insultar	to insult	41.41
el	insulto	insult	39.41
la	integridad	integrity	38.42
la	inteligencia	intelligence	45.41
la	intención	intention	41.41
	intensivo, -a	intensive	35.41
	intenso, -a	intense	42.41
	interamericano, -a	inter-American	38.42
la	interdependencia	interdependence	31.42
	interesar	to interest	34.41
	interior, -∅	interior	37.42
	interno, -a	internal	36.41
	interpretar	to interpret	32.42
el	intérprete	interpreter	32.41

	interrogar	to interrogate, question	41.41
	intervención	intervention	37.42
	intervenir	to intervene	37.42
			41.1
	íntimo, -a	intimate, close	42.41
	in toto	in toto	35.42
	intransitable, -∅	impassable	43.42
	intrigar	to intrigue	41.41
la	intuición	intuition	38.41
la	inundación	inundation, flood	39.42
	inundar	to inundate, flood	43.42
	invadir	to invade	39.41
la	invasión	invasion	38.41
	invasor, -a	invading	38.41
la	invención	invention	42.42
la	inversión	investment	36.42
la	investigación	investigation	35.42
	ir		
	(que) vayamos	that (we) may go	36.1

j

	jamás	never	42.1
el	japonés	Japanese	40.42

el	jardín	garden	32.1
el	jeep	jeep	39.41
el	joven	young (man)	35.41
	Juárez	Juarez	43.42
	jugoso, -a	juicy	36.41
el	juguete	toy	45.1
	julio	July	32.2
	junio	June	32.2
la	junta	junta	37.42
la	Junta Interamericana de Defensa	Inter-American Defense Board	40.42
	jurídico, -a	juridical	40.41
la	justicia	justice	38.42
	justificar	to justify	45.41
	justo, -a	just	32.42
	juvenil, -∅	juvenile	41.42
la	juventud	youth	41.42

l

el	lado	side	35.41 42.1
	al lado de	by the side of	35.41
el	ladrón	robber, thief, burglar	41.41
el	lago	lake	33.41

	lamentar		
	lamentarse	to lament	39.41
	lanzar	to throw	39.41
	largo, -a		
	a todo lo largo	all along	38.41
la	lástima	pity	33.1
	dar lástima	to inspire pity, to be pitiful	41.41
el	latín	Latin	35.41
	Latinoamérica	Latin America	31.41
	leal, -∅	loyal	45.41
la	lealtad	loyalty	37.41
	leer	to read	39.42
	legal, -∅	legal	34.41
la	legislación	legislation	45.42
el	lenguaje	language	42.42
	lento, -a	slow	34.41
la	letra	letter	37.41
la	ley	law	34.41
	liberal, -∅	liberal	35.42
	liberalizar	to liberalize	44.42
la	libertad	liberty, freedom	37.41
	libre, -∅	free	37.41 40.1

	el día libre	the day off	40.1
	libresco, -a	bookish	35.42
la	licencia	license	31.41
la	liga	league, alliance	38.42
la	Liga de las Naciones	League of Nations	38.42
	Lima	Lima	40.42
	limitar	to limit	31.41
el	límite	limit	37.42
	lindo, -a	pretty, lovely, attractive	36.1
la	línea		
	la línea férrea	the railroad line	43.42
el	lío	mess, tangle, row	42.41
		trouble, difficulty, scrape, mess	45.1
la	literatura	literature	35.41
el	litro	liter	43.1
	local, -∅	local	31.31
el	locutor	(radio) announcer	44.41
	lógico, -a	logical	35.42
el	lomo	back (animal's)	43.42
	a lomo de mula	by mule	43.42
la	lotería	lottery	39.41

	luego		
	desde luego	of course	38.1
el	lugar	place	31.42
	dar lugar a	to give rise to	40.42
	luminoso, -a	luminous	44.41
el	luto	mourning	40.1
	estar de luto	to be in mourning	40.1

ll

la	llama	llama (animal)	43.42
	llamar		
	llamar la atención	to strike the attention	32.1
la	llanta	tire	43.1
la	llegada	arrival	44.41
	llevar a	to cause	44.42
la	lluvia	rain	33.42

m

la	madrina	godmother	45.1
el	maestro	master	34.41
	maestro de obras	foreman, builder	34.41
el	Magdalena	Magdalena (river)	43.42

la	**Magna Carta**	Magna Carta	38.42
el	**mal**	evil, harm, disease	41.42
	maldito, -a	cursed	42.41
el	**malhechor**	malefactor	41.42
	malicioso, -a	malicious	45.41
la	**mamá**	mother	31.1
la	**mancha**	spot	41.41
	mandar	to order	40.1
	mandar a hacer	to order done, order made, to have made	40.1
el	**mando**	command	36.41
	al mando de	in command of	36.41
la	**manera**	way, manner	38.1
	de manera que	so that	42.2
el	**manganeso**	manganese	33.42
la	**manifestación**	manifestation	37.41
		demonstration	41.1
	manifestar	to reveal, declare	40.41
la	**maniobra**	maneuver	43.41
la	**mano**	hand	36.41 38.1
	dar la mano	to give the hand, shake hands	42.1

	de segunda mano	at second hand	38.1
	mantener	to maintain	34.41
la	**manufactura**	manufacture	31.41
	manufacturar	to manufacture	31.42
la	**manzana**	block (square)	43.41
	mañana		
	de la noche a la mañana	overnight	42.41
el	**mapa**	map	43.42
la	**maquinaria**	machinery	36.42
la	**maquinilla**	clippers	42.1
el	**mar**	sea	32.41 44.1
	maravilloso, -a	marvellous	42.42
la	**marcha**	march, running, operation	43.41
	(en) marcha atrás	(in) reverse	43.41
la	**marea**	tide	44.1
	marítimo, -a	maritime	43.42
	marzo	March	32.2
	más	plus	32.2
	cada vez más	more and more	31.42
	más de	more than	31.1
la	**masa**	mass	44.41

	matar	to kill	39.41
las	matemáticas	mathematics	35.41
la	materia	material, matter	31.42
		course, subject	35.41
	materias primas	raw materials	31.42
	material, -∅	material	32.42
	matricular		
	matricularse	to enroll (oneself)	35.41
	mayo	May	32.2
	mayor	greater, larger	31.42
		older	38.41
la	mayoría	majority	37.41
	mecánico, -a	mechanical	43.41
el	mecanismo	mechanism	40.41
la	mecanógrafa	typist	45.1
la	medalla	medal	39.41
			45.1
la	medicina	medicine	34.41
la	medida	measure	31.41
	a medida que	as	33.41
el	medio	means	37.41
	por medio de	through, by means of	37.41
	medio, -a	average	33.42

la	meditación	meditation	36.41
el	mejoramiento	improvement	39.42
	mejorar	to improve	34.1
	melodioso, -a	melodious	42.42
	memorable, -∅	memorable	32.42
el	memorándum	memorandum	45.42
la	mención	mention	44.42
	menos	minus	32.2
	a menos que	unless	41.2
	echar de menos	to miss	37.41
	menos pensado	least expected	37.1
el	mensaje	message	39.41
	mensual, -∅	monthly	45.41
	mercante, -∅	merchant	44.42
el	mérito	merit	44.41
el	mes		
	un mes anticipado	a month's advance	45.41
la	meseta	plateau	32.42
la	meta	goal line	44.41
	metálico, -a	metalic	34.41
	meter		
	meterse	to go into	44.1
	meterse en camisa de once varas	to bite off more than one can chew	45.41

	meterse en deudas	to get into debt	45.41
el	método	method	40.42
la	metodología	methodology	35.41
	métrico, -a	metric	36.42
el	miembro	member	32.42
el	milagro	miracle	32.1
la	milla	mile	44.42
el	millaje	mileage	44.42
la	minería	mining industry	36.42
el	ministro	minister	40.41
	misterioso, -a	misterious	39.41
la	mitad	half	44.42
el	modelo	model	31.1
	moderar	to moderate	43.42
el	modernismo	modernism	42.42
la	modernización	modernization	42.42
	moderno, -a	modern	42.41
	modificar	to modify	45.42
el	modo	manner	35.1
	de modo que	so that	42.2
la	molestia	bother	39.1
	monetario, -a	monetary	32.41
la	montaña	mountain	33.41

	montar	to mount	36.41
el	monumento	monument	39.41
	morado, -a	purple	34.2
	moral, -ø	moral	40.41
	morir		
	muerto	dead	39.41
			43.1
	morirse	to die	40.1
el	mosquito	mosquito	39.42
la	motorización	motorización	42.42
	motorizado, -a	motorized	42.41
	mover	to move	42.41
la	movilización	mobilization	39.41
	muerto (see morir)		
la	mula	mule	43.42
	a lomo de mula	by mule	43.42
la	multa	fine	42.41
	multiplicar	to multiply	32.2
la	multitud	multitude	44.41
	mundial, -ø	world(ly)	31.42
	municipal, -ø	municipal	43.42
la	música	music	35.41

TREINTA Y TRES   AIII.33

n

la	nación	nation	32.42
	nacionalista, -∮	nationalistic	37.42
	nada		
	antes que nada	before anything	44.1
	nadar ·	to swim	44.1
la	nariz	nose	42.41
	natural, -∮	natural	35.41
	naval, -∮	naval	40.42
la	navegación	navigation	43.42
la	necesidad	necessity	35.42
	negar		
	negarse	to deny, to refuse	38.41
la	negociación	negotiation	32.41
	negociar	to negotiate	31.41
	negro, -a	black	34.2
	netamente	purely, cleanly	38.41
	neutral, -∮	neutral	38.41
	nevado, -a	snowed	33.42
	nevar	to snow	33.42
	Nicaragua	Nicaragua	40.42
	ninguno, -a		

	ningún	none, not one	45.2
la	niñita	little girl	38.41
el	nivel	level	33.42
la	noche		
	de la noche a la mañana	overnight	42.41
	traje de noche	evening gown	36.1
	nombrar	to name	40.41
el	nombre		
	ponerle nombre	to name him	45.1
el	noreste	northeast	38.41
la	norma	norm	40.41
	normal, -∮	normal	34.42
	la escuela normal	normal school, teachers college	39.42
la	nota	note	40.41
	notable, -∮	notable	44.42
la	noticia	news	38.1
la	notificación	notification, summons	41.41
	noveno, -a	ninth	33.2
	noventa, -∮	ninety	32.2
	novecientos, -as	nine hundred	32.2
	noviembre	November	32.2

la	nube	cloud	44.41
	nuevo, -a		
	de nuevo	again	37.1
	nuevecito, -a	brand new	39.1
el	número	number	38.41
	numeroso, -a	numerous	34.41

o

la	objetividad	objectivity	45.41
el	objetivo	objective	32.41
el	objeto	object	43.41
la	obligación	obligation	34.42
	obligar	to obligate, compel	34.41
la	obra	work	32.42
el	obrero	worker	32.41
la	observación	observation	45.42
el	obstáculo	obstacle	43.42
	obtener	to obtain	31.41
	ochenta, -∮	eighty	32.2
	ochocientos, -as	eight-hundred	32.2
	octavo, -a	eighth	33.2
	octubre	October	32.2
la	ocupación	occupation	40.42

el	ocupante	occupant	44.41
	ocurrir	to occur	35.42
el	oeste	west	33.42
	oficialmente	officially	37.41
el	oficio	trade, craft	35.42
	ofrecer	to offer	31.41
	ojalá	would, wish, hope	36.1
el	ojo	eye	35.41
	el ojo clínico	the practiced eye	41.41
la	ola	wave	41.42 44.1
	oler	to smell	35.1
	huele	it smells	35.1
la	onda	wave	44.41
	ondulante, -∮	rolling	43.42
	ondular	to undulate	42.42
la	operación	operation	31.41
	operar	to operate	44.42
	oponer	to oppose	35.42
	oponerse	to oppose	35.42
la	oportunidad	opportunity	38.1
la	oposición	opposition	32.41
	optimista, -∮	optimistic	31.41

	ordenado, -a	orderly	42.42
	ordenar	to order, command	37.2
la	Organización Sanitaria Panamericana	Pan-American Sanitary Bureau	39.42
	organizar	to organize	35.1
el	órgano	organ, agency	40.41
el	Organo Provisional de Consulta	Provisional Organ of Consultation	40.41
la	orientación	orientation	35.42
	orientar	to orient	35.42
el	oriente	east	33.42
el	origen	origin	38.42
	originar	to originate	37.42
el	oro	gold	45.1
	otro, -a		
	al otro día	the next day	41.41
	por otra parte	on the other hand	36.42
el	overol	overalls	43.41

P

la	paciencia	patience	34.41
	pacífico, -a	pacific	38.42
el	pacto	pact, agreement, covenant	40.41

el	padrino	godfather	45.1
el	pago	payment	36.42
la	paja	straw	36.41
la	palabra	word	36.41 39.1
el	palacio	palace	39.41
	pálido, -a	pale	39.41
la	paloma	pigeon, dove	35.1
el	paludismo	malaria	39.42
la	pampa	plain, pampa	43.42
	Panamá	Panama	38.42
el	panamericanismo	Pan-Americanism	38.42
	panamericano, -a	Panamerican	38.42
el	pandemonio	pandemonium	41.41
el	panorama	panorama	35.42
el	paño	cloth	42.1
el	pañuelo	handkerchief	43.41
el	papel	paper, role	35.42
	tener un papel	to play a role	35.42
las	paperas	mumps	43.41
	para		
	para que	so that	41.1
el	parabrisas	windshield	43.41

la	parada	parade	37.41
		stop	43.1
(el)	Paraguay	Paraguay	43.42
	paralelamente	in parallel	33.42
la	pared	wall	34.41
el	pariente	relative	42.41
la	parte		
	de parte de	in the name of	36.1
	por otra parte	on the other hand	36.42
	por una parte	on the one hand	38.41
	por su parte	in turn, in answer	38.41
el	participante	participant	44.41
	participar	to participate	37.41
	particular, -∅	private	43.41
	particularmente	particularly	31.41
la	partida	departure	44.41
el	partido	party	37.41
	partir	to depart, start	43.41
	hacer partir	to start up	43.41
	pasado, -a		
	próximo pasado	last (month)	45.42
el	pasajero	passenger	42.42
	pasar		

	pasarse	to pass itself, to be spent	33.1
el	pasatiempo	pastime	44.1
el	paso	step	40.42
el	pastelito	little pie	37.1
la	patria	fatherland, country	32.42
el	patriota	patriot	37.41
	patriótico, -a	patriotic	39.41
el	patrón	patron, boss	39.41
		pattern	44.42
	el Santo Patrón	the Patron Saint	39.41
	patronal, -∅	employers'	45.42
	aporte patronal	employer contribution	45.42
la	patrulla	patrol	39.41
	pavimentar	to pave	43.42
la	paz	peace	37.41
el	peatón	pedestrian	42.41
la	pedagogía	pedagogy	35.41
el	pedido	order	34.41
	pedir	to request, ask for	32.1
	pegar	to glue, fasten, stick	44.41
	peinar		
	peinarse	to comb one's hair	42.1

la	película	film	38.1
el	peligro	danger	36.41
	peligroso, -a	dangerous, perilous	38.41
el	pelo	hair	35.41
			42.1
el	pelotón	platoon	39.41
la	peluquería	barbershop	42.1
	penalizar	to penalize	42.41
	penetrar	to penetrate	38.41
	pensar		
	menos pensado	least expected	37.1
	penúltimo, -a	penultimate	44.41
	per cápita	per capita	31.42
la	perfección	perfection	42.42
	perfecto, -a	perfect	39.1
	periódicamente	periodically	31.41
el	período	period	37.41
	permanecer	to remain	37.41
	permanente, -∫	permanent	38.42
	permitir	to permit	37.2
	perpetuo, -a	perpetual	38.42
el	perro	dog	36.41
	persistente, -∫	persistent	44.41

	personal, -∫	personal	32.41
el	personal	personnel	45.42
la	personalidad	personality	37.42
	personalmente	personally	37.41
			40.1
la	perspectiva	prospect	31.41
(el)	Perú	Peru	39.42
	peruano, -a	Peruvian	43.42
	pesado, -a	heavy	43.42
el	pésame	condolence	40.1
	la tarjeta de pésame	the note of sympathy	40.1
	pesar		
	a pesar de	in spite of	37.41
	pescar	to fish, to catch	45.1
la	pescozada	slap, blow	37.41
el	peso	weight, load	45.41
la	peste	pest	41.42
la	petición	petition	45.41
el	petróleo	petroleum	33.42
el	picnic	picnic	36.41
el	pico	peak	33.42
la	piedra	stone	39.41
la	pieza	part	32.41

	pilotear	to pilot	44.41
el	piloto	driver, car racer	44.41
el	pino	pine (tree)	33.42
	pintoresco, -a	picturesque	37.41
la	pistola	pistol	42.42
el	placer	pleasure	33.1
el	plan		
	el plan regulador	the master plan	42.41
	planear	to plan	43.42
la	planta	plant	32.41
la	plantación	plantation	36.41
la	plata	silver, money	34.1
el	plato	plate, dish	31.1
la	playa	beach	38.41
			44.1
la	pobreza	poverty	36.41
el	poder	power	37.41
	poder		
	podrá	(you) will be able	36.1
	podrá (see poder)		
el	policía	policeman, cop	42.41
la	policía	police	37.42
			41.1

	policial, ∅	police	41.42
la	política	policy	32.41
	políticamente	politically	37.41
	político, -a	political	37.41
el	polvo	dust	44.41
	polvoriento, -a	dusty	34.42
el	pollo	chicken	31.1
la	pompa	pomp	37.41
	pondrá (see poner)		
	poner		
	puesto	placed, put	35.41
			44.2
	pondrá	(you) will put	40.1
	ponerle nombre	to name him	45.1
	ponerse	to put on	36.1
		to put oneself into	44.1
	ponerse a	to begin	33.41
el	Pontiac	Pontiac	43.41
	por		
	por ciento	per cent	31.42
	por dicha	fortunately	37.41
	por lo tanto	therefore	33.41
	por medio de	through, by means of	37.41

	por otra parte	on the other hand	36.42
	por su parte	furthermore, in turn, in answer	38.41
	por una parte	on the one hand	38.41
el	porcentaje	percentage	31.42
	porfiado, -a	obstinate, stubborn	43.41
(el)	Portugal	Portugal	35.42
	portugués, -a	Portuguese	35.42
	poseer	to possess	44.42
la	posesión	possession	37.42
la	posibilidad	possibility	32.41
	posible, -∅	possible	31.41 38.2
la	posición	position	33.41
	positiva, -a	positive	40.42
	potencial, -∅	potential	42.42
la	precaución	precaution	44.41
la	precedencia	precedence	35.42
el	precedente	precedent	38.42
	precioso, -a	pretty, beautiful	44.1
el	precipicio	precipice	44.41
	precisamente	precisely	32.1
	preciso, -a	necessary	38.2

	predominante, -∅	predominant	35.42
la	preferencia	preference	43.42
la	pregunta	question	41.41
el	premio	prize	44.41
la	prensa	press	32.42
la	preocupación	worry, troubles	37.1
la	preparación	preparation	35.42
	preparar	to prepare	34.1
	preparatorio, -a	preparatory	35.41
la	presencia	presence	43.41
la	presentación	presentation	37.41
	presentar		
	presentarse a un exámen	to take an examination	35.41
el	presente		
	pte. (mes)	present (month)	45.42
	presidencial, -∅	presidential	39.41
el	presidente	president	32.42
la	presión	pressure	43.1
el	préstamo	loan	34.1
el	prestigio	prestige	35.41
la	presuposición	presupposition	41.42
el	presupuesto	budget	34.41

	preventivo, -a	preventive	34.41
	primario, -a	primary	35.41
	principalmente	principally	34.1
el	principio	principle	38.42
la	prisión	prison	37.42
el	prisionero	prisoner	40.41
	privado, -a	private	37.41
	pro	pro	37.41
	probable, -∮	probable, likely	38.2
	proceder	to proceed	41.42
el	procedimiento	procedure	40.42
el	proceso	process	34.42
	proclamar	to proclaim	37.41
la	producción	production	31.42
la	productividad	productivity	36.42
	productivo, -a	productive	44.42
la	profesión	profession	35.41
	profesional, -∮	professional	34.41
	profundo, -a	profound	41.42
	profuso, -a	profuse	45.41
el	programa	program	35.41
	progresar	to progress	37.42
el	progreso	progress	32.42

	prohibir	to prohibit, forbid	37.2
la	prolongación	prolongation	38.41
el	promedio	average	36.42
	prometer	to promise	37.1
la	promoción	promotion	33.41
el	promontorio	promontory	39.41
	promover	to promote, further	37.41
	pronto		
	tan pronto como	as soon as	42.1
la	propaganda	propaganda	40.42
la	propiedad	property	41.42
	proponer	to propose	38.42
	prosperar	to prosper	38.42
la	prosperidad	prosperity	32.42
la	protección	protection	39.42
	la protección a la infancia	the child welfare	39.42
	proteger	to protect	39.41
	protestar	to protest	41.41
	provisional, -∮	provisional	40.41
la	proyección	projection	45.42
	proyectar	to project	44.42
el	proyecto	project	31.41

	próximo, -a	next	33.1
	próximo pasado	last (month)	45.42
la	prueba	proof	40.42
	pss	well	35.1
la	psicología	psychology	35.41
	pte. (see presente)		
la	publicación	publication	39.42
el	pueblo	people	32.42
		town	36.41
el	puente	bridge	44.41
la	puerta	door	32.1
el	puerto	port	32.41
	puesto (see poner)		
la	pulga	flea	42.1
	tener malas pulgas	to be ill tempered, in a bad humor	42.1
la	punta	point	33.41
el	punto	point	34.1
la	puntualidad	punctuality	36.41
	puro, -a	pure	35.42

q

que	'cause, (because)	35.1

a fin de que	in order to, so that	37.41
		41.2
a menos que	unless	41.2
de manera que	so that	42.2
de modo que	so that	42.2
después que	after	42.2
en caso de que	in the event that	41.2
hasta que	until	42.2
para que	so that	41.1
siempre que	whenever	42.2
sin que	without	41.2
ya que	since	31.42
qué		
qué es de...	what about, what's new with	38.1
quedar	to remain	40.1
querer	to love	34.41
(que) quiera	that (you) may want	32.1
querido, -a	dear	34.41
quiera (see querer)		
quinto, -a	fifth	33.2
quitar	to take off, remove	35.41
Quito	Quito	44.42

r

el	radiador	radiator	43.1
	radical, -ß	radical	38.42
el,la	radio	radio	37.41
la	ramificación	ramification, branch	43.42
	rápido, -a	fast	33.1
	raro, -a	strange, odd, rare	42.41
	ratificar	to ratify	38.42
el	rato	short while	37.1
	reaccionar	to react	43.41
	reafirmar	to reafirm	38.42
el	reajuste	readjustment	34.41
	real, -ß	royal	37.41
el	realista	royalist	37.41
la	realización	realization	35.42
	realizar	to accomplish, fulfill	32.42
	rebajar	to reduce	39.1
	rebelar	to rebel	41.42
el	recado	message	36.1
	rechazar	to reject	38.41
el	recibo	receipt	45.42
	recientemente	recently	37.42

	recíproco, -a	reciprocal	40.41
	recitar	to recite, practice	37.41
el	reclamo	complaint, protest	44.41
la	recomendación	recommendation	41.41
	recomendar	to recommend	31.41
	reconocer	to recognize	38.41 42.1
	reconquistar	to reconquer	43.42
la	reconstrucción	reconstruction	39.42
	recorrer	to travel over	39.1
el	recorrido	route, run	44.41
la	recriminación	recrimination	44.41
	recto, -a	right	42.41
	en ángulos rectos	at right angles	42.41
la	recta	straightaway	44.41
	la recta final	homestretch	44.41
el	rector	rector	41.1
	recuperar	to recuperate	44.41
el	recurso	resource	38.42
la	red	net	43.42
	reducir	to reduce	41.42
	reemplazar	to replace	44.42
	referente a	referring to	45.41

	referir	to refer	35.41
	reflexionar	to reflect on, to ponder	41.41
la	reforma	reform	35.42
el,la	reformista	reformer	35.42
	reforzar	to reinforce	40.42
el	refresco	refreshment, beverage	39.41
la	refrigeradora	refrigerator	34.41
	regalar	to give a gift, to present	45.1
la	región	region	33.42
	regional, -∮	regional	31.41
el	regionalismo	regionalism	37.42
el	registro	register, registry	44.42
el	reglamento	rule, regulation	41.1
	regulador, -a	regulating	42.41
	el plan regulador	the master plan	42.41
	regular, -∮	middling, fair	38.1
la	rehabilitación	rehabilitation	39.42
la	reina	queen	37.41
la	reinversión	reinvestment	45.42
	reír		
	reírse	to laugh	35.1
la	reja	gate, iron grating	32.1

	relativamente	relatively	32.41
el	relámpago	lightning flash	41.41
	relatar	to relate, narrate	45.41
la	religión	religion	37.41
	religioso, -a	religious	33.41
	remitir	to remit, to refer	45.42
el	Renacimiento	Renaissance	35.42
	rendir	to fatigue, tire out	40.41
la	reparación	repair	32.41
	repartir	to apportion, to distribute	37.41
	repente		
	de repente	suddenly	36.41
la	repercusión	repercussion	44.42
la	represa	dam	31.41
el	representante	representative	31.41
la	represión	repression	37.42
el	repuesto	spare part, replacement part	43.41
la	reputación	reputation	35.41
	requerir	to require	35.41
	resentido, -a	offended, resentful, annoyed	37.41
el	resfriado	cold	45.1

el	resfrío	head cold	44.41
la	residencia	residence	36.1
	residencial, -∅	residential	42.41
	resignarse	to resign oneself, give in	43.41
	resistir	to resist, refuse	43.41
la	resolución	resolution	40.41
	resolver	to decide, resolve	36.1
	resuelto	decided	36.1
	respectivamente	respectively	38.41
el	respecto	respect	31.41
la	responsabilidad	responsibility	41.42
	responsable, -∅	responsible	34.41
el	resto	rest	34.41
la	restricción	restriction	44.42
	resuelto (see resolver)		
el	resumen	resume, summary	45.41
	resumir	to resume	35.42
	retirar	to withdraw	40.41
	retratar	to take a picture	44.1
	retratarse	to have one's picture taken	44.1
el	retrato	picture, portrait	35.1

la	reunión	reunion	31.41
	revelar	to reveal	35.42
		to develop	44.1
	reventar	to burst, blow out	44.41
la	revista	magazine	42.42
la	revolución	revolution	41.1
	revolucionario, -a	revolutionary	37.41
el	revólver	revolver	41.41
el	rey	king	37.41
el	riesgo	risk	44.41
la	riqueza	wealth, riches	38.42
	riquísimo, -a	very rich, very tasty	31.1
el	río	river	31.41
	Río de Janeiro	Rio de Janeiro	40.42
el	rival	rival	44.41
	robar	to rob, steal	41.41
el	robo	robbery, theft	34.41
	robustecer	to strengthen	38.42
	rojo, -a	red	34.2
el	rollo	roll	44.1
	romper	to break	39.41 44.2
	roto	broken	39.41 44.2

la	ronda	round, circle	42.42
la	rotación	rotation	32.2
	roto (see romper)		
	rotundamente	categorically, flatly	38.41
	rubio, -a	blond	33.41
	rugiente, -ø	roaring	44.41
el	rumor	rumor	38.41
la	ruina	ruin	36.41
	rural, -ø	rural	34.42
la	ruta	route	43.42
la	rutina	routine	41.41

s

	S.A. (see sociedad and anónimo)		
el	saber	learning, knowledge	35.42
el	sabotaje	sabotage	40.42
el	sacerdote	priest	37.41
	sacudir	to shake	41.41
el	salario	salary	32.41
la	saliva	saliva	45.41
el	salón	salon	38.41
	el salón de billar	the pool hall	44.41
	saltar	to jump	41.41

la	salubridad	public health	39.42
la	salvación	salvation	37.41
	salvar	to save	39.41
	San Francisco	San Francisco	40.42
	sanitario, -a	sanitary	39.42
	Santiago	Santiago	44.42
el	santo	saint	35.1
	el Santo Patrón	the Patron Saint	39.41
	el santo y seña	the pass word	39.41
	Santos	Santos	44.42
el	sargento	sergeant	39.41
el	satélite	satellite	44.42
la	satisfacción	satisfaction	41.42
	satisfacer	to satisfy	31.42
	satisfactorio, -a	satisfactory	38.41
	sean (see ser)		
	seco, -a	dry	33.42
	secundario, -a	secondary	35.41
	según	according to	31.41
	segundo, -a	second	33.2
	de segunda mano	at second hand	38.1
la	seguridad	security	38.42

el	seguro	security	45.42
		insurance	34.41
	seguro social	social security	34.41
	seguro, -a		
	seguro servidor (s.s.)	dependable servant	45.42
	seiscientos, -as	six hundred	32.2
	seleccionar	to select, choose	43.41
la	selva	jungle	33.41
la	semana		
	fin de semana	weekend	38.41
	sembrar	to sow, plant	36.41
	semi	semi	45.42
el	seminario	seminar	35.42
	sencillo, -a	simple, plain	41.42
el	sendero	path	43.42
la	sensibilidad	sensibility	45.41
el	sentido	sense, meaning, respect	35.42
	sentimental, -∮	sentimental	41.41
el	sentimiento	feeling	44.42
	sentir		
	sentirse	to feel	45.1
la	seña	sign, signal	39.41
	el santo y seña	the pass word	39.41

la	separación	separation	37.42
	separar	to separate	43.42
	septiembre	September	32.2
	séptimo, -a	seventh	33.2
	ser		
	(que) sean	(that) (you all) may be	37.1
	qué es de...	what about, what's new with	38.1
	seriamente	seriously	37.41
la	serie	series	34.41
	serio, -a		
	tomar en serio	to take seriously	38.41
el	servidor	servant	45.42
	seguro servidor (s.s.)	dependable servant	45.42
	servir	to serve	31.1
	sesenta, -∮	sixty	32.2
la	sesión	session	40.41
	setenta, -∮	seventy	32.2
	setecientos, -as	seven hundred	32.2
	severo, -a	severe	41.42
	sexto, -a	sixth	33.2
	si	well, why	31.1
	siempre		

	siempre que	whenever	42.2
la	sierra	range	33.42
la	siesta	siesta, midday nap	38.41
el	siglo	century	44.42
el	significado	significance	38.42
el	signo	sign	41.42
	simbolizar	to symbolize	32.42
el	símbolo	symbol	43.41
	similar, -∮	similar	43.42
la	simpatía	sympathy	40.41
	simpático, -a	nice, pleasant	42.1
	simple, -∮	simple	38.41
	simplemente	simply	40.1
la	simplicidad	simplicity	42.42
la	simplificación	simplification	42.42
el	simposio	symposium	35.42
	sin		
	sin embargo	however, nevertheless	34.41 45.1
	sin mayor trámite	without further ado	41.41
	sin que	without	41.2
	sincronizar	to synchronize	42.42
	sino	but also	33.41

la	situación	situation	31.41
el	smoking	tuxedo	36.1
la	soberanía	sovereignty	38.42
	sobre	about, on	45.42
	sobresaltar	to alarm, to startle	45.41
	socavar	to undermine	43.42
la	sociedad	society	35.42
		corporation	45.42
	S.A. (Sociedad Anónima)	Inc. (Incorporated)	45.42
	social, -∮	social	34.41
	seguro social	social security	34.41
el	soldado	soldier	40.41
	solemne, -∮	solemn	38.42
la	solidaridad	solidarity	38.42
	sólido, -a	solid	43.42
la	solución	solution	34.41
	soltar	to loosen, release	43.41
la	sombra	shade	44.1
	sonreír		
	sonreírse	to smile	35.41
	sorprendente, -∮	surprising, significant	44.42
	sorprender	to surprise	37.1

	sospechar	to suspect	41.41
	s.s. (see seguro and servidor)		
	suave, -ø	soft, gentle	43.42
	subdividir	to subdivide	36.42
	su(b)scribir	to subscribe to, agree to	40.41
la	subscripción	subscription	44.41
	subsidiario, -a	subsidiary	44.42
	substituir	substitute	38.42
el	sub-teniente	second-lieutenant	39.41
la	subvención	subvention, subsidy	44.41
la	subversión	subversion	40.42
	subversivo, -a	subversive	38.41
	suceder	to happen, come about	37.1
	suculento, -a	succulent, juicy	40.41
	Sudamérica	South America	43.42
	sudamericano, -a	South American	43.42
el	suelo	soil	39.42
	suelto, -a	loose, spare	32.41
el	sueño	dream	42.42
la	suficiencia	sufficiency	35.42
	sufrir	to suffer	36.41
	sugerir	to suggest	37.2

	superar	to overcome	43.42
	suponer	to suppose	31.1
	supuesto	supposed	44.2
	supuesto, (see suponer)		
el	sur	south	33.42
	sutil, -ø	subtle	43.41

t

la	tabla	table	36.42
el	tablero	board	42.41
	tabular, -ø	tabular	44.41
	tal, -ø		
	con tal que	provided that, if only	41.1
	tal vez	perhaps, maybe	37.1
el	tamal	tamale	39.41
el	tamaño	size	37.41
	tan		
	tan pronto como	as soon as	42.1
el	tanque	tank	43.1
	tanto		
	por lo tanto	therefore	33.41
la	tapa	hood, cover, cap	43.41

la	tapicería	upholstery	39.1
la	tarea	task, job	41.42
	tardar	to be long	36.41
la	tarifa	tariff	44.42
la	tarjeta	card	34.41
			40.1
	la tarjeta de pésame	the note of sympathy	40.1
	técnico, -a	technical	34.1
el	técnico	technician	43.42
	tecnológico, -a	technological	35.42
el	techo	roof	34.41
el	telégrafo	telegraph	39.41
el	telegrama	telegram	40.41
el	tema	theme, subject	32.1
	cambiar de tema	to change the subject	32.1
	temer		
	temerse	to fear	41.1
el	temor	fear, dread	37.41
la	temperatura	temperature	33.42
la	tempestad	tempest	42.41
la	tendencia	tendency	43.42
	tender	to tend, have a tendency	43.42

	tener		
	tengan	(you all) may have	33.1
	tener a cargo	to be in charge of	34.1
	tener cuidado	to have care, to be careful	33.1
	tener malas pulgas	to be ill tempered, in a bad humor	42.1
	tener que ver	to have to do	45.41
	tener un papel	to play a role	35.42
	tengan (see tener)		
	tenso, -a	tense	38.41
la	tentativa	attempt	37.41
	teóricamente	theoretically	35.41
	tercero, -a	third	33.2
	tercer	third	33.2
	terminal, -ø	terminal	44.42
	terminar	to finish, to terminate	42.1
el	termómetro	thermometer	34.41
la	ternera	veal	35.1
el	terremoto	earthquake	33.42
el	terreno	terrain	33.42
	en el terreno	on the scene	40.41
	terrestre, -ø	terrestrial, land	43.42
el	territorio	territory	37.42

la	tía	aunt	40.1
	tibio, -a	luke warm	44.1
el	tiempo		
	ganar tiempo	to save time	42.42
la	tierra	land, earth	33.42
el	tifo	typhus	39.42
las	tijeras	scissors	42.1
el	timador	swindler	41.42
	típicamente	typically	37.42
	típico, -a	typical	31.1
el	tipo	rate	31.41
el	título	title, degree	35.41
la	toalla	towel	44.1
	tocar	to touch, to play	35.1
	todo, -a		
	a todo lo largo	all along	38.41
	tomar		
	tomar en serio	to take seriously	38.41
la	tonelada	ton	36.42
el	tonelaje	tonnage	44.42
	tonto, -a	foolish	44.1
	topográfico, -a	topographical	43.42

	torcer	to twist	42.41
	dar el brazo a torcer	to give in	42.41
	torrencial, -ø	torrential	43.42
el	torrente	torrent, rapids	43.42
la	totalidad	totality	45.42
	trabajador, -a	working	45.41
	muy trabajador	hard working, industrious	45.41
la	tracción	traction	42.41
la	tradición	tradition	35.42
	tragar	to swallow	45.41
el	traje		
	traje de baño	bathing suit	44.1
	traje de noche	evening gown	36.1
la	tramitación	negotiation	45.42
el	trámite	transaction	41.41
	sin mayor trámite	without further ado	41.41
	tranquilamente	tranquilly	38.41
la	tranquilidad	tranquility	37.41
	tranquilizar	to tranquilize	42.41
la	transcendencia	transcendence, importance	41.42
	transformar	to transform	42.41

la	transición	transition	34.42
	transitable, -∅	passable	43.42
el	tránsito	traffic, transit	42.41
la	transmisión	transmission	43.41
	transmitir	to transmit	35.42
	transportar	to transport	44.42
el	transporte	transport	34.42
(el)	Trasandino	Transandine	44.42
el	tratado	treaty	31.41
	tratar		
	tratar de	to treat of, to deal with	32.1
		to try to	35.42
el	trato	deal	39.1
	trato hecho	sold!	39.1
	tremendo, -a	tremendous	42.41
el	tren	train	33.41
	tres, -∅		
	a los tres días	on the third day	39.1
	dos por tres	nothing flat, no time at all	41.1
	trescientos, -as	three hundred	32.2
la	tribuna	tribune, reviewing stand	44.41

el	trigo	wheat	36.42
la	tripulación	crew	44.42
	triste, -∅	sad	40.1
el	triunfo	triumph	38.41
el	trofeo	trophy	33.41
la	tropa	troop	37.41
	tropical, -∅	tropical	33.42
la	tuberculosis	tuberculosis	39.42
la	tubería	piping	34.41
el	tubo	tube	45.42
	turístico, -a	tourist	43.42

u

	unificar	to unify	43.42
la	unión	union	38.42
	unitario, -a	united	37.42
la	universidad	university	41.1
	universitario, -a	university	37.41
el	urbanismo	urbanism	39.42
	urgente, -∅	urgent	34.42
el	Uruguay	Uruguay	39.42
	usar	to use	39.1

la	utilidad	utility	34.41
la	utilización	utilization	44.42
	utilizar	to utilize	34.42

V

la	vaca	cow	36.41
la(s)	vacación(es)	vacation	34.41
el	valor	value	31.42
	Valparaíso	Valparaiso	44.42
el	valle	valley	33.42
la	vara	a measure of length: 2.8 feet	45.41
	meterse en camisa de once varas	to bite off more than one can chew	45.41
la	variación	variation	33.42
	vayamos (see ir)		
la	vegetación	vegetation	33.42
el	vehículo	vehicle	42.41
la	velocidad	velocity, speed	36.41 43.1
el	vendedor	vendor, dealer	42.42
	el vendedor ambulante	the street peddler	42.42
	Venezuela	Venezuela	43.42

la	venta	sale	31.41
la	ventaja	advantage	35.41
la	ventana	window	32.1
	ver		
	tener que ver	to have to do	45.41
el	verano	summer	38.41 44.1
	veras		
	de veras	really	38.1
	verdadero, -a	actual, real, true	37.41
la	vergüenza	shame	41.42
el	vértigo	vertigo, spiral, dizziness	42.42
el	veterano	veteran	44.41
la	vez		
	cada vez más	more and more	31.42
	tal vez	perhaps, maybe	37.1
la	vía	way, means	36.42
		way, road, street	43.1
la	víctima	victim	41.42
la	vida		
	ganarse la vida	to earn a living	41.42
la	violación	violation	42.42

	violento, -a	violent	37.42
	virgen, -∅	virgin	33.42
la	viruela	small pox	39.42
el	virreinato	viceroyalty	37.41
	visible, -∅	visible	42.42
la	visita	visit	34.1
	visual, -∅	visual	44.41
	vituperar	to vituperate	42.41
la	viuda	widow	45.41
el	viudo	widower	42.1
la	vivienda	housing	39.42
	vocacional, -∅	vocational	39.42
el	volante	steering wheel	43.41
el	volcán	volcano	33.42
el	voltaje	voltage	34.41
el	volumen	volume	44.42
	volver		
	vuelto	returned	44.1

el	voto	vote	37.41
la	voz		
	a voz en cuello	at the top of one's voice	44.41
el	vuelo	flight	35.41
	vuelto (see volver)		

y

| | ya | | |
| | ya que | since | 31.42 |

z

| | zigzaguear | to zigzag | 43.41 |
| la | zona | zone | 31.41 |

*U.S. GOVERNMENT PRINTING OFFICE: 1985-480-265

Manufactured by Amazon.ca
Bolton, ON